윤리학과 철학의 한계

ETHICS AND THE LIMITS OF PHILOSOPHY

윤리학과 철학의 한계

버나드
윌리엄스
지음

이민열
옮김

P 필로소픽

제이컵을 위하여

차례

서문

이 책은 원칙적으로, 도덕철학에서 사태가 어떠할 수도 있는지가 아니라 어떠한지를 다루는 책이다. 그리고 나는 도덕철학에서의 사태가 바람직한 모습이 아니라고 보기 때문에, 이 책의 일부는 현재의 철학에 대한 비판으로 이루어져 있다. 그뿐 아니라 책의 일부는 그어떤 철학이든 윤리적 삶을 재창출하는 데 얼마나 도움이 될 것인가라는 질문을 제기한다. 내가 보여줄 바와 같이, 이 책은 적어도 철학이 얼마나 윤리적 삶의 재창출에 도움이 될지 이해하는 데는 도움을 줄 수 있을 것이다. 현재의 사태가 어떠한지 말하고 또 그 사태에 불평을 제기하는 과정에서, 윤리적 사고에 대한 하나의 그림과 윤리적 사고에 적용되는 일련의 관념들을 도입하고자 한다. 그 그림과 관념들은 윤리적 사고가 어떠할 수도 있는지에 관하여 생각하는 일에도 도움이 될 것이다.

서두에서 간략하게나마 짚고 싶은 두 지점이 있다. 현대 도덕철학 연구가 얼마간 시간을 내어 (특히 첫 세 장에서) 고대 그리스 사상에서 발견되는 몇몇 이념들을 살펴본다는 것이 놀라운 일처럼 보일지 모르겠다. 이는 그저 철학이 자신의 역사에 대해 보이는 경건한 태

8

도에 그치는 것이 아니다. 고대 그리스 사상을 살펴볼 특별한 이유가 있는데, 독자들이 이 책을 읽는 과정에서 알게 되기를 바란다. (나는 고대 그리스 사상을 살펴보는 이유를 후기에서 명시적으로 밝히려 한다.) 그렇게 하는 것은 윤리적 사고에 대해서 현대 세계가 제기하는 요구가 고대 세계에서 제기되었던 요구와 전혀 다르지 않다는 생각 때문이 아니다. 오히려 이와는 반대로 나의 결론은 윤리적 사고에 대한 현대 세계의 요구는 전례가 없는 것이며, 대부분의 현대 도덕철학에서 체현된 합리성의 이념은 현대 세계의 요구를 충족할 수 없다는 것이다. 그러나 고대 사상을 일부 확장하여 크게 수정한다면 그런 요구를 충족할 수 있을지도 모른다.

두 번째 지점은 스타일의 문제다. 이 책의 철학이 얼마간 폭넓은 뜻에서는 "분석적"이라고 칭해질 수 있을 것임은 의문의 여지가 없다. 그리고 이 책에서 논의하는 최근의 철학 중 많은 부분도 분석적이라고 칭해질 수 있을 것이다. 나는 이것이 정말로 스타일의 문제라고 생각한다. 그리고 스타일이 가하는 제약은, 스타일이 어느 정도 주제에 영향을 미칠 수밖에 없다는 사실에서만 생겨난다. 다른 종류의 도덕철학과 대비되는, 분석적 도덕철학만의 독특한 주제란 없다. 분석철학을 다른 현대철학과(비록 다른 시대의 여러 철학과는 아니지만) 구분해주는 것은 이야기를 전개하는 특정한 방식이다. 이 특정한 방식은 논증, 구분, 그리고 분석철학이 그것을 이루고자 애쓰기를 잊지 않고 또 성공하는 한, 적당히 분명하게 말하기moderately plain speech를 포함한다. 분명하게 말하기의 대안으로, 분석철학은 모호하게 얼버무리기obscurity와 전문적으로 상세하게 논하기technicality를 구분한다. 분석철학은 언제나 모호하게 얼버무리기는 거부하지만, 전문적으로 상세하게 논의하기는 꼭 필요하다고 여길 때가 있다. 바로 이 특성 때문에 분석철학은 유별나게 적들이 많아진다. 분석철학의 적들은 철학이 심오하면서 동시에 접근하기 쉽기를 바란다. 그래서 그들은 전문적으로 상세하게 논의하기는 몹시 싫어하지만, 모호하게 얼버무리기는 아주 편안하게 느낀다.

분석철학의 목표는, 분석철학이 항상 말하듯이, 명료하게 되는 것이다. 나는 분석철학이 그렇게 명료하다고 주장할 자격이 있는지 전적으로 확신하지는 못하겠다. 그리고 분석철학만이 명료성의 자격을 주장할 수 있는지는 더더욱 확신하지 못하겠다. 나는 그 문제를 여기서 논하고 싶지는 않다. 이는 부분적으로는 그런 쟁점을 논의하면 다른 것은 아무것도 논하지 못하게 되기 때문이기도 하고, 또 부분적으로는 이 책의 연구가 분석철학으로 여겨지든 아니든 내가 그리 상관하지 않기 때문이기도 하다. 나는 이 연구가 분석철학으로 여겨질 것이라고 그저 인식할 뿐이다. 그러나 이 연구가 내가 "명료하다"고 부르는 것이 되어야 한다는 점에 관해서는 정말 마음을 쓴다. 나는 책에서, 이성과 명료한 이해를 담화적 합리성으로 보는 특정한 해석이 윤리적 사고 자체에 손상을 주었으며 우리의 윤리적 사고관을 왜곡시켰다고 주장한다. 그러나 만일 이런 주장이 철학자의 주장으로서 설득력을 가지려면 그 주장 자체가 어느 정도의 담화적 합리성과 논증적 질서를 갖추어 제시되는 것이 가장 좋으며, 이것이 내가 하려고 했던 바이기도 하다. 내가 자주 실패했으리라는 점은 의문의 여지가 없다. 그리고 명료하게 하려고 노력했지만 모호한 많은 것들이 있다. 나는 그저 어떤 것들이 모호하다고 할 때보다 더 큰 확신을 갖고서 이 점을 인정할 수 있다. 왜냐하면 그것들은 내가 명료하게 만들려고 노력했지만 여전히 모호한 것들이기 때문이다.

이 책을 쓰면서 많은 사람들에게 도움을 받았다. 그러나 책의 논의에 결함이 있다면 그것은 오로지 저자의 잘못이다. 맡은 것이 영광이었던 여러 강연 — 옥스퍼드 대학교의 브레이지노스 칼리지에서 한 태너 강연, 존스 홉킨스 대학교의 탈하이머 강연, 그리고 애버리스트 위스의 웨일즈 대학교에서 한 그레거노그 강연 — 덕분에 윤리이론에 대한 내 비판의 여러 초기 형태를 시도해볼 수 있다. 이 모든 강연에서 논평과 비판을 제시해준 이들에게 감사한다. 1978년 프린스턴 대학교에서 인문대학의 방문교수로 도덕철학 세미나를 할 기회가 있었는데 거기서 많은 사람들, 특히 토머스 네이글과 팀 스캔런과의 논의에서 얻은 바가 많았다. 로널드 드워킨은 오랫동안 친절하고 면밀하며 항상 만족하지 못하는 비판가였다. 제프리 호손, 데릭 파피트, 조너선 리어, 아마르티야 센은 이 책 초안의 전부 또는 일부를 읽었으며 그들의 논평에 대해 모두에게 감사를 전한다. 연구조교였던 마크 색스와 색인 작업을 도와주었던 피터 버비지에게 감사를 드린다.

다음 쪽에 있는 월리스 스티븐스의 시는 Alfred A. Knopf, Inc. (New York), 그리고 Faber and Faber(London)의 허락으로 재출간된 그의 1954년도 《시집The Collected Poems》에서 인용한 것이다.

영국, 케임브리지에서

빈자리는 얼마나 추울까,

환영이 사라지고 질려버린 현실주의자가

현실을 처음 보는 순간. 치명적인 '아니오'는

공허할 뿐 아니라 비극으로 끝나리.

하지만 비극은 이미 시작했으리,

다시, 상상이 새로이 시작될 때,

'예'라고 말해야 해서,

모든 '아니오' 아래

결코 무너지지 않은 '예'의 열정이 있어서,

현실주의자가 '예'라고 말할 때.

월리스 스티븐스 Wallace Stevens, 〈**악의 미학**Esthétique du Mal〉

성격이 없으면, 방법이라도 써야 한다.

알베르 카뮈 Albert Camus, 《**전락**La Chute》

제1장

소크라테스의 질문

그것은 — 어떻게 살아야 하는가는 — 사소한 질문이 아니라고 소크라
테스는 말했다. 또는 소크라테스가 그렇게 말했다고, 플라톤은 이 주
제에 관해 쓴 첫 번째 책들 중 하나에서 전한다.[1] 플라톤은 철학이 그
질문에 답할 수 있다고 생각했다. 소크라테스처럼, 플라톤은 철학만이
달성할 수 있는 이해를 통해 사람들이 삶의 방향을 정할 수 있기를, 필
요하다면 삶의 방향을 재설정할 수 있기를 희망했다. 다시 말해, 일반
적이고 추상적이며, 합리적으로 반성적이고, 다른 종류의 탐구들이 밝
혀낸 것들을 검토하는 사유를 통해 삶을 인도할 수 있기를 희망했다.

　도덕철학의 목적은 소크라테스의 질문의 운명에 결박되어 있다. 그
리고 진지한 관심을 받을 가치가 있는 도덕철학이 가질 수 있는 그 어
떤 희망도, 설사 철학이 그 질문에 대한 답을 주리라고 합당하게 희망
할 수 없다고 하더라도 말이다. 철학이 답을 주리라는 희망에 관해서
보자면, 처음부터 이야기해야 할 두 가지가 있다. 한 가지는 특히 책
을 쓰는 사람이 기억해야 하는 것이다. 만일 책의 저자가 이 큰 질문
이 문제될 때 특정한 종류의 추상적이고 논증적인 저술이 진지한 관

1　　Plato, *Republic*, 352D.

심을 받을 가치가 있다고 말한다면, 자신이 얼마나 큰 주장을 하고 있는지 기억해야 한다[어떻게 살아야 하는가라는 질문에 답하는 데 철학이 중요하다는 주장 자체가 큰 주장이다]. 그 질문과 관련 있는 다른 책들이 있다. 작은 도움이라도 되는 책, 조금이라도 인간의 삶에 관련된 거의 모든 책들이 그 질문과 관련이 있다. 철학적인 글을 쓰는 사람이 설령 소크라테스 질문에 답하려고 하지 않는 경우에도 그 질문에 대한 답은 그 글에 담기는 내용 중 하나가 된다.

다른 한 가지는 독자를 위한 것이다. 만일 철학이 그 질문에 답할 수 있다면 그것은 중대한 일일 것이다. (비록 대학에서만 연구되는 것은 아니지만) 대학에서 연구되는 하나의 **주제**a subject이자 아주 많은 전문적인 문헌이 다루는 주제가 어떻게 삶의 기본적 질문에 대한 답으로 독자가 인식할 수도 있는 것을 제공할 수 있단 말인가? 철학이 주는 답이 소크라테스가 믿었듯 독자들 스스로 얻을 수도 있는 것이라고 인식할 답이 아니라면, 어떻게 그럴 수 있는지 알기 어려울 것이다. 그러나 어떻게 철학이 주는 답이 독자들 스스로 얻을 수도 있는 답일 수 있는가? 그리고 이 점이 어떻게 살아야 하는가라는 주제의 존재와 어떻게 연관될 것인가? 소크라테스에게는 그런 주제가 아예 없었다. 그는 그저 자신의 친구들과 평범한 방식으로 이야기를 나눴을 뿐이며, 그가 (조금이라도) 언급한 저자들은 시인들이었다. 그러나 한 세대가 채 지나지 않아 플라톤은 도덕철학의 연구를 난해한 수학 분과와 연결시켰다. 두 세대가 지나고 나서는 그 주제에 대한 논고들이 나오게 되었다. 그 중 특별한 책 하나가 지금도 가르쳐 주는 바가 많은 책인 아리스토텔레스의 《윤리학Ethics》이다.[2]

---

2   아리스토텔레스의 저술에 대한 더 상세한 논의로는 3장, 주석 6을 보라.

몇몇 철학자들은 지금 자신들도 소크라테스의 입장으로 되돌아 갈 수 있기를 바랄 것이다. 그래서 철학 연구의 문헌과 전통의 무게에 짓눌리지 않고 상식과 우리의 도덕적 관심사나 윤리적 관심사에 관하여 반성적 질문을 다시 던질 수 있기를 바랄 것이다. 이런 바람을 가지는 것이 좋다고 볼 근거들이 있다. 이 책에서 나는 그런 바람에 따라 탐구를 해나갈 것이며, 독자들도 그런 바람으로 함께하기를 희망한다. 그러나 다른 관점에서 보자면, 이 학문의 관습에서 멀어질 수 있다고, 혹은 멀어져야 한다고 상정하는 것은 근거가 없다. 탐구는 반성적 일반성reflective generality과 합리적으로 설득적rationally persuasive이라고 주장하는 논증 스타일 때문에 철학적인 것이 된다. 명민하고 반성적인 많은 사람들이 이 질문을 정식화하고 논의하는 데 투여한 많은 노고를 잊는다면 어리석을 것이다. 자신의 역사와 현재의 실천들 때문에 도덕철학은 지금 자신이 가지고 있는 문제들을 갖는다. 더군다나 철학의 다른 분과에는 논리학, 의미이론, 그리고 심리철학과 같은 활동의 전통이 있다는 사실은 중요하다. 그 중 일부는 전문적이다. 수리논리학을 제외한 철학 분과 중에서는 극소수만이 "답results"[모두가 정답이라고 인정하는 결론이 되는 성과]을 제공한다. 그러나 그렇다고 해도 그 주제가 어떤 상태인가에 관해 알아내야 하는 것이 많이 있음은 분명하다. 그리고 그렇게 알아내야 하는 것들 중 일부는 도덕철학과 상당한 관련성을 갖고 있다.

우리가 [어떻게 살아야 하는가의 질문의 답을 구할 때] 현재에 존재하지 소크라테스의 상황에 있지는 않다는 점을 잊지 않아야 할 또 다른 이유가 있다. 소크라테스와 플라톤에게는, 일상의 실천과 논증에 포함된 태도들을 규명하고 비판하기 위해 그런 태도들에서 반성적으로 물러서 있는 것이 철학의 독특한 특징이었다. 그러나 현대의 삶은 너무나 구석구석까지 반성적이다. 그리고 현대의 제도에서는 자기 스스로를 바라보고 검토한다는 자의식적 특징이 너무나 기본적인 것이 되었다. 그래서 반성적이고 물러서 있다는 성질들은 철학을 다른 활동과 주되게 구분하는 것이 되지 못한다. 예를 들어, 법은 점점 더 스스로를 사회적 창조물이라고 의식하게 되었다. 또한 돌봄이자 비즈니스이자 응용과학임을 자각하게 된 의학도 마찬가지이다. 소설은 말할 것도 없다. 소설 중에서도 더 인기 있는 형태에서조차 그 허구성을 한층 더 의식할 필요가 있기 때문이다.

이 책은 도덕철학에서 가장 중요한 발전에 관하여 몇 가지 생각을 제시하고자 한다. 다만 도덕철학의 문제를 내게 가장 흥미로워 보이는 방향으로 탐구하는 방식을 통해 논의를 해나갈 것이다. 다른 사람들의 연구를 정확하게 설명하고 싶지만, 나의 설명은 분명히 선별적일 것이다. 물론 이는 그 주제에 대한 내 해명이 다른 사람이 제시한 것과 다르기 때문이기도 하다. 그러나 그 차이 때문에만 그런 것은 아니다. (이 책이 애초에 읽을 가치가 있으려면 그런 차이가 있어야 할 것이다.) 또한 내 식으로 설명하는 것이 기존 연구를 더 잘 대표하기 때문도 아니다. 그게 아니라 내가 제시하는 설명이 얼마나 기존 연구를 잘 대표하는가를 항상 노심초사해서 생각하지는 않을 것이기 때문이다. 이 책은 최소한 하나의 측면에서 적어도 오늘날 영어권 세계의 대부분에서 그 주제를 연구하는 방식을 대표하지 않는다. 이 책은 철학의 능력에 관하여 다른 많은 철학적 저술보다 더 회의적이며, 또한 도덕에 관하여는 더 회의적이다.

도덕철학의 목적이 무엇이 되어야 하는가는 도덕철학 자신의 답its own results에 의존한다. 도덕철학의 탐구는 실로 반성적이고 일반적이며 알아낼 수 있는 것에 관련되어 있기 때문에, 그 탐구는 소크라테스의 질문에 답하기 위해서 무엇을 검토해야 하는지 해명해야만 한다. 해명되어야 할 것들은 다음과 같다. 어떤 부분에서 과학 지식이 역할을 수행할 수 있는가? 순수하게 합리적인 탐구는 우리를 어디까지 데려다줄 수 있는가? 질문을 던지는 사회에 따라 그 질문에 대한 답은 얼마나 달라질 것으로 예상될 수 있는가? 이 모든 질문들의 끝에는 얼마나 많은 것들이 개인적 결정으로 남을 수밖에 없는가라는 질문이 있다. 그래서 철학적 반성은 이 질문, 혹은 덜 일반적이면서도 실천적인 다른 질문에 답하는 데 어떤 일이 포함되어 있는가 살펴봐야 한다. 그리고 그 질문에 답하려면 어떤 마음의 능력과 어떤 형태의 지식이 요구되는지 물어야만 한다. 이 과정에서 살펴봐야 할 한 가지가 바로 철학 자신의 자리다.

여기에는 순환이 있는 것처럼 보일 수 있다. 철학은 소크라테스의 질문이 어떻게 답해질 수 있는가 물으면서, 그것에 답하는 일에서 철학 자신이 차지하는 자리를 정한다. 그것은 순환이 아니라 전진이다. 어떻게 보더라도 철학은, 물을 수 있고 물어야 하는 질문, 우리가 어떻게 사는 것이 최선인가를 규명할 가망이 있는가라는 질문에서 시작한다. 그 과정에서 철학은 분석과 논증, 비판적 불만, 그리고 가능성에 대한 상상력 있는 비교라는 담화적 방법 — 이러한 방법들은 역사적 지식과 개인적 지식을 얻는 우리의 일상적 원천에 철학만이 보탤 수 있는 것이다 — 을 가지고서, 어떻게 사는 것이 최선인가에 답하는 데 철학 자신이 얼마나 많이 도울 수 있는가를 알게 된다.

소크라테스의 질문은 도덕철학이 출발하기에 가장 좋은 장소다. 그것은 "우리의 의무는 무엇인가?"나 "우리는 어떻게 선할 수 있는가?"나 심지어 "우리는 어떻게 행복할 수 있는가?"보다 나은 질문이다. 이런 질문들은 지나치게 많은 것을 당연한 듯 전제한다. 모든 사람들이 그 전제된 것이 무엇인지 의견을 같이하지 않을 것인데도 말이다. 마지막 질문[행복에 관한 질문]에서 출발한다고 해보자. 첫 번째 질문[의무의 질문]에서 출발하고 싶어 하는 일부 사람들은, 마지막 질문이 잘못된 장소에서 출발하며 그래서 도덕의 독특한 쟁점을 무시한다고 생각할 것이다. 다른 이들은 어떻게 행복할 수 있는가라는 질문에 먼저 답을 얻을 가능성을 오히려 낙관적으로 바라볼 것이다. 소크라테스의 질문은 그 쟁점을 비롯해 많은 쟁점들에 관하여 중립적이다. 그러나 소크라테스의 질문이 아무것도 당연한 것으로 전제하지 않는다고 생각하는 것은 잘못이다. 우리가 제일 처음 해야 하는 일은 소크라테스의 질문에 무엇이 포함되어 있는지, 그리고 만일 그 질문을 유익하게 던질 수 있다고 가정한다면 그렇게 질문을 던지면서 우리가 얼마나 많은 것을 전제하고 있는지 묻는 것이다.

"어떻게 살아야 하는가How should one live" — 주체one의 일반성이 이미 주장을 고정시킨다. 그리스의 언어는 우리에게 주체를 언급하지도 않는다. 그 질문은 특정 개인을 언급하지 않고 모든 개인에게 적용되도록 표현되었다. 그런 표현은 누구에게나 관련 있거나 유용한 어떤 것을 말할 수 있음을 함의한다. 그리고 이것은 무언가 일반적인 것, 즉 "내가 어떻게 살아야 하는가?"의 질문을 던지게 하는 개개인의 관심을 수용하거나 형성하는 어떤 것을 말할 수 있음을 함의한다. (더 큰 함의를 이 일반성에서 쉽게 발견할 수 있다. 그 더 큰 함의란, 내가 어떻게 살아야 하는가라는 질문은 자연스럽게 자아ego의 관심을 넘어서도록 이끈다는 것이다. 이 점은 나중에 다시 살펴볼 것이다.) 이것은 소크라테스의 질문이 일상적인 "무엇을 할까?"라는 질문을 넘어서는 한 측면이다. 또 하나의 함의는 그 질문이 즉각적이지 않다는 점이다. 그 질문은 내가 지금 또는 바로 다음에 무엇을 해야 하는지에 관한 질문이 아니다. 그것은 삶의 방식manner of life에 관한 질문이다. 그 질문이 결과적으로 전체 삶에 관한 것일 수밖에 없으며 좋은 삶의 방식은 인생의 마지막에 좋은 삶이었던 것으로 보이는 삶을 낳을 수밖에 없다는 이념에, 그리스인 본인들이 큰 인상을 받았다. 가장 좋은 모습의 삶으로 보이던 것을 망가뜨리는 운의 힘에 깊은 인상을 받은 까닭에, 그들 중 일부는 운의 힘을 줄이고 운으로부터 가급적 가장 자유로운 삶을 사는 합리적 기획을 추구하였다. 그리고 소크라테스가 그런 기획을 추구한 첫 번째 인물이었다.[3] 이 기획은 상이한 형태이긴 하지만 이후의 사고에서도 하나의 목표로 생각되었다. 이 가장 일반적인 수준에서 **전체 삶**a whole life에 관해 생각해야만 한다는 이념은, 우리 중 일부에게는 소크라테스에게 강력했던 것만큼 강력한 것 같지 않다. 그러나 그의 질문은 여전히 전체로서as a whole 자신의 삶에 대한 반성을 요구하며 압박한다. 설사 우리가 삶이 어떻게 끝날지에 관하여 고대 그리스인들이 부여했던 만큼의 무게를 두지 않는다 할지라도, 삶의 모든 측면에서 처음부터 끝까지 반성을 요구하는 압박을 가하는 것이다.

　"(사람은) **해야 한다**one should"라고 번역되는 그리스어의 이 구句는 [영어 번역과는 달리] 원래 비인칭 형식이므로 논의되고 있는 삶이 누구의 삶인가에 대하여 침묵하고 있을 뿐 아니라, 그 질문에 적용되어야 하는 고려사항의 종류에 관하여도 아무런 언질을 주지 않는다.

3　Martha C. Nussbaum, *The Fragility of Goodness* (New York: Cambridge University Press, 1985)는 고대 문헌과 철학에서 이 관념 및 이것과 관련된 관념을 탐구한다. 운을 초월하는 것으로서 도덕이라는 이념에 관하여는 10장을 보라.

그리고 그렇게 언질을 주지 않는다는 점이 논의를 매우 풍부하고 유익하게 만든다. "나는 어떻게 살아야 하는가?"라는 질문은 "나는 도덕적으로 어떤 삶을 살아야 하는가?"를 의미하지 않는다. 바로 이 점 때문에 소크라테스의 질문은 내가 언급했던 의무에 관한 질문이나 선한 사람의 삶에 대한 질문들과는 다른 출발점이 된다. 그 질문은 좋은 삶the good life, 살 가치가 있는 삶a life worth living에 관한 질문과 같은 것일지도 모르지만, 그 관념 자체는 아무런 독특한 도덕적 주장을 들여오지 않는다. 소크라테스가 그렇게 믿었고 우리 대부분이 여전히 그렇게 희망하고 있는 것처럼, 좋은 삶이 선한 사람의 삶*이기도 하다고 판명될지도 모른다. (소크라테스는 좋은 삶이 선한 사람의 삶임이 틀림없다고 믿었다. 좋은 삶이 선한 사람의 삶이 될 수 있다는 것이 우리 대부분의 희망하는 바이다.) 그러나 만일 좋은 삶이 선한 사람의 삶이기도 하다면, 그 결론은 나중에야 드러나게 될 것이다. **해야 한다**는 단적인 **해야 한다**일 뿐이며, 이 매우 일반적인 질문에서의 '해야 한다'는 그 자체로는 여느 일상적이고 무심한 질문인 "지금 무엇을 해야 되지?"에서의 '해야 한다'와 조금도 다르지 않다.

　몇몇 철학자들은 우리가 이 일반적이거나 불확정적인 종류의 실천적 질문에서 시작할 수 없다고 생각했다. "내가 무엇을 해야 하는가?what should I do?", "내가 사는 가장 좋은 방식은 무엇인가?" 등등과 같은 질문들은 **애매하며** 도덕적인 뜻과 도덕과 무관한 뜻을 함께 지니기 때문이라고 하였다. 이러한 견해에 따르면 우선 그 질문의 의미

---

*　[원문에서는 모두 'good'으로 표현되었지만 저자가 도덕적인 삶이 좋은 삶이라고 미리 결정되어 있지 않다는 점을 강조하고 있으므로 그 둘을 구별하기 위해 도덕적인 의미에서의 '좋은'은 '선한'으로 옮겼다.]

가 도덕적인 종류의 것인지 도덕과 무관한 종류의 것인지 결정해야 하며, 그 결정이 이루어지기 전까지 우리는 그 질문에 답하기를 시작할 수조차 없다고 한다. 그것은 잘못된 판단이다. 의미의 분석은 의미의 범주로서 "도덕적인"과 "도덕과 무관한"을 요건으로 하지 않는다. 우리는 예를 들어 화자가, 그가 군대 돌격대 임무를 수행하기에 좋은 사람이 아니라 도덕적으로 좋은 사람임을 의미했는지를 물을 수 있다. 그러나 이렇게 여러 가지 해석이 가능하다는 사실이 군사상의 뜻을 (또는 미식축구상의 뜻 등등을) 산출하지 않는 것과 마찬가지로, 도덕적인 뜻의 "좋은" 또는 "좋은 사람"을 산출하지도 않는다.

물론 주어진 상황에서 "내가 윤리적 관점에서 무엇을 해야 하는가?"나 "내가 사리적私利的인 관점에서 무엇을 해야 하는가?"를 물을 수는 있다.* 이 질문들은 하위숙고subdeliberations의 결론을 물으면서, 그 질문과 관련 있는 것들 가운데 특정한 유형의 고려사항을 검토하도록 이끈다. 그리고 그 유형의 고려사항들만 살폈을 때 어떤 결론이 나오는가를 생각하게 한다.** 동일한 방식으로 나는 경제적 또

---

* ['self-interest'는 '사리'로 'self-interested'는 '사리적인'으로 번역하였다. 사리적 관점에서 사고하고 행동하는 것이 꼭 이기적인 것은 아니다. 예를 들어 충치를 치료하기 위해 치과를 가는 행위는 사리적이지만 이기적이지는 않다. 'self-interest'가 명사로 쓰일 때는 자기이익으로 번역하면 더 이해가 잘 되겠지만, 'self-interested'라는 형용사 형태와의 번역상 통일성을 위하여 사리로 번역하였다. '자리自利'로 번역하는 경우도 있지만, 일상생활에서 거의 쓰이지 않는 용어이므로 읽을 때 다소 도드라져 보이는 문제가 있어 '사리' 쪽을 택하였다.]

** ['내가 무엇을 해야 하는가'는 전체숙고라고 볼 때, '내가 윤리적 관점에서 무엇을 해야 하는가'와 '내가 사리적인 관점에서 무엇을 해야 하는가'는 그 전체숙고에서 한 부분을 담당하는 하위숙고라고 할 수 있다. 사리적인 관점의 숙고에서는 나에게 이익이 되는 것과 불이익이 되는 것만이 유관한 유형의 고려사항이다. 사리적 고려사항들만 살폈을 때, 들키지 않고서 낯선 사람의 큰돈을 훔칠 수 있는 상황에서는 그 돈을 훔치는 것이 그 하위숙고의 결론이다. 그러나 그렇다고 해서 내가 해야 하는 일이 그 돈을 훔치는 것은 아니다. 반면에 그런 상황에서 윤리적 관점의 하위숙고의 결론은 돈을 훔치지

는 정치적 또는 가족적인 고려사항만을 고려에 넣는다면 무엇을 해야 하는지 물을 수 있다. 그 모든 것의 끝에는 "모든 것을 고려했을 때 내가 무엇을 해야 하는가?what should I do, all things considered?"라는 질문이 있다. 무엇을 할 것인지에 관해 던질 오직 한 종류의 질문만이 있다. 소크라테스의 질문이 그것의 매우 일반적인 예다. 그리고 도덕적 고려사항들은 이 물음의 답변과 관련된 고려사항 중 오직 한 종류에 불과하다.[4]

여기서 그리고 앞에서 나는 "도덕적" 고려사항들을, 그 단어를 일반적인 방식으로 사용하면서 언급했다. 그 방식은, 제거할 수 없을 정도로 그 주제의 한 이름이 된 것, 즉 도덕철학에 상응한다. 그러나 그 주제에는 또 하나의 이름도 있는데, 그것은 "윤리ethics"이다. 그리고 그것에 상응하여 윤리적 고려사항이라는 관념이 있다. 기원상으로는, 두 용어 사이의 차이는 라틴어와 그리스어 사이의 차이다. 이들은 모두 **성향**disposition이나 **관습**custom을 뜻하는 단어에 연결된다. 한 가지 차이는, "도덕"이 기원한 라틴어 용어는 사회적 기대의 뜻을 다소 더 강조했던 반면 그리스어 용어는 개인의 성품이라는 뜻을 더 애호했다는 점이다. 그러나 "도덕"이라는 단어는 이제 더 구별되는 내용을 갖게 되었으며, 나는 도덕이 근대 서구 문화에서 특수한 의

않는 것이다. 그러나 윤리적 관점 또한 최종적인 질문에 대한 답을 곧바로 정해주지는 못한다. 예를 들어 영화 관람을 할 돈으로 다른 나라의 빈곤한 사람들을 지원하는 것이 더 윤리적인 일일 수는 있다. 그러나 그렇다고 하여 영화 관람을 평생 하지 않을 것인가의 결론이 그 하위숙고의 결론에 의해 곧바로 정해지는 것은 아니다.]

4   만일 일부 철학자들이 이렇게 명백하게 설명하기에는 난점이 있다고 여긴다면, 이는 그들이 이 "총체적" 질문이 그저 한 종류의 고려사항에만 호소함으로써 답변될 수 있으리라고 가정하기 때문일 것이다. 나는 그 가정이 틀렸다는 점을 이 장에서 이후에 논하겠다.

의를 가지고 있는, 윤리적인 것의 특정한 발달로 이해되어야 한다고 시사하고자 한다. 그것은 다른 윤리적 개념들이 아니고 일정한 윤리적 개념들을 특유하게 강조한다. 책무라는 특수한 개념a special notion of obligation을 특히 발달시키면서 말이다. 그리고 그것은 어떤 특유한 전제들을 갖고 있다. 이 특징들을 고려할 때, 도덕은 우리가 특별히 회의적인 태도a special skepticism를 가지고서 다루어야 하는 것이라고 믿는다. 그러므로 이제부터 "윤리적인"을 대부분의 경우 확실히 이 주제에 관한 것을 나타내는 폭넓은 용어로 사용할 것이며, "도덕적인"과 "도덕"은 더 협소한 체계를 나타내는 용어로 사용하고, 그리하여 도덕의 특유성peculiarities을 나중에 관심 있게 살펴볼 것이다.

나는 무엇이 윤리적 고려사항으로 정확히 여겨지는지 규정하고자 하지 않을 것이다. 그러나 무엇이 윤리적인 것의 개념에 들어가는가에 관하여 얼마간 이야기할 것이다. 윤리적인 것의 개념이 모호하다는 점은 문제가 되지 않는다. 사실 자신의 선명한 경계를 요구하는 것은 특수한 체계인 도덕이다. (예를 들어 단어의 "도덕적인" 뜻과 "도덕과 무관한nonmoral" 뜻을 요구하는 식으로 말이다.) 선명한 경계를 요구하는 것은 도덕의 특수한 전제가 하는 기능이다. 그 전제들을 넣지 않으면, 우리는 윤리적인 것의 관념에 속하는 넓은 범위의 고려사항들이 있다는 것을 인정할 수 있으며, 왜 그 범위가 명확하게 경계가 그어지지 않는지도 이해할 수 있다.

윤리적인 것의 범위 내로 들어가는 것 중 하나는, 책무라는 개념the notion of an obligation이다. 상당히 다양한 고려사항들이 보통 책무로 여겨진다. 그리고 나는 왜 그렇게 여겨져야 하는지라는 질문을 나중에(10장에서) 살펴볼 것이다. 익숙한 종류의 책무 중 하나는 주체가 스스로, 특히 약속을 함으로써, 지는 것이 가능한 책무이다. 의무라는 관념idea of duty도 있다. 아마 오늘날 의무라는 단어의 가장 익숙한 용법은 의무 목록이나 당번 의무를 지는 사람의 명단a list or roster of duties 같이 협소한 규칙과 관련되어 있을지도 모르겠다. [하지만] 의무는 그것을 넘어서서 특징적으로, 이를테면 브래들리Bradley가 그의 유명한 논문의 제목에서 칭했듯이[5] 주체의 "지위station"에서 따라 나오는 것과 같은 어떤 역할, 위치, 관계와 연결되어 있다. 직업상 의무와 같은 사안에서 직업은 자발적으로 취득되었을 수도 있다. 그러나 일반적인 의무는 자발적으로 지게 되는 것이 아니며, 약속의 책무를 제외한 대부분의 책무도 자발적으로 지게 되는 것이 아니다.*

칸트 및 그에게 영향 받은 여러 사람들의 사상에서는 진정으로 도덕적인 고려사항들은 궁극적으로 그리고 심층적인 수준에서 행위자의 의지에 원인이 있다고 본다. 나는 그저 사회적 구조에서 나의 위치만으로 — 이를테면 내가 누군가의 자식이라는 사실만으로 — 일정한 방식으로 행위할 것이 **요구될 수**는 없다. 만일 그 **요구된다**는 것이 도덕적인 종류의 것이라면, 그리고 단순히 심리적 강박이나 사회적 및 법적 제재를 반영하는 것이 아니라면 말이다. 도덕적으로 행위하는 것은 사회적 압력의 결과로 행위하는 것이 아니라 자율적으

---

5   F.H. Bradley, "My Station and Its Duties", in *Ethical Studies*, 2nd ed. (Indianapolis: Bobbs-Merrill, 1951); first published in 1876.

*   [여기까지의 논의에서 윌리엄스는 책무obligation와 의무duty를 구별해서 언급하고 있다. 그러나, 이후의 논의에서 이 둘을 특별히 달리 다루고 있지 않다. 예를 들어 로스나 칸트의 의무론을 설명하면서 'duty'의 자리에 'obligation'을 별 구분 없이 사용하고 있다. 이는 롤즈와 같은 일부 논자와는 달리, 윌리엄스가 책무를, 약속, 직의 담당, 제도에의 참여 등 자발적 행위가 개입하여야 생기는 것으로 이해하고 있지 않기 때문이다. 그래서 이 번역서의 이후 내용에서는 이 둘을 모두 독자들에게 보다 자연스럽게 읽히는 용어인 '의무'로 번역하였다.]

로 행위하는 것이다. 도덕적 행위가 자율적 행위라는 이념은 하위체계 도덕의 특징적인 관심사 중 일부를 그대로 반영한다. 그 이념에 반대되는 것으로, 주체가 그저 자신이 누구인가 하는 것과 자신의 사회적 상황 때문에 이런 종류의 요구 하에 놓일 수 있다는 것은, 어느 사회에서나 알아볼 수 있는 윤리적 사고였고 여전히 우리 사회의 윤리적 사고로도 남아 있다. 자신의 정체성과 사회적 상황의 요구가, 서구 사회의 일부 사람들은 이제 받아들이기를 원하지 않을 그런 종류의 고려사항일 수는 있겠다. 하지만 그것은 과거의 거의 모든 사람들에 의해 받아들여져왔으며, 이런 종류의 모든 요구들 각각이, 합리적 검토를 거치면 포기되거나 아니면 자발적 헌신으로 전환되어야 할 아무런 필연성도 없다. 그렇게 포기되거나 전환되어야 한다는 요구는 도덕의 다른 독특한 특징과 마찬가지로 근대화의 과정에 밀접히 연관되어 있다. 그것은 법적 관계의 차원에서 메인Maine이 신분에서 계약으로의 변화라고 부른 과정이 윤리적 관점에서 어떻게 이해되었는지 보여준다. 그것은 또한 자아관의 변화가 윤리관계로 유입되는 것에 부합한다.[6]

책무와 의무는 과거를 뒤돌아본다. 또는 적어도 옆길을 본다. 그것들이 요구하는 행위들은 주체가 무엇을 할지 숙고하고 있다고 상정할 때 미래에 놓여 있지만, 그 행위의 이유들은 내가 이미 약속했다는 사실, 내가 이미 그 일을 맡았다는 사실, 내가 이미 접하고 있는

---

6   Alasdair MacIntyre, *After Virtue* (Notre Dame: University of Notre Dame Press, 1981) 그리고 Michael Sandel, *Liberalism and the Limits of Justice* (New York: Cambridge University Press, 1982)가 그 논점을 짚었다. "사회적으로 구성된 자아"에 대한 샌델의 강조는 네오헤겔주의 저술가들이 익숙하게 겪는 난점에 부딪힌다. 10장 주석 16도 보라. 매킨타이어에 대해서는 10장의 주석 13 이하도 보라.

위치에 있다는 사실에 놓여 있다. 또 다른 종류의 윤리적 고려사항은 미래를 전망한다. 즉 나에게 열려 있는 행위들의 결과를 바라본다. "그것이 최선일 것이다"가 이런 종류의 고려사항의 일반적 형태로서 취해질 수 있을 것이다. 최선이라는 고려사항을 이해하는 한 가지 방식은, 철학 이론에서 특히 중요한 것으로, **최선** the best을 사람들이 원하는 것을 얻는 정도, 행복하게 되는 정도 또는 이와 유사한 고려사항에 의해 측정되는 것으로 여기는 접근이다. 이렇게 욕구 만족 정도나 행복한 정도로 최선을 가늠하는 접근은 복리주의와 공리주의의 영역이다. (나는 그런 이론들을 5장과 6장에서 논의한다.) 그러나 이것은 오직 한 형태에 지나지 않는다. G. E. 무어 G. E. Moore 또한 미래 전망적인 유형의 고려사항이 근본적이라고 생각했다. 다만 그는 만족이 아닌 다른 것들을 좋은 결과로 보았다. 이를테면 우정이나 미의식 awareness of beauty 같은 것들을 좋음이라고 보았다. 그의 이론이 블룸즈베리 그룹에 그토록 매력적이었던것은 이 점 때문이었는데, 이로써 의무의 답답함과 공리주의의 천박함을 동시에 어찌어찌 거부했던 것이다.

또 다른 종류의 윤리적 고려사항이 있다. 그 고려사항은 행위를 윤리와 관련된 종류로 제시한다. 그것에 비추어 행위들이 선택되거나, 아니면 다시금 거부될 수도 있게 하는, 행위의 광범위한 윤리적 특성들이 있다. 구체적 행위는 예를 들어 절도나 살인이기 때문에, 또는 기만적이거나 불명예스럽기 때문에, 또는 덜 극적인 상황으로, 그 행위가 누군가를 실망시키기 때문에 거부될 수도 있다. 이 기술들 descriptions — 그런 기술들은 많이 있다 — 은 상이한 수준에서 작동한다. 그래서 어떤 행위는 그것이 기만적이기 때문에 불명예스러울 수 있다.

그것에 비추어 행위들이 선택되거나 거부될 수 있는 이 기술들과 밀접하게 연결된 것으로, 다양한 미덕들이 있다. 미덕이란 행위들이 윤리적으로 유관한 특정 종류 행위이기 때문에, 그 행위들을 선택하거나 거부하는 성품의 성향을 의미한다. "미덕"이라는 단어는 대부분의 경우, 희극적이거나 그렇지 않으면 바람직하지 않은 연상을 자아내게 되었다. 그리고 철학자 이외에는 극소수의 사람들만이 미덕이라는 단어를 사용한다. 그러나 그 단어만큼 유용한 단어도 없어서, 도덕철학에서는 꼭 사용되어야 한다. 적절한 의미가 재확립되면, "미덕"은 존중받는 용어로 다시 사용되리라고 기대할 수도 있을 것이다. 그런 적절한 용법에서 미덕은 윤리적으로 경탄할 성품의 성향을 의미하는 것으로, 특성의 넓은 집합을 포괄한다. 그리고 이 주제에서 흔히 그렇듯이, 그 집합의 경계는 선명하지 않으며 선명하게 만들 필요도 없다. 성적으로 매력적임과 같은 어떤 바람직한 개인적인 특성들은 확실히 미덕으로 여겨지지는 않는다. 그것은 성품의 문제일 수도 있지만(어떤 사람들은 성적으로 매력적인 성품을 갖고 있다), 절대음감과 마찬가지로 미덕이 되어야 하는 것은 아니며 미덕으로 평가되지도 않는다. 게다가, 미덕은 항상 한낱 기량skill 이상의 것이다. 왜냐하면 미덕은 욕구와 동기부여의 특징적인 패턴을 포함하기 때문이다. 좋은 피아니스트인 누군가에게 피아노를 치고 싶은 욕구가 없을 수는 있다. 그러나 주체가 관대하다거나 공정하다는 등의 성질들은 그 자체로, 적절한 맥락에서 주체가 하기 바랄 것을 결정하는 데 기여한다.

그렇다고 미덕이 결코 남용되지 않는 것은 아니다. 명백히 남용될 수 있는 미덕의 한 종류는 소위 실행의 미덕executive virtues이다. 실행의 미덕은 — 예를 들어 용기나 자기통제와 같이 — 그 자체로는 목적을 포함하지 않으며 다른 목적들을 실현하는 데 도움을 주는 것이다. 그럼에도 불구하고 이것들은 성품의 속성으로서 미덕이며, 그것들은 기술의 한낱 보유와는 달리 다른 목적들의 추구와는 무관하다. 소크라테스에 따르면 미덕은 남용될 수 없다. 게다가 사실 그는 더 강한 어떤 것을 주장했다. 즉 사람들이 특정 미덕을 가졌기 때문에 그 미덕을 가지지 않았을 때보다 더 나쁘게 행위하는 것은 불가능하다는 것이다.* 이 주장을 지지했기 때문에 소크라테스는 기본적으로 오직 하나의 미덕, 즉 올바른 판단의 능력the power of right judgment이라는 미덕만 있다고 믿었고 그런 믿음에 일관성이 있을 수 있었다. 우리가 그 점에서 소크라테스를 따라야 할 필요는 없다. 더 중요한 점으로, 우리는 이 이념들[특정 덕을 가졌을 때의 행위가 그 덕을 가지지 못했을 때의 행위보다 나쁠 수 없다는 이념 및 궁극적으로 올바른 판단의 미덕이라는 하나의 미덕만 있다는 이념]에 동기를 부여했던 부분에서 소크라테스를 따라서는 안 된다. 그것은 바로 개인의 삶에 있는 **무조건적**으로 좋은 것, 모든 가능한 여건에서도 좋은 것에 대한 추구이다. 그 추구는 근대의 표현도 갖고 있다. 그리고 우리는 그중 하나를 도덕이 특별히 몰두하는 것the special preoccupations of morality에서 마주하게 될 것이다.

덕의 관념은 도덕철학에서 전통적인 것이다. 그러나 미덕 관념은 얼마 전부터 논의에서 빠지게 되었다. 몇몇 저자들이 최근의 연구에

---

* [예를 들어 용기는 미덕이고 절도의 기량이 뛰어난 것은 악덕이다. 그런데 용기 있는 절도범은 소심한 절도범보다 더 나쁘게 행위한다. 따라서 별개의 여러 가지 미덕들이 있다고 이해하게 되면, 용기라는 미덕을 가진 사람이 용기가 없을 때보다 더 나쁘게 행위하는 것이 가능하게 된다. 소크라테스는 미덕들이 그렇게 별개로 분리될 수 없다고 본 것이다.]

서 미덕의 중요성을 올바르게 강조하였다.[7] 만일 주체가 어떤 미덕을 가지고 있다면, 그것은 그 사람이 숙고하는 데 영향을 미친다. 그러나 우리는 미덕이 숙고에 영향을 미칠 수 있는 방식에 관해서 명확히 할 필요가 있다. 중요한 논점은, 미덕이라는 용어 그 자체는virtue-term itself는 숙고의 내용에서 통상 등장하지 않는다는 것이다. 특정한 미덕을 가지고 있는 사람은 행위들이 일정한 기술들에 속하기 때문에 그 행위들을 하고, 다른 행위들은 다른 기술들에 속하기 때문에 그 행위들을 피한다. 그 사람은 미덕의 용어로 기술되며, 그 사람의 행위들도 그런 용어로 기술된다. 그래서 그 사람은 정의롭거나 용기 있는 것들을 하는 정의롭거나 용기 있는 사람이라는 식으로 기술된다. 그러나 — 그리고 이것이 논점이다 — 행위자에 적용되는 기술과 행위에 적용되는 기술이, 그 행위자가 그것에 의거해 행위를 선택하는 것과 동일하다는 명제가 참인 경우는 드물다. "정의로운"이 정말로 몇 안 되는, 그렇게 기술과 행위자 자신의 행위 선택 근거가 동일한 경우다. 정의롭거나 공정한 사람은 어떤 행위들이 정의롭기 때문에 그 행위들을 선택하고 다른 행위들이 부정의하거나 불

---

7   P. T. Geach, The Virtues: *The Stanton Lectures*, 1973-74 (New York: Cambridge University Press, 1977); Philippa Foot, *Virtues and Vices* (Berkeley: University of California Press, 1978); James D. Wallace, *Virtues and Vices* (Ithaca: Cornell University Press, 1978); MacIntyre, *After Virtue*. 그렇게 소홀히 무시하게 되는 이유는 주로, 도덕에만 정신이 사로잡혀 생기는 윤리적 관심과 고려사항들에 대한 협소한 견해이다. 그 이유는 또한 덕에 대한 연구가 종교적 가정들과 연관되어 왔다는 점에도 있는지도 모른다. (종교적 가정과의 연관은 기치Geach의 연구에서 강조되어 나타난다.) 덕 이념에 대하여 진지하게 여길 가치가 있는 반론이 있다. 덕 이념은 성품이라는 관념에 기댄다. 그리고 성품이라는 관념은 더 이상 우리에게 어떤 의미도 갖지 않거나 아니면 충분한 의미를 갖지 못하는 관념이다. 나는 이 질문을 후기에서 건드리겠다. 나는 그 반론이 발전된다면, 윤리적 사고를 수행하는 하나의 방식에 대한 반론이라기보다는 윤리적 사고 그 자체에 대한 반론이 되리라 믿는다.

공정하기 때문에 거부하는 사람이다. 그러나 용기 있는 사람은 대개 그 일이 용기 있는 것이라서 행위를 선택하지 않는다. 그리고 겸손한 사람이 겸손이라는 표제 하에서 행위하지 않는다는 점은 악명 높은 진리다.* 자비로운 또는 인정 많은kindhearted 사람은 자비로운 일을 한다. 그러나 "그녀는 그것을 필요로 한다", "그를 기운나게 할 거야", "그렇게 하면 고통이 멈추겠지"와 같은 다른 기술 하에서 그런 일을 한다. 미덕의 기술은 그 자체로는 그 고려사항에서 등장하는 기술이 아니다. 더군다나, 특정한 미덕을 가진 사람의 숙고를 특징짓는 어떠한 하나의 윤리적 개념도 없는 경우가 전형적이다. 그보다는 만일 어떤 행위자가 특정한 미덕을 가지고 있다면, 그 행위자가 바로 그 미덕을 가지고 있기 때문에 일정한 범위의 사실이 그 행위자에게 윤리적 고려사항이 된다. 덕스러운 사람에게 비중이 있는 윤리적 고려사항에서 미덕 그 자체의 기술로 가는 길은 우여곡절이 많은 길이며, 자의식self-consciousness의 충격으로 규정되기도 하며 움푹 패기도 한 길이다.**

---

* [겸손하다는 것은 본인이 보유한 기량이나 덕이 뛰어남에도 불구하고 그다지 그렇게 생각하지 않는다는 점이 말과 행동에서 자연스럽게 드러나는 덕을 의미한다. 그런데 겸손함 자체를 목적으로 하기 위해서는 자신의 기량이나 덕이 뛰어나다는 점을 예리하게 의식해야 하고, 실제로 뛰어난 점보다는 짐짓 못한 척 한다는 지침을 따르는 셈이 된다. 결국 이는 두 악덕을 동시에 범하는 셈이 되는데, 하나는 본인이 아주 뛰어나다고 생각하는 오만의 악덕이요, 다른 하나는 그럼에도 불구하고 타인에게는 자신의 자연스러운 본심을 철저하게 숨기는 가장假裝하는 거짓된 태도를 체화하는 악덕이다. 즉 의식적으로 겸손이라는 미덕을 목적으로 삼고 겸손한 사람이 되고자 하는 사람은 겸손하게 되는 데 실패하며 오히려 오만과 거짓말이라는 두 악덕을 범하게 된다. 겸손의 악명 높은 역설을 푸는 하나의 해명을 데이비드 베너타가 《태어나지 않는 것이 낫다》(이한 역, 서광사, 2019)에서 제시한 바 있다. 베너타는 겸손은 인간의 관점에서 다른 인간들과 비교해서 가늠한 자신의 기량이나 덕이 아니라 영원의 관점에서 논리적으로 가능한 무한한 기량과 덕에 비해 극히 미미한 자신의 특성에 대한 정확한 인식을 바탕으로 한다고 설명한다.]

그 동일한 충격이 미덕을 윤리적 관념으로 인기 없게 만드는 데 실제로 기여했는지 모른다. 미덕에 관한 논의는 미덕의 함양cultivation을 중시하곤 했다. 삼인칭 입장에서는 그러한 훈련이, 미덕의 함양이라는 표제 하에서는 아니더라도, 익숙하다. 그것은 사회화나 도덕 교육의 상당 부분을 이루며, 또 그런 점에서 교육의 상당 부분을 이루기도 한다. 그러나 일인칭 입장의 훈련으로서 미덕의 함양은 건방짐이나 자기기만의 혐의를 받는 무언가를 갖고 있다. 이런 혐의는 단순히 미덕을 등장시키는 사고가 세계나 다른 사람에 관해서가 아니라 자기 자신에 대해서 생각한다는 요소 때문에 생기는 것은 아니다. 몇몇 윤리적 사고는, 특히 그것이 자기 비판적[자기 자신을 돌아보고 개선하고 통제하는 것]이라면 물론 자기 자신에 대해서 생각하는 요소를 포함할 것이다. 한 명 이상의 저자가 최근에, 이차적으로 욕구to have second-oder desire — 어떤 욕구를 가지려는 욕구desires to have a certain desires[8] — 하는 능력의 중요성과, 그것이 윤리적 반성

***

** [스스로의 행위 고려사항에서 덕의 용어를 등장시키는 사람, 즉 스스로 덕 있는 사람이기 때문에 그 행위를 한다는 식으로 이유를 생각하는 사람은 자의식 과잉에 빠진 사람이다. 이를테면 "나는 자비로운 사람이니까 이 일을 해야지" 내지는 "나는 자비로운 사람이 되고 싶으니까 이 일을 해야지"라는 식으로 생각하여 타인을 돕는 일을 하는 사람은 타인의 곤궁을 더는 일의 긴절성이라는 행위 이유의 핵심에서 초점이 크게 멀어지게 된다. 그런 사람은 진정으로 자비로운 사람이 아니다. 왜냐하면 진정으로 자비로운 사람의 행위 이유에서는 타인의 곤궁이 중핵이 될 것이기 때문이다. 즉 덕의 용어를 등장시키는 사람은 진정 덕을 갖추었다면 하지 않을 사고를 취하는 충격을 받게 된다. 그래서 오히려 덕스러운 행위를 하기 힘들게 된다.]

8   예를 들어 Harry Frankfurt, "Freedom of the Will and the Concept of a Person", *Journal of Philosophy*, 67 (1971); Amartya Sen, "Choice, Orderings and Morality", in Stephan Körner, ed., *Practical Reason* (New Haven: Yale University Press, 1974); R. C. Jeffery, "Preference among Preferences", *Journal of Philosophy*, 71 (1974); A. O. Hirshman, *Shifting Involvements* (Princeton: Princeton University Press, 1982), chap. 4.

및 실천적 의식에 갖는 의의를 강조하였다. 이 이차적 욕구 만족을 향한 숙고는 특별할 정도로 그 숙고의 방향이 자아를 향하는 것이어야만 한다. 미덕 함양의 문제는, 만일 그것이 일인칭의 숙고적 훈련으로 이해된다면, 오히려 당신의 사고가 충분히 당신 자신을 향하지 않는다는 것이다. 미덕의 면에서 당신의 가능한 상태를 생각하는 것은 당신의 행위들에 관해 생각하는 것이 아니며, 당신의 행위들에 관하여 당신이 생각할 수 있거나 생각해야 하는 면에 대해 두드러지게 생각하는 것도 아니다. 그보다는 당신의 행위들에 관하여 생각하는 그 방식에 대해 타인들이 기술하거나 논평을 할 수도 있는 방식에 관하여 생각하는 것이다. 그리고 그것이 당신 숙고의 본질적 내용을 나타낸다면, 그것은 정말로 윤리적 주의를 잘못된 쪽으로 돌린 것a mis-direction of the ethical attention으로 보인다. 그러나 이 모든 것의 교훈은 미덕이 중요한 윤리적 개념이 아니라는 것이 아니다. 그렇기보다는, 윤리적 개념의 중요성은 그 개념이 일인칭 숙고의 요소가 됨에 놓여 있을 필요는 없다는 것이다. 관대하거나 용감한 사람들의 숙고, 그리고 더 관대하거나 더 용감해지고자 하는 이들의 숙고는 그렇지 않은 사람들의 숙고와는 다르다. 그러나 그 차이는 자신들이 관대함이나 용기 면에서 어떠한지 생각한다는 점에서 주로 나오는 것은 아니다.

지금까지 살펴본 것들이 몇몇 종류의 윤리적 개념들 및 고려사항들이다. 어떤 종류의 고려사항들이 행위와는 관련성이 있지만 윤리적 고려사항들과는 관련이 없는가? 한 가지 분명한 후보가 있다. 이기주의egoism*** 의 고려사항, 즉 행위자의 안락, 흥겨움, 자부심, 권

*** [이 책에서 이기주의는 어떤 특별한 평가적 의미 없이 자기 이익에 관한 고려사항 즉 자기본위적 고려사항만을 염두에 두고 무엇을 하고 어떻게 살 것인가를 결정하는 견해

력 또는 다른 우위점들하고만 관련되는 고려사항들 말이다. 이 고려
사항들과 윤리적 고려사항들의 대비는 진부한 이야기a platitude이며,
윤리적 실천이 무엇을 위한 것인가, 즉 인간 사회에서 윤리적 실천이
수행하는 역할이 무엇인가에 관한 명백히도 합당한 이념에 근거를
두고 있다. 그럼에도 여기서도 구분을 해야 한다. 하나는 언어적 논
지이다. 우리는 소크라테스의 질문 — "어떻게 살아야 하는가?"에 관
심을 가지고 있다. 그리고 이기주의는, 날것 그대로의 몹시 사리적인
답이긴 하지만, 어쨌건 그 질문에 대한 지성적으로 이해 가능한 답
이다. 비록 우리 대부분은 이기주의를 거부하는 성향이 있겠지만 말
이다. "윤리적"이라는 단어를, 소크라테스의 질문에 대한 지성적으로
이해 가능한 답변을 제시할 삶의 계획이라면 어느 것에나 사용할 수
도 있다. 그렇게 "윤리적"을 최대의 폭넓은 뜻으로 사용하면, 가장 노
골적인 이기주의조차 윤리적 선택지가 될 것이다. 나는 우리가 그 용
법을 따라야 한다고 생각하지 않는다. 그러나 우리는 (처음에는 아무
리 모호할지라도) 우리 및 우리의 행위를 요구, 필요, 주장, 욕구, 그리
고 일반적으로 다른 사람들의 삶과 이해할 만하게 연관짓는 윤리적
인 것의 관념을 갖고 있다. 그리고 우리가 윤리적 고려사항이라고 부
를 준비가 되어 있는 것에서 이렇게 우리 자신의 요구 등과 다른 사
람의 삶을 연관짓는 관념을 보존하는 것이 유익하다.

　그러나 이기주의는 그 가장 노골적인 형태보다 한 걸음 더 나아
갈 수 있다. 매우 헷갈리게도 **윤리적 이기주의**ethical egoism라고 불려
온, 우리가 어떻게 행위해야 하는가에 관한 하나의 이론이 있다. 윤

를 지칭한다. 즉 '이기주의'를 '자기본위주의'라고 읽어도 될 것이다. 그러나 '윤리적 이
기주의'와 같이 관례상 정착된 개념이므로 이기주의로 번역하였다.]

리적 이기주의는 각자가 사리를 추구해야 한다고 주장한다. 윤리적 이기주의는 반성적인 입장이며 사람들의 이익에 관한 일반적 견해를 취하기 때문에 노골적인 이기주의와는 다르다. 우리가 윤리적 이기주의를 (그것이 자칭하는 대로) 윤리 체계로 부르는지 아닌지는 그다지 중요하지 않다. 윤리적 이기주의가 윤리적 **고려사항**이라는 이념에 어떻게 기여하는가가 중요한 질문이다. 처음 보기엔 윤리적 이기주의는 윤리적 고려사항이라는 이념에 아무런 기여를 하지 않는 것처럼 보인다. 왜냐하면 그것은 우리 각자가 윤리와 무관한 고려사항들 nonethical considerations에 따라 행위해야 한다고 말하기 때문이다. 만일 윤리적 이기주의가 그것만 말한다면, 그저 독단적으로밖에 보이지 않을 것이다. 만일 사람들이 실제로는 사리 이외의 고려사항들에 따라 행위한다면, 무엇이 그들이 그렇게 행위하는 것이 비합리적이라는 점을 보여주는가? 윤리적 이기주의가 할 가능성이 더 높은 것은 사실 윤리적 고려사항의 역할을 **열린 채로 두는** 일이다. 그리고 윤리적 고려사항들을 따르는 행위를 포함하는 삶이 사리와 어떻게 관련되어 있는지 묻는 것이다.

윤리적 고려사항의 역할을 열린 채로 두는 윤리적 이기주의와 상당히 비슷하게 보이지만 이와는 다른 또 하나의 견해가 있다. 이 견해 역시 일어나야 마땅한 것은 각자가 사리를 추구하는 것이라고 말하면서 무엇인가 일반적인 것을 주장한다. 이 견해는 행위하면서 고려에 넣는 고려사항을 불안정하게 하는 효과를 낳을 가능성이 높다. 그 견해는 일상적인 뜻에서 윤리적인 고려사항을 도입할 수도 있다. 만일 사람들이 각자의 사리를 추구하는 것이 일어나야 마땅한 것이라고 내가 믿는다면, 내가 할 이유가 있을 수도 있는 것 하나는 각자가 사리를 추구하는 사태를 증진하는 것이며, 이것은 다른 사람들이 그 정책을 채택하는 것을 내가 도와주는 일을 포함할지도 모른다. 그러한 노선의 행위가 내가 나 자신의 사리만 그저 추구하는 것과 충돌하는 것도 무리가 아니다.

실제로, 일어나야 하는 것이 사람들이 그들 각자의 이익을 추구하는 것이라는 날것 그대로의 믿음을 지탱하는 일은 꽤나 어렵다. 이 믿음을 다른 고려사항으로 지지하는 것이 더 자연스럽다. 그 다른 고려사항이란, 각자가 모두 그렇게 한다면 **가장 좋으리라**는 고려사항이다it is for the best if everyone does that. 이 고려사항은 '다른 사람들에게 친절하려는 시도는 일어나야 할 사태가 무엇인지 혼동을 줄 뿐이다'와 같은 말을 하는 형태를 취할 수도 있다. 이와 같이 논하면서도 실제로 어떤 다른 윤리적 고려사항, 예를 들어 사람들이 원하는 것을 얻는 것은 좋다는 것 같은 고려사항도 받아들여, 가능한 한 많은 사람들이 그들이 원하는 것을 가능한 한 많이 얻는 가장 좋은 방법은 각자가 자신이 원하는 것을 추구하는 것이라고 믿는 것이 가능하다. 이런 믿음은 물론 19세기 초에 주장되었던 자유방임 자본주의를 옹호하는 데 사용된 것이다. 어떤 이들은 심지어 20세기 말에도 모든 경제 체계가 사람들이 사리를 넘어서는 성향을 갖는다는 사실에 의존한다는 명백한 사실에도 불구하고 이런 믿음을 주장한다. 아마도 이 모순은 왜 자유방임주의의 몇몇 옹호자들이, 자신의 사리를 추구하는 데 실패하고 있는 사람들에게뿐만 아니라 추구하고 있는 사람들에게도 설교조의 강연을 하는 경향이 있는지 설명해준다.

우리는 윤리적 고려사항과 이기적 고려사항을 대조하고 있다. 그러나 어떤 이는 다른 사람의 행복을 바랄 수도 있지 않겠는가? 물론 그렇다. 그렇다면 내가 원하는 것을 내가 추구한다는 이기주의가 다른 사람의 행복에 대한 배려라는 윤리적 유형의 고려사항으로 상정되는 것과 일치하지 않겠는가? 그 역시 그렇다. 그러나 그러한 일치는 더 일반적이고 체계적인 어떤 방식으로 이기적 고려사항과 윤리적 고려사항이 합쳐지지 않는다면 그다지 흥미로운 점은 아니다. 그렇게 합쳐지는가가 우리가 3장에서 토대들을 살펴보면서 다룰 질문이다.

이 모든 것으로부터, 윤리적인 것의 이념은 설사 그것이 모호하다 할지라도 어떤 내용을 가지고 있음을 이해할 수 있다. 윤리적인 것의 이념은 순수 형식적 관념이 아니다it is not a purely formal notion. **반윤리적**counterethical이라고 부를 수 있는, 윤리와 무관한 다른 종류의 고려사항이 이 점을 보여준다. 반윤리적 동기부여는 다양한 형태로 나타나며, 그 긍정적인 짝인 윤리적 동기부여를 뒤집은 모습이다. 악의malevolence는 이 종류의 가장 익숙한 동기most familiar motive of this kind로, 행위자의 쾌락과 흔히 연관되며 보통은 그렇게 연관되어 있는 것이 악의의 자연스러운 상태로 여겨진다. 그러나 순수하고 사심 없는 악의도 존재한다. 행위자가 의도하는 해악을 즐기려고 해악이 일어나는 현장에 자신이 있을 필요까지도 초월하는 적의malice 말이다. 그것은 불공정을 기묘하게 기뻐하는 반정의counterjustice와는 다르다. 반정의는 그 짝[정의]에 심하게 기생적이다. 반정의의 방향을 부여하기 위해서는 정의로운 것에 대한 주의 깊은 결정이 우선 이루어져야 한다는 뜻에서 말이다. 악의의 경우에는 그와는 상당히 다르다. 악의가 조금이라도 진행되기 위해서는 자비benevolence가 자신의 일을 먼저 해내야 한다는 것은 참이 아니다[무엇이 자비로운 것인가를 우선 주의 깊게 결정하는 일은 필요치 않다]. 그렇기보다는 자비와 악의 각각이 동일한 지각을 활용하여 다른 방향으로 움직여 나간다. (이것이 바로 니체가, 잔인함은 공감하는 감수성the sensibility of the sympathetic을 공유할 필요가 있는 반면 야만brutality은 그럴 필요가 없다고 논평했던 이유이다.) 다른 반윤리적인 동기부여는 또 한번 그 자신의 결론보다는 윤리적인 것의 명성이나 정서적인 자아상에 기생적이다. 이것은 예상하는 바대로 특히 미덕을 연루시킬 수 있다. 어떤 행위가 비겁하다는 점은 보통 그 행위를 해야 하는 이유로 여겨지지 않는다. 그러나 반윤리적인 방식으로, 어떤 행위가 비겁해서 악덕이라는 인식은 그 행위를 굳이 해서 수치를 느끼는 마조히즘masochism에 하나의 역할을 할 수 있다.

나는 이기주의의 고려사항과 자아를 벗어나는 — 예를 들어 자비나 공정성 같은 — 고려사항을 건드렸다. 그러나 윤리학에 매우 중요한 것으로 증명된 질문이 하나 있다. 그 질문은 그러한 고려사항들의 범위가 얼마나 자아 바깥으로 멀리 뻗어 있는가 하는 점이다. 당신이 당신의 가족이나 당신의 공동체나 당신의 국가의 이익과 필요만을 고려한다면, 그것은 윤리적 고려사항으로 여겨질 것인가? 확실히 그런 국지적인 충성은 사람들의 삶의 구조를 제공해 왔으며, 또한 윤리적 삶의 광장을 제공했다고 말하는 것도 옳을 듯하다. 그러나 보편적인 관심a universal concern에 의해서만 충족되는 것으로 보이는 일부 윤리적 요구들이 있다. 그런 관심은 모든 인간으로 확장되며 아마도 인간 종을 넘어서 확장된다. 이 관심은 특히 도덕이라는 하위체계에 의해 계발된다. 이러한 보편성의 특성이 없다면 어떤 관심도 진정으로 도덕적이지 않다고 흔히 생각되는 정도만큼 말이다.

도덕에 있어서 윤리는 언제나 같은 구성원, 즉 보편적 구성원을 가진다. 더 작은 집단에 대한 충직allegiance, 가족에 대한 충실이나 나라에 대한 충성은, 왜 보편적인 모든 사람들이 아니라 일부 사람들에 대해 충직함을 가지는 일이 좋은 일인가를 설명하는 논증에 의해서 바깥에서 안으로* 정당화되어야만 한다. (나는 5장과 6장에서 이런 종류의 접근의 동기와 위험을 살펴보겠다. 그리고 또한 보편적 구성원이 무엇인가에 관하여 제시되었던 상이한 해명들도 살펴보겠다.) 더 일상적인 수준에서는 (덜 반성적이라고 도덕적 비판가들이 말할 수준에서는) 윤리적인 것의 위치는 문제되는 이익 대조의 한편에서 다른 편으로 옮겨갈 수 있다. 내 개인적인 이익에 비하면 마을이나 국가의 이익은 윤리적 요구를 대변할 수도 있다. 그러나 마을이나 국가의 이익을 위한 요구가, 내 이익을 마을이나 국가의 이익과 동일시함에 따라 나왔다면 사리적인 것으로 여겨질 수 있다. 이것은 단지 자비나 공정성의 요구가 사리에 반대하여 항상 자신의 자리를 주장할 수 있기 때문이다. **내**가 사리를 대변하는 것과 꼭 마찬가지로 **우리도** 사리를 대변할 수 있다. 그리고 **우리**가 누구인가는 특정한 사안에서 동일시의 범위, 그리고 대조의 경계에 달려 있다.**

---

* [여기서 '바깥'은 보편적 구성원 전부를, '안'은 충직의 태도가 향하는 일부 사람들을 말한다. '바깥에서 안으로'라는 것은, 어떤 충직의 태도나 원칙도 우선 보편적인 윤리적 정당화가 이루어진 다음에야 윤리적으로 적합하게 취할 수 있다는 뜻이다. 이와 반대로 '안에서 바깥으로'라는 것은 충직의 대상이 되는 일부 사람들 — 이를테면 자신이 속한 국가의 국민들 — 사이에서 그 국가의 정체성에 속하는 가치나 기풍에 의해 정당화가 이루어지기만 하면, 보편적인 윤리적 정당화가 없어도 취하여도 된다는 것이다. 애국patriotism을 예로 들자면, 바깥에서 안으로 이루어지는 정당화는, 일정한 범위 내의 특정한 유형의 애국 — 이를테면 과학기술 혁신으로 나라를 부강하게 만들겠다는 마음 — 은 세계 평화와 국제적 번영에 기여하기 때문에 취하는 것이 권해진다고 볼 것이다. 그러나 나라의 부강을 위해 침략전쟁을 하는 것은 허용되지 않을 것이다. 반면에 안에서 바깥으로 이루어지는 정당화는, 특정 종교의 번영과 팽창이 그 나라의 정체성이자 계승해야 할 가치라는 점이 한 국가 내에서 확인된다면, 그 종교의 번영과 팽창을 위해 침략전쟁을 하여도 된다는 결론을 끌어낼 수도 있다.]

** [여기서 동일시identification란 해당 요구와 관련해서는 이익이 융합했다고 볼 수 있게 하는 이해나 감각을 뜻한다. 어떤 사람이 자기 나라가 다른 나라를 침공하여 얻은 이득으로 부강해져야 한다고 주장할 때, 주장자가 그런 전쟁으로부터 개별적인 이득은 얻지 못하고 오히려 손해를 볼 수도 있지만, 그렇다고 해서 그 주장이 윤리적인 것이 되지는 않는다. 그것은 오히려 국가 구성원들 모두와의 동일시가 이루어졌다는 것을 전제로 하여 보면, 사리적인 것에 불과하다.]

나는 몇 가지 윤리적 고려사항을 언급하였는데, 그중 한 종류 이상이 윤리와 무관한 고려사항이다. 철학은 전통적으로 이 다양성을, 그 경계의 양측 모두에서 줄이려는 욕구를 보여주었다. 우선, 철학은 윤리와 무관한 고려사항들 모두를 사리의 가장 좁은 형태인 이기주의로 환원 가능하다고 보는 경향이 있어 왔다. 실제로 몇몇 철학자들은 그것을 한 특수한 종류의 이기적 관심인 쾌락 추구로 환원하기를 원했다. 칸트는 특히 도덕 원리에서 나오지 않은 모든 행위는 행위자의 쾌락을 위해 행한 것이라고 믿었다. 이것은 윤리적 이유들 때문에 행한 행위들을 포함하여 모든 행위는 쾌락을 추구하려는 동기로 행한 것이라는 다른 이념과는 구분될 필요가 있다. 후자의 이론은 심리적 쾌락주의다. 그리고 심리적 쾌락주의가 행위자의 기대 쾌락과 행위자가 의도적으로 하는 것을 간단히 동일시할 때 그렇게 되듯이 그 이념을 명백히 거짓이라고, 아니면 하나마나 한 이야기만 하는 텅 빈trivially vacuous 것이라고 보지 않기는 힘들다. 그러나 어떤 경우든 이 이론은 윤리적인 것과 윤리와 무관한 것의 구분에는 아무런 특별한 기여도 하지 못한다. 만일 심리적 쾌락주의의 참되고 흥미로운 형태가 있다 해도, 윤리와 무관한 동기부여를 가진 행위들이 쾌락 추구 활동의 어떤 특별한 집합을 필연적으로 형성하지는 않을 것이다. 다른 한편, 칸트의 견해는 정말로 그 질문[윤리적인 것과 윤리와 무관한 것 사이의 구분에 관한 질문]에 기여한다. 도덕적 행위만이 심리적 쾌락주의로부터 유일하게 면제되어 있다고 주장함으로써 말이다. 칸트의 이 견해는 확실히 틀렸다.[9] 만일 우리가 그런 이론에 영향 받지 않

---

9   그 원칙은 칸트의 자유 이론의 일부이다. 칸트의 자유이론은 애초에 지성적으로 이해
      할 수 있는 것이 될 수 있다 해도, 모순을 제거하기 어렵기로 악명이 높다. 이에 대한

는다면, 우리는 상이한 종류의 윤리와 무관한 동기부여가 있다는 점을 — 게다가, 윤리적 고려사항에 상치되게 작동하는 동기부여가 한 종류만이 아니라 두 종류 이상이 있다는 점을 받아들일 수 있다.[10]

윤리와 무관한 모든 고려사항들을 한 유형으로 환원하려는 욕구는 지금은 강하지 않다. 도덕철학이 무엇을 하는 것이 옳은가, 그리고 무엇이 선한 삶인가의 질문(그러한 질문들에 대한 답은 명백한 것으로 생각되었다)보다 사리심과 쾌락의 동기부여에 상치되게 그러한 것들을 추구하도록 어떻게 동기부여를 받을 것인가에 주로 집중했던 시절에 비해서는 말이다. 다른 한편으로 모든 **윤리적** 고려사항들을 한 패턴으로 환원하려는 욕구는 예나 지금이나 강하다. 그리고 다양한 이론들이 윤리적 고려사항의 이런저런 유형이 기본적이고, 다른 유형은 그 기본적 유형에 의거하여 설명된다는 점을 보여주려고 하였다. 일부는 책무나 의무 관념을 기본적인 것으로 취한다. 그러면서 우리가 어떤 것을, 이를테면 일정한 행위가 최선의 결과에 높은 확률로 이를 것이라는 점을 윤리적 고려사항으로 여긴다는 사실은 여러 의무들 중에서도 우리가 가장 좋은 결과를 일어나게 할 하나의 의무를 지고 있음에 의해 설명된다고 한다. 이런 종류의 이론들은 "의무론적"이라고 불린다. (이 용어는 때때로 의무에 해당하는 고대 그리스로부터 왔다고 이야기된다. 의무duty에 해당하는 그리스 단어는 없다. 그 단어는 **하지 않으면 안 되는 것**에 해당하는 그리스어에서 온다.)

이것들과 대비되는 이론들이 있다. 이 이론들은 가장 좋은 가능

추가적인 논평으로는 4장을 보라.

10   나는 이것을 *Morality: An Introduction to Ethics* (New York: Harper and Row, 1972)에서 논의하였다.

한 사태를 낳는 것의 이념을 기본적인 것primary으로 여긴다. 이런 종류의 이론들은 "목적론적"이라고 흔히 불린다. 가장 중요한 사례는 결과의 좋음을 사람들의 행복이나 사람들이 원하거나 선호하는 것을 얻는 것과 동일시하는 이론이다. 말했듯이 이 이론은 공리주의라고 불린다. 물론 예를 들어 무어는 목적론적 체계의 더 일반적 관념을 가리키는 데 그 용어를 사용하긴 했지만 말이다.[11] 이 환원적 이론들 중 일부는 그저 우리에게 무엇을 가장 근본적 관념으로 다루는 것이 합리적인가, 또는 다시금 우리의 윤리적 경험에 가장 참된가를 이야기할 뿐이다. 다른 이론들은 더 대담하며, 이 관계들이 우리가 말하는 것의 의미에서 발견되어야 한다고 주장한다. 그래서 무어는 "옳은"은 그저 "최대의 좋음을 낳는"productive of the greatest good을 의미한다고 주장하였다.[12] 무어의 철학은 적당한 주의를 기울인 가장假裝에 의해 특징지어진다. 이 가장은 그의 글을 무수한 조건절로 답답하게 만들었다. 그런데 그런 조건절이 그가 큰 실수를 저지르지 않게 막아주지는 못했다. 그리고 옳음의 의미에 관한 이 주장 — 옳음이 최대의 좋음을 낳는 것이라는 주장 — 은 한마디로 참이 아니다. 더 일반적으로, 만일 이런 종류의 이론들이 기술적인 것으로 제시된

---

11 의무론적인 것과 목적론적인 것 사이의 구분은 여기서 매우 대략적으로만 도입되었다. 그 구분에 대한 관심은 아마도 이와는 다른 수준에서, 즉 도덕의 중요성이 놓이는 곳이 어딘가에 관한 의견불일치에서 발견될 수 있다. 10장을 보라. 그 구분은 그어졌던 많은 구분들 중 하나에 불과하다. 넘칠 듯이 많은 분류 방법에 관하여는 W. K. Frankena, *Ethics*, 2nd ed. (Englewood Cliffs: Prentice-Hall, 1973)을 보라.

12 G. E. Moore, *Principia Ethica* (Cambridge University Press, 1959), sections 17 and 89. 무어는 "A Reply to My Critics," in P. A. Schilppe, ed., *The Philosophy of G. E. Moore* (La Salle: Open Court Publishing Co., 1942)에서 이 견해를 거부하였다. *Ethics* (1912)에서 무어는 이미 그것을 거부한 것 같다. 비록 무어가 그 점을 그 책에서 주장하는 것을 삼갔다고 말했을 뿐이긴 하지만 말이다.

다면, 즉 우리가 실제로 동등하다고 여기는 것에 대한 해명으로 제시된다면 그것들은 모두 같은 정도로 오도된 것이다. 우리는 갖가지 상이한 윤리적 고려사항들을 활용한다. 이 고려사항들은 진정으로 서로 다르다. 그리고 우리가 많은 상이한 종교적 노선과 사회적 노선으로 어우러진 길고 복합적인 윤리적 전통의 계승자라는 이유에서도, 그런 다양성과 상이성이야말로 우리가 발견하리라 기대하는 것이다.

인류학처럼 기술을 목적으로 하는 과업이라면 이런 식으로 여러 고려사항들을 하나의 기본적 고려사항으로 환원하는 작업은 그저 방향을 잘못 잡은 것에 불과하다. 그러나 이 작업에 다른 목적들이 있는지도 모른다. 그것은 어떤 더 깊은 수준에서 우리에게 윤리학의 주제에 관한 이론을 주고자 하는 것인지도 모른다. 그러나 왜 그 목적이 우리로 하여금 우리의 기본적인 윤리관들을 하나의 근본적인 것으로 환원하기를 장려할 수밖에 없는지는 명확하지 않다. 만일 윤리학의 주제에 관한 진리 같은 것이 있다 해도 — 그 진리를 우리는 윤리적인 것에 관한 진리라고 말할 수 있겠다 — 왜 그것이 단순하리라고 조금이라도 기대해야 하는가? 특히 왜 그것이 개념적으로 단순해서, 다수의 개념이 아니라 오직 한두 개의 윤리적 개념만을, 이를테면 **의무**나 좋은 **사태**good state of affairs와 같은 개념들만을 사용하리라고 기대해야 하는가? 윤리적인 것을 기술하기 위해 우리가 필요로 하다고 여기는 만큼 많은 수의 개념이 필요하며, 그보다 더 적은 수의 개념을 써서는 안 되는 것일 수도 있다.

윤리적 개념들을 한두 개로 환원하려는 목적은, 윤리이론의 이와는 다른 목적에서 발견됨이 틀림없다. 그 목적은 그저 우리가 윤리적인 것the ethical에 관하여 어떻게 생각하는가를 묘사하는 것에 그치지 않고, 우리가 윤리적인 것에 관하여 어떻게 생각해야 하는가를 알려주는 것이다. 나중에 나는 철학이 윤리이론을 낳으려고 하지 않아야 한다고 논할 것이다. 물론 이것이 철학이 윤리적 믿음이나 이념에 대하여 어떤 비판도 제시할 수 없다는 것을 의미하지는 않지만 말이다. 나는 윤리학에서 환원적 과업은 아무런 정당화 근거가 없으며 그래서 사라져야 한다고 주장할 것이다. 그러나 여기서 나의 논지는 그저 그 과업이 정당화를 필요로 한다는 점을 강조하는 것뿐이다. 도덕철학의 많은 부분은 눈 하나 까딱 않고 이 활동에 참여하고 있는데, 긴 시간 동안 그렇게 해왔다는 점을 제외하고는 아무런 명백한 이유도 없이 그렇게 하고 있다.

윤리적인 것의 층위나 윤리와 무관한 층위 중 하나에서만 작동하는 것에서 그치지 않고, 모든 고려사항을 하나의 기본적인 종류로 환원하려는 경향이 있는 환원주의를 찬성하는 하나의 동기가 있다. 이 동기는 합리성에 관한 가정에 의지한다. 그 가정이란 두 고려사항들이 그것에 의거해 비교될 수 있는 공통 고려사항이 없다면 서로 대비하여 합리적으로 비중이 가늠될 수 없다는 것이다. 이 가정은 매우 강력하면서도 동시에 전적으로 아무런 근거가 없다. 윤리적인 것과는 상당히 별개로, 미학적 고려사항은 경제적인 고려사항과 대비하여 비중이 가늠될 수 있으며, 미학적 고려사항이 경제적 고려사항의 적용이 아니라도, 또한 이 둘이 다 제3의 고려사항이 되지 않고도 비중이 가늠될 수 있다. 정치적 고려사항들이 그것들을[정치적 고려사항들]과 대비하여 비중이 가늠되는 고려사항들과 동일한 재료로 이루어진 것이 아니라는 점을 정치가들은 안다. 심지어 서로 다른 정치적 고려사항조차 서로 다른 재료로 이루어져 있다. 만일 직업, 휴가, 그리고 동료를 비교한다고 하여도, 판단은 특정한 무게 추 세트를 필요로 하지 않는다.

이렇게 비중을 가늠하는 일은 한낱 지성적 오류를 범하는 것이 아니다. 만일 지성적 오류라면, 사람들의 경험이 그것과 모순된다는 사실, 사람들이 자주 그들이 합리적이라고, 또는 적어도 합당하다고 여기는 결론들에 비교의 단일한 공통 통화를 사용하지 않고서 도달한다는 경험과 모순된다는 사실에 직면하여 살아남지 못할 것이다. **합리성에 관한 합리주의적 관념**a rationalistic conception of rationality을 향한 동력은 대신에 현대 사회의 사회적 특징들로부터 나온다. 이 사회적 특징들은 공적 합리성에 대한 특정한 이해로부터 끌어온 모델을 개인의 숙고와 실천적 이성의 이념 그 자체에 부과한다. 이 이해는 원칙적으로 모든 결정이 담화적으로 설명될 수 있는 근거에 기반할 것을 요구한다. 이 요구는 실제로는 충족되지 않으며, 권위가 진정으로 답변 가능하여야[권위에 대한 이의에 답변하여 자신의 정당성의 근거를 만들 수 있어야] 한다는 목적을 위해 아마도 거의 하는 일이 없을 것이다. 그렇지만 그것은 영향력 있는 이상이며, 원인과 결과의 순서를 거꾸로 해서 마치 그것이 공적 세계에 합리성의 독립적 이상을 적용한 결과처럼 보인다. 하나의 이상으로서 모든 결정이 담화적으로 설명될 수 있는 근거에 기반해야 한다는 이념에 대해서는 나중에 더 살펴볼 것이다.[13]

---

13 어떤 형태로는 명시적인 담화적 합리성explicit discursive rationality에 대한 요구는 소크라테스만큼이나 오래되었고, 어떤 근대의 영향을 나타내지 않는다. 그러나 오늘날 작동하고 있는 가장 강력한 정당화 모델들, 그리고 이유들의 단일통화single currency of reasons에 대한 요구는, 근대의 관료적 합리성의 표현임이 확실하다. 그 질문은 사회적으로 규정되지 않은 "벌거벗은" 자아의 역사에 관한 질문과 관련되어 있다. 벌거벗은 자아는 앞의 주석 6의 문헌에서 언급되었다: 매킨타이어는 벌거벗은 자아가 순전히 근대의 관념인 정도를 과장하였다. 형식적 조건으로 표현되기는 했지만, 합리성이 의사결정 체계에 무엇을 합당하게 요구할 수 있는가의 질문에 관해서는, Amartya Sen, *Collective Choice and Social Welfare* (San Francisco: Holden Day,

소크라테스의 질문으로 돌아가보자. 그것은 개인의 실천적 질문 중에서도 특히 야심 찬 예다. 가장 직접적이고 복잡하지 않은 그런 종류의 질문은, 이와는 대조적으로 "내가 무엇을 해야 하는가?"나 "내가 무엇을 할까?"다. 우리가 논의했던 다양한 윤리적 그리고 윤리와 무관한 고려사항들이, 그러한 질문에 답하는 데 기여한다. 그것의 답, 숙고의 결론은, "나는 …를 할 것이다"나 "내가 하려고 하는 것은 …이다"다 — 그리고 그것은 의도, 나의 숙고의 결과로서 내가 형성한 의도의 표현이다. 행위의 순간이 왔을 때, 내가 그 의도를 실행하는 데 실패할 수도 있다. 그러나 그 경우 그것은 내가 그 의도를 잊어버렸거나, 막혔거나, 나의 마음을 바꿨거나 했기 때문이다. 또는 내가 (그렇게 알게 될 수도 있듯이) 정말로 그것을 결코 의도한 적은 없기 때문이다. 즉 그것이 나의 숙고의 진정한 결론이 아니었거나 내가 했던 숙고가 진정한 숙고가 아니었기 때문이다. 즉시 행위를 해야 할 때는 이런 이유가 작용해서 의도 실행이 실패할 여지는 더 작다. 그래서 만일 내가 무엇을 해야 하는가나 무엇을 할지의 질문에 대한 답을 생각해내고는 바로 그 뒤에 내가 금방 하려고 했던 것을 하는 데 실패하는 일은 역설적이다.

"내가 무엇을 해야 하는가?"의 질문은, 사고와 행위 사이의 공간을 더 허용한다. 여기서 적합한 결론은 "나는 …를 해야 한다"이며 여기서 "… 그러나 나는 하지 않을 것이다"를 덧붙이는, 몇 가지 지성적으로 이해할 수 있는 방식들이 있다. **해야 한다**should는 내가 다른 방식

1970), and "Rational Fools", reprinted in his *Choice, Welfare and Measurement* (Oxford: Blackwell, 1982); A. Sen and B. Williams, eds., *Utilitarianism and Beyond* (New York: Cambridge University Press, 1982), Introduction, pp. 16-18 을 보라.

이 아니라 한 방식으로 행위할, 내가 가진 이유들로 주의를 끈다. "나는 …해야 하지만, 그러지 않을 것이다"의 통상적 기능은 이유들의 어떤 특별한 집합, 이를테면 윤리적 이유들이나 타산적 이유들로 주의를 끄는 것이다. 그러한 이유들은 다른 이들에게 이유들로 선언하기에 특별히 좋은 것들이다 — 왜냐하면 그것들은 나의 행동을 이를테면 누군가의 행위 계획에 들어맞게 함으로써 정당화하는 데 기여하기 때문이다. 그러나 드러났듯이, 그런 이유들은 나에게는 지금 가장 강한 이유들은 아니라는 것이다. 가장 강한 이유는 내가 다른 것을 몹시 원한다는 것이다. 어떤 것을 욕구한다는 점은 물론 그 어떤 것을 할 하나의 이유다.[14] (그것은 나의 행동을 다른 사람들에게 정당화하는 이유도 될 수 있다. 비록 그 자체로는 그런 정당화를 할 수 없는, 정의와 특히 연관된 정당화의 과제가 있기는 하지만 말이다.) 그러므로 이런 종류의 사안에서, 모든 것을 종합하여 내가 할 가장 큰 이유가 있다고 생각하는 것은 내가 하기를 몹시 욕구하는 것이며, 그리고 만일 **나는 해야 한다**I should가 내가 할 가장 큰 이유를 가진 것을 지시한다면, 그것이 내가 해야 하는 것이다. 내가 할 가장 큰 이유를 가진 것이라도 내가 의도적으로 그리고 강제 없이 하는 데 실패할 수 있는가라는 더 나아간 그리고 더 깊은 질문이 있다. 아리스토텔레스가 그 현상에 붙인 명칭을 따라 이것은 **의지박약**akrasia의 문제로 알려져 있다.[15]

---

14   이것은 Edward J. Bond, *Reason and Value* (New York: Cambridge University Press, 1983)에서 부인되었다.

15   의지박약에 관한 논의는 다음과 같은 문헌들을 포함한다. Donald Davidson, "How Is Weakness of the Will Possible?" in Joel Feinberg, ed., *Moral Concepts* (New York: Oxford University Press, 1969); David Pears, *Motivated Irrationality* (New York. Oxford University Press, 1984).

그렇다면 소크라테스의 질문은 "어떻게 사는 것이 주체가 가장 큰 이유를 갖는 것인가how has one most reason to live?"를 의미한다. 앞서 그 질문에서 **해야 한다**should의 힘이 단적인 **해야 한다**라고 말하면서, 나는 그 질문 자체가 한 종류의 이유가 다른 종류의 이유보다 선행되는 우위를 갖게 만들지 않도록 했다. 특히, 존중할 만한 정당화의 이유들을 특별하게 고려하지 않도록 했다. 예를 들어 만일 윤리적 이유들이 그 답에서 중요하게 부각된다면, 그 이유는 그것들이 그 질문에 의해 간단히 선별되었기 때문은 아닐 것이다.

그럼에도 불구하고 소크라테스의 질문에는 특유한 강조점이 주어져 있다. 즉 무엇을 할지 살펴보는 어떤 실제적이고 특정한 상황으로부터도 거리를 두고 서 있다는 것이다. 소크라테스의 질문은 무엇을 할지에 관한 일반적인 질문이다. 왜냐하면 그것은 어떻게 살지를 묻고 있으며, 또한 그것이 나로 하여금 아무런 특정한 지점을 전제하지 않고 내 삶을 생각해보도록 유도한다는 점에서, 어떤 뜻에서는 무시간적 질문timeless question이기도 하기 때문이다. 이 두 사실이 소크라테스의 질문을 반성적 질문으로 만든다. 반성적 질문이라는 점이 그 질문에 대한 답을 결정하지는 않아도 그에 영향은 미친다. 특정한 시점의 특정한 상황에서 실천적 질문에 답하는 경우에는 내가 **그 시점**에 원하는 것에 특별한 관심을 두게 될 것이다. 소크라테스의 질문의 경우에는 내가 그 질문을 그 어떤 특정한 시간에 던지는 것이 아니다. 또는 그렇기보다는, 내가 의문의 여지 없이 그 질문을 던지는 시간이 있기는 하겠지만 그 특정 시간은 그 질문과 아무런 특별한 관련도 갖고 있지 않다. 그래서 나는 그 질문에 의해 더 일반적인, 정말로 장기적인 인생에 관한 관점을 취해야만 하게 된다. 이것은 내가 장기적인 타산의 답변을 제시하도록 결정하지 않는다. 그 질문에 대한 답은 다음과 같을 수도 있다. 내가 사는 최선의 방식은 어떤 시점에서도 내가 그때 가장 원하는 것을 하는 것이다. 그러나 만일 내가 타산에 약하다면, 소크라테스의 질문의 본성은 그 약점을 끌어낸다.

더군다나, 소크라테스의 질문은 **그 누구의** 질문anybody's question도 된다. 이것은 물론 그 질문이 어떤 특정한 사람에 의해 던져질 때, 누구나에 대한 물음이라는 것을 의미하지는 않는다. 그것은 그 질문을 던진 그 사람에 관한 질문이다. 그러나 그 질문이 소크라테스적인 방식으로 내 앞에 놓여 반성을 유도할 때, 이 질문이 누구에게나 제기될 수 있다는 사실이 반성의 일부가 될 것이다. 왜냐하면 그 질문이 누구에게라도 제시될 수 있다는 것이 그 반성을 구성하는 지식의 일부이기 때문이다. 일단 이런 방식으로 구성되었을 때, 그 누구라도 던질 수 있는 "내가 어떻게 살아야 하는가?"라는 질문에서 "누구든지 어떻게 살아야 하는가?"의 질문으로 이동하는 것은 매우 자연스럽다. 그 질문은 우리 모두가 다른 방식이 아니라 어떤 방식으로 살아갈, 공유하는 이유들을 묻는 것으로 보인다. 그 질문은 **좋은 삶**the good life의 조건을 묻는 것 같다. 아마도 인간 그 자체를 위해 올바른 삶 말이다.

그러나 소크라테스의 반성이라는 바로 그 과업이 그 질문을 그 방향으로 얼마나 멀리까지 데려갈 수밖에 없는가? 그리고 그 답변에 어떤 영향을 끼치게 되는가? 반성의 무시간성은 그 질문이 타산을 찬성하게끔 결정하지는 않는다. 마찬가지로, 반성적 질문을 어느 누구라도 던질 수 있다는 사실은 그 답변이 이기적일 여지를 허용한다. 그러나 만일 그 답이 이기적이라면, 그것은 다른 종류가 아니라 특정한 종류의 이기주의일 것이다 — 앞서 구별된, 즉 모든 사람들이 그들 각자의 이익에 유리하게 살아야 한다는 일반적 이기주의 말이다.

자연스럽게 이것은, 만일 그렇다면 그런 식으로 사는 인간의 삶이 더 나음이 틀림없다는 사고를 불러들인다. 그러나 만일 그렇다면 (이와 같이 계속 사고를 진행해나가는 일은 유혹적인데) 어떤 비개인적이거나 간개인적interpersonal인 뜻에서 사람들이 그런 방식으로 사는 것이 더 나음이 틀림없다. 이런 비개인적인 관점에 이르게 되면, 우리는 아마도 그 비개인적인 관점에서 돌이켜보면서, 우리의 여정을 반대 방향으로 밟아가 심지어 우리의 출발점마저도 수정할 필요가 있게 될지도 모른다. 왜냐하면 비개인적 관점에서 각 개인이 이기적 방식으로 사는 것이 더 낫지 않다면, 아마도 우리는 우리 각자가 이기적인 방식으로 살지 않아야 한다고, 그리고 결국 우리는 소크라테스의 질문에 이기적이지 않은 답을 주어야 한다고 말할 수 있을 것이기 때문이다. 만일 그 모든 것들이 진정으로 따라나오는 것이라면, 소크라테스의 반성적 질문은 그저 그 질문을 던지는 것만으로 우리를 윤리 세계로 매우 깊숙이 데려다놓을 것이다. 그러나 그 모든 것이 따라나오는가?

실천적 사고는 근본적으로 일인칭적이다. 그것은 "**나**는 무엇을 해야 하는가?"라는 질문을 던지고 답해야 한다.[16] 그런데 소크라테스적 반성 아래에서 우리는 그 **나**를 일반화하도록 몰리는 것 같으며 심지어 그 반성의 힘만으로 윤리적 관점을 취하도록 몰리는 것 같다. 5장에서 우리는 반성이 우리를 그렇게 멀리까지 데려다주는지 살펴

---

16   이것은 "우리가 무엇을 해야 하는가?"를 잊는 것이 아니다. 그것 역시 1인칭적이다. 기본적인 질문은 화자가 복수의 1인칭으로 취하고 있는 이가 누구인가이다. 즉 다시 한 번 나인 화자가 누구인가가 기본적인 질문이라는 점을 기억하는 것이 꼭 필요하다.

볼 것이다. 그러나 설사 그럴 수 없다 하더라도, 소크라테스적 반성은 확실히 우리를 어딘가로 데려다준다. 반성은 어떤 헌신을 포함하는 것 같으며, 확실히 철학은 반성에 헌신하고 있다. 그러나 이 책의 존재 자체가, 반성이 우리를 어느 범위까지 헌신하게끔 할 수 있는지, 그리고 왜 우리가 반성에 헌신해야 하는지라는 이중의 질문을 제기함이 틀림없다. 소크라테스는 그의 반성이 탈출 불가능하다고 생각했다. 그가 의미한 것은 누구나 그 반성을 하리라는 것이 아니었다. 왜냐하면 그는 누구나 그렇게 하지는 않으리라는 것은 알고 있었기 때문이다. 또한 그의 삶에 대한 반성을 시작한 사람은 어느 누구라도, 본인의 의지에 반해서까지, 반성을 계속하라는 내적 충동의 강제를 받을 것이라고 의미한 것도 아니었다. 그게 아니라 그의 생각은, 좋은 삶은 그 좋음의 일부로 반성을 가질 수밖에 없다는 것이었다: 그의 표현으로는, **검토되지 않은 삶은 살 가치가 없다.**

이것은 소크라테스의 질문에 대한 매우 특별한 대답을 요구한다. 그 대답은 소크라테스에게는, 그 질문을 애초에 제기한 것에 대한 최종적인 정당화를 제공한다. 만일 내 책이 그 질문을 제기하는 데 헌신하고 있다면, 그것은 그런 방식으로 그 질문에 답하는 데 헌신하고 있는가? 윤리적인 것과 좋은 삶에 대한 그 어떠한 철학적 탐구라도, 철학의 가치 그 자체, 그리고 반성적인 지성적 입장의 가치가 그 답변의 일부가 될 것을 요구할 수밖에 없는가?

제2장

아르키메데스적 점

다른 면에서는 서두르지 않는 저자조차 도덕에 대한 정당화를 요구할 때에는 긴요하고 절실한 어조로 말하는 것을 때때로 듣는다. 윤리적 삶 또는 (더 좁게는) 도덕이 철학에 의해 정당화될 수 없는 한, 상대주의, 무도덕주의, 그리고 무질서를 불러온다고 한다. 그들이 흔히 말한다.무도덕주의자가 윤리적 고려사항을 의문시할 때, 그리고 도덕의 요구를 따를 아무런 이유도 없다고 주장할 때, **우리는 그 무도덕주의자에게 무엇을 이야기할 수 있는가?**

그런데 만일 도덕의 정당화가 있다고 한들 우리는 무엇을 이야기할 수 있는가? 글쎄, 무도덕주의자 앞에 정당화를 가져다 놓을 수는 있다. 그러나 우리가 가져다 놓은 곳에 그가 머무르리라고 왜 기대해야 하는가? 왜 그가 들어야 하는가? 무도덕주의자, 또는 더 이론적인 수준에서 무도덕주의자와 유사한 존재인 상대주의자는 이런 저술들에서 불안을 일으키는 인물로, 위협으로 그려진다. 윤리적 삶에 대한 철학적 정당화가 있는지 여부가 그런 사람에게 왜 조금이라도 영향을 주어야 하는가?

철학사에서는 그런 이가 불안을 일으키는 인물로 그려진 적이 적어도 한 번 있었다. 플라톤의 《대화편》〈고르기아스〉에서 나오는 칼리클레스라는 등장인물로 말이다. 사실 칼리클레스는 정말로 플라톤의 《대화편》의 전통을 따라 합리적 대화에 참여하다가 소크라테스의 논증에 의해 쉽게 꺾여버리고 만다. (사실 거기서 등장하는 소크라테스의 논증은 너무나 납득이 가지 않는 것이어서, 플라톤은 그것을 개선하기 위해 나중에 《국가》를 써야만 했다.) 칼리클레스의 불안을 일으키는 점이야말로 플라톤이 〈고르기아스〉에서 보여준 것이며 또한 그 대화편의 주제이기도 하다. 칼리클레스는 철학 그 자체에 대하여 번득이는 경멸을 갖고 있으며, 그가 그 논증을 애초에 가만히 듣고 있다는 것은 오직 생색 내는 겸양 때문이거나 자기 자신을 즐겁게 하기 위해서이기 때문이다.

— 그것은 논점이 아니다. 문제는 그가 납득할 것인가가 아니라 납득해야만 하는가이다.

— 그러나 정말로 논점이 그러한가? 저자가 긴요하고 절실하다고 본다는 사실은 다른 어떤 것을 시사한다. 즉 이 논증의 결과에 무엇이 달려 있게 될 것인가를 시사한다. 다시 말해 윤리적 삶에 대한 정당화가 **실효력**force을 가질 수 있으리라는 것을 시사한다. 만일 우리가 이러한 시사를 진지하게 여긴다면, 누가 그 논증을 듣는다고 상정되고 있는지가 진정한 질문이 된다. 왜 그들이 듣는다고 상정되는가? 그 사람이 그 논증을 듣고는 문을 부수고 교수의 안경을 박살내고 교수를 납치해 가버리면 교수의 정당화는 무슨 일을 해줄 것인가?

어쨌거나, 무도덕주의자가 아닌 나머지의 우리가 도덕 또는 윤리적 삶에 대한 정당화로 여길 무엇인가가 있다고 하더라도, 칼리클레스 같은 무도덕주의자가 설득되어**야 한다**ought to be convinced는 것은 참인가? 아니면, 단지 만일 그가 설득된다면 좋은 일일 것이라는 뜻인가? 그가 설득된다면 의문의 여지 없이 우리에게는 좋을 것이다.

그러나 그것은 논지라고 보기 매우 어렵다. 그것은 그에게 좋은 일이라는 의미인가? 예를 들어, 그 자신의 최선의 이익에 반하여 행위하면 분별력이 없는 것인가?* 또는 그는 더 추상적인 뜻에서, 자기 자신과 모순되거나 논리 규칙에 반하고 있는가? 설령 그렇다고 한들, 왜 그가 그 점에 대하여 염려해야 하는가? 로버트 노직은, "비도덕적인 사람"에 대하여 제기된 비일관적이라는 비판이 갖는 힘이 무엇일까라는 질문을 솜씨 좋게 제기한 바 있다.

> 그가 견지하거나 받아들이거나 하는 어떤 X가 그로 하여금 도덕적으로 행동하는 것을 지지하게끔 되어 있다는 점을 우리가 보여준다고 가정해보자. 그는 이제 적어도 다음 중 하나를 포기해야만 한다: (a) 비도덕적으로 행동하는 것, (b) X를 견지하는 것, (c) 이 면에서 이 문제에 관하여 일관되는 것. 비도덕적인 사람은 우리에게 이야기한다. "솔직히 말해, 내가 선택을 해야 한다면, 일관성을 포기하겠다."[1]

윤리적 삶에 대한 정당화가 하려고 하는 일이 무엇인지, 또는 왜 우리가 그런 정당화를 하는 것이 필요한지는 분명치 않다. 우리는 정

---

* [플라톤의 윤리적 삶에 대한 정당화는 그런 윤리적 삶을 사는 것이 그 사람에게 최선의 이익이 된다고 하는 노선을 따른다. 그런데 이 플라톤적으로 해석된 최선의 이익을 좇지 않고, 이를테면 범상한 의미에서 자신의 이익을 따른다면, 그러한 행위가 타산적인 분별이 없는 행위가 되는지를 윌리엄스는 묻고 있다. 그런데 이러한 반문은 상당한 힘을 갖는다. 왜냐하면 예를 들어 어떤 사람이 위험을 감수하고 용기의 미덕을 발휘하지 않고 그저 소극적으로 자신의 목숨을 보존하는 행위를 두고 타산적인 분별이 없다고 보는 것은 이상하기 때문이다.]

1 Robert Nozick, *Philosophical Explanations* (Cambridge: Harvard University Press, 1981), p. 408.

당화라고 주장된 것에 대하여 세 가지 질문을 던져야 한다. [그 정당화는] 누구를 향한 것인가? 어디로부터 온 것인가? 무엇에 반대하는 것인가? 무엇보다도 먼저, "무엇에 반대하는 것인가aginst what"를 물어야 한다. 이는 윤리적 삶에 대한 대안으로 제안되고 있는 것이 무엇인지 물어야만 하기 때문이다. 그런 대안이 있다는 것이 중요하다. "무도덕주의자"는 누군가의 이름이다. 이는 고질적인 철학적 우려인 회의주의와의 관계에서 이 질문들을 규명하는 것을 도와준다. 회의주의는 사람들이 안다고 주장하는 모든 종류의 것을 건드릴 수 있다. "외부" 세계가 있다는 것, 다른 사람들이 [나처럼] 경험을 한다는 것(다른 사람들이 있다는 것도 덧붙일 수 있겠다), 과학적 탐구가 지식을 산출한다는 것, 윤리적 고려사항들이 힘을 갖는다는 것. 철학적 회의주의는 이 모든 것을 건드리지만, 매우 상이한 방식들로 그리고 매우 상이한 결과를 가지게끔 건드린다. 외부 세계의 사안에서는, 회의주의가 어떤 제정신인 사람들에게 제기하는 진정한 질문은, 우리가 세계에 관하여 이야기하는 것 중 어느 것이라도 참인지도 아니고, 우리가 그것 중 어느 것이라도 참이라고 아는지도 아니다. 진정한 질문은 우리가 그것 중 어느 것이라도 참이라고 어떻게 아는지, 안다면 얼마나 아는지이다. 삶 내에서는 그런 믿음들을 대신하는 대안이 없다. 왜냐하면 그런 대안이 있다면 삶을 대신하는 대안일 것이기 때문이다. 흔히 "다른 마음other minds" 문제라고 부르는 사안에서도, 제정신을 가진 사람들 사이의 문제로 한정한다면 거의 마찬가지 사정이 성립하지만, 그 문제는 위협적으로 **얼마나 많이**로 이동한다.** 확실히 우리는 다른 사

** [사람들은 (심각한 광인의 경우를 제외하고는) 다른 사람들이 자신과 마찬가지로 마음이 있다는 점을 직접 알 방도가 없다. 그러나 그렇다 하더라도 우리는 다른 이들을 전적

람들이 느낌을 갖는다는 것을 알지만, 그런 느낌들에 관하여 우리는 얼마나 많이 아는가? 이것은 부분적으로는 철학적 질문이며, "나는 어떻게 아는가?"라는 질문 이상의 실천적 결과를 갖는 질문이다.

윤리적 회의주의는 이런 측면에서 외부세계에 관한 회의주의와는 대척점에 있다. 그것은 다른 한편으로 초자연적 현상 탐구나 정신분석에 대한 회의주의와 같지 않다. 여기에서는 결국 받아들여져야 할 수도 있을 진정한 의문이 제기된다. 그리하여 이런 [초자연적 현상 탐구나 정신분석 등의] 활동들은 골상학과 같은 운명을 맞이하는 결과를 낳을지도 모른다. 우리는 그것들을 전적으로 거부하게 되어, 그것들이 지식이라는 주장 또는 심지어 합리에 의거한 믿음이라는 주장이 근거가 없음을 알게 될 것이다. 윤리적 고려사항들이 그런 종류의 집단적 거부를 맞이하는 것은 가능하지 않다. 그러나 개인으로서는, 윤리적 고려사항들을 받아들이는 것에 대한 대안이 정말로 있는 것 같다. 그 가능성은 윤리적인 삶이 아닌 삶이다.

이런 종류의 윤리적 회의주의는 외부 세계에 대한 회의주의와 너무나 달라서, 동일한 방법에 의해 다루어질 수 없다. 무어는 유명하게도 물질적 대상에 대한 회의주의자를 단 하나의 물질적 대상, 즉 자기 손을 대면시킴으로써 당황하게 만들었다.*** (어쨌거나, 만일 그런 회의주의자가 거기 있었다면 그 손과 대면했을 것이다.)[2] 무어의 제스처의

으로 자동인형이나 나의 뇌가 만들어낸 환상으로 진지하게 믿고 삶을 살아갈 수는 없다. 진지한 질문은 이미 마음이 있다는 전제 위에서 제기될 수밖에 없다. 즉 다른 마음의 문제는 적어도 살아갈 삶이 있는 한 다른 마음의 존재 여부의 문제에 안정적으로 머물러 있지 않으며 그 마음의 구체적인 부분들을 얼마나 아는가로 재빨리 이동하게 마련이다.]

*** [무어의 손은 회의주의자에 대한 논박으로 손을 차례로 들어보이며 다음과 같이 논증한 것을 뜻한다. '여기에 손이 있다. 여기 다른 손이 있다. 세계에 적어도 두 개의 외부 대상이 있다. 그러므로, 외부 세계는 존재한다.' 무어의 손이 공박하려고 했던 회의주

결과에 관하여 — 이를테면 그것이 선결문제요구의 오류를 범하였는 지 여부에 관하여 — 많은 논의가 있었다. 그러나 무어의 손짓은 틀림없이 효력이 있었다. 이런 회의주의자를 진지하게 여기는 것은 그의 말을 문자 그대로 받아들이기 때문이고 그렇게 하면 몇 가지 문제가 생길 수 있음을 우리가 깨닫게 한 것이다. 윤리적인 것에는 무어의 손에 대응하는 것이 없다. 만일 어떤 윤리적 진리가 있다면, 그들

논증의 기본 틀은 다음과 같다. '주체가 S이고 회의론적 가능성을 sp라고 하자. 예를 들어 sp는 나를 둘러싼 모든 환경과 다른 사람들의 존재가 한낱 환상에 불과하며 나는 어떤 알지 못하는 존재에 의해 그저 그런 환상을 실제처럼 받아들이도록 감각 인상을 주입받고 있다는 것이라고 하자. 그리고 q는 세계에 대한 지식이라고 하자. 만일 S가 not-sp를 알지 못한다면, S는 q를 알지 못한다. 그런데 S는 not-sp를 알지 못한다. 그러므로 S는 q를 알지 못한다.' 간단히 말해서 우리가 어떤 존재에 속아 감각 인상을 가짜로 주입받고 있는 것이 아니라는 점을 알지 못한다면, 우리는 우리의 손이 존재한다는 것도 알지 못한다. 이에 반대하는 무어의 논박은 우리의 확신의 정도 차이에 기댄다. 무어가 손을 차례로 들어보이면서 회의주의자에게 손을 대면시킨 것은, 그 확신의 정도 차이를 확인시켜 주는 작업이다. 우리가 가짜의 감각 인상을 어떤 존재로 인해 주입받고 있다는 것은 단지 사변적인 가능성만을 고찰할 수 있지만, 손이 있다는 점은 적어도 만져보고 냄새를 맡고 움직이는 것을 볼 수 있다. 일반적으로 사변적 가능성보다 구체적으로 확인되는 명제가 더 단단한 토대 위에 있으며 우리가 더 잘 알고 있는 것이다. 그런데 더 단단한 토대에 있는 것을 들어 사변적 가능성을 물리치는 것은 일반적으로 타당한 추론이다. 예를 들어 범죄 현장에서 A가 B를 살해하는 것을 목격하였다는 목격자 C의 증언이 있고, 또한 A의 혈흔과 생체조직이 현장에서 발견되었다고 해보자. 이때 A는 본인을 비롯해서 모든 사람들은 시뮬레이션되고 있는 프로그램에 불과하며 그 시뮬레이션을 운영하는 사람이 자신이 살인을 저지르도록 조종하였다는 변론을 제기한다. A의 회의를 그 회의가 제기되는 수준에서 곧바로 기각할 방도는 없다. 그러나 판사는 온당하게도 A의 변론은 사변적 가능성에 불과하지만 목격자 C의 경험과 현장에서 발견된 증거들은 구체적으로 확인되는 명제라고 판단할 것이다. 그래서 더 단단한 토대 위에 있는 후자의 명제를 근거로 사변적 가능성을 물리치는 것은 타당한 추론이라고 볼 것이다. 즉 우리의 q에 대한 확신은 sp에 대한 확신보다 더 단단한 토대 위에 있다. 그렇다면 not-sp를 알아야만 q를 알 수 있는 것이 아니라, 거꾸로 q를 상대적으로 더 확신을 가지고서 알기 때문에 그보다 훨씬 더 사변적인 단지 가능성에 불과한 sp를 믿을 수는 없다.]

2   G. E. Moore, "Proof of an External World," reprinted in his *Philosophical Papers* (Atlantic Highlands, N.J.: Humanities Press, 1977). 회의주의에 대한 무어식 답변의 효력에 관해서는 Thompson Clarke, "The Legacy of Skepticism," *Journal of Philosophy*, 69 (1972)을 보라.

중 일부는 — 이를테면 선택이 주어졌을 때는 아이를 마취하지 않고 수술해서는 안 된다는 것이 — 확실한 것으로 보일 수 있을지도 모른다.[3] 그러나 그런 사례의 생산은 다른 종류의 회의주의자[외부 세계 회의주의자]에 대해 무어의 손이 그랬던 것처럼, 윤리적 회의주의자에 대하여는 불안을 조성하는 결과를 낳지 않는다. 우선 한 가지 이유는 물질적 대상에 관하여 참으로 알려진 하나의 개별 명제라도 있다면 첫 번째 종류의 회의주의자는[물리적 세계에 대한 회의주의자는] 나가떨어지게 할 것이다. 무어의 손은 물질적 대상의 한 예이며, "하나 있음"이 "아무것도 없음"을 논박하듯이, "하나가 있음이 확실함"은 "아무것도 없음이 가능함"을 반박한다. 그러나 선택지가 있는 경우 아이를 마취하지 않고 수술해서는 안 된다는 사례, 또는 다른 두드러진 종류의 개별 [윤리적 명제를 생성하는] 사례는, 윤리적인 것을 인정하는 이에게만 윤리적인 것의 사례로 여겨질 것이다. 무도덕주의자, 칼리클레스 그 자신은 그런 상황에 놓인다면 아이를 돕거나 아이가 고통을 모면하게 할 것이다. 약간의 자비로운 또는 이타적인 감성만 있더라도 거의 누구라도 해당 상황에서는 일정한 방식으로 행위해야 한다고 생각하게끔 마음을 움직일 수 있을지는 모른다. 그러나 그 사실은, 무어의 손이 회의주의자에게 물질적인 무엇인가를 보여준 것과는 달리, 그에게 윤리적인 것을 보여주지는 않는다. 윤리적인 것은 더 많은 것을 포함한다. 즉, 고려사항의 전체 연결망을 포함한다. 그리고 윤리적 회의주의자는 그렇게 전체 연결망을 이루고 있는 고려사항들을 전적으로 무시하는 삶을 살 수도 있다.*

---

3   Renford Bambrough, *Moral Scepticism and Moral Knowledge* (Atlantic Highlands, N.J.: Humanities Press, 1979), p. 15.

전통적인 회의주의자는 기본적으로 지식에 관한 회의주의자다. 그러나 윤리적 회의주의자가 꼭 어떤 윤리적 지식이 있는지를 의심하는 사람인 것은 아니다. 내가 이해하기로는, 윤리에 회의적이라는 것은 윤리적 고려사항의 효력force에 관하여 회의적인 것이다. 누군가는 그것들에 효력을 인정할 수 있고, 그래서 회의주의자가 아닐 수 있지만, 윤리적 고려사항들의 의의가 지식임에 있지 않으므로 그것들이 지식을 구성하는 것은 아니라고 생각할 수 있다. (윤리적 지식이 있는지의 질문에 관하여는 8장을 보라.) 그러나 윤리적 회의주의가 이런 방식으로 이해되었을 때조차도, 우리는 회의주의자가 윤리적 고려사항에 반하는 삶을 사는 인물임이 틀림없다고 가정해서는 안 된다. 아마도 그렇기보다는 그가 그런 삶에 여지를 남겨둔다고 말해야 할 것이다. 어쨌거나 회의주의자는 단지 회의적일 뿐이니까. 가능한 한 그는 긍정도 부정도 하지 않는다. 그리고 총체적 회의주의자, 고대의 피론주의자the Pyrrhonian of antiquity는 그 어떤 것도 긍정하지도 부정하지도 않는 것으로 생각되었다. 그러나 피론주의자는 그러지 못했고,[4] 어떤 윤리적 회의주의자도 그런 일, 즉 윤리적 어휘를 쓰면서 모든 윤리적 물음에 관해 판단을 중지하는 일을 해낼 수 있을지는 의심스럽다[해낼 수 없을 것 같다]. 아무것도 긍정하지도 부정하

---

* [아이는 마취를 하고 수술해 고통을 모면하게 해주면서 나라는 배신할 수 있으며 여기에는 아무런 논리적 모순도 없다. 이 사람이 부인하는 것은 윤리의 전체 연결망이지 아이를 도와야 한다는 구체적인 명제는 아니기 때문이다.]

4 Myles Burnyeat, "Can the Sceptic Live his Scepticism?", in Malcolm Schofield, Myles Burnyeat, and Jonathan Barnes, eds., *Doubt and Dogmatism: Studies in Hellenistic Epistemology* (New York: Oxford University Press, 1980); reprinted in Myles Burnyeat, ed., *The Skeptical Tradition* (Berkeley: University of California Press, 1983)을 보라.

지도 않는 일을 한다는 바로 그 관념에 난점들이 있다. 예를 들어 약속하기의 어휘를 사용하면서도 약속을 지켜야 하는지의 질문에 '예'나 '아니요'라고 답할 아무런 결정적인 것도 없다는 입장을 동시에 유지하는 것은 어렵다. 더군다나 회의주의자는 행위해야 한다. 그리고 만일 그가 자신을 윤리적 담화의 세계에 애초에 포함시킨다면, 자신이 세계 내에서 가진 사고들을 표현하는 것으로 여겨질 수밖에 없다. 만일 그가 윤리적으로 괜찮거나 그렇지 않은 행위의 용어로 이야기한다면, 그리고 그가 자진해서 어떤 행위를 한다면, 우리는 그가 그 행위를 괜찮은 것으로 여겼다고 볼 수밖에 없다. 그러므로 이것은 윤리적 회의주의에게는 선택지가 아니다. 그러나 또 하나의 선택지가 있다. 이 선택지는 아마도 기만하려는 경우를 제외하고는, 윤리적 담화를 사용하는 것에서 전적으로 손을 떼는 것opt out of using ethical discourse이다. 쉬운 일은 아니지만, 회의주의자는 윤리적 고려사항에 전혀 관심을 두지 않는 존재로 굳건히 자리잡을 수 있을지 모른다. 그렇다면 대안이 있다는 논지의 힘force은 이해될 수 있다. 회의주의자는 선택지가 있는 것이다.

무도덕자에게 동기들이 남아있을 수 있는데, 윤리적 주장은 이들에 반대하는 정당화를 추구할 수도 있다. 그러나 (우리가 다음 장에서 볼 바와 같이) 무윤리적 삶the nonethical life을 찬성하는 어떤 객관적 추정이 있다고 생각하는 것은 틀렸다. 또한 윤리적 회의주의가 자연 상태라고, 그리고 윤리적 삶에 대한 아무런 정당화가 없고 그 점을 우리가 알게 된다면 우리 모두가 지금까지 머리에 떠올려온 그런 사람[무도덕주의자]처럼 되기를 원할 것이라고 생각하는 것도 틀렸다. 정당화를 찾는 도덕철학자는 때때로 그렇다고 가장한다. 그리하여 이 면에서 그는 바로 바로 정당화의 효과 — 적어도 실천하는 회의주의자에게 미치는 효과 — 를 과대평가하기 때문에 정당화의 필요성을 과대평가한다.

이것은 [그 정당화가] "누구를 향한 것인가to whom"라는 질문으로 우리를 되돌려 놓는다. 회의주의자나 무도덕주의자에게 무엇을 말해야 할지의 질문을 제기하는 철학자는 오히려 우리가 무도덕주의자에 관하여 무엇을 말해야 할지를 물었어야 했다. 그가 찾고 있는 정당화는 사실 대체로 윤리적 세계 내에 있는 사람들을 위해 고안된 것이다. 그 담화의 목적은 아마도 그것을 듣지 않을 누군가를 상대하기 위한 것이 아니라, 들으려고 하는 사람들을 안심시키고 강화하고 통찰을 주려는 것이다. 이것은 우리가 무도덕주의자 사안에서 다소 낙관적으로 활용했던 이념, 즉 윤리적인 것에 대한 정당화가 실효력force이 되리라는 이념에 상이한 시각을 가져다준다. 그 어떤 다른 철학자보다도 윤리적인 것 바깥의 삶의 가능성이 제기한 질문들을 깊이 들여다보았던 플라톤은 윤리적인 삶에 대한 정당화가 실효력이 될 것이라고 당연시하지 않았다. 그는 윤리적인 것의 힘power은 이성의 힘이라고 생각했으며, 그래서 그것은 실효력으로 **만들어져야** 한다고it had to be made into a force 생각했다. 그는 그것을 정치의 문제로 보았으며, 실제로 그것은 정치의 문제다. 그러나 그는 그 정당화가 지적인 과업이라 매우 어렵다고 믿었으며, 더 나아가 사람들은 누구나 윤리적 질서에서 벗어나고 그 질서를 파괴하려는 자연적 경향성을 갖는다고 믿었다. 이 경향성inclination은 대부분의 사람들에게 늘 존재한다. 이 대부분의 사람들은 정당화를 숙달할 능력이 결여되어서 스스로를 지배할 능력이 없는 이들이다.[5] 플라톤에게, 윤리적인 것을

---

5   Cf. "The Analogy of City and Soul in Plato's Republic," in E. N. Lee, A. P. Moure-

실효력으로 만든다는 정치적 문제는 사회가 합리적 정당화를 구현한다는 문제였다. 그리고 그 문제에는 권위주의적 해결책만이 있을 뿐이다. 만일 이와는 대조적으로 이미 윤리적인 공동체를 향해 그 정당화를 말한다면, 그 경우 도덕철학을 포함한 윤리적 담화의 정치는 상당히 다른 것이 된다. 그 목적은 그 공동체의 적이나 회피자shirkers를 통제하는 것이 아니라, 이미 그것을 들을 성향이 있는 사람들에게 이유를 제시함으로써, 그 동일한 성향에 의해 단결하는 공동체를 계속 창설해나가는 데 도움을 주는 것이다.

이때까지 나는 우리가 누군가와 합리적으로 토론할 수 있다면, 우리와 그 사람은 둘 다 (비록 동일한 것은 아닐지라도) 어떤 윤리적 삶 내에 있다고 대체로 가정해왔다. 왜냐하면 어떤 윤리적 삶 바깥에 있는 사람들은 우리와 논쟁할 가능성이 없으며, 우리에겐 그들이 우리와 논쟁하더라도 그들을 신뢰할 별다른 이유가 없기 때문이다. 칼리클레스가 소크라테스와 대화하면서 가졌던 종잡을 수 없는 동기, 또는 정말로 인위적인 동기를 제쳐놓는다 하더라도, 사람들이 — 극단적 경우 재앙에 대한 공통된 두려움에 의해 — 제한된 협동이나 적어도 침략 금지에 대한 합의를 협상할 하나의 공통된 필요에 의해 움직이게 되리라는 사실은 중요하다. 그런 협정agreements이 어떤 외적 제재 없이는 불안정할 수밖에 없게 되는 본질적인 이유들이 있다.[6] 어떤

latos, and R. M. Rorty, eds., *Exegesis and Argument, Studies in Greek Philosophy presented to Gregory Vlastos* (Assen: Van Gorcum, 1973).

6   그런 불안전성은 수인의 딜레마 문제에서 정교하게 드러난다. 예를 들어 Robert D. Luce and Howard Raiffa, *Games and Decisions* (New York: John Wiley, 1957)를 보라. 홉스의 정치 이론은 이 문제를 처리하는 한 가지 방식이다. 그런 쟁점이 윤리와 갖는 관련성에 관해서는 Edna Ullmann-Margalit, *The Emergence of Norms* (New York: Oxford University Press, 1977)를 보라.

경우든, 그런 협정이 있다고 그 자체로 윤리적 이해를 공유하게 되는 것은 아니다. 이 사실만으로도 사람들이 윤리 체계를 공유하지 않고서도 합리적 논의를 할 수 있다는 점을 보여주는 데 충분하다. 아마도 제한된 목적을 위해서 사람들은 누구든 윤리 체계를 가지지 않고도 합리적으로 논의할 수 있을 것이다. 그럼에도 대부분의 경우에는 윤리 체계를 가지지 않고 합리적으로 논의하는 일은 가능하지 않다. 왜냐하면 두 당사자 사이의 합리적 대화가 실제로 일어나려면 둘을 함께 묶어줄 무엇인가를 필요로 하기 때문이다. 이것은 물론, 더 일반적으로 확장되어 윤리적인 것이 되지는 않는 어떤 특수한 관계일지도 모른다. 그러나 만일 그렇지 않다면, 그리고 칼리클레스의 생색내는 겸양이 아니라면, 혹은 공통의 비상상황에 처한 이들이 공유하는 필요가 아니라면, 그런 관계는 윤리적 의식의 어떤 최소한의 궤적을 포함할 수밖에 없다.

이것은 공동체의 모든 구성원들이 윤리적 삶 바깥에서 살 수 있는 것은 아니라는 진부한 사실을 다시 한번 드러낸다. 그러나 한 명의 사람은 그 바깥에서 살 수 있을지도 모른다. 이것은 우리로 하여금, 밑바닥에서부터from the ground up 윤리적 고려사항을 정당화하는 것이 가능한지에 대한 일인칭 형태의 질문에 이르게 한다. 소크라테스의 질문을 던지는 행위자는 오직 행위, 욕구, 또는 믿음의 어떤 최소한의 구조만으로도 윤리적 삶을 찬성할 이유를 가지게 될 수 있는지를 궁금해 할 수 있다. 이 행위자는 실제로 최소한의 구조만을 보유하는 사람일 필요는 없다. 다시 말해, 윤리적 세계 안으로 가는 길이 있는지 알아보려고 하는 윤리적 세계 바깥에 있는 사람일 필요는 없다. 자신이 윤리적 세계에 있을 어떤 이유들이 있는가를 살펴보는, 그 세계 안에 있는 사람일 수 있으며(그가 자신의 반성을 이해하는 방식 자체도 이 반성의 결과에 영향을 받는다), 실제로 그런 경우 질문을 던질 더 나은 입지에 있을 것이다. 이 경우엔 "누구를 향한 것인가?" 라는 질문에는 아무런 문제가 없다. [왜냐하면 이 경우에는 자기 자신에게 발해지는 도덕적 담화를 사고하고 있는 것이므로.] 이제 중요한 질문은 우리의 원래의 세 가지 질문 중 마지막 질문인, "어디로부터 온 것인가from where"[즉 나를 근거 지을 토대나 기초가 되는 것이 무엇인지]가 된다. 다시 말해 이 사람이 가진다고 가정되는 최소한은 무엇인가? 그가 윤리적 삶을 밑바닥부터 정당화하려고 한다면 무엇이 이 밑바닥ground인가?

또 하나의 진부한 상으로 표현하자면, 아르키메데스적 점이 있는 곳은 어디인가? 그 질문은 진부할 뿐만 아니라, 그것이 나타내려고 여겨지는 그 어떠한 탐구도 심대하게 방해discouragement하는 것이다. 일부 탐구는 탐구의 성공이 무엇인지 상상하는 일이 어렵다는 방해에 익숙하다. 만일 지금 모든 지식과 믿음 바깥에서 그 지식과 믿음을 유효한 것으로 입증할 수 있는 어떤 입지를 찾는 과제를 부여받는다면, 우리는 그것을 과제로 인식하는 데 충분한 정도만큼도 그런 입지를 찾는다는 관념을 이해할 수 없을지 모른다. 그러나 윤리적인 것의 경우에는, 우리는 그 과제가 어떤 모습일지에 대하여 더 나은 관념을 갖고 있다. 우리는 합리적 행위라는 이념에서 지렛대의 지점을 발견할 필요가 있을 것이다. 합리적 행위라는 이념 자체는, 우리가 살펴본 것과 같이, 윤리적인 것에 대한 헌신을 직접적으로 드러내 보이는 것은 아니다. 이것이 소크라테스의 질문이 그 자체로 윤리적인 질문은 아닌 이유이다. 그리고 이것이 또한 무도덕주의자나 회의주의자가 윤리적 고려사항들 바깥에서도 합리적 삶이 가능하다고 계속 주장하는 것처럼 보이는 이유이다. 그래도, 아마도 그것은 단지 충분히 반성해보기 전에 그렇게 보이는 바일지도 모른다.* 그 질문 자체는 어떤 특별하게 윤리적인 용어도 사용하지 않으며, 그 점은 기정사실이다. 그럼에도 불구하고 우리가 그것에 관하여 적절히 사고하면, 우리가 합리적 행위자라는 이유만으로 이미 윤리적 삶에 헌신하고 있다**는 점을, 우리가 합리적 행위자라는 이유만으로 발견하게 된다는 것이 판명될지도 모른다. 몇몇 철학자들은 이것이 참이라고 믿는다. 만일 그들이 옳다면, 내가 아르키메데스적 점이라고 부른 무언가가 있는 것이다. 무도덕주의자나 회의주의자조차도 지지하게끔 되어 있지만, 적절하게 철저히 사고해보면 그가 비합리적이거나 비합당하거나 적어도 잘못 판단하고 있다는 점을 보여줄 무엇인가가 있다고 말이다.

이 패턴에 부합하는 철학적 작업의 기본 유형은 두 가지이다. 그 중 하나는 합리적 행위자성에 관한 가능한 관념들 중 최소한의 그리고 가장 추상적인 관념에서 작업해 나간다. 이것은 우리가 4장에서 살펴볼 것이다. 곧바로 살펴볼 다른 하나는 합리적 행위자성이 무엇인가에 관한 더 풍부하고 더 확정적인 견해, 그래서 합리적 행위자성이 어떤 특정한 인간의 삶을 사는 것을 통해 표현되는 것으로 여기는 견해를 가정한다. 두 이념 군群 모두 과거 철학에 뿌리를 두고 있다. 더 풍부하고 더 확정적인 관념은 아리스토텔레스에, 더 추상적인 관념은 칸트에 그 뿌리를 두고 있다. 그러나 이 철학자들 중 어느 누구

---

* [충분히 반성해보고서도 합리적이면서 윤리 세계 바깥에 있는 가능성에도 여지를 남기는 진술이다. 코스가드와 같은 학자는 합리성이 곧 윤리성으로 통한다고 보았다. 윌리엄스는 그렇게 생각하지 않는다.]
** [여기서의 헌신이란, 합리적 삶에 윤리적 삶이 포함된다는 견해를 지지하게끔 될 수밖에 없음을 뜻한다]

도 소크라테스의 질문을, 답변을 기다리고 있는 그 모습 그대로 취할 수 있다고 생각하지 않았다. 이들 각각은 아르키메데스적 점의 탐색을 재정의한다. 이 철학자들은 상이한 방식으로 이를 재정의하지만, 무엇인가 중요한 것을 공통으로 갖고 있다. 이 공통된 요소가 이들을 도덕철학사에서 이들보다 덜 생산적인 다른 노선들과는 대조적으로, 소크라테스의 원래의 질문과 연결해준다. 두 철학자는 각각 실천 이성에서의 논증을 산출한다. 그 둘 중 누구도 어떤 윤리적 명제의 참을 먼저 증명하고, 그 다음에 참을 믿으려는 우리의 관심에 의거하여 이 참을 받아들이도록 요청하려는 것이 아니다. 오히려 이 철학자들은 모두 합리적으로 행위하는 것 또는 만족스러운 인간 삶을 영위하는 것에 대한 우리의 이해관심 때문에 어떤 행위를 하도록 우리에게 명한다. 아리스토텔레스나 칸트에게 윤리적 명제들의 정당화는 이것으로부터만 나올 것이다. 그리하여 그 명제들은 합리적으로 행위하는, 또는 그런 만족스러운 삶을 사는 이들에 의해 받아들여지는 명제들이 될 것이다.

제3장

토대: 안녕

소크라테스는 플라톤의 《국가》에서 트라시마코스와의 토론 중에 그의 질문을 던진다. 트라시마코스는 허구의 인물로 보인다. 즉, 당대의 소피스트들의 더욱 조야한 주장들 중 일부를 구현하기 위해 창조된 인물인 것 같다. 트라시마코스는 사람이 자기 자신의 이익뿐만 아니라 다른 사람들의 이익에 관심을 가질 이유를 자주 가진다는 점에 동의하지만, 이는 자신의 힘이 제한되어 있기 때문 — 보통은 다른 이들의 더 큰 힘에 의해서 제한되어 있기 때문 — 일 뿐이라고 주장한다. 트라시마코스에 따르면, 당연히 인간은 힘과 쾌락을 추구한다. 사람들은 다른 사람들의 힘 때문에 그러한 추구를 줄일 수는 있는데, 이는 합리적이다. 사람들은 또한 다른 사람들의 이익을 존중하는 것이 옳다거나 고귀하다고 생각하게 될 수도 있는데, 이는 비합리적이다. 그 경우 그들은 관습에 의해 오도되고 있는 것이다. 이 관습은 존중받을 만하지만 근거는 없는 가정들을 심어주는 사회적 규칙들이다. 사람들이 이와 같이 생각하게 되었을 때는 다시금, 누군가 다른 사람이 더 큰 힘이 있기 때문인 경우가 보통이다. 그들의 오류는 기만당한다는 것이고, 그들을 기만하는 저 관습은 강제의 수단이다.

트라시마코스는 다른 사람들의 이익에 대한 존중을 명하는enjoin 관습은 — "정의"라고 불릴 수 있는 것으로[1] — 약한 이를 강한 이가 착취하는 도구라고 말한다. 이것은 즉각 질문을 불러일으킨다. 무엇이 이 사람들을 강하게 만드는가? 트라시마코스는 마치 정치 권력이나 사회 권력이 그 자체로 관습의 산물이 아닌 양 말하고 있다. 그리고 그것은 학교 운동장에서도 거의 들어맞는 일이 없는 견해다. 그의 입장은 《국가》에서 이 논지를 간취하는 다른 사람[글라우콘을 이야기한다]에 의해 재빨리 추종된다. 이 논지에 따르면, 정의는 일군의 사람들이 자신들을 보호하기 위해 채택한 관습의 산물이다. 그것은 그들 자신을 더 강하게 만들기 위한 약한 이들의 계약적 장치다. 이 정식은 첫 번째 정식과는 그 표면에서는 정반대다. 그리고 그것은 확실히 더 정교하다. 그러나 이 둘은 상당한 공통점을 갖고 있다. 두 견해 모두 정의를 어떠한 윤리관과도 독립적으로, 자연적으로 존재하는 이기적인egoistic 욕구의 만족을 위한 도구로 나타낸다. 두 견해 다 정의를, 그럴 필요가 없다면 따르길 원치 않을 무언가로 본다.

플라톤에게는 이것이 기본적 약점이었다. 그는 윤리적 삶에 대한 해명이 소크라테스의 질문에 답을 줄 수 있다고, 그래서 회의주의와 싸워 물리칠 수 있다고 생각했다. 사람들이 누구든 어떤 여건에 있든 정의로운 것이 자신들에게 합리적임을 보여줄 수만 있다면 말이다. 두 번째 해명인 계약에 의한 해명contractual account[글라우콘의 해

---

1   이 단어는 그리스 단어 디카이오시네dikaiosyne의 역어이다. 플라톤은 이 그리스 단어를 해당 영어 표현보다 더 폭넓은 범위의 뜻을 가지고 사용한다. 나는 M. I. Finley, ed., *The Legacy of Greece* (New York: Oxford University Press, 1981)에 실린 그리스 철학에 관한 논문에서 이 문제에 관한 몇몇 고대 철학자의 견해를 더 온전하게 해명한 바 있다. 그 논문의 내용은 현재의 내용과 부분적으로 겹친다.

명]은 이 점에서 원래의 야만적인 견해original brutal view[트라시마코스의 해명]보다 낮지 않다. 만일 어떤 사람이 힘 있고 지적이며 충분히 운이 좋다면, 그가 정의의 관습적 요구에 순응하는 것은 합리적이지 않을 것이다. 계약에 의한 해명은 이 면에서 특히 약하다. 왜냐하면 계약에 의한 해명은 다른 이들보다 더 지적이고 수완 있고 설득을 잘 하는 우월한 행위자에 대하여는 불안정하기 때문이다. 회의주의가 직면해야 하는 것은 무엇보다도 이런 종류의 행위자이며, 또 정의와 윤리적 삶이 합리적임이 보여져야 하는 것도 이런 종류의 행위자에게라고 플라톤은 생각했다.

이런 측면에서 플라톤이 보기에는, 계약 이론contractual theroy은 실패하였다. 더군다나 그 이론은 일정한 구조적 특성 때문에 실패하였다. 그 이론은 바람직하거나 유용한 **관행**practice, 즉 정의의 관습the conventions of justice을 윤리적으로 기본적인 것으로 표상했다. 그러나 플라톤과 소크라테스에게 윤리적으로 제일 바람직한 것은 행위자 안에 있는 무언가여야만 했다. 그들의 표현에 의하자면 만일 영혼 바깥의 어떠한 것이 — 예를 들어 어떤 규칙이나 제도가 — 윤리적으로 기본적이라면ethically primary, 어떤 심층의 욕구와 영혼의 상태 때문에 이런 규칙이나 제도에 부합하는 행위가 자신에게는 합리적이지 않은 사람도 존재할 수 있다. 그래서 그런 일이 가능한 한, 소크라테스의 질문에 윤리적 삶에 우호적인 방식으로 답하는 과제는 달성되지 않을 것이다. **각각의** 사람들에게 정의가 **그 사람에게** 합리적이라는 것을 보여주라는 요구는, 그 답이 합리적으로 될 사람이 어떤 종류의 사람인가에 우선 근거하고 있어야만 함을 의미하였다.

때때로 현대의 비판가들은 플라톤적 윤리학이 도덕의 근본적인 성격과 충돌한다는 면에서 이기적이라고 — 그리고 아리스토텔레스의 윤리관도 그런 면에서 이기적이라고 — 이야기한다.[2] 그리스인들은 도덕적 의식moral consciousness에 대한 성숙한 이해에 도달하지 못했다고 시사된다. 그리스인들이 의무라는 매우 특수한 개념에 강조를 두는 도덕 체계 특유의 선입견에 도달하지는 않았음은 분명하다. (이 점에 있어서, 그들은 매우 운이 좋았음을 우리는 나중에 보게 될 것이다.) 그러나 플라톤도 아리스토텔레스도 윤리적 삶을 자애적인selfish 만족을 증진시키는 장치로 생각하지 않았다. 그들의 윤리관은 형식적으로는 이기적이다. 각각의 사람들에게[3] 윤리적으로 살 좋은 이유를 가진다는 점을 보여주어야 하며, 그 이유가 그 사람에 관한 무언가에 의거하여, 즉 만일 그가 그런 종류의 성품을 지닌 사람이라면 어떻게 될 것이고 어떤 사람이 될 것인가라는 점에 의거하여 그 사람에게 호소해야 한다고 상정했다는 뜻에서 그렇다. 그러나 그들의 윤리관은 윤리적 고려사항 이전에 잘 정의된 일군의 개별적 만족들에 윤리적 삶이 기여한다는 점을 보여주려고 한다는 뜻에서 이기적이지는 않다. 그들의 목적은, 자아와 그 만족에 대한 해명을 전제한 채, 윤리적 삶이 어떻게 (운이 좋게) 그런 것들에 들어맞는지를 보여주는 것이 아니었다. 그것은 그 삶이 들어맞는 자아에 대해 해명하는 것이다.

이것만으로도 이미 조야한 종교적 해명의 목표보다 훨씬 더 정교화된 목표이다. 조야한 종교적 해명은 윤리적 고려사항을 약속된 신의 처벌이나 보상에 의해 제재가 가해지는 일군의 법이나 명령으로

---

2   윤리학에서 그리스인의 이념은 근대의 이념, 특히 칸트적 이념에 비해 못하다는 가정은 저명한 책인 A. W. Adkins, *Merit and Responsibility* (Chicago: University of Chicago Press, 1975)의 쓸모없는 특성이다.

3   아리스토텔레스의 주장은 실제로는 이보다 더 약했다. p.80 이후를 보라.

본다. 이 조야한 수준의 종교적 도덕은 더 이기적이다. 그러나 이런 종류의 해명조차도, 그것이 거론하는 이기적 동기가 가능한 고려대상이 될 수 없다는 근거에서 기각되어서는 안 되며, **해야 한다**ought를 신의 힘이라는 사실에서는 도출할 수 없고 오직 그의 선함goodness에서만 도출할 수 있다는 근거에서도 기각되어서는 안 된다.[4] 이 해명의 일반적 형태에는 잘못된 점이 없다. 그것은 다른 사람들의 이익을 존중하는 종류의 삶을 살아야 할 좋은 이유를 왜 가지는가를 설명한다. 그 기각의 이유는 우리가 그것이 참일 수 없다는 점을 안다는 것이다. 참일 수 **없다**고 하는 이유는, 우리가 세계에 관하여 조금이라도 이해한다면 세계가 그런 식으로 운영되지 않다는 점을 알기 때문이다. 실제로 많은 기독교인들을 포함하여 많은 이들이 지금은 세계가 운영되는 것이 전혀 아니라는 점을 안다고 말할 것이다.

이 종교적 해명이 조야하다고 말하는 것은 자연스럽다. 이는 그것이 종교적이기 때문에 조야하다는 것이 아니라 종교의 조야한 부분이라는 뜻이다. 덜 조야한 종교적 윤리학은 종교적 요소를 단지 외적인 제재로만 부가하지 않을 것이며, 윤리적 목적 및 신과의 관계를 공히 제공하는 인간 본성에 대한 해명을 제시할 것이다. 그러나 조야한 종교라는 면에 기댄 비판은 중대한 질문을 정말로 제기한다. 만일 종교가 궁극적으로 세계가 어떠한지의 문제라면, 왜 세계가 그토록 조야해서는 **안** 되는가? 왜 종교가 세속적인 조건에서 더 또는 덜 정교하거나 성숙한 것으로 줄 세워지는 윤리적 이해들에 의거하여 판

---

4   최근의 몇몇 문헌으로는 Paul Helm, ed., *Divine Commands and Morality* (New York: Oxford University Press, 1981)을 보라. 이기주의 논점에 관하여는 "God, Morality and Prudence", in *Morality*을 보라. '이다'에서 '해야 한다'를 도출하는 문제에 관해서는 7장을 보라.

단되어야 하는가? 그에 대한 답은 아마도 틀림없이, 전능한 법 집행자로서의 신이라는 원래의 조야한 관념 그 자체가 우리의 (조야한) 윤리적 이해를 통해 얻어진 것이라는 점일 것이다. 그러나 그렇다면, 윤리적 이해는 발전하기 마련이고 종교가 윤리적 이해와의 관계에서 자신의 발전을 이해하기 마련이라면, 종교가 인간의 구성물로 자신을 이해하게 될 수밖에 없음은 불가피해 보인다. 그리고 만일 그렇게 이해한다면, 종교는 종국에는 붕괴할 수밖에 없다.

윤리적 의식ethical consciousness의 발전이 종교의 붕괴를 의미한다는 것은 참이지만, 이는 종교적 윤리가, 심지어 조야한 것조차도, 논리적으로 보아 아예 윤리적인 것이 될 수 없기 때문은 아니다. 그것은 그렇기보다는 변증론적인 이유에서이다. 즉, 만일 종교의 자기 이해가 윤리적 의식에 뒤처지지 않으려면 이런 자기 이해는 종교를 파괴할 방향으로 움직일 수밖에 없다는 것이다. 문제의 중심은 순수하게 논리적인 질문에 놓여 있지 않다. 사실 종교적 윤리학에 관한 논리적이거나 구조적인 질문은 신에 관한 많은 질문들과 마찬가지로 당신이 신을 믿을 때에만 흥미로운 것이다. 만일 신이 존재한다면 그에 관한 논증들은 우주와 우주적 중요성에 관한 논증들이다. 그러나 신이 존재하지 않는다면 그 논증들은 그 무엇에 대한 논증도 아니다. 그 경우 중요한 질문들은 인간에 관한 질문들 — 예를 들어 왜 인간이 신이 존재한다고 믿게 되었는가를 묻는 질문들 — 일 수밖에 없다. 그렇다면 종교적 윤리에 대한 문제는 거기에서 표현되는 인간 충동에 관한 문제들이므로 그러한 관점에서 다루어야 한다. 종교적 윤리를 믿지 않는 사람들에게는 종교 윤리의 구조에 관하여 계속 논하는 것은 얼마간 문제를 회피하는 셈이 된다. 이런 논의는 그런 견해들이 인간성에 관하여 무엇을 이야기해주는가라는 유의미한 질문에 기울일 주의를 흩뜨린다. 신은 죽었다는 니체의 말은 이제 신을 마치 죽은 사람처럼 다루어야 한다는 것을 의미한다고 이해될 수 있다. 우리는 신의 유산을 배분해야 하고 신에 대한 정직한 전기를 쓰려고 해야 한다.

이제 플라톤의 목적으로 돌아와서 보자면, 그의 목적은 자아에 대한 어떤 그림을 제시하는 것이었다. 그 그림은 만일 사람들이 자신이 어떤 존재인가를 적절하게 이해한다면 정의로운 삶이 자아에 외적인 것에만 좋은 것이 아니고 그것을 추구하는 일이 합리적일 수밖에 없는 목적임을 알게 될 그런 종류의 그림이었다. 플라톤에게 그리고 아리스토텔레스에게, 만일 어떤 종류의 삶을 추구하는 것 또는 어떤 종류의 사람이 되는 것이 합리적이라면, 그러한 것들은 **에우다이모니아**eudaimonia라고 불리는 만족스러운 상태에 기여할 수밖에 없었다. 그 용어는 통상 "행복happiness"으로 번역되지만, 이 철학자들이 쓸 때는, 현대의 행복관과 동일한 것을 의미하지 않는다. 첫째로, 하루는 행복하고 다른 날은 불행하다고 말하는 것이 지금은 말이 되지만, 에우다이모니아는 전체 삶의 형태의 문제였다. 나는 그런 상태를 가리키기 위해 **안녕**well-being*이라는 표현을 사용하겠다.

소크라테스는 앎에 의거하고 담화적 이성의 힘에 의거해 에우다이모니아에 대한 해명을 제시한다. 그리고 소크라테스는 영혼과 육체를 생각하는 철저하게 이원론적인 관점 때문에 이 해명을 제시할 수

---

* ['well-being'은 어떤 존재가 좋은 상태에 있음을 나타내는 말로 좋은 상태에 있기 위한 조건이 어떤 것으로 전제되었는지 그 맥락에 따라 달리 이해될 수 있다. 보통 국가정책의 맥락에서는 여러 가지 지표로 확인 가능한 건강, 소득, 만족도 등으로 구성되는 좋은 상태이고 이럴 경우에는 '복지'로 번역된다. 개인적인 자조의 지침을 이야기하는 맥락에서는 그저 '행복'이라고 번역하는 것이 적절하기도 하다. 그러나 여기서 윌리엄스

있었다. 안녕은 영혼의 바람직한 상태였다 — 그리고 그것은 자아가 영혼임을 의미했다. 왜냐하면 사람은 진정으로는 파괴될 수 없는 비물질적인 영혼이기 때문이었다.[5] 그러한 관념이 우리의 가장 심층적인 이해관심에 관한 소크라테스의 관념의 기저에 깔려 있었으며, 유명한 구절로 표현된 **선한 사람은 해를 입을 수 없다**는 것을 그가 더 쉽게 믿도록 만들었다. 왜냐하면 선한 사람을 건드릴 수 있는 유일한 것은 그의 영혼의 선한 상태를 건드리는 것인데, 그 선한 상태는 침범할 수 없는 것이었기 때문이다. 이 견해의 문제점은, 윤리적 동기를 기술하면서 주체 자신의 이해관심에 관해서는 매우 영성적인 견해를 취하는데, 윤리학의 주제들은 다른 사람의 이해관심에 관한 덜 영성적인 견해를 제시할 것을 요구한다는 점이다. 만일 신체적인 상해가 진정한 해악이 전혀 아니라면, 왜 미덕은 우리로 하여금 다른 사람들의 신체를 상해하지 말 것을 그토록 강력하게 요구하는가?[**]

소크라테스의 그림이 초래하는 또 다른 특수한 결과가 있다. 이 결과는 철학의 재생력regenerative powers에 대하여 그가 가졌던 희망과 관련이 있다. 소크라테스는, 그리고 어느 정도는 플라톤도, 오로지 철학이라는 분과만이 미덕을 발달시키는 그 힘을 통해서 안녕에 이를 수 있다고 믿었다. 합리적인 철학은 안녕에 이르는 통찰을 제시해 주

는 현대의 행복관과 대조하여 정신과 육체가 미덕을 갖추어 조화를 이루고 있는 상태를 일컫기 위해 이 용어를 썼으므로 '행복'과 구별하여 '안녕'이라고 번역하였다.]

5 "'자네를 어떻게 묻어 주면 좋겠나?'라고 크리톤이 물었다. '어떤 식이든 원하는 대로. 날 잡을 수 있다면 말이지.'라고 소크라테스가 답했다." (플라톤, 〈파이돈〉, 115 C-D[Plato, Phaedo 115 C-D])

** [타인의 이해관심도 철저히 영성적인 것이라면 타인의 육체 훼손이나 재산 박탈도 그 타인의 좋음을 전혀 건드릴 수 없다. 그렇다면 타인을 상해하고 절도하는 행위조차도 윤리적으로 그 다른 사람에게 전혀 나쁜 일이 아니게 된다.]

어야만 했다. 이는 철학이 내적인 필요를 충족시켜 주는 수단을 가르쳐 주거나 우리의 필요에 대한 새로운 관념을 합리적으로 형성할 능력을 갖게 해줌을 의미했다. 아리스토텔레스의 견해는 덜 야심 찼다. 그리고 이 점이 바로 그의 견해에 심리적이고 사회적인 것에 대한 설명이 한층 더 상세히 담겨 있다는 사정과 더불어, 아리스토텔레스의 《윤리학》[6]이 여전히 안녕이라는 고려사항과 살 가치가 있는 삶이라는 고려사항을 기반으로 윤리학을 확립하려는 접근의 패러다임으로 기능하고 있는 이유 중 하나다. 아리스토텔레스에게 인간은 비물질적인 영혼이 아니었고, 본질적으로 육화되고 본질적으로 사회적인 삶을 사는 존재였다. 아리스토텔레스는 이성의 여러 능력들을 기본적으로 구분해서, 지성적인 능력intellectual faculty을 윤리적 삶에 중심적인 것이 되도록 하였다. 그리고 실천적 이성은 그 기능과 대상에서 철학과 과학에서 활용되는 이론적 이성과 매우 다른 것이었다. 그는 정말로 철학과 과학의 계발이 인간 활동의 가장 고차적인 형태라고 생각했다. 그러나 그는 개인적 삶과 공민적 삶에서 실천 이성의 행사가 인간 활동에 필수적이라고 여겼다. 그런 활동이 사회에서 필수적이라는 (플라톤적) 뜻에서뿐만 아니라 각 개인들이 그런 삶을 필요로 한다는 뜻에서도 말이다. 그러나 그 강조는 아리스토텔레스 안에서 현자가 빠져나올 수 없는 공민적 삶의 불가피성과, 각 사람이 자신의

---

6   아리스토텔레스의 이름을 저자로 하여 나온 두 권의 "윤리학" 책이 있다. 하나는 《니코마코스 윤리학》이고 다른 하나는 《에우데모스 윤리학》이다. 몇몇 문헌은 두 책 모두에 공통된다. 《니코마코스 윤리학》이 더 정본에 가깝다는 것이 일반적인 견해다. 그러나 Anthony Kenny, *The Aristotelian Ethics* (New York: Oxford University Press, 1978)을 보라. 매우 유용한 주해로는 Sarah Broadie, *Ethics with Aristotle* (Oxford University Press, 1990)와 Amelie Rorty, ed., *Essays on Aristotle's Ethics* (Berkeley: University of California Press, 1981)를 보라.

능력을 온전하게 표현하려면 살아야 하는 (아리스토텔레스의 철학적 인간학의 더 일관되고 설득력 있는 결과임이 분명한) 공민적 삶의 불가피성 사이에서 흔들린다.

실천 이성의 삶에 중심적인 것은 성품의 어떠한 탁월성이나 미덕이다. 이것들은 행위, 욕구, 감정의 내면화된 성향이다. 미덕에 대한 아리스토텔레스의 해명은 몇몇 부분에서는, 예를 들어 용기나 자기 통제에 관해서는 매우 인정할 만한 논의인 것 같다. 다른 면에서 그것은 또 다른 세계에 속한다. 도덕철학에 중요한 것은 어느 문화에 특수한 요소들이 주요 구조로부터 분리될 수 있는지 여부이다. 그들 중 일부는 분리될 수 있다. 그리고 이는 심각한 문제들도 포함한다. 아리스토텔레스적 윤리관이 노예제나 여성의 지위에 관한 아리스토텔레스의 견해를 지지하게끔 되는 것은 아니다. 그러나 의문이 집중되는 지점이 있다. 즉, 그가 칭송하는 행위자가 지나치게 자기 자신에 몰두하기 때문에 종종 아리스토텔레스는 현대의 윤리적 인식에서 아주 동떨어지게 느껴지는 것이다. 아리스토텔레스는 선한 사람이 정말로 친구를 필요로 하며 우정은 정말로 좋은 삶의 일부라는 것을 허용한다. 그러나 그는 자족self-sufficiency의 이상과 우정을 조화시키기 위해서 우정이 좋은 삶의 일부라고 논하는 것이 필요하다고 여겼다.[7] 그의 진실됨에 대한 해명조차도 이상할 정도로 자기에 몰두하는 특징oddly self-obsessed

---

7   아리스토텔레스는 정말로 선한 사람의 친구는 "또 다른 자신"이라고 말한다.(《니코마코스 윤리학》 1166 a 31) 이 문구는 우정과 자족성 사이의 진정한 긴장이 그의 사상에 있음을 표현해준다. 그러나 내가 다른 책에서 아리스토텔레스의 윤리관에 대하여 이 문구를 강조하며 펼친 비판(*Moral Luck*, New York: Cambridge University Press, 1981, p. 15)을 이제 과장되었다고 생각한다. 이 점에 관하여 마사 누스바움Martha Nussbaum에 빚지고 있다. 그녀의 *Fragility of Goodness* (New York: Cambridge University Press, 1985), part 3를 보라. 또한 John Cooper, "Aristotle on Friendship," in Rorty, *Essays on Aristotle's Ethics*도 보라.

feature을 갖고 있다. 즉 진실됨과 대조되는 악덕이나 결함이 우리의 예상과는 달리 (진리와 관련하여 신뢰할 수 없음인) 부정직untruthful-ness이 아니라, 과시boasting와 거짓 겸손false modesty인 것이다. 우리는 이후에 아리스토텔레스 윤리학의 이런 비교적 자기중심적인 측면이 그의 윤리학의 구조 자체로부터 자라나오는지를 살펴볼 것이다.

나는 아리스토텔레스적인 미덕은 행위, 욕구, 감정의 내면화된 성향이라고 하였다. 그것은 지적인 성향이다. 그것은 행위자의 판단 수행, 실천적 이성의 예의 그 자질을 포함한다. 그래서 그것은 단지 습관이 아니다. 그것은 또한 다른 사람들, 그들의 성품과 행위에 우호적인 반응과 비우호적인 반응을 포함한다. 이 주제에 대한 아리스토텔레스 자신의 견해는 그의 체계 중에서 가장 칭송되지만 가장 덜 유용한 부분 중 하나와 묶여 있다. 그 부분이란 중용의 원칙doctrine of the Mean이다. 이 원칙에 따르면 (진실 말하기의 사례에서 보이듯) 성품의 모든 각 미덕은 두 상관적인 결함 또는 악덕 사이에 놓여 있다. 이 두 상관적인 결함이나 악덕은 어떤 것의 과잉이나 결핍으로 각각 구성되며 미덕은 그것의 적정량을 뜻한다. 그 이론은 도움이 되지 않는 분석적 모델(또 아리스토텔레스 그 자신이 일관되게 따르지도 않는 모델)과 꽤 갑갑한 절제 원칙 사이를 계속 오간다. 중용의 원칙은 잊는 것이 낫지만 여기에도 올바른 함의가 있다. 덕스러운 사람들은 그들이 무엇을 하고 있는지 알 수밖에 없기 때문에 다른 사람들의 결점이나 악덕 그 자체를 알아볼 것이며 그 악덕을 가진 사람들 혹은 적어도 그런 사람들의 행동을 나쁘거나 불쾌하거나 무익하거나 야비한 것으로 보게 될 것이라는 점이다.

우리들 중 일부는 미덕이나 경탄할 성품의 성향을 가지는 것이 다른 사람들을 평가하는 성향 또한 포함한다는 이념에 거부감이 들 것이다. 그것은 다양한 뿌리를 갖고 있는데, 그것들 중 일부는 아리스토텔레스가 관심조차 두지 않은 것이다. 그 중 하나는 천진함inno-cence의 관념인데, 이것은 전적으로 자기를 의식하지 않으며entirely unselfconscious 다른 사람들의 판단에 함축되는 자아와의 대조를 결여하고 있는 미덕의 상이다. 다른 뿌리는 회의주의다. 즉 어느 누구도 다른 사람에 관하여 (그리고 그 더 음험한 형태에서는 자신에 관하여서도) 판단을 내릴 정도로 충분히 알 수 없다는 의심이다. 또 하나의 뿌리는, 아리스토텔레스는 거부하였던 이념, 즉 다른 미덕은 결여하면서 어떤 미덕은 가질 수 있다는 이념을 우리가 받아들이며 나아가 자명하게 여긴다는 사실이다. 소크라테스에게서처럼, 아리스토텔레스에게는 실천적 이성은 행위와 느낌의 여러 성향들이 조화를 이루기를 요구하는 것이었다. 만일 그 어떠한 성향이라도 미덕으로 적절하게 여겨지려면 그것은 모든 미덕을 포함하는 합리적인 구조의 일부여야만 했다. 이것은 우리의 가정과는 상당히 다르다. 우리의 가정은 이런 종류의 성향들은 다른 심리적 특성들과 마찬가지로, 어떻게 어떤 사람이 말하자면 다른 분야보다는 특정 분야에서 더 잘할 수 있는지를 충분히 설명해야 한다는 것이다. 이 가정도 또한 다른 사람들에 대한 반응을 억제하는inhibit reactions 어떤 작용을 한다.

이러한 고려사항들에도 불구하고 윤리적 성향과 다른 사람들에 대한 반응 사이에는 여전히 연결관계가 있다. 이 반응들의 정확한 본성이나 깊이, 그것들의 자기 확신의 정도는 개인에 따라 다양할 것이며 상이한 문화적 분위기에 따라서도 다양할 것이다. 그러나 아리스토텔레스가 주장했듯이, 윤리적 성향은 개인적 행동 패턴이 아니다. 또한 거기에 다른 사람들에게는 그 성향이 없다는 점을 개탄하거나 아쉬워하는 경향이 우연히 덧붙여질 수 있는 것도 아니다. 윤리적 성향은 그 자체가, 다른 사람에 대한 주체의 반응을 형성하는 종류의 성향이다. 미덕의 통일성을 믿지 않기 때문에 일부 사람들이 어떤 윤리적 성향들을 결여하고 있는 것이 그저 특이한 기질이라는 발상을 받아들일 수는 있다. 모든 각각의 윤리적 성향이 이런 방식으로 누군가에 의해 이해되는 일도 가능하다. 그래서 덕이란 것이 단 한번, 특정 상황에서만 나타고 마는 일은 없다고 단정할 만큼 기본적인 것은 아니라고 생각될 수도 있다. 그러나 모든 윤리적 성향을(또는 그 사람 스스로는 그 개념을 쓰지 않을 수도 있으니, 그 자신이 다루고 있는 주제라고 하자) 단 한번 특정 상황에서만 나타나고 말 수도 있고 아닐 수도 있는 것으로 보는 사람은 분명 어떤 기본적인 윤리적 성향을 결여한 것이다. (말할 필요도 없이 누군가가 윤리적 성향을 개별적 일화에서만 나타나는 주제로만 보는지를 알아내기란 아마 힘들 것이다.)

나는 대부분의 경우, 윤리적 성향을 가지는 데 포함되는 다른 사람들에 대한 "반응들"을 언급하였다.[8] 그것["반응"]은 편리하게 사용될 수 있을 정도로 폭넓고 무덤덤한 용어다. 그리고 이 표제 아래에 속하는 긍정적이거나 부정적인 태도들의 범위에 관하여 이야기할 것이 많다. 적어도 영어권 전통에서는, 도덕철학이 그것을 얼마나 적게 이야기해 왔는지 놀라울 따름이다. 그렇게 된 가장 중요한 이유는 도덕의 지배the domination of morality다. 이 지배는 모든 유관한 — 이른바 "도덕적" — 반응들을 **판단**, **평가** 그리고 **승인**과 **불승인**이라는 표제 하

---

8   P. F. Strawson, "Freedom and Resentment", reprinted in *Freedom and Resentment and Other Essays* (New York: Methuen, 1976)를 보라. 나는 10장에서 도덕의 특이성과 도덕의 비난관을 살펴본다.

에 분류하는 성향이 있다. 이것은 여러 면에서 오도하는 것이다. 첫째, 이 모든 관념들은 적어도 일시적으로라도 우월한 위치, 판관의 위치를 시사한다. 설사 그것들이 우월한 위치에 설 것을 고무하지 않는 도덕 이론의 범위에서 등장하더라도 그렇다. 더 나아가 판단, 평가, 승인, 불승인의 관념들은, 이를테면 유죄 혹은 무죄와 같이 어떤 양가적인 판단을 시사한다. 더군다나 그것들은 추정컨대 자발적인 것만을 향해 있다. 어느 누구도 그의 책임 있는 잘못fault이 아닌 것에 대하여 도덕 판단을 적절하게 받을 수는 없기 때문이다. 이런 방식으로 그것이 궁극적 정의를 향해 헤쳐 나아가려고 하기 때문에, 도덕은 반응들의 유형학을 제공하는 데 그치지 않는다. 이 관념들은 어떤 반응들이 도덕적인 반응들로 불려야 하는지의 문제에만 관계하는 것이 아니라는 것이다. 도덕의 목적인 정의는, 당신의 반응들이 무엇이라고 불려야 하는지의 질문을 넘어서 당신이 정당하게 가질 수 있는 반응들이 무엇인가의 쟁점에까지 이른다. 그래서 정의는 첫 번째로는 그 표명voice을, 다음으로는 최고성supremacy을, 그리고 마지막으로는 편재성ubiquity을 요구하게 된다. 싫어함, 분개나 경멸, 또는 누군가가 소름끼친다는 느낌 등 윤리적 삶을 사소하게 드러내는 "도덕과 무관한" 반응들은, 교양이 잘 갖춰진 도덕적 양심에 밀려[도덕적인 것으로] 분장하여 설욕하기를 계획하면서 투덜거리며 물러난다.

도덕 판단 체계의 이 여러 특성들은 서로를 지지하며, 집합적으로 그것들은 펠라기우스적인 신의 대권 위에서 주형된다.* 그들의 판단

기준이 엄격한 것은 이른바 [인간에게] 배분된 것[자유의지]의 어마어마함, 그리고 존재하는 유일무이한 최종적 정의의 최종성으로 말미암는다. 같은 이유에서 그것들은 집합적으로 내가 언급한 회의주의를 불러들인다. 그것들은 어떻게 애초에 사람들의 성품이나 성향이 그러한 판단의 대상이 될 수 있는지의 문제에 직면한다. 사람들이 그런 성품이나 성향에 온전히 책임이 있을 가능성은 낮으며, 우리가 그들이 그러한 성향이나 성품에 어느 정도나 책임이 있는지 알 수 있기란 가능성이 한층 더 낮다. 우리가 무엇을 알아야 그런 것을 안다고 하는지 이해하더라도 그렇다. 우리가 판단 대상이 된 사람들이 가진 성향과 성품에 책임 있는 정도를 정말로 안다 할지라도 우리가 해야 할 것이 무엇인지 알 가능성조차 낮다. 그럼에도 도덕은 우리로 하여금 그들의 성품과는 별개로 사람들의 행위를 판단할 것을 요구하는가?

이것들은 아리스토텔레스주의자들에게는 걱정거리가 아니다. 아리스토텔레스는 사실 인간이 어떤 절대적인 뜻에서 자유롭다고, 그래서 행위를 "어린아이처럼" 일으킨다고 생각하였다.[9] 아리스토텔레스는 행위에 대해 그리고 행위를 거쳐 이루어지는 칭송이나 비난의 반응이 있으며 이런 반응이 적합하려면 그 대상이 되는 행위는 자발적이라는 요건을 갖추어야 한다고도 생각했다. 그러나 그는 이것[행위의 자발성]이 타인들이 윤리적 성향 때문에 응당 받아야 할 반응들의 한계를 이룬다는 주장은 이해하지 못했을 것이다. 마땅히 그래야

---

9   *Nicomachean Ethics* 1113 b 18. 아리스토텔레스와 자유의지에 관해서는 Richard Sorabji, *Necessity, Cause and Blame: Perspectives on Aristotle's Theory* (Ithaca: Cornell University Press, 1980), esp. part 5를 보라.

하지만, 윤리적 성향들 역시 반응하는 성향임을 받아들인다면, 우리
는 이런 반응들이 도덕의 관념에 의해 제안된 것보다 얼마나 더 폭넓
은지를 기억해야만 한다.

아리스토텔레스는 가장 기본적인 측면에서는 적어도 사람들이 그
들의 성품에 책임이 있다고 믿을 필요가 없었다.[10] 그는 습관화와 내
면화에 의거하여 도덕적 발달을 설명한다. 이 설명은 이미 성인이 된
사람이 획득한 대상들을 뿌리부터 크게 바꿀 실천적 이유에는 거의
여지를 남겨두지 않는다. 이 결론을 인정하면, 아리스토텔레스가 자
신의 탐구를 제시하는 방식에 관하여 문제가 있게 된다. 실제로 그가
윤리 철학으로 여길 수 있는 것이 무엇인지에 관한 문제가 있다. 아
리스토텔레스는 윤리 철학을 실제로 소크라테스의 질문에 답하는 것
을 지향하는 실천적인 탐구로 제시한다. 아리스토텔레스는, 당신이
당신의 삶 전체를 검토하고는 그 삶이 가장 가치 있는 방향을 목적으
로 삼아왔는지 여부를 살펴볼 수 있는 것처럼 말한다. 그러나 아리스
토텔레스 자신의 해명에서 이러한 그림은 이치에 닿을 수가 없게 된
다. [왜냐하면 이미 뿌리부터 잘못 형성된 성품과 악덕을 가진 사람은 자
신의 삶을 되돌아볼 적절한 능력도 결여할 것이기 때문이다.] 아리스토
텔레스는 플라톤과 다음과 같은 이념을 공유한다. 만일 미덕이 인간
선의 일부라면, 그것은 궁극적으로 바람직한 안녕 상태와 무관할 수
는 없다. 그 상태는 부분적으로는 덕스러운 삶에 의해 구성됨이 틀림

---

10   비록 아리스토텔레스가 Nic. Eth. 1114 a 3-8, 1114 b 25-1115 a 2에서는 사람들이 나
      쁜 실천으로 그들의 성품을 망치는 사안들을 강조하며 그렇다고 하지만, 그 뒤의 구절
      에서는 그는 행위와 성품 상태는 "같은 방식으로 자발적인" 것이 아니라고 정말로 말한
      다. 아리토텔레스의 탐구의 성격에 관해서는 Myles Burnyeat, "Aristotle on Learn-
      ing to Be Good," in Rorty, *Essays on Aristotle's Ethics*를 보라.

없다. 그러나 이것은 아리스토텔레스가 시사하는 것처럼 실천적 추론에서 어떤 뿌리부터 크게 바꾸는 효과를 내기 위해 사용할 수 있는 고려사항이 아니다. 주체는 오직 습관화를 통해서만 덕스럽게 되거나 그러지 못한다. 지금 다루고 있는 난점을 표현하는 바로 그 이유 때문에, 중년에 이르기 전까지는 도덕철학을 연구하지 않아야 한다고 아리스토텔레스는 믿는다. 중년이 되어서야 사람은 실천적 숙고에 능숙하게 된다. 그러나 그때는 이런 숙고를 이미 잘하거나 돌이킬 수 없이 못하게 되고 나서도 오랜 시간이 흘렀을 것이다. (실천적 추론의 힘만이 여기서 의문의 대상이 된다. 누군가의 삶이 다른 수단, 이를테면 개심에 의해서 뿌리부터 크게 변할 수도 있다는 것은 아리스토텔레스가 말한 모든 것과 일관된다.)

아리스토텔레스의 추론의 일부는 실제로 숙고적 효과를 가질지도 모른다. 그는 정치적 명예를 삶의 목적으로 삼는 이들에 관하여 탁월한 논증을 갖고 있다. 즉, 그런 사람들은 상대적으로 더 우월하게 되고자 하는 바로 그 비교 대상이 되는 사람들에게 스스로를 의존적으로 만듦으로써 자멸하는 경향이 있다. 그리고 이 코리올라누스의 역설Coriolanus' paradox*이라고 불릴 수 있는 것의 발견은, 얼마간 경험이 있는 사람에게 발견이나 진단으로 확실히 기능할 수 있다. 그러나 일반적으로 아리스토텔레스는 덕스러운 삶에 대한, 그리고 안녕을 이루는 것을 돕는 그런 삶의 역할에 대한 자신의 반성이, 사람이 수행하는 어떤 일반적 숙고를 형성하는 데 중요한 역할을 수행할 수 있

---

* [셰익스피어의 희곡 〈코리올라누스〉의 주인공인 기원전 5세기 로마 장군 코리올라누스가 평민들을 다스리는 집정관에 선출되기 위해 평민들에게 호소해야 했던 역설적 상황을 의미한다.]

다고는 합당하게 믿을 수 없었다. 이 점에 비추어볼 때 윤리 철학의 정의, 그리고 그것의 열망은 수정되어야 한다. 윤리 철학은 더 이상 각각의 사람들에게, 각자가 소크라테스의 질문에 답할 수 있도록 검토를 제공해주지 않는다. 우리는 앞서 예견된 논지로 돌아오게 된다. 즉, 회의주의자에 대한 답변이 그 회의주의자가 아니라 주로 우리에게 이득이 되리라는 논지 말이다. 아리스토텔레스는 실제로 윤리적 삶에 대한 회의주의에 관심이 있었다. 그리고 이것이 그의 세계와 소크라테스 및 플라톤의 세계가 긴절성에서 보이는 많은 차이 중 하나다. 아리스토텔레스는 그릇된 가치나 나쁜 성품을 가진 사람에만 관심을 가졌다. 그러나 소크라테스의 질문에 대한 답변을 (나머지 사람들의 관점에서 보면) 그것을 가장 필요로 하는 사람들은 사용할 수 없다는 논지는 동일하다.

그래도, 이 점은 우리를 정반대 극단으로 던져놓지는 않는다. 즉, 그 답변이 체계 안에 있는 이들의 기세를 유지하고 그들에게 더 많은 통찰을 주며 그들이 아이들을 기르는 것을 돕는 것만을 위한 것이라는 극단 말이다. 그 답변은 정말로 그런 일을 하긴 하지만 그 일만 하지는 않는다. 아리스토텔레스의 해명에서는 덕스러운 삶은 나쁜 양육과정을 겪었던 사람의 안녕에도 정말로 공헌할 수 있다. 설사 이 사람이 그런 점을 깨닫지 못하더라도 말이다. 그가 치유될 수 없다는 사실, 그래서 그 진단을 적절하게 이해할 수 없다는 사실은 그가 아프지 않다는 것을 의미하지 않는다. 아리스토텔레스가 소크라테스의 질문에 제시하는 답은, 우리가 살펴보았듯이, 각각의 사람들에게 주어질 수는 없지만, 각각의 사람들을 **위한** 답이다. 우리가 그 사고를 정확히 어디에 위치시켜야 하는가? 나쁜 사람에 대해서 이야기되고 있는 것이 정확히 무엇인가? 우리는 단지 우리가 나쁜 사람을 (실제로 그렇게 여기더라도) 위험스러운 골칫거리로 여긴다고 말하고 있는 것이 아니다. 또한 그가 통계적으로 (실제로 그렇더라도) 이례적이라고 말하고 있는 것도 아니다. 우리는 어떤 존재가 인간다운 삶을 살기 위해 꼭 필요한 어떤 인간 특유의 성질들이 그에게 없다고 말하고 있는 것이다. 그러나 우리가 아리스토텔레스 철학이나 그와 유사한 어떤 철학에 본질적인 논지를 분명히 짚기 위해서는 그 이상을 말해야 한다. 즉, 문제되는 것은 **이 사람의** 안녕과 이익이라는 것을 말해야 한다. 우리는 이 사람이 그의 이익을 잘못 인식하고 있으며, 정말로, 그가 그렇게 잘못 인식하는 것은 그에게서 잘못된 점의 주된 증상이라고 말해야 한다.

사람들이 스스로 갖고 있다고 생각하는 이익과는 다른 "진정한 이익"을 가질 수도 있다는 관념은 어마어마한 양의 문헌을 생산해낸 관념이며, 거의 이와 맞먹는 정도의 의심도 낳았다. 그 문헌들은 대부분 헤겔주의자들, 그리고 헤겔을 따른 맑스주의 저자들에 의한 이 관념의 사용으로부터 자라나온 것이다. 그 관념은 대체로 정치적으로 적용되었다. 그리고 그러한 적용에 비추어볼 때, 그 관념에 대한 의심은 대체로 근거가 충실한 것이다. 왜냐하면 사람들의 진정한 이익에 대한 호소가 그들의 "외관상" (즉 지각된) 이익에 반대되게 그들을 강제하는 이유로 활용되는 경우가 흔했기 때문이다. 그러나 이러한 의심 및 비판들 중 일부는 진정한 이익이라는 관념 그 자체를 겨냥하는 잘못을 저질렀다. 일련의 행동이 누군가의 진정한 이익이 되는데도 그가 그 점을 알지 못한다면, ㄱ의 진정한 이익을 추구하게 하기 위해 그를 강제할 필요가 있다. 그러나 그러한 여건에서 우리가 그의 진정한 이익을 추구하려면 어떤 추가적인 정당화가 필요할 것이다.

술을 그만 마시는 것이 로빈슨의 진정한 이익일 수는 있겠으나, 그 점이 그렇다고 누구에게라도 그를 멈추게 할 권리를 즉각 주지 않는다. (누구에게? — 당신에게? 의사에게? 국가에게?) 진정한 이익이 지각된 이익과 일치하지 않는다는 사실 자체가 **이미** 정치적 쟁점과 윤리적 쟁점을 제기한다.

정치적 사고에서 진정한 이익의 질문은 추가적인 쟁점, 특히 계급 이익에 관한 쟁점을 제기한다. 이 쟁점을 여기서 더 다룰 수는 없다. 그러나 그 문제에 관한 가장 일반적인 개요는 명확하다. 첫째, 정보만 주어지면 행위자가 기존에 지니던 다른 선호와 태도에 비추어 자신의 욕구를 변경할 텐데 그저 그 정보가 없는 경우에는, 진정한 이익이라는 논란 많은 이념은 전혀 그와 관련이 없다. 행위자는 이 액체를 마시는 것이 자신의 이익이 된다고 생각한다. 왜냐하면 그것이 그와 친한 약사가 준비한 약이라고 믿고 있기 때문이다. 그러나 그 액체는 실제로는 청산가리다. 그 경우 그는 확실히 그의 이익에 관하여 착오를 일으키고 있다. 동일한 이치가 숙고적 추론의 혼동에도 적용된다. 비록 이 경우에는 무엇이 숙고적 추론에 대한 순수하게 합리적인 제약으로 여겨지는지 하는, 압박이 되는 질문이 있기는 하지만 말이다. 그래서 많은 철학자들은[11] 어떤 만족이 다른 만족보다 단지 먼저 이루어진다는 이유에서 그 만족을 선호하는 것이 비합리적이라고 생각한다. (그들은 확실성에서의 차이가 실제로는 그 쟁점에 영향을 미친다는 점은 인정한다.) 다른 이들은, 벤담Bentham의 표현에 따르면

---

11   예를 들어 John Rawls, *A Theory of Justice* (Cambridge: Harvard University Press, 1972), sec. 45, pp. 293-298; 또한 sec. 63, pp. 409-411, 그리고 sec. 64, pp. 416-424을 보라. 이와 반대되는 견해로는 Derek Parfit, *Reasons and Persons* (Oxford: Clarendon Press, 1984)을 보라.

만족의 "근접성proximity" 자체가 실천적 추론의 한 차원이라는 점이 명백하다고 여긴다. 이 논점에 관한 결론은, 무엇이 사리적인 합리성에서 잘못된 판단으로 여겨지는가의 질문에 확실히 유관하다.

진정한 이익에 관한 가장 중대한 질문은 행위자에게 잘못된 점이 (그 경계가 무엇이든 간에) 정보나 한낱 합리성의 결여를 넘어서 행위자가 숙고하게 되는 욕구나 동기에 영향을 미치는 경우에 생겨난다. 달리 말해, 행위자에게 잘못된 점이 합리적으로 믿어야 할 것을 믿으려 하지 않는 것일 때이다. 전형적인 예는 절망한 청소년이 자살을 시도하는 경우이다. (내 말은 자살미수 같은 것을 시도한다는 것이 아니라 바로 자살을 시도한다는 것이다.)* 수전은 자살을 방금 시도한 이로, 세 달 후면 사태가 달라 보이리라는 점을 믿지 않는다. 또는 그녀는 그것을 믿기는 하지만 상관하지 않는다. 그녀는 세 달 뒤 사태가 더 나아지는 때에 존재하기를 원치 않는다. 만일 우리가 세 달 뒤에는 모든 것이 다르리라는 점을 믿는다면, 그리고 우리가 수전을 살아 있도록 한다면, 우리는 그녀의 진정한 이익을 위해 행위한 것으로 보인다. 만일 우리가 옳다면 그 이익은 그녀 또한 (이를테면) 여섯 달 후에는 인정하게 될 이익이다. 현재 그녀의 동기에 이 진정한 이익이 나타나지 않는 이유는 앞서 말한 것[정보나 한낱 합리성 결여]보다 더 깊은 데 있다[현재에서는 자신의 행위를 인도할 진정한 이익으로 볼 수는 없다는 뜻이다]. 수전의 살려는 욕구의 결여, 그리고 더 나은 미래에 대한 그녀의 불신은, 그 자체가 세 달 뒤에 치유될 조건의 일부다.

---

* ['자살을 시도하는 것to attempt suicide'은 자신의 죽음 자체를 목적으로 하는 행위에 착수하는 것이고 '자살 미수를 시도하는 것to attempt an attempted suicide'는 자신의 죽음이 아니라 죽을 만큼 괴롭다는 것을 다른 사람들에게 보여주는 극적인 사건을 일으키기를 시도하는 것이라고 구분할 수 있겠다.]

그녀의 이익이 되는 것을 보지 못하는 무능력은 그 자체가 증상이다.

그러나 어떤 변화가 이루어진 결과로 행위자가 그것이 자신의 이익이었다는 점을 인정한다고 해도, 그 변화가 그 사람의 진정한 이익이라고 간단하게 말할 수 없다. 당신이 어떤 종교 집단에 의해 세뇌된다면 아마도 당신의 이익을 그 집단의 이익과 강력하게 동일시할 것이다. 세뇌된 신자로서, 깨달음을 얻었다며 과거에 눈먼 상태였음을 이제 알게 되었다고 많은 말을 할지도 모른다. 그러나 그것은 세뇌의 가치를 확립하지 않을 것이다. 그러한 난점은 믿음을 그 자체로 생성하는 경향이 있는 어떠한 심리적 과정에서도 발생한다. 이 난점에 대한 하나의 반응은 진정한 이익이라는 관념을 포기하고 그것을 치유할 수 없을 정도로 주관적이거나 어쩌면 이데올로기적이라고 여기는 것이다. 그러나 진짜 문제는 남는다. 이유는 간단한데, 우리가 어떤 사람이 변화의 결과로 더 나아진다고 여겨도 온당한 데는 어떤 제한이 있기 때문이다. 통상적으로 물건들이 나아지거나 우리 자신이 더 나아지는 것과 대비되는 의미에서 말이다. "그는 죽는 것이 더 나을 것이다"는 많은 의심쩍은 이유에서 이야기될 수 있다. 가장 의심쩍은 이유는 그가 죽으면 우리가 더 나아지리라는 것이다.

만일 진정한 이익이라는 관념을 위해 발견될 더 확고한 발판이 있다면 (그리고 가장 회의적으로 그 관념을 처리하는 일조차도 어떤 추가적인 제약을 요구하는 것으로 보이는데) 스스로를 정당화하는 변화, 세뇌 유형의 변화를 배제하는 방향에 놓여 있을 것이다. 자연스러운 제안은 다음과 같다. 만일 어떤 행위자가 어떤 변화가 그의 이익이 되리라고 지금 인정하지 않고, 만일 그 변화가 일어난다면 그 결과로 그것이 그의 이익이었다고 인정하게 된다면, 이러한 사정은 오직 그가 관점을 변경한 것이, 그가 원래의 상태에서 겪었으나 그 변화에

의해 제거되었거나 완화되었던 **일반적 무능력**general incapacity에 의거
해서 설명되는 경우에만 그 변화가 진정으로 그의 이익이었음을 보
여줄 것이다. "일반적 무능력"은 모호한 문구이긴 하지만 두 유관한
이념을 수반한다. 첫 번째 이념은 행위자의 변화 이전의 자신의 진정
한 이익을 인식하지 못한다는 혐의가 제기된 무능력이, 권고된 변화
의 내용에만 해당되는 것이 아니라 이를테면 종교 집단의 장점을 인
식하지 못했다고 할 때 사용되는 무능력 개념은 지니지 못하는 어떤
더 일반적인 함의를 지닌다는 이념이다. 두 번째 이념은 문제가 되는
것이 진정으로 무능력이라는 이념이다. 그것은 그저 그 사람이 변화
뒤에 인정하게 될 어떤 것을 지금 인정하지 않는다는 것이 아니라,
그런 종류의 문화적 여건에서 그런 것을 인정하는 능력은 효과적으
로 기능하기의 일부로서 인간에게 기대된다는 것이다. 이 마지막 요
소에 들어가 있는 인간의 기능하기라는 규범적 관념이 자살 기도를
묘사하면서 "치료"나 "증상"과 같은 용어를 불러들이는 것이다.

만일 우리가 이 이념들을 결국 불러들일 것이라면 왜 더 일찍 불
러들이지 않는가? 왜 어떤 변화의 결과로 어떤 사람이 통상적인 인
간으로 기능하기에 더 가까워진다면 그 변화가 그 사람의 진정한 이
익이 된다고 말하지 않는가? 그에 대한 답은 어떤 사람에게 이익이
되는 모든 것이 그가 인간으로 기능하기에 필수적이지는 않다는 것,
또는 그가 **필요**로 하는 무언가는 아니라는 점이다. 그가 필요로 하는
것은 동기부여의 기본적인 패턴들을 포함하여 어떤 능력들, 즉 자신
의 이익이 되는 어떤 것들을 추구하는 능력들이다. 만일 그것이 순전
히 이데올로기적인 것이 아니려면, 진정한 이익이라는 관념에는 오
류 이론이 주어질 필요가 있다. 즉 사람들이 그들의 진정한 이익을
인식하는 데 어떻게 실패할 수도 있는가에 대한 실질적 해명을 필요

로 한다.[12]

아리스토텔레스 자신은 매우 강한 일반적 목적론을 견지했다. 각종 사물은 기능하기의 이상적인 형태를 갖고 있으며, 이것은 다른 사물들의 기능하기와 들어맞는다고 보았던 것이다. 그는 성품의 모든 탁월성은 서로 들어맞아 하나의 조화로운 자아를 이룬다고 믿었다. 더군다나, 아리스토텔레스는 인간 본성의 가장 고차적인 발달, 그가 지성적 탐구와 동일시했던 발달이, 더 일상적인 삶의 시민적 미덕과 들어맞는다는 견해를 지지하고 있었다. 설사 그 가장 고차적인 발달이 [시민적 미덕과는] 다소 다른 능력, 즉 실천적 이성보다는 이론적 이성의 번영을 나타낼지라도 말이다. 그는 이 점을 보여주는 데 그리 성공적이지 못했다. 더군다나, 그의 일반적 해명의 풍부한 목적론적 자원에도 불구하고 실제로는 진정한 이익이라는 관념이 요구하는 오류 이론을 제공하지 못했다. 그는 정말로 다양한 종류의 나쁜 사람들을 묘사하기는 한다. 그리고 나쁜 사람들에 대한 그의 묘사는 플라톤이 《국가》에서 한 묘사보다 더 현실적이기는 하다. 플라톤은 나쁜 사람을 상습적 중독자로, 골치 아픈 폐인으로 그리는 도덕론자의 유혹에 굴복하였다. (항상 그런 유혹에 굴복하지는 않았지만 《국가》에서는 분명히 그랬다.) 아리스토텔레스는 모든 면에서 항상 나쁘지 않고서도 윤리적 관점에서는 나쁠 수 있음을 알았다. 특히, 그런 사람은 그

---

12 진정한 이익에 대한 제안된 해명과 순수 인지적 이익 이론의 어떤 고려사항들 사이에 유비가 있다. 잠재적 오류를 범할 수 있는 많은 여건에서, 이런 여건에 대해 수행한 탐구는 당신의 정보를 개선해줄 것이다. 그 하나의 결과는 기만당하지 않는 법을 배울 수 있다는 것이다. 그러나 꿈구기처럼, 기만당하지 않는 것이 가능하지 않은 다른 오류의 여건들도 있다. (그래서 그런 다른 여건들은 철학적 회의주의를 생성하는 데 특별한 역할을 한다.) 그 여건들에서 무엇이 틀렸는가에 대한 해명은 또한 왜 그 해명 자체가 그 여건에서는 적용될 수 없는지를 설명한다. 나의 책 *Descartes: The Project of Pure Enquiry* (Atlantic Highlands, N.J.: Humanities Press, 1978)의 2장과 부록 3을 보라.

의 이익이라고 생각하는 것을 효과적으로 추구하는 데 이성을 사용할 수도 있다는 점을 알았다. 아리스토텔레스는 잘 양육되지 않아서 그른 종류의 쾌락을 추구하는 습관을 획득했다고 그 사람의 조건을 설명한다. 아리스토텔레스의 목적론적 우주에서, 인간은 누구나 (또는 적어도 태어날 때부터 노예가 아닌, 결함이 없는 성인은 누구나) 적어도 시민적 덕의 삶을 향한 일종의 내적 의욕을 갖고 있다. 그러나 아리스토텔레스는 이것이 잘못된 양육으로 어떻게 좌절되는지를 충분히 이야기하지 않아, 그렇게 양육된 사람이 현재와 다르게 되는 것이 어떻게 그 사람의 진정한 이익인지를 명확하게 하지 못했다.

만일 아리스토텔레스가 완전성을 향해 다가가려는 모든 자연종 natural kind*인 사물의 의욕을 강하게 가정했으면서도 이 결론을 확고하게 도출하지 못했다면, 우리가 그 일을 해낼 수 있다고 생각할 이유는 별로 없다. 아리스토텔레스가 형이상학적 목적론에 의거하여 제시한 사실을 이해하는 데 가장 도움이 되는 진화생물학도 윤리적 삶이 각자에게 안녕의 삶임을 보여 주는 데는 그보다 별로 낫지 않다. 진화생물학은 우리에게 아리스토텔레스가 형이상학적 목적론에 의거해서 나타내고자 했던 사실들에 대한 우리의 최선의 이해를 제공해주는 것이지만, 윤리적 삶이 각각의 사람의 안녕 중 하나라는 점을 보여주는 일을 더 잘해내지는 못한다. 진화생물학이 모든 개인들에게 하나의 답을 내놓기 때문이 아니라, 윤리적 삶에 적대적인 하나의 답을 내놓기 때문이다. 예를 들어서 완전한 "매파" 전략이 각 개인

---

*   [자연종自然種은 사물을 분류하는 다양한 종들 중에서, 인위적인 목적을 위한 한낱 약정적 분류가 아니라 어떤 자연적 구조를 공통으로 가지는 것들을 같은 종으로 분류하는 실제적 분류에 의해 규정되는 종을 뜻한다.]

그리고 모든 개인에게 옳을 것이라는 답이 그렇다. 이는 옳지 않다. 왜냐하면 [완전한 "매파" 전략을 따른] 그 결과는, 존 메이너드 스미스의 용어에 의하자면, "진화적으로 안정된 상태"를 이루지 않을 것이기 때문이다.[13] 중요한 논지는 진화생물학은 결코 개인의 안녕이 아니라 개인이 후손을 남길 확률인 적합성fitness에 직결된다는 점이다. 사회생물학이 윤리학을 위해 해줄 수 있는 최상의 것은 다른 방향에 있을지도 모른다. 그것은, 특정 제도나 행동 패턴은 인간 사회의 현실적 선택지가 못 된다는 점을 시사할 수 있다는 것이다[규범적인 방향성이 아니라 현실적으로 가능한 제도나 행동 패턴의 범위만 알려줄 수 있다]. 그것은 중요한 성취일 것이다. 그러나 그러려면 사회생물학은 우선 인류 문화의 역사적 기록을 지금보다 훨씬 더 잘 읽어낼 수 있어야 할 것이다.

만일 그 어떤 과학이라도 내가 앞서 표현했던 각각의 사람들을 **위한** 결론을 산출한다면, 그것은 심리학의 어떤 분과가 될 것이다. 어떤 윤리적 관념을 인간 행복의 필수적인 부분으로 뒷받침하리라는 기대를 모았던, 특히 정신분석학 유형의 이론들이 있다. 어떤 경우에 그 이론들은 마치 그런 뒷받침을 하는 것처럼 보였다. 이는 그 이론

---

13 John Maynard Smith, *Evolution and the Theory of Games* (New York: Cambridge University Press, 1982). Michael Ruse, *Sociobiology: Sense or Nonsense?* (Hingham, Mass.: Kluwer Boston, 1979)는 몇몇 중심적 쟁점에 대한 좋은 비판적 해명을 제시한다. 본문에서 사용된 "적합성"의 정의와 그 의의에 관해서는 Richard M. Burian "Adaptation," in Marjorie Grene, ed., *Dimensions of Darwinism* (New York: Cambridge University Press, 1983)를 보라. 진화생물학과 윤리 사이의 관계에 관한 추가적인 고려사항들, 특히 제도에 부과되는 가능한 제약들에 관한 논지에 관해서는 "Evolution, Ethics and the Representation Problem," in D. S. Bendall, ed., *Evolution from Molecules to Men* (New York: Cambridge University Press, 1983)를 보라.

들 자신이 이미 윤리적 사고를 포함하고 있었기 때문이었다.[14] 그럼에도 불구하고, 개별적 조력의 통로로서는 나쁘지 않았고 아마도 더나았는지도 모른다. 그러나 이것은 안녕에 대한 독립적인 해명을 제시할 자격, 그래서 윤리적 삶의 토대를 제시할 자격은 박탈한다. 아마도 이 일을 해낼 수 있는 심리학적 분과가 있다고 가정하는 것은비현실적일 것이다. 그런 이론이 있을 수 있는지 여부를 불과 몇 쪽에 걸쳐 **선험적으로**a priori 결정하려고 하는 것은 어리석을 것이다.그런 심리학 이론은 당연시되는 윤리적 관념에 독립적이기도 하면서, 윤리적 삶에 포함된 인간 성격의 복잡한 측면과 밀접히 관련되어있기도 하며, 그 결과에서 확정적이기도 하고, 그리고 (물론) 어떤 형태의 윤리적 고려사항에 찬성하는 것이기도 해야 할 것이다. 이 마지막의 "물론" 그러해야 한다는 것은, 그래야만 윤리적 고려사항들을위해 토대를 제공하는 것으로 여겨질 수 있다는 진부한 이유에서만이 아니라, 만일 윤리적 고려사항들을 찬성하는 것이 되지 못한다면실천과의 관계가 [윤리적 관계와는] 완전히 다를 것이기 때문이기도하다. 우리는 사회 안에서 살 필요가 있다. 그리고 그것은 확실히 내적 필요inner need이지, 기술적인 필연성technological necessity에 그치는 것이 아니다. 그리고 우리가 사회 안에서 살려면, 이러저러한 윤리적 고려사항들이 상당히 많은 수의 사람들의 삶에서 구현되어야만한다. 그래서 우리가 윤리적 고려사항들의 어떤 적당한 묶음에서도진정으로 행복할 수 없다는 점을 보여주는 심리학 이론은, 우리에게어떻게 살아야 하는지를 알려주지 않을 것이다. 그렇기보다는 우리

---

14   프로이트 사상에서 이 차원에 관해서는 Philip Rieff, *Freud: The Mind of the Moralist*, 3rd ed. (Chicago: University of Chicago Press, 1979)를 보라.

가 행복하게 살 수 없다고 예측할 것이다.

　짐작건대 어떤 적절한 성품 심리학이라도, 어떤 과학적으로 제시될 수 있는 형태의 진리를 포함할 것이다. 다시 말해 많은 사람들이 불행하기 때문에 못되다거나, 거꾸로 못되기 때문에 불행하다는 식의 진리를 포함할 것이다. 그들의 불행이 윤리적 조건에 의거해 특수하게 정의된 무언가가 아니고 그저 기본적인 불행 — 비참, 격노, 외로움, 자포자기 — 인 경우에도 말이다. 그것은 잘 알려진 강력한 사실이다. 그러나 역시 일상적인 광범위한 사실들 중 하나의 사실에 불과하다. 못되지 않은 사람들, 그리고 관대하고 다른 사람들의 이익을 수용하려고 몹시 노력하는 사람들 중에서도 일부는 비참하며, 바로 그들이 그렇게 윤리적이기 때문에 비참하다. 그들은 자기주장을 억압한 희생자일지도 모르는데, 이러한 억압은 예전에는 인정되었을 수도 있지만 지금은 인정될 수 없을 뿐 아니라, 극복하거나 방향을 틀기는 더 어려운 것이다. 칼리클레스가 상정한 것보다 아마도 더 드물긴 하지만 실재하는 인물도 있다. 충분히 못됐지만 전혀 비참하지는 않으며, '반짝이는 눈과 번쩍이는 코트'*라는 어떤 행동학적인 기준으로 보더라도 위험할 정도로 번영하고 있는 인물 말이다. 윤리적 삶의 근거를 심리적 건강에서 찾고 싶어하는 이들에게, 애초에 그런 사람이 있을 수 있다는 것은 좀 문젯거리이다. 그러나 그들의 존재가, 실은 그들의 존재에 대한 사고가, 어느 정도만큼 문화적 현상인지는 중대한 질문이다. 그들은 멀리서 볼 때는 맵시 있고 세련되어 보인다. 르네상스 시대의 일부 귀족이 이런 역할을 해냈는데, 그들의

＊　[열정적이고 만족하며 즐거워하는 이의 외관을 나타내는 관용어구다.]

주요한 현대판 인물들이며 때로는 판타지로 그려지는 인물들인 저속한 파시스트 상사, 갱스터, 재계 거물보다 더 품위 있게 해냈던 것이다. 어쩌면 우리는 과거에 관하여 스스로를 기망하고 있는지도 모른다. 아니면, 그런 [르네상스 귀족 같은] 유형을 길러내는 것을 불가능하게 만든 것이야말로 근대 세계의 성취인지도 모른다. 왜냐하면 근대 세계에서는 다른 여러 일들과 마찬가지로 어떤 집단적 기획도 악한 것이 되었기 때문이다. 이런 과정은 집단적 기획을 더욱 강력하게 만드는 동시에 덜 흥미롭게 만들었다.[15]

무엇보다도, 이 순진한 인식의 목록에는 다른 선들의 문제도 있다. 어떤 사람은 못되고 다소 비참할 수는 있지만, 성공적이면서 얼마간의 쾌락을 누린다. 그리고 만일 덜 못됐다면 덜 성공적이었을 것이며, 따라서 좌절 때문에 역시 불안했을 것이다. 윤리적 성향을 제외하고는 그 어떤 것도 가치 있다고 간단히 받아들이지 않는 것 — 즉 심리적 건강에 관한 관념을 다른 가치들을 단념하는 방향으로 돌리는 것 — 은 소크라테스적 금욕주의로 복귀하는 일이 될 것이며, 그에 적합한 자아의 재구성을 필요로 할 것이다. 그것은 또한 모든 사람이 하나같이 [다른 가치들을] 단념하는 유토피아 정치를 필요로 하게 될 것이다. 아니면 마음의 순수성이라는 이런 미덕이, 유일한 선임에도 불구하고 소수만이 달성할 수 있는 선이라고 인정해야 할 것이다. 이것은 다시 그 미덕을 구제불능의 사회와 연관짓기 위하여 다른 정치를 필요로 하게 될 것이다.

---

15   이것에 관한 뛰어난 진술은 Hannah Arendt, *Eichmann in Jerusalem: A Report on the Banality of Evil* (New York, 1963; Penguin Books, 1977)이다. 선에 있어서 그 효과는 정반대이다(With good, the effect is the opposite).

이 문제는, 그 "다른 선들"이 창조적이고 문화적인 종류의 선일 때, 개인에게도 사회의 나머지에게도 특수한 중대성을 갖는다. 나는 이미 인간 본성에 대한 아리스토텔레스적 해명에서는 그런 창조적이고 문화적인 종류의 성취들을 일상적인 시민적 미덕과 조화롭게 어울리는 것으로 이해하라는 부담이 있었다고 이야기했다. 물론 그것들을 조화롭게 만드는 것이 불가능할지도 모른다는 것이 특유하게 근대적인 사고는 아닐 것이다. 실제로 플라톤은 훨씬 더 비관적인 견해를 취했으며, 결과적으로 덕스러운 국가에서 예술을 몰아내기를 또는 길들이기를 원했다. 그러나 예술과 과학에 대한, 그리고 예술 및 과학 창조의 심리에 대한 근대의 관념은 이 윤리적 관점에서 볼 때 '상처와 활'*의 문제, 즉 창조적 활동의 일부일 수도 있는 불행과 매력 없음의 문제를 더 격렬한 것으로 만들 수 있을 뿐이다. 창조적 활동은 특정 능력과 감수성의 편중 및 비대와 종종 많은 관련이 있는 것이다.**

이것[창조적 탁월함이 통합적인 덕의 성품과 상치될 수 있다는 사실]은 통합 관념 또는 갈등 축소라는 관념을 통해 윤리적 삶을 심리적 건강과 연결시키고 싶어 하는 그 어떠한 프로그램에도 문제가 된다. 이러한 심리적 목적들은 처음부터 윤리적 무게를 지니도록 규정되지 않는 한 그 자체로는 윤리적 무게를 지니지 않는다. 일부 사람들을 더 통합하는 최선의 방법은 그들을 더 무자비하게 만드는 방법일 것이

---

* [미국의 저명한 문학비평가 에드먼드 윌슨Edmund Wilson의 비평집 《상처와 활 Wound and the Bow》에서 따온 표현으로, 이 비평집에서는 문학의 대가들이 어린 시절의 심리적 상처로부터 창조력을 긷고 있음을 분석하고 있다.]

** [뛰어난 과학자나 예술가가 되기 위해서는 보통의 덕 있는 사람과는 다른 특수한 성향을 가지기 마련이며 이 성향은 그 사람을 매력 없거나 불행하게 만들 수도 있다. 예를 들어 창조적인 과학자나 예술가의 우울증 유병율과 자살율은 보통 사람에 비해 높다.]

다. 그러나 그 점을 차치하고서라도, 또한 갈등 축소가 어느 정도까지나 심리적으로 바람직할까에 관한 의문을 제기하는 창조적 갈등을 제쳐두더라도, 다른 종류의 질문이 있다. 갈등을 제거하는 것이 어느 정도까지, 그리고 어떤 여건에서 **윤리적으로** 바람직한지의 질문이다. 갈등, 특히 윤리적 갈등은 어떤 종류의 상황에는 적합한 반응일 수도 있다. 만일 이런 상황이 제거되어야 한다면, 그것은 정신을 개조하는 문제일뿐만 아니라(아마 정신 개조는 주된 문제가 아닐 수도 있다) 사회를 바꾸는 문제일 것이다.

심리학이 윤리학의 토대에 실질적인 기여를 하는 데 있어서의 난점을 살펴볼 때, 심리학 없이 얼마나 멀리 갈 수 있는지 염두에 두는 것이 중요하다. 우리는 상당히 멀리 갈 수 있다. 윤리적 성향의 형성은 인간에게서 자연스러운 과정이다. 이것은 윤리적 성향이 자동으로 생겨나기 때문에 교육이나 양육이 필요 없다는 뜻이 아니다. 그 뜻에서는, 언어 사용을 포함하여 사실상 인간의 그 어떠한 것도 "자연스럽지" 않을 것이다 — 왜냐하면 언어를 배우는 능력 그 자체는 선천적innate인 것이고 매우 특수한 것일 가능성이 높지만,[16] 그 어떤 어린이도 특정 언어에 노출되지 않는다면 아무런 언어도 배울 수 없기 때문이다. 그런데 이 특정 언어는 그 자체가 물론 문화의 산물이다. 윤리적 삶이 관습을 포함하지 않는다는 뜻도 아니다. 인간이 관습에 따라 사는 것은 자연스럽다. 트라시마코스는 윤리적 고려사항

---

16 Noam Chomsky의 연구, 특히 *Language and Mind* (New York: Harcourt Brace Jovanovich, 1972)를 보라. 일반적 해명으로는 John Lyons, *Noam Chomsky* (London, 1970; New York: Penguin Books, 1978)를 보라.

밖에서 사는 것이 더 자연스럽다고 보았다. 그러나 그런 말은 이치에 닿지 않는다. 더군다나, (대부분의) 우리 자신은 일부 윤리적 고려사항들과 스스로를 동일시하며, 인간 안녕에 관해 생각할 때 이러한 고려사항들을 포함시킨다. 우리는 결과적으로 아이들을 다른 문화적 관념들의 일부와 마찬가지로 이 윤리적인 관념들 중 일부를 공유하는 사람으로 길러내기를 소망하며, 그 과정이 우리의 아이들을 위해 좋은 것이라고 본다. 그것이 그들의 안녕에 관한 우리의 관념의 일부이기 때문이기도 하고, 설사 행복이나 만족에 대한 더 제한된 관념에 의하더라도 그들이 사회의 윤리적 제도에서 배제될 경우 더 행복해지리라고 믿을 이유가 거의 없기 때문이기도 하다. 우리는 이러한 제도 밖에 있으면서 최소한의 기준에 있어 더 행복한 사람들이 일부 있다는 것을 안다 할지라도, 그들이 무법자로 교육받았기 때문에 그렇게 더 행복하게 되는 경우가 드물다는 것도 안다. 그 모든 것의 결과로서, 우리가 속한 윤리적 세계 내에서 아이들을 기르는 일에 찬성할 이유는 많지만 반대할 이유는 거의 없다. 그리고 만일 우리가 성공한다면 그 아이들도 우리와 동일한 관점에서 세계를 보게 될 것이다.

만일 우리가 아리스토텔레스가 인정한 것 — 즉 소크라테스의 질문에 답함으로써 자신의 삶을 개심하여 뿌리부터 바꾸어 살 수는 없다는 것 — 에 암시된 소크라테스의 질문의 치환을 받아들인다면, 어떤 수준에서는 아리스토텔레스가 제시한 것보다는 더 적은 것을 갖고서 그 질문에 답할 수 있다. 그렇게 치환되었을 때 소크라테스의 질문은 우리가 어떻게 살아야 하는가에 관한 질문이 된다. 그리고 어떤 수준에서는 우리는 우리가 가진 윤리적 삶의 기초 위에서 그 질문에 대한 윤리적 답을 줄 수 있다. 설사 우리가, 아리스토텔레스가 주장했듯이 각각의 사람들을 위한 윤리적 삶을 찬성하는 목적론적 답이 있다고 주장할 수는 없다고 할지라도 말이다. 이 수준에서 그 질문은 그저 사회가 윤리적으로 재생산되어야 하는지 여부의 질문이 될 뿐이고, 그리고 우리는 그 질문에 대해서는 순수하게 사회 내부로부터의 답을 갖고 있다.

이 수준에서 말이다. 그 논증은 오직 윤리적 삶과 전혀 윤리적이지 않은 삶 사이의 선택만을 제시한다. 그러나 윤리적 삶은 한 덩어리로 주어진 것이 아니며, 교육, 사회적 결정, 심지어 아마도 개인적 개심에서도 그 안에 많은 상이한 가능성들이 있다. 우리가 처해 있음을 알게 되는 종류의 윤리적 삶 내에는 다양성, 부정합성, 그리고 자기 비판 도구들이 있다. 우리의 현대 사회에서는, 아마도 존재했던 그 어떤 사회보다도 이 모든 것들이 더 많이 있다. 그리고 이것은 가장 중요한 사실이다. 이 사실은 고대 저술가들이 상상했던 그 어떤 것과도 크게 달라지는 정도로, 도덕철학의 역할을 바꾸어 놓는다. 나는 다음 장에서 전체 윤리 기획을 위한 토대를 찾으려는 [안녕을 토대로 두는 시도와는] 매우 다르고 더 근대적인 시도를 살펴보고 나서, 윤리적 삶의 이 서로 다른 가능성이 제기하는 질문들을 이어 살펴보겠다. 그러한 윤리적 삶의 가능성 중 일부는 다른 문화에 사는 사람들에 해당되는 것이고 또 다른 일부는 우리 자신의 문화에서 사는 사람들에게 해당되는 것이다. 우리는 도덕철학이 그 가능성들을 이해하는 일과 자기 비판을 근거짓는 일을 어떻게 도와줄 수 있는지 살펴볼 것이다.

그러나 우선 다루어야 할 문제는 아리스토텔레스의 관념과 우리가 지금 받아들일 만한 것으로 여기는 윤리적 사고의 스타일 차이를 어느 정도까지 인정해야 하는가라는 질문이다. 말했듯이, 많은 실질적인 측면에서는 현대의 그 어떤 논의도 고대 저술가의 세계관을 공유할 수 없다. 그러나 이 점은 전체 과업의 논리적 형태에로 얼마나 확장되는가? 나는 만일 소크라테스의 요구가 원래의 형태로 충족되려면, 그리고 윤리적 삶이 각각의 사람에게 정당화되려면, 윤리적 가치는 자아의 어떤 상태에 놓여 있어야만 한다고 말했다. 내가 아리스토텔레스의 목적이라고 표현했듯이, 그 정당화가 오직 각각의 사람을 **위해서만** 주어질 수 있더라도 마찬가지일 것이다. 그러나 만일 우리가 이런 목적도 포기한다면, 윤리적 가치는 여전히 사람의 상태에 놓여 있을 것인가? 이는 종종 고대 그리스적 윤리와 현대적 윤리관의 차이로 여겨진다. 즉, 그리스인들은 윤리적 사고를 윤리적 가치가 자아의 어떤 상태에 있다고 보는 방식으로 접근한 데 반해, 우리는 그러지 않는다는 것이다. 더군다나 그 이념은 내가 앞서 언급한 더 심층적인 형태의 비판, 즉 고대 그리스인들의 사고는 치유할 수 없을 정도로 이기적이라는 비판과 연관되어 있다.

이 결론을 지지하는 한 종류의 논증은 다음과 같이 진행된다. 아리스토텔레스적 미덕을 지닌 사람은 여러가지 덕스러운 것들을 하기를 꽤나 자주 욕구한다. 그러나 욕구에 의해 동기부여되는 것이라면 어느 것이나 쾌락을 지향하는데, 쾌락의 추구는 이기적이다. 이것에 반대되는 유일한 동기부여는 의무감이다. 윤리적 동기는 이기적 동기와의 대조를 수반한다. 그래서 윤리적인 것은 의무와 연관되어야만 하지, 아리스토텔레스가 상정한 것처럼 안녕의 삶을 사는 데 포함된 욕구들과 연관되어서는 안 된다. (이런 방식으로 사태를 바라보는 것은 도덕성 이론 중에서도 특히 과도하고 조야한 형태이다.) 이 논증의 거의 모든 가정이 그르다. 모든 욕구가 쾌락을 목적으로 한다는 것은 거짓이다. 아니, 모순이다. 그것은 (실제로는 그렇지도 않지만) 설사 각 욕구의 만족이 쾌락으로 귀결된다 하더라도 거짓이다. 더군다나 만일 모든 욕구가 쾌락을 목적으로 한다는 점이 참이라고 해도, 윤리적 동기와 쾌락 추구가 대립한다는 상식적 가정에 기댈 수는 없다. 그렇다면 윤리적 동기는 특정 종류의 쾌락을 목적으로 할 수도 있다. 그들 중 일부는 실제로 쾌락으로 귀결된다. 그리고 흄은, 그리스인의 사고와 이 논점에서 노선을 같이 하여, 너그럽거나 유익한 행위를 하면서 쾌락을 얻는 것이 덕스러운 사람의 특징이라고 흔쾌히 생각하였다.

내 욕구들의 목적이 모조리 쾌락이 아닌 하나의 분명한 이유는, 내 욕구들 중 일부는 나를 전혀 포함하지 않는 사태를 목적으로 하고 있기 때문이다. 그런 욕구를 만족시키는 것들의 온전한 명세에서 나는 언급되지 않는다.[17] 자기를 초월하는 욕구들self-transcending desires이 있다. 그것들이 모두 이타적이거나 자비로운 것은 아니다. 그것들은 적의가 있거나 경솔한 것일 수도 있는 것이다. 친척을 당황하게 하거나 어떤 터무니없는 소동을 일으키고자 준비하는 사람은 보통 자신이 현장에서 그 결과를 즐기겠다고 생각하지 않는다. 그러나 그들이 원하는 것은 그 **결과**이지, 그저 지금 그것을 생각하는 즐거움이 아니다. 이 모든 이유에서, 자신에 대한 관심self-concern과 타인에 대한 관심을 가르는 선은 결코 욕구와 의무를 가르는 선에 상응하지 않는다. (실제로 일부 도덕주의자*들은 그들 자신의 방식으로

---

17 나는 "Egoism and Altruism," in *Problems of the Self* (New York: Cambridge University Press, 1973)에서 더 상세히 논했나.

* [여기서 '도덕주의자moralist'는 어떻게 살아야 하는가라는 소크라테스의 질문에 대한 답을 도덕적 의무의 차원으로 환원하는 이들이나, 그렇지는 않더라도 그 답에서 도덕성을 크게 강조하는 견해를 가진 이들을 가리키는 뜻으로 쓰였다.]

이 점을 인정하였다. 그 방식이란 자신에 대한 의무, 즉 자기 관여적 책무duties to oneself, self-regarding obligation의 집합을 발명하는 것이었다. 이것들은 이런 경제에서 상당한 기능을 수행한다. 하나는 소비를 억제하고 장기적인 투자를 고무하는 것이다. 다른 하나는 그저 욕구를 돈세탁하는 것이다.)

그러나 욕구와 쾌락에 관한 이 잘못된 관념을 우리가 제거하더라도, 이기적이라는 비판에는 여전히 무엇인가 남겨진 것처럼 보일지도 모른다. 윤리적 성향은, 특정한 것들을 원하는 성향, 특정 방식으로 다른 사람들 및 그들의 행위에 반응하고자 하는 성향, 의무 같은 관념을 활용하는 성향, 특정 결과들을 정의로운 것으로 증진하고자 하는 성향 등등이다. 행위자는 아마도 해당 맥락의 당사자가 될 것이며, 물론 자신이 어떻게 행위할지를 묻고 결정하는 것은 바로 그 행위자다. (그의 바람을 포함하여) 이러한 관념들 중 어느 것도 해로운 방식으로 행위자의 자아를 그 관념의 내용에 포함할 필요는 없다. 이 관념들 중 어느 것도 그 자체로 여하한 종류의 이기주의를 포함하지 않는다. 그러나 소크라테스적 질문은 또 다른 이념을 들여온다. 그것은 행위자의 이 성향들 그 자체에 **관하여 사유하기** 그리고 그것들을 안녕의 삶에 관계짓기를 포함한다. 설사 그 성향들이 그 자체로 자아를 향한 것은 아니라고 하더라도, 소크라테스적 반성에서 행위자가 고려하는 것은 여전히 그 자신의 안녕이다. 이기주의가 다시금 돌아온 것으로 보인다.

이 문제에 대한 답은 아리스토텔레스적 해명이 자아의 내용에 실질적인 윤리적 성향이 포함되어 있다고 본다는 극히 중대한 사실에 있다. 나는 성숙한 반성의 시점에, 내가 지금 그러한 바와 같이 되어온 사람이며, 나의 반성은 설사 나의 성향들에 관한 것이라 할지라도 그러한 성향들을 동시에 표현하는 것일 수밖에 없다. 나는 윤리적 선 및 다른 선들에 관하여, 내가 이미 획득한, 그래서 내가 누구인지의 일부가 된 윤리적 관점에서 생각한다. 윤리적 선 및 다른 선들에 관하여 생각하면서, 행위자는 일반적인 조건에서 이 선들을 이미 서로 관계 맺게 하며 윤리적 선에 특별한 의의를 부여하는 관점을 취한다. 바깥에서 보았을 때, 이 관점을 지닌 사람에게는 그 사람이 획득한 윤리적 성향이 다른 소망이나 선호보다 더 깊이 놓여 있다.

자신의 성향에서의 관점, 즉 그런 성향 안의 관점 대 그런 성향 바깥의 관점의 차이는 모든 윤리적 가치가 자아의 성향에 있다는 것이 어떻게 가장 분명한 뜻에서는 참이 아닌지, 그러나 어떻게 어떤 다른 면에서는 참인지를 보여준다. 가치 있는 유일한 것들이 사람들의 성향이라는 것은 윤리적 성향에 의해 구성된 관점 — 내적 관점 — 에서는 참이 아니다. 행위자의 성향만이 가치를 가진다는 것은 더더욱 참이 아니다. 다른 사람들의 복리, 정의의 요구, 그리고 다른 것들도 가치를 가진다. 그러나 우리가 다른 관점을 취하여, 사람들의 성향을 밖에서 바라보면, 우리는 "그 윤리적 관점이 존재하려면 세계에는 무엇이 존재해야만 하는가"라는 질문을 던질 수도 있다. 그에 대한 답은 오직 "사람들의 성향들"이 될 것이다. 그것들은 어떤 의미에서는 윤리적 가치의 궁극적인 버팀목이다. 그 버팀목은 형이상학적 의의뿐만 아니라 실천적 의의도 갖고 있다. 윤리적 가치의 보존은 윤리적 성향들의 재생산에 놓여 있다.

행위자 성향 바깥의 관점은 행위자 자신에게도 활용 가능하다. 그러나 만일 행위자가 스스로 하는 반성에서 자신을 그런 성향으로부터 전적으로 추상하려고 한다면, 그래서 그가 그 성향을 가지지 않은 것처럼 자신과 세계에 관하여 생각한다면, 그는 스스로가 자신의 성향을 비롯하여 그 어떠한 가치에 대해서도 적절한 그림을 갖지 못한 다는 점에 놀라서는 안 될 것이다. 그는 그렇게 할 수 없다. 그런 성향들이 그의 실제 자아의 내용이라는 바로 그 이유 때문에 말이다. 더군다나 만일 자신의 성향에서 물러서서 어떤 반성이라도 수행하려면, 사태를 바깥으로부터 보는 관점과 안으로부터 보는 관점 사이에 상충하는 것이 있는지 여부가 중요하다.[18] 아리스토텔레스에게 있어 덕스러운 행위자에게는 그런 상충이 없을 것이다. 덕스러운 행위자는 그에게 세계에 대한 윤리적 견해를 주었던 성향들이 인간 잠재성의 올바른 또는 온전한 발달이라고 이해하게 될 수 있다. 이것은 적어도 (아리스토텔레스는 의문의 여지 없이 그 이상을 의미했지만) 인간성에 대한, 그리고 인간성이 세계에서 차지하는 자리에 대한 가능한 최선의 이론이라면 이 결론을 산출하리라는 뜻에서 **절대적으로** 그러한 것이었다. 또한 이 윤리적 능력들의 발달이 인간 탁월성의 다른 형태와 들어맞도록, 이 완전성은 조화롭게 드러내질 수 있다. 아리스토텔레스의 이론은 행위자가 자신의 필요와 능력에 관하여 밖으로부터 반성한다고 하더라도, 자신의 윤리적 성향과의 아무런 충돌도 발견하지 못할 것이라고 본다.

이 지점에서 우리는 이 해명을 약화시키는 많은 근대적 의문들을 마주하게 된다. 우리의 현재의 이해로는, 인간 발달을 나타낼, 마찬가지로 훌륭한 자격이 있는 다른 문화적이고 개인적인 열망들과 윤리적 성향이 온전히 조화를 이룰 수 있다고 기대할 아무런 이유도

---

18 이 요구 — 즉 내가 내 성향을 이해할 수 있는 바깥의 관점은 나를 그 관점에서 소외시켜서는 안 된다는 요구 — 는 6장에서 상이한 맥락("이해한다"의 상이한 뜻)에서 나온다.

없다. 설사 우리가 아리스토텔레스주의적인 방향으로 얼마간 나아갈 수도 있는 심리학에 문을 열어둔다고 하여도, 인간 본성에 대한 어떤 해명이 — 이미 그 자체가 윤리이론이 아닌 다음에야 — 다른 종류의 윤리적 삶에 비해 한 종류의 윤리적 삶을 적정하게 결정하리라고 믿기는 힘들다. 아리스토텔레스는 특정한 종류의 윤리적, 문화적, 그리고 특히 정치적 삶을, 본성에 대한 절대적인 이해에서 얻을 수 있는, 인간 잠재성의 조화로운 정점으로 보았다. 우리는 그렇다고 믿을 아무런 이유를 갖고 있지 않다. 그러나 일단 우리가 그 믿음을 잃게 되면 행위자의 관점과 바깥의 관점 사이에 잠재적 간극이 열린다. 우리는 행위자의 관점이 동등한 정도로 인간 본성과 양립 가능한 많은 관점들 중 오직 하나에 불과하다는 점을 이해한다. 가장 중요하게는, 이 점을 그 행위자가 이해하게 될 수 있다. 이 관점들 모두는 그들 내부에서, 그리고 다른 문화적 목적들과 다양한 충돌에 열려 있다. 그 간극이 열리고 나면, 내가 행위자의 성향이 윤리적 가치의 "궁극적 버팀목"이라고 말함으로써 표현했던 주장은 더 회의적인 어조를 띠게 된다. 그것은 더 이상 충분한 것으로 들리지 않는다.

나는 그 주장이[행위자의 성향이 윤리적 가치의 궁극적 버팀목이라는 주장이] 참이라고 믿는다. 그리고 그것의 일반적인 개요에서 우리가 고대의 저자들로부터 얻은 윤리적 자아에 대한 기술이 옳다고 믿는다. 이와 동시에 우리는 행위자의 [성향 안의] 관점과 바깥의 관점이 일치한다는 아리스토텔레스의 가정이 붕괴하였음을 인정할 수밖에 없다. 어느 누구도 그러한 가정 없이 잘 해나가는 방법을 발견한 적이 없다. 이것이 이 책의 논증이 대처하고자 하는 사태다. 그리고 나는 여러 문제들과 연관하여 안의 관점과 바깥의 관점 사이의 관계

를 다시 살펴보겠다. 그러나 나의 다음 관심사는 밑바닥에서부터 시
작하는 또 다른 시도다. 이 시도는 아리스토텔레스의 가정을 사용하
지 않고서 아르키메데스적 점을 발견하려고 한다.

제4장

토대: 실천 이성

지난 장의 기획은 윤리적 삶의 토대를 안녕에 두려는 시도로, 전체 삶의 형태에 대한 확정적 결론을 인간 본성에 관한 내용적인 믿음으로부터 추구하였다. 우리는 그것을 단단히 붙들어 매기 위해서는 매우 강한 가정을 필요로 함을, 그리고 우리는 그 가정을 받아들일 수 없음을 살펴보았다.

   토대에서부터 출발하여 위로 올라가려는 것이기는 하나, 더 작은 토대에서 시작하여 더 작은 것만을 결론으로 주장하는 또 하나의 기획이 있다. 온전히 발달한 삶에 대한 해명을 제시하는 대신, 그것은 윤리적 관계의 구조적이거나 형식적인 어떤 특성들을 제시한다. 인간 본성에 관한 특수한 목적론에 기대는 대신, 그것은 합리적 행위자성에 관한 매우 추상적인 관념에서 출발한다. 그 기획은 여전히 소크라테스의 질문에 답하려고 한다. 비록 최소한의 내용만 담은 답이지만 말이다. 그것은 각각의 행위자에게, 그 행위자가 그 질문을 물을 수 있다는 이유 때문에만 그 답을 준다. 그래서 그 기획이 제시하는 답은 더 추상적이며, 아리스토텔레스의 방식보다는 덜 확정적으로 인간적이다. 이 유형의 논증이 무언가 산출한다면 그것은 합리적 행위자들 사이의 관계의 형태를 규제하는 일반적이고 형식적인 원리이다. 이것이 칸트의 관심사이다.

이렇게 말하는 것이 놀라울지도 모르겠다. 흔히 생각되기를, 칸트의 이름은 도덕을 위한 **토대**는 전혀 있을 수 없다고 하는 도덕에 대한 접근과 연관되어 왔다. 그는 도덕이 "자율적"이어야 한다고, 그래서 도덕적이어야 하는 데는 이유가 있을 수 없다고 주장했다. 칸트의 틀에서는 왜 그러한지를 간단한 논증이 보여준다. 도덕적이어야 하는 어떠한 이유도 도덕적인 이유이거나 도덕과 무관한 이유 둘 중 하나일 수밖에 없다. 만일 그것이 도덕적인 이유라면, 그것은 도덕적이어야 하는 이유가 정말로 될 수는 없다. 왜냐하면 그 이유를 받아들이기 위해서는 이미 도덕 안에 들어와 있어야 하기 때문이다. 다른 한편으로 도덕과 무관한 이유는 도덕적이어야 할 이유가 될 수 없다. 도덕은 동기의 순수성, 기본적으로 도덕적인 의도(칸트는 의무라고 여겼던 것)를 요구한다. 그리고 도덕과 무관한 어떠한 유인誘引도 그것을 파괴한다. 그렇기 때문에 도덕적이어야 할 아무런 이유도 있을 수 없으며, 도덕은 매개되지 않은 요구로, 정언명령으로 스스로를 제시한다.

이것이 칸트가 도입한, 엄밀한 **도덕**specifically morality이었다. 그리고 우리는 10장에서 그 주제를 다룰 때 윤리적 삶에 대한 이 관념에 관하여 더 광범위한 질문에 직면할 것이다. 칸트의 세계관은 정말로 도덕에 아무런 이유도 없을 것을 요구한다. 그것이 도덕적이어야 하는 동기나 유인을 의미한다면 말이다. 그러나 그것은 도덕이 아무런 토대를 갖고 있지 않다는 것을 함의하지는 않는다. 칸트는 합리적인 행위자에게 왜 도덕이 정언명령으로서 올바르게 제시되는가를 우리가 이해할 수 있다고 생각했다. 이는 합리적 행위자성 그 자체가 그러한 요구를 받아들이는 것을 포함하기 때문이다. 그리고 이것이 칸

트가 도덕을 실천 이성이 스스로에게 부과한 법에 의거하여 기술하였던 이유이다.[1]

그는 비범한 책《도덕 형이상학의 기초The Groundwork of the Metaphysic of Morals》, 즉 아리스토텔레스 이후 도덕철학에서 가장 의의가 크면서 가장 난해한 작업 중 하나인 저서에서, 어떻게 도덕이 실천 이성이 스스로에게 부과한 법일 수 있는지 설명하려고 한다. 나는 그러나 칸트를 직접 자세히 설명함으로써 그 논증을 제시하고자 하지 않는다. 그렇게 하는 일은 그 자체의 많은 특수한 문제를 포함하게 될 것이다. 나는 그의 견해의 경로가 아니라 도착지를 다루겠다. 그리고 우선 칸트의 것보다 더 단순하고 더 구체적인 논증을 제시하겠다.[2] 도덕에 토대를 부여하려는 그 논증의 실패는 왜 칸트의 관념이 실제로 그런 것처럼 형이상학적으로 야심 차야 할 필요가 꼭 있는지 보여주는 데 도움을 줄 것이다. 나는 칸트의 논증도 성공할 것이라고 생각하지 않는다. 그러나 왜 성공하지 못하는지 알아내려면 먼 길을 따라가야 할 것이다.

합리적 행위자가 필연적으로 원하는 것이 하나라도 있는가? 즉 합리적 행위자가 단지 행위자임의 일부로서 또는 전제조건으로서 원하

---

1 칸트의 접근은 아마도, 칸트가 도덕에 대한 해명과 실천 이성에 대한 해명을 제시하며 그 둘이 같은 곳에 도달하도록 한다고 말함으로써 가장 잘 요약될 수 있을 것이다.

2 내가 전개할 논증은 여러 면에서 Alan Gewirth in *Reason and Morality* (Chicago: University of Chicago Press, 1977)에 의해 제시된 것과 유사하다. 거위스는 말한다. "도덕철학에서 행위의 중요성은 고대 그리스인들 이래로 인식되어 왔지만, 행위의 성격이 도덕의 최고 원리의 내용 그 자체와 정당화에 진입한다는 점이 지금까지 주목되지 않았다."(p. 26) 거위스의 해명이 원래의 특성을 많이 담고 있긴 하지만, 나는 거위스의 해명은 자신의 기획과 칸트의 기획이 가진 친연성을 과소평가한다고 생각한다. 비록 거위스가 그 쟁점을 처리하는 방식은 몇몇 측면에서 여기서 살펴본 이론과는 다르지만, 거위스의 이론 역시 같은 일반적 이유 때문에 실패한다고 나는 생각한다.

는 것이 (또는 그가 그것에 관하여 충분히 공들여 생각했다면 원하게 될 것이) 하나라도 있는가?

사람들은 행위하려고 할 때, 우선 필연적으로 어떤 결과를 원한다. 사람들은 세계가 저런 방식이 아니라 이런 방식이 되기를 원한다. 당신은 어떤 결과를 [당신 스스로] 낳는 것을 원하지 않으면서 그 결과를 원할 수 있다. 그 결과가 그저 실현되는 쪽을 선호할 수도 있다는 것이다.* 실제로 당신이 직접 그것을 낳지 않는 경우에만 당신이 원하는 결과로 여겨질 그러한 경우들이 있다. 그러나 그 가능성과는 직접적으로 대조되게, 많은 경우에는 당신은 본질적으로 그 결과를 원할 뿐만 아니라 또한 그 결과를 낳기도 원한다. 달리 표현하자면 (복잡하지만 여전히 어떤 복잡함을 숨기는 방식으로 표현하자면) 당신이 원하는 결과는 당신의 현재 숙고로 인해 하게 될 당신의 행위를 포함한다.[3]

우리는 그저 세계가 특정한 사태를 담기를 원하는 데 그치는 것이 아니다. (그것이 우리가 원하는 전부라고 믿는 것이 결과주의의 깊은 오류다.) 그중에서도 우리는 기본적으로 특정한 방식으로 행위하기를

---

* [예를 들어 다음과 같은 상황을 생각해보자. 트롤리가 통제를 벗어나서 선로 위에서 벗어날 수 없는 다섯 명을 향해 무서운 속도로 달리고 있다. 당신 앞에 있는 레버를 돌리면 육교가 움직여 육교 위에 있는 육중한 사람이 트롤리 앞으로 떨어져 트롤리를 멈추고 다섯 명을 살릴 수 있다. 이 경우 당신은 스스로 레버를 돌리기를 바라지 않으면서도, 어떤 작은 규모의 자연재해가 일어나 육중한 사람이 트롤리 앞으로 떨어지는 사건이 발생해 다섯 명이 살게 되는 결과를 선호할 수도 있다.]

3 다음과 같이 말하는 것으로는 충분치 않다. 욕구된 결과는 당신이 무엇인가를 하는 것을 포함한다. 그 공식은 앞의 종류의 사안에도 마찬가지로 적용될 수 있다. 예를 들어 당신은 그녀가 당신을 사랑하게 되는 것만 포함할 뿐만 아니라 당신이 바로 그녀가 당신을 사랑하게 만드는 것까지도 포함하는 결과를 원한다는 식으로 말이다. 추가적인 복잡한 사항과 이 모든 것들이 결과주의와 갖는 관련성에 관하여는 "A Critique of Utilitarianism," in J. J. C. Smart and Bernard Williams, *Utilitarianism: For and Against* (New York: Cambridge University Press, 1973) 2절을 보라.

원한다. 그러나 우리가 어떤 사태를 원하며 그 사태가 실현된다면 행복해할 경우에조차도, 우리는 결과를 원하면 이루어지는 마법 세계에 살고 있지 않다는 것을 안다. 그러므로 우리가 그 결과를 낳도록 행위하지 않으면 그 결과가 발생하지 않는다는 것을 알기 때문에, 우리는 어떤 결과를 원할 때 보통 그것을 낳기를 원한다. (우리는 진리를 원할 때 진리를 알기를 원한다는, 이 원리에 직접적인 유비가 되는 원리가 있다.)[4] 더군다나, 우리는 그저 우리가 그 결과를 낳은 셈이 되는 것만을 원하지 않는다. 우리는 우리의 이 사고들이 그것을 낳기를 원한다. 우리의 목적적인 활동에 관여하는 이 바람wanting들은 복잡한 것으로 드러난다. 적어도 우리가 원하는 것은, 우리가 그것을 원하기 때문에, 우리가 어떤 것들을 믿기 때문에, 그리고 우리가 그러한 바람과 믿음의 기초 위에서 행위했기 때문에 그 결과가 발생하는 것이다.[5] 유사한 고려사항이 우리가 지키기를 원하는 것을 지키는 데에도 적용된다.

이것들을 합해보면 다음과 같은 결론으로 귀결된다. 여러 경우에 우리는 특정한 결과들을 원한다. 우리는 보통 이 결과들을 낳기를 원한다. 우리는 보통 우리가 이 결과들을 낳으려는 우리의 바람을 드러내는 방식으로 이 결과들을 낳기를 원한다. 매우 명백하게도, 이런 식으로 결과를 낳으려고 하는 경우에 우리는, 예를 들어 다른 사람들에 의해 그것이 좌절되기를 원하지 않는다. 이 모든 것을 성찰해보면, 우리가 일반적인 성향적 바람, 특히 다른 사람들에 의해 좌절

---

4   나의 책 *Descartes: The Project of Pure Enquiry*, chap. 1을 보라.

5   이런 종류의 구조는 지향성 현상에 특징적이다. 특히 H. P. Grice, "Meaning," *Philosophical Review*, 66 (1957), 그리고 John Searle, *Intentionality* (New York: Cambridge University Press, 1983)를 보라.

되지 않으려는 바람을 갖고 있다는 것을 알 수 있다. 우리는 일반적인 바람, 요약해서 표현하자면, 자유에 대한 바람을 갖고 있다. 이는 때때로 우리가 자유를 잃기를, 다른 사람들에 의해 좌절되고 심지어 강제되기를 원한다는 점을 부인하는 것은 아니다. 그러나 그 경우 우리는 **바로 그것**[자유를 잃고 좌절되고 강제되는 사태]을 획득하는 일이 좌절되기를 원하지 않는다.[6]

그러나 우리가 원하는 것이라면 무엇이든 하는 데 좌절되지 않아야 한다는 것만으로는 이 자유를 위해서 충분하지 않다. 단지 지나치게 적게 원했기 때문에 우리가 원했던 모든 것을 할 수 있는 것인지도 모른다. 우리는 부자연스럽게 궁핍하거나 빈약한 바람만을 가질지도 모른다. 이 고려사항은 우리가 또 하나의 일반적인 바람을 갖고 있다는 점을 보여준다. 비록 그 일반적 바람이 불확정적인 것일지라도 말이다. 우리는 (모호하게 표현하자면) 적정한 범위의 바람을 원한다.

이 모든 것으로부터 우리가 우리의 선택이 무엇 또는 누구에 의해서라도, 가능한 한 적게 제약되기를 원한다는 결론이 따라 나오지는 않는다. 우리는 우리의 자유가 무제한적이기를 원하지는 않는다. 이런 결론이 따라 나오는 것으로 보일 수도 있지만,[7] 그것을 받아들이면 합리적 행위자성의 또 다른 필수적인 조건을 빠뜨리게 될 것이다. 어떤 것들은 행위자에게 있어 주어진 시간에 명백히 접근 가능하고 다른 것들은 그렇지 않다. 더군다나, 무엇이 접근 가능한지 그

---

6   거위스가 지적하듯이 말이다. p. 53.

7   홉스가 그렇게 결론이 따라 나온다고 생각했을 수도 있다. 그러나 어떠한 것이라도 원하는 일에 필연적으로 개입된다고 홉스가 생각한 것과, 무엇이라도 얻거나 유지하는 일에 주권 없이 개입될 것에 관한 그의 음산한 견해를 구분하는 것이 쉽지는 않다.

리고 얼마나 쉽게 접근 가능한지는 행위자 안팎의 특성들에 달려 있다. 행위자는, 실천 가능한 특정 형태를 가지고 있는 세계에서, 그가 어디에 있는지, 어떤 사람인지, 어떤 사람이 될 수 있는지에 관련하여, 선택하기, 계획 세우기 등등의 일을 한다. 행위자는 사정이 그러하다는 것을 알 뿐만 아니라 — 즉 그는 제정신이다 — 반성을 해보면, 만일 그가 정말로 합리적 행위자가 되려면 그것이 필수적이라는 것도 안다. 더군다나 그는 어떤 이상적 세계에서는 합리적 행위자가 될 필요가 없으리라고는 정합적으로 생각할 수 없다. 그가 할 수 있는 것에 제약이 있다는 사실이 그가 합리적 행위자가 되도록 요구하는 것이며 또한 그가 합리적 행위자가 되는 것을 가능하게 만들기도 한다. 그뿐 아니라, 그것은 또한 그가 어떤 특정한 사람, 애초에 **하나의** 삶을 살아가는 사람임의 조건이기도 하다. 우리는 때때로, 음울하게도 합리적 행위자가 될 수밖에 없는 제약을 받고 있으며 더 행복한 세계에서는 합리적 행위자가 될 필요가 없다고 생각할 수도 있다. 그러나 그것은 공상이다. (정말로 그것은 '그' 공상이다.)*

유사한 조건이 행위자의 지식에도 적용된다. 특정한 상황에서 행위하면서 행위자는 자신의 계획이 무지나 오류 때문에 잘못되지 않기를 원할 수밖에 없다. 그러나 그 특정한 사안에서조차 모든 것을 알기를 원하지는 않으며, 자신의 행위가 의도하지 않은 결과라고는 하나도 갖지 않기를 원하지는 않는다. 모든 것을 알지는 않는 것도 역시 하나의 삶을 사는 조건이다. 예를 들어 어떤 것들은 당신의 미

---

* [이 부분에서 '그 공상'의 원어는 'the fantasy'로, 여기서 유일성을 나타내는 정관사 'the'가 강조되어 붙은 이유는, 바로 그 하나의 공상적 세계를 제외하고는 삶을 사는 사람으로 존재하는 나머지 가능한 모든 세계에서는 합리적 행위자가 되는 것이 필요할 수밖에 없기 때문이다.]

래를 이루는 것이기 때문에 알려져 있지 않다. 만일 당신이 모든 것을 알기를 정합적으로 원할 수 없다면, 결코 오류에 빠지지 않기를 정합적으로 원할 수도 없다. 모든 것을 알기와 결코 오류에 빠지지 않기는 동일한 것은 아니다. (전지全知는 무오류성과 동일한 것은 아니다.) 그러나 그 둘 사이에는 많은 연관성이 있다. 우선 한 가지 들자면, 당신이 가지고 있는 그러한 지식을 확장하려고 한다면, 오류를 범하고 그것을 인식해야 한다고 칼 포퍼는 항상 강조하였다.

이 마지막 고려사항들은 합리적인 행위자가 그러한 행위자가 되는 것의 조건으로 원할 필요가 없는 것, 실은 원하지 않을 필요가 있는 것에 관련되어 왔다. 그 고려사항들은 행위자가 유한하고 육화되었으며 역사 속에 존재하는 행위자라고 본다. 즉 기업이나 이와 비슷한 행위자들과 같이 주변적이고 의문스러운 예외를 제외하면, 내가 존재한다고 여기는 유일한 종류의 행위자, 그리고 (동일한 예외를 제외하면) 윤리학의 관심이 될 수 있는 유일한 행위자이다. (신을 믿는 이들도 신이 윤리학의 관심 대상이 된다고 보지는 않을 것이다. 신을 행위자로 보기는 하겠지만 말이다.) 나는 이것이[유한하고 육화되었으며 특정 시공간에 위치한 행위자만이 윤리학의 관심사라는 것이] 대부분의 사람들이 기대하는 바라고 생각한다. 그러나 이것은 몇 가지 중요한 결과들을 갖는데, 이는 나중에 살펴볼 것이다.

그렇다면 우리는 합리적 행위자로서, 내가 자유라고 축약해서 부른 것을 원한다. 비록 그것이 제한 없는 자유를 의미하지는 않지만 말이다. 이 점이 우리로 하여금 자유는 좋은 것이며 자유로운 것은 좋은 일이라고 사고하게끔 하는가? 이 결론에 이르는 한 길은 행위자는 여러 특정한 결과들을 원할 때 그 여러 결과들을 좋다고 생각할 수밖에 없다고 말하는 것이다. 그럴 경우 그는 그의 자유가 좋은 것이라고 생각할 수밖에 없게 된다. 왜냐하면 자신의 자유가 그 결과를 확보하는 데 포함되어 있기 때문이다.[8]

만일 우리가 무언가를 원하고 그것을 의도적으로purposively 추구한다면 우리가 그것을 얻는 것을 좋음이라고 생각한다는 것은 참인가? 이것이 플라톤의 〈메논〉에서 개진된 전통적 교설이며, 옴네 아페티툼 아페티투르 수브 스페치에 보니omne appetitum appetitur sub specie boni, 즉 **추구되는 모든 것은 어떤 좋은 것으로서** 추구된다는 스콜라 철학의 격언에서 숭앙되는 것이다. 그것은 나에게 참이 아닌 것으로 보인다. 좋음에 대한 어떠한 일상적인 이해에서도, 만일 당신이 무언가를 원한다거나 그것을 추구하기로 결정하였다고 말하는 것에서, 그것이 좋다고 말하는 것으로 또는 (더 요지를 잘 드러내는 것으로) 당신이 그것을 가지는 것이 좋다고 말하는 것으로 옮아가려면, 한 걸음 더 나아갈 필요가 있음은 분명하다. 어떤 것이 좋다는 것의 관념은 아무리 최소의 것 또는 흐릿한 것이라 할지라도, 한 명 이상의 행위자에 의해 좋은 것으로 인정될 수 있는 관점이라는 관념을 내포한다. 특정한 목적을 그저 가질 뿐인 행위자는 물론 그의 목적이 좋다고 생각할 수 있으나, 꼭 그렇게 생각할 수밖에 없는 것은 아니다. 그가 어떤 목적을 그저 가짐으로써 지지하게끔 되는 최대한은 아마도 그 일에 성공한다면 그에게 좋을 것이라는 점뿐이다. 그러나 이것조차도 목적을 가지는 일에 꼭 포함되는 것인가? 이 가장 신중한 주장조차도 행위자의 즉각적인 원함을 넘어서 어딘가로 향하는, 즉 그의 장기적인 이익이나 안녕으로 향하는 관점을 함의한다. 어떤 것을 가치 있게 여긴다는 것은 항상 그저 무언가를 원하는 것을 넘는다. 심

---

8   거위스는 이 경로를 취한다.

지어 당신이 "나에게" 그것이 더 좋을 것이라고 생각할 때 그러듯이 어떤 것이 좋다고 여기는 것은 당신 자신의 이익도 넘는다. 나는 정말로 내 삶의 모든 가치를 하나의 욕구의 만족에다가 몰아넣게 될 수도 있지만, 만일 그렇게 한다면 이는 단순히 내가 하나의 욕구만 갖고 있기 때문은 아닐 것이다. 하나의 욕구만 갖는 것은 내 삶에서 전혀 가치 없는 일일 수도 있다. 모든 가치를 하나의 욕구에서 발견하는 것은 그저 나에게 중요한 욕구가 하나라는 것이다.[9]

그러나 설사 전통적인 교설을 포기한다고 하더라도, 그래서 내가 원하는 모든 것을 좋다고 보아야 할 필요는 없다고 하더라도, 내가 나의 자유를 좋은 것으로 보아야 한다는 것은 여전히 참일 수도 있다. "나에게 좋다"는, 나의 즉각적인 목적을 넘어서는 나의 이익이나 안녕에 대한 어떤 언급을 도입한다고 나는 시사했다. 그리고 나의 자유는 나의 근본적 이익 중 하나다. 아마도 그 이유에서 나는 나 자신의 자유를 좋은 것으로 여겨야만 하는지도 모른다. 그러나 만일 그렇다면, 나는 내 자유가 좋음을 구성하며 그것으로 끝이라고 생각하도록 오도되어서는 안 된다. 내가 합리적 행위자이어야 하는 것이 좋은 일이며 그것으로 끝일 경우에만 그렇게 될 것이다. 그리고 다른 사람들이 그 점에 동의해야 할 아무런 이유도 없다. 사실, **내가** 그 점[내가 합리적 행위자가 되는 것이 그 자체로 단적으로 좋음이라는 것]에 동의해야 한다는 것도 명백하지 않다. 이것은 나 자신의 존재에 대한 나의 관념과 관련하여 어떤 더 깊은 질문을 건드리기 시작한다.

---

9   요지는, 욕구가 누군가에게 행위할 하나의 이유를 주는 데 충분치 않다는 것이 아니다. 나는 이미 욕구가 행위할 하나의 이유를 주는 데 충분하다고 (1장에서) 말했다. 진실은 행위의 모든 이유가 어떤 평가에 근거를 두고 있지는 않다는 것이다.

합리적 행위의 기본적 조건과 전제에 관해 이때까지 이야기한 모든 것은 옳은 것으로 보인다. 도덕의 토대를 제공하려는 논증은 단지 이러한 조건들 때문에 각 행위자가 도덕적 헌신에 관여하게 된다는 점을 보이려고 한다. 이 논증에 따르면 각각의 행위자는 다음과 같이 생각해야만 한다. 내가 필연적으로 나의 기본적 자유를 원하기 때문에, 나는 그것을 제거하는 행동 방침에 반대할 수밖에 없다. 그래서 나는 다른 사람들이 나의 기본적 자유를 제거할 권리를 갖는 어떠한 질서에도 동의할 수 없다. 그래서 내가 기본적으로 필요로 하는 질서에 관하여 반성할 때, 나는 나의 기본적 자유에의 권리를 주장해야만 한다는 것을 알게 된다. 사실상 나는 다른 사람들이 나의 자유를 존중하는 것을 다른 사람들에게 적용되는 규칙으로 규정해야만 한다. 나는 이 권리를 오로지 내가 목적을 가진 합리적 행위자라는 이유만으로 주장한다. 그러나 만일 이 사실만이 내 주장의 기반이라면, 유사한 사실이 마찬가지로 다른 사람에 의한 그러한 주장의 기반이 될 수밖에 없다. 내가 상정하듯이, 만일 내가 정당하고 적합하게 그들이 나의 자유를 존중해야 한다고 생각한다면, 나는 그들이 내가 그들의 자유를 존중해야 한다고 정당하고 적합하게 생각한다는 점을 인정할 수밖에 없다. 나의 자유의 필요로부터 "그들은 나에게 간섭해서는 안 된다"로 옮아가면서, 나는 마찬가지로 그들의 필요로부터 "나는 그들에게 간섭해서는 안 된다"로 옮아가야 한다.

만일 이것이 타당하다면, 각 사람의 기본적 필요와 바람은 그 사람으로 하여금 도덕으로, 권리와 의무로 이루어진 어떤 도덕으로 발을 들이게끔 한다. 그리고 그 발걸음을 거부하는 이는 그 자신과 일종의 화용론적 상충pragmatic conflict에 빠지게 된다.* 합리적 행위자가 되는 것에 헌신하면서, 거기에 필연적으로 포함된 헌신은 거부하려는

것이다. 그러나 그 논증은 타당한가? 그 가장 마지막 단계 — 만일
내 경우에 합리적 행위자성만으로 불간섭에 대한 권리의 근거가 된
다면, 다른 사람들의 경우에도 그래야 한다는 것 — 는 확실히 건전
하다. 그것은 "보편화 가능성 원리principle of universalizability"의 가장
약하고 가장 다툼이 적을 수 있는 형태에 기댄다. 이 형태는 그저 **왜**
냐하면because과 **때문에**in virtue of에 의해 작동하게 된다. 만일 특정한
고려사항이 내 경우에 어떤 결론을 확립하기에 정말로 충분하다면
그것은 어느 누구의 경우에도 그 결론을 확립하기에 충분하다. 만일
이 충분함이 진정으로 충분한 것이라면 그럴 수밖에 없다. 만일 이
논증에서 도덕을 도입하는 결론이 따라 나오지 않는다면 그것은 그
이전 단계 때문일 수밖에 없다. 합리적 행위자의 바람과 필요에 관한
원래의 주장이 타당하다는 점을 인정한다면 그 논증은 내가 나의 추
정된 권리를 처음 주장할 때 잘못되었음이 틀림없다.

---

* [사회적 규칙에 따라 이해 가능하게 말을 사용하는 것을 화용話用이라고 하고, 이러한
말의 사용이 의미 있고 이해 가능한 것이 되려면 성립해야 하는 조건을 탐구하는 이론
을 화용론이라고 한다. 여기서 윌리엄스가 말하는 것은 그 중에서도 형식화용론적 상
충이다. '당신'과 같은 대명사가 일상적 대화에서 상대를 높이는 말이 될 수도 있고 깔
보는 말이 될 수도 있도록 하는 그 맥락의 경험적 조건을 밝히는 등의 구체적 설명을
시도하는 경험화용론과 달리, 형식화용론은 언어행위에 내재한 '가능한 이해 도달의
형식적·내재적 조건'을 밝히는 이론이다. 예를 들어 규범적 화행이 이해 가능하기 위한
전제조건 중 하나는, 발화자 이외에 그 법규범 주장의 타당성을 검토할 청자가 있으며
그 청자가 동등한 도덕적 권위를 가지고 있다는 것이다. '그들은 나에게 간섭해서는 안
된다'가 화자의 단순한 선호가 아니라 도덕적 당위를 표현한다면, 이는 동등한 도덕적
권위를 가진 '그들'이 나의 불간섭에 대한 권리의 타당성을 승인해야 한다는 것을 의미
한다. 그래서 '그들'이 나의 불간섭의 권리를 존중할 지위에 있다는 점을 인정하는 순
간, 나 또한 동등한 도덕적 권위를 가진 '그들'의 불간섭의 권리를 존중해야 한다는 주
장을 지지하게끔 된다. 전자는 주장하면서 후자는 인정하지 않으면 애초에 전자의 주
장이 도덕적 주장으로 이해 가능하기 위한 형식적 조건을 위배하게 되며, 그래서 애초
에 내가 발화한 '그들은 나에게 간섭해서는 안 된다'는 도덕적 발화가 아니라 그저 욕
구나 선호의 표명에 불과한 것이 된다.]

행위자가 그의 주장을 신중하게 생각해보면서 무슨 말을 할지 살펴보는 것이 유용하다. 그것은 다음과 같이 표현될 수 있을 것이다.

> 나는 어떤 목적들을 갖고 있다.
> 나는 이 목적들 또는 그 어떠한 다른 목적들을 추구하기 위해서 자유가 필요하다.
> 그러므로 나는 자유가 필요하다.
> 나는 다른 사람들이 내 자유를 간섭하지 않을 것을 규정한다.

이렇게 생각하는 이를 행위자 A라고 칭하자. 당분간 우리가 "규정prescription"이 무엇인지를 안다고 가정하고, 이 A의 규정을 P_a라고 하자. 그럴 경우 A는 또한 다음과 같이 생각한다.

> P_a는 합당하다.

이것은 P_a가 그의, 즉 A의 합리적 행위자임과 합당하게 관련되어 있다는 것을 의미한다. A는 물론 다른 행위자, 이를테면 B가 그와 꼭 같은 사고를 가질 수 있다는 것을 인식할 수 있다. 그는 예를 들어 다음을 안다.

> B는 A가 나의 자유에 간섭하지 않을 것을 규정한다.

그리고 B의 규정을 P_b라고 칭하면, 보편화 가능성 원리는 A로 하여금 다음에 동의하도록 요구한다.

P_b는 합당하다.

그가 이제 그 자신에 대한 어떤 주장을 한다는 뜻에서 B의 규정을 합당한 것으로 받아들인 것처럼 보일지도 모르겠다. 이것이 도덕에 의거한 논증이다. 그러나 A는 이것에 동의하지 않았다. 그는 오직 P_a가 합당하다는 뜻에서 P_b가 합당하다는 것에만 동의했다. 그리고 이 것이 의미하는 것은 P_b가 B가 합리적 행위자임에 합당하게 관련되어 있다는 것뿐이다. 즉, A가 그의 규정을 하는 것이 합리적인 것과 마찬가지로, B가 B 자신의 규정을 하는 것도 합리적이라는 것뿐이다. 이 것은 B가 P_a를 받아들이는 것이 — 그렇게 받아들이는 것이 A의 자유에 간섭하지 않는 것에 대한 헌신을 의미한다면 — (또는 A가 P_b를 받아들이는 것이) 합리적이라는 것을 의미하지 않는다.

여기서 다음과 같은 논지가 나온다. 실천적 질문의 **해야 한다**should[*]인, 합리적 행위자성 그 자체의 **해야 한다**should 또는 **해야만 한다**ought

---

[*] [여기서 버나드 윌리엄스는 should와 ought를 구분해서 쓰고 있는데, 이 둘을 대조하는 맥락에서는, 늘 should는 어떤 주체에게 타산적 조언까지 포함하는 넓은 의미의 실천적 당위를 나타내고 ought는 의무 영역의 윤리적 당위를 나타내는 뉘앙스가 강하다. ought를 다른 곳에서는 '해야 한다'로 번역했지만 should와 의미 대조를 강조하며 나란히 쓰인 이 부분에서는 부득이 '해야만 한다'로 번역하였다. 그러나 당위에 관한 영어 조동사가 한국어로 일대일 대응되는 못함을 주의하여 읽기를 바란다. 보통 한국어에서 '해야만 한다'는 '그렇게 하는 것 외에 옳은 행위는 없으며 오로지 그렇게 하지 않으면 안 된다'와 같은 뜻이고 통상 ought에 그렇게 강한 뜻까지 담기지는 않으므로, 그렇게 대응시키면 정확하지 않은 부분이 있게 된다. 왜냐하면 ought는 의무에 연결되고 의무는 충돌할 수 있으며, 의무가 충돌할 경우에는, 적어도 로스의 용어로 말하자면, 잠정적 ought로 표현된 것 중 하나는 하지 않을 수밖에 없기 때문이다. 그리고 본문 내용에서도 드러나듯이 버나드 윌리엄스는 오로지 이익에 관한 관점과 합리적 계산에서 도출된 결론에 대해서도 should를 적용하고 있다. 그러 면에서 should는 우리 말로 길게 풀자면 '최종적 판정으로서 행위자에게 실천적 필연성을 지닌 조언으로서 해야 한다'에, ought는 '도덕적·법적으로 해야 한다'에 대응한다고 할 수 있겠다. 그러나 이렇게 매번 풀어서 번역하는 것은 읽기를 방해할 뿐만 아니라 문맥에 따라서 부정확하게 될 우려도 있다.]

에 관한 고려사항만으로는 요구되는 결과에, 즉 윤리적 세계로의 진입이라는 결과에 결코 도달할 수 없다. B가 어떤 것을 하는 이유 자체만으로는 다른 사람이 그 어떤 것이라도 할 이유가 되지 못한다.*
실천적 질문의 **해야 한다**는 다른 것들과 마찬가지로, 이인칭과 삼인칭을 갖고 있다. 그러나 이 형식은 그저 당신이나 그의 이익 및 합리적 계산에 대한 나의 관점, 즉 "내가 너라면if I were you"의 관점만을 나타낼 뿐이다. 그러한 관점에서 B가 해야 하는 것을 숙고하면, 그가 나의 자유에 간섭해야 한다고 내가 결론을 내리는 것은 무리가 아니다.

그러나 나는 이것을 그에게 "규정"¹⁰할 수 있는가? 그것은 무엇을 의미하는가? 확실히 나는 그가 나의 자유에 간섭하는 것을 원하지 않는다. 그러나 이것은 그 자체로 의무나 권리에 이르는 어떤 규정을 생성하는가? 그 논증이 시사하는 것은, 만일 내가 다른 사람들이 나의 자유에 간섭하지 않아야 한다고 규정하지 않는다면, 나는 그들이 나의 자유에 간섭해도 된다고 인정할 것을 논리적으로 요구받는다는 것이다 — 그런데 나는 그렇게 인정하길 원치 않는다.¹¹ 그 논증이 주장하는 것은, 내가 그들에게 나의 자유에 간섭할 권리를 주거나 그들에게 권리를 주지 않는 것 둘 중 하나만 해야 한다는 것이다. 사실상 그 논증은, 내가 일관되려면 다른 사람들이 내 자유에 간섭하지 않아야 한다는 규칙을 만들어야만 하며 다름 아닌 이 규칙으로 충분할 것이라고 주장한다. 그리고 이 규칙은 바로 딱 그만큼의 일을 수행할

---

* [윌리엄스는 B가 모두의 자유 보장에 헌신할 이유는 B의 이유일 뿐이지, A가 모두의
    자유 보장에 헌신할 이유는 되지 못한다고 보고 있다.]
10 규정에 대한 추가적인 논의로는, 6장과 7장에서 내가 R. M. 헤어의 견해를 논한 것을 보라.
11 거워스는 이 종류의 논증을 사용한다. p. 80.

것이다. 그러나 물론 그 규칙은 일반적 규칙이라는 단지 그 이유 때문에, 내가 그들의 자유에 간섭하지 않을 것을 동등한 정도로 요구할 것이다.

그러나 왜 내가 어떠한 규칙이라도 규정해야만 하는가? 만일 내가 규칙을 제정하는 과업을 하고 있다면, 분명히 나는 다른 사람들이 나의 자유에 간섭하는 것을 명령하는 규칙을 제정하지는 않을 것이며, 그들이 간섭하는 것을 허용하는 규칙도 제정하지 않을 것이다. 그러나 또 다른 가능성도 있다. 나는 이런 과업을 하고 있다고 여기지 않으며 둘 중 어느 쪽으로도 규칙을 만들지 않는다. 그렇다고 해서 내가 그들의 간섭을 허용하는 것으로 여겨질 필요가 없다. 만일 규칙 체계가 있다면, 그리고 의문의 여지 없이 그 규칙들이 특정 문제에 대해서 침묵한다면 (적어도 만일 그 규칙이 다른 면에서는 그 범위에서 충분히 넓다면), 그 사실은 허용을 의미하는 것으로 자연스럽게 여겨질 수 있다. 다른 주권적 행위자성과 마찬가지로, 법은 침묵함으로써 무언가를 말할 수 있다. 그러나 만일 아무 법도 없다면, 침묵은 의미 있는 침묵, 허용하는 침묵이 아니다. 그것은 그냥 침묵이다. 물론 또 다른 뜻에서 사람들은 나의 자유에 간섭"할 수도 있다may".** 그러나 이것은 단지 금지하고, 허용하고, 명령하는 아무런 법도 없다는 것만 의미할 뿐이다. 그들이 간섭"할 수도 있다may"가 간섭"할 수 있

<hr />

** [영어에서 may는 허용을 의미하는 뜻도, 가능성을 의미하는 뜻도 갖는데, 윌리엄스는 그런 용법의 이중성을 활용해서 논지를 전개하고 있다. 우리 말에서는 '할 수 있다'가 이와 같은 이중적인 뜻을 갖는다. 여기서는 may를 할 수도 있다로, can을 할 수 있다로 부득이 번역하여 둘을 형태상 구분하였으나, 여기서 중요한 점은 규범적 허용의 뜻(간섭해도 된다는 뜻)인가 아니면 사실적 가능의 뜻(간섭하는 것이 사실적으로 가능하다는 뜻)인가의 구분이 문제되고 있다는 것이다.]

다can"를 의미하는지 여부는, 나, 그리고 내가 할 수 있는 일에 달려 있다Whether they "may" means they "can" depends on me and I can do. [즉, 그들이 실제로 간섭하는 일의 성공 여부는 내가 그들의 간섭을 저지하는 능력에 따라 달라진다.] 이기주의자로서 막스 슈티르너Max Stirner는 다음과 같이 표현했다. "나에게 공격을 가하는 호랑이는 도리에 맞고in the right, 내가 그를 쓰러뜨리는 것도 도리에 맞는다. 나는 그에 대항하여 나의 **권리**right를 방어하는 것이 아니라 **나 자신**myself을 방어한다."[12]

나는 내가 그만큼[동등한 양립 가능한 자유를 권리로 보편적으로 보장하는 만큼] 규정하려고 한다면, 왜 그 누구도 내가 가지게 된 모든 특정한 목적에 간섭해서는 안 된다고 더 야심 차게 규정해서는 안 되는지 물을 수 있다. 물론 나는 다른 그 무엇만큼이나 나의 특정한 기획의 성공을 **원하며**, 다른 사람들이 그것에 간섭하지 않을 것을 원한다. 정말로, 기본적 자유에 대한 나의 필요는 그 자체가 그 종류의 원함[특정 기획의 성공에 대한 바람]에서 도출된 것이다. 그러나 그 논증은 확실히 내가 나의 모든 특정한 바람을 위해 규정하는 것을 허용하지 않을 것이다.

그 논증은 규칙을 제정한다는 과업에 대한 특정 관념에 의존한다. 그 관념은 칸트적 과업의 심장부에 놓여 있다. 만일 내가 좋아하는 그 어떤 규칙이라도 제정하여 억압의 기구로서 관철할 위치에 있다면, 나는 내 이익에 들어맞고, 경쟁하는 다른 사람들의 이익들을 공

---

12   Max Stirner, *Der Einziger und sein Eigenthum*, translated by S. T. Byington as *The Ego and His Own*, ed. James J. Martin (Sun City, Cal.: West World Press, 1982), p. 128.

격할 수 있는 법을 제정할 수 있을 것이다. 내가 그에게 제시하는 이유를 제외하고는, 다른 어느 누구도 그런 법에 복종할 이유를 갖지 않을 것이다. 그러나 우리가 이 논증들에서 고려하고 있는 법들은 그런 종류의 법이 아니고, 아무런 외적 제재도 갖지 않으며 당사자들 사이의 그 어떠한 불평등에도 반응하지 않는다. 그것들은 **관념상의 법**notional laws이다. "내가 어떤 법을 만들 수 있는가?"의 질문은 그 경우 "내가 다른 사람들이 받아들이리라고 합당하게 기대할 수 있는 어떤 법을 만들 수 있는가?"가 된다. 그것은 권력이 쟁점이 되지 않는 왕국을 위한 법이므로 모든 사람이 권력이 없는 동일한 위치에서 그 질문을 던진다는 사실을 성찰하여 보면, 그 질문이 동등한 정도로 "내가 어떤 법을 받아들일 수 있는가?", 그리고 종국적으로 "어떤 법이 있어야 하는가?"가 될 수 있음을 알게 된다.

만일 그러한 정신에서 던져진 이 질문이 그런 왕국을 위한 것이라면, 왜 그에 대한 답이 칸트의 근본적인 행위 원리, 도덕의 정언명령의 노선 위에 있어야 하는지를 이해할 수 있다. 그 정언명령은 (그 첫 번째 정식으로는[13]) 당신이 "동시에 당신이, 그것이 보편적 법이 되어야 한다는 의지를 가질 수 있는 그러한 준칙에만 따라서 행위"할 것을 명한다. 그러나 즉각 다음과 같은 문제가 제기된다. 왜 그런 그림을 받아들여야 하는가? 왜 내가 나를 입법자로 생각하는 동시에 — 왜냐하면 그런 구분이 전혀 없으므로 — 관념상의 법에 의해 통치되

---

13 *Groundwork*, translated by H. J. Paton as *The Moral Law* (Totowa, N.J.: Barnes and Noble Books, 1978), p. 88. 정언명령에 대한 다른 정식화와 연관하여 칸트는 말한다. "합리적 존재는 항상 스스로를 의지의 자유로 가능해지는 목적의 왕국에서 입법자 — 구성원이든 지도자든 — 로 간주해야만 한다."(p. 101) 이것은 정언명령이라는 관념에 대한 가장 드러내주는 바가 많은 표현으로 내겐 보인다.

는 공화국의 시민으로 생각해야 하는가? 이는 설사 내가 윤리적 삶 안에 이미 있으며 윤리에 관해 어떻게 생각할지를 숙고하고 있다고 하더라도 다루기 벅찬 문제이다. 그러나 그것은 사태에 대한 이 견해 가 그 어떤 합리적 행위자에게 요구될 때 한층 더 벅찬 문제가 된다. 이 논증은 합리적 행위자의 어떤 점이 그로 하여금 그 자신에 대한 이 관념, 소위 추상적 시민이라는 관념을 형성하도록 요구하는지 이야기 해줄 필요가 있다.

그 질문이 스스로에게 답을 한다고 생각할 수도 있다. 왜냐하면 합 리적 행위자라는 것만으로 그들은 [추상적 시민 외에] 다른 어떠한 것 이 될 수도 없으며 그들 사이에는 아무런 차이도 없기 때문이다. 그러 나 이런 방식으로 그 모델에 도달하는 것은 전혀 설득력이 없을 것이 다. 우리는 어떤 한 사람이 아무리 강력하거나 유능하더라도 합리적 행위자로서 합당하게 무엇을 해야 하는가 하는 질문에 관심을 갖고 있다. 그리고 이것은 그가 합리적 행위자 외에 아무도 아니라면 합당 하게 무엇을 할 것인가와 같지 않다. 실제로 그 둘을 등치시키는 일은 지성적으로 이해할 수 없는 것이다. 왜냐하면 합리적 행위자이고 그 이외의 아무도 아닐 수는 없기 때문이다. 사람들이 만일 자신이 합리 적 행위자라는 점을 제외하고 자신에 대하여 아무것도 모른다면, 합당 하게 무엇을 해야 하는가를 묻는 것이 더 분별 있는 심사일 것이다. 또 는 사람들이 그보다는 많이 알지만 자신의 특정한 힘과 위치를 알지 못한다면 무엇을 해야 하는가를 묻는 것도 그런 심사가 될 것이다.[14]

---

14 이것은 5장에서 논의된, 존 롤즈의 정의론에서 사용된 심사이다. 또한 Amartya Sen, "Informational Analysis of Moral Principles", in *Rational Action*, ed. T. R. Har- rison (New York: Cambridge University Press, 1979)도 보라.

이것은 어떤 것들에 관해서는 흥미로운 심사다. 특히 정의를 판정하는 심사로는 가능할 수 있을 것이며, 그런 역할로서는 정의에 대한 관심을 가진 이들에게 제안될 수 있다. 그러나 이미 정의에 관심이 있는 것이 아니라면, 이것은 합당하게 무엇을 해야 하는가를 위한 설득력 있는 심사가 아니다. 당신이 이미 불편부당한 관점이나 도덕적 관점을 취하는 성향이 있지 않다면, 무엇을 할지 결정하는 방법이 당신이 실제로 가지고 있는 이점들을 갖지 않는다거나 그 이점들이 무엇인지를 모른다면 어떤 규칙을 만들고자 할 것인가를 묻는 것이라는 제안을 몹시 합당하지 않다고 여길 것이다.

칸트적 기획에 조금이라도 희망이 있으려면, 더 이전에서 시작해야 한다. 그것은 어떤 중대한 면에서, 내가 방금 개관한 논증보다는 칸트 자신의 기획과 더 닮아야만 한다. 내가 개관한 논증은 합리적 행위자가 무엇을 필요로 하는지에서 출발하였다. 그리고 그것에 관하여 이야기된 것이 참이긴 했지만, 각 행위자들을 도덕으로 이끄는 데는 충분하지 않았다. 칸트는 그의 견해에서 합리적 행위자가 본질적으로 **무엇인가**에서 논의를 시작하였다. 그는 도덕적 행위자는 어떤 의미에서 합리적 행위자이며 그 외에 아무것도 아니라고 생각하였다. 그리고 그는 도덕에 대한 해명에 있어 본질적인 것으로 행위자에 대한 특정한 형이상학적 관념을 제시하였다. 그 관념에 따르면 도덕적 행위자성을 가진 자아는 그가 "예지적noumenal" 자아라고 칭한 자아인데, 이 자아는 시간과 인과성 바깥에 있어서 사람이 보통 자기 자신이라고 여기는 구체적이고 경험적으로 결정된 사람과는 구별된다. 이러한, 자아에 대한 선험론적 관념transcendental idea of the self은 이제까지 추구해온 탐구 수준에서 알아낸 것보다 더 심층에 놓인 요건인 자유의 요건을 반성하면 밝혀지지라고 칸트는 믿었다. 그는 우리가 이 관념을 온전히 이해할 수는 없어도, 그것이 가능함을 깨닫고 그것이 도덕과 합리적 행위 양자에 관여함을 알 수는 있다고 생각했다.

칸트의 해명은 큰 난점과 모호성을 드러낸다. 첫째, 그는 도덕 원리의 행위들을 제외한 모든 행위를 결정론적으로뿐만 아니라 이기적 쾌락주의에 의거해 설명할 수 있다고 생각했다.[15] 우리는 도덕 원리에 근거해서 행위할 때에만 동물처럼 쾌락을 향한 욕망drive for pleasure에 의해 인과적으로 결정되는 데에서 벗어난다. 그리고 때때로 칸트는 이를 강조하기 위해, 원리에 기반한 행위만이 (그가 실천 이성과 동일시한) 의지의 행사로 여겨질 수 있고, 그리하여 진정으로 자유로운 것으로 여겨질 수 있다고 말했다. 이런 표현 방식에 따르면, [보편법칙에 따르는 행위가 아닌] 우리의 다른 행위들은 인과성의 산물일 뿐이다. 사람들은 이를 "맹목적" 인과성이라고 부르곤 하는데, 이는 적절하지 못하다. 왜냐하면 칸트 자신이 인정했듯이, 그런 인과성은 행위자들에게 흔히, 그리고 동물들에게는 확실히, 그들이 가고 있는 곳이 어디인지를 매우 잘 볼 수 있는 능력을 부여할 수 있기 때문이다.*

---

15 예를 들어 *The Critique of Practical Reason*의 정리 II. 본문에서 결정론에 대한 칸트의 입장을 간략히 언급한 것은 이 입장의 중심적 수수께끼에 대한 아무런 해명도 하고 있지 않다. 그 수수께끼란, 그가 모든 사건에 대하여 결정론자였고 행위도 사건이라고 인식했음에도 자유의지의 존재를 믿었으며, 자유로운 행위에 특별한 종류의 원인을 할당함으로써 자유의지와 결정론을 양립 가능하게 만드는, 그가 "형편없는 속임수"라고 칭한 것을 비난하였다는 점이다.

* 버나드 윌리엄스는 욕구에 기반하여 행위하는 성향을 맹목적 인과성이라고 칭하는 데 반대한다.

나는 칸트 자신의 이론이 이런 난점에서 얼마큼이나 구출될 수 있는가 하는 질문을 파고들지는 않을 것이다. 토대를 제공하려고 하는 그 어떠한 이론도 그러한 난점들을 피할 필요가 있음은 확실하다. 우리는 합리적 자유가 윤리적 고려사항들을 전제한다는 이념에 관심이 있다. 그리고 이러한 자유는 다른 누구보다도 도덕적 회의주의자가 **이미** 헌신하고 있는 자유를 의미해야만 할 것이다. 칸트나 그처럼 논하는 다른 사람으로서는, 도덕적 회의주의자가 개인적 자율성과 합리성을 욕구하는 한, 도덕 법칙에서만 **온전하게** 실현되는 관념들에 이미 헌신하고 있다고 말할 수도 있다. 그러나 도덕적 회의주의자가 도덕과 무관한 실천적 지성이나 숙고에서 드러나는 것과도 상당히 다른 일종의 합리적 자유를 열망할 수밖에 없다고 말하는 것은 소용 없을 것이다. 회의주의자의 자유와 합리성에의 헌신은 그가 이미 경험하는 것들, 가령 명석하게 결정하는 것과 의도하지 않은 일을 하고 있음을 깨닫는 것 사이의 차이 같은 것들로부터 분리될 수 있는 것이 아니다. 더군다나 이것은 그저 우리가 회의주의자를 장악하기를 희망하는 지점에 관한 변증론적 논지가 아니다. 그것은 견지하기에 합당한 합리적 자유관이 무엇인가 하는 질문이기도 하다.

그렇다면 우리가 찾고 있는 논증은 칸트의 영토로 충분히 깊숙이 여행해 들어가서, 합리적 행위자의 가장 기본적인 이익이 관념적 공화국의 시민 입법자라는 자신에 대한 관념에서 주어진 것들과 일치할 수밖에 없다는 본질적 결론을 가져오면서도, 예지적 자아라는 더욱 터무니없는 형이상학적 짐은 가져오지 않는 논증이다. 그 논증은 다음과 같이 진행될지도 모른다. 우리는 이미 합리적 행위자가 자유롭게 되는 데 헌신하고 있음에 동의했다. 그리고 그 자유를 위해 요구되는 것들에 관하여 이야기했다. 그러나 아직 자유가 어떠한 것이어야만 하는지에 대한 충분히 깊은 이해에는 도달하지 못했다. 합리적 행위자라는 이념은 단지 그 행동을 믿음과 욕구에 의거하여 설명할 수 있는 존재자에 대한 3인칭 이념에 그치는 것이 아니다. 합리적 행위자는 이유에 **기반하여**on 행위한다. 그리고 이것은 어떤 질서나 법에 부합하게 행위하는 것을 넘어서는 것이다. 이 질서나 법이 믿음과 욕구를 준거로 하더라도 그렇다. 만일 이유들에 **기반하여** 행위한다면, 그는 행위자일 수밖에 없을 뿐 아니라 행위자로서 스스로에 대해 반성할 수밖에 없다. 그리고 이것은 그가 자신을 여러 행위자들 가운데 한 행위자로 이해하는 것을 포함한다. 그러므로 그는 자신의 욕구와 이익으로부터 물러나서, 자신의 욕구나 이익**의** 관점이 아닌 관점에서 그것들을 바라본다. 그것은 다른 그 누구의 욕구나 이익의 관점도 아니다. 그것은 불편부당성impartiality의 관점이다. 그러므로 진정 자유롭고 합리적이고자 열망하는 합리적 행위자는, 스스로를 모든 합리적 행위자의 이익을 조화시키는 규칙을 만드는 존재로 여기는 것이 적합하다.

이 노선의 논증을 평가할 때, 그 논증에 의해 도입된 종류의 합리적 자유가, 칸트에 따르면, 행위하는 결정뿐 아니라 이론적 숙고, 즉 무엇이 참인가에 대한 사고에서도 표현된다는 점을 유념하는 것이 중요하다. 불편부당한 입장으로 이끄는 것은 한낱 행위자로서의 자유 — (거칠게 말해서) 내가 무엇을 하는가는 내가 무엇을 결정하는가에 달려 있다는 사실 — 가 아니라, 사유하는 존재로서 나의 반성적 자유이다. 그리고 이 점은 사실적 사고에도 적용된다.[16] 양 사안

---

16 David Wiggins, "Towards a Credible Form of Libertarianism," in Ted Honderich, ed., *Essays on Freedom of Action* (Boston: Routledge and Kegan Paul,

모두에서, 칸트는 내가 어떤 결론에 한낱 인과적으로 도달한 것이 아니라고 생각했다. 나는 나의 사고와 경험으로부터 물러설 수 있으며, 그리고 그렇게 하지 않았다면 그저 원인에 지나지 않았을 것이 **나에게 하나의 고려사항**이 된다. 반성에 의해 믿음에 도달하는 사안에서는, 이런 방식으로 [한낱 인과적 원인에서 하나의 고려사항으로] 변하게 될 종류의 사항은 하나의 증거 또는 증거로 여기는 것이 될 것이다. 그것은 예를 들어 지각perception이 될 수도 있다. 실천적 숙고의 사안에서 그 사항은 욕구가 될 가능성이 높다. 내가 무엇을 할지 결정할 때 고려에 넣는 욕구 말이다. 증거나 나의 욕구로부터 한 발 물러나서 그것들이 내가 그에 비추어 결론에 도달하게 되는 고려사항들이 되도록 함으로써, 나는 양 사안 모두에서 합리적 자유를 행사한다. 실천적 사안에서 나는 나의 욕구와 기획 밖의 관점을 채택할 수 있는데, 그렇게 하여 나의 원래의 욕구를 지지하게 될 수도 있다. 사실적 사안에서 내가 나의 원래의 믿는 성향을 지지하게 될 수도 있는 것과 마찬가지로 말이다. 만일 그렇게 된다면 나의 원래의 욕구는 결과적으로 나의 행위 동기가 될 수도 있다. (비록 이 그림을 사용하는 이는 자연스럽게도 일부의 경우에는 내가 결국 하는 것이 원래 욕구들 중 어느 것에 의해 동기가 부여되는 것이 아니라, 나의 반성에 의해 근본

1978)은 상정된 대칭성에 반대하면서 원인에 의해 야기된 사고는 합리적일 수 없다는 칸트적 주장에 반론을 제기하는 흥미로운 논증을 담고 있다. 이런 칸트적 주장은 속류화된 형태로 자유의지론 저술가들이 사용하곤 한다. 그러나 만일 자유와 관련하여 사실적 사고와 실천적 숙고 사이에 비대칭성이 있다는 것이 진실이라고 해도, 그와 같은 논증은 내가 논의하고 있는 종류의 논증을 복귀시키는 데 도움이 되지 못할 것이다. 불편부당성을 실천적 숙고의 자유 위에 정초하려는 그 논증의 시도는 정확히, (칸트가 추정한 것처럼) 사실적 사고에도 적용될 방식으로 합리적 자유를 해석하는 일에 좌우된다.

적으로 산출된 것이라고 말할 것이지만 말이다.)[17]

합리적 자유에 대한 칸트의 해명이 실천적 숙고만큼이나 사실적 숙고에도 적용되도록 의도되었다는 사실은 칸트의 논증에서 무엇이 잘못되었는가를 드러낸다. 그것이 반성에 관하여 이야기하는 내용은 정말로 사실적 숙고에 적용된다. 그러나 이는 사실적 숙고가 본질적으로 일인칭적이지 않기 때문에 그런 것이다. 그것은 실천적 숙고에는 적용되지 못하며 실천적 숙고에 필수적인 불편부당성을 부과하지 못한다. 왜냐하면 실천적 숙고는 일인칭적이고 근본적으로 그러하며, 이 해명이 허용하는 것보다 더 긴밀하게 나의 욕구인 **나**여야 하는 **나**와 관련되기 때문이다.

내가 세계에 관하여 생각하고 세계에 관한 진리를 결정하려고 할 때, 나는 세계에 관해 생각하며, **세계에 관한** 것이지 나에 관한 것은 아닌 진술을 하고 질문을 던진다. 예를 들어 나는 묻는다.

스트론튬은 금속인가?

또는 확신을 가지고 다음과 같이 혼잣말을 한다.

바그너는 베르디를 한 번도 만난 적이 없다.

그러한 질문과 주장은 다음과 같은 일인칭의 그림자를 가진다.

---

17 이 일련의 질문들을 논의하면서, 특히 토머스 네이글의 연구 및 그와의 토론에서 도움을 받았다.

나는 스트론튬이 금속인지 궁금하다.

또는

나는 바그너가 베르디를 만난 적이 없다고 믿는다.

그러나 이 일인칭 그림자들은 파생적이다. 즉, 나를 언급하지 않는 사고의 그저 재귀적인 대응물에 불과하다. 여기에서 나는 말하자면 이러한 사고를 가진 사람의 역할로 등장할 뿐이다.[18]

물론, 나 자신의 사고에서 내가 더 실질적이고 개인적인 방식으로 등장할 수 있다. 나의 사고는, 다음과 같이, 특별히 나에 관한 것일 수 있다.

나는 아픈가?

이런 종류의 사고가 나에 관한 사고라는 것은, 내가 가진 다른 사고들은 나에 관한 사고가 아니라 다른 사람이나 다른 것에 관한 사고라는 의미에서이다. 더 흥미로운 점은, 다음과 같이 나의 사고에서 내가 증거의 장소locus of evidence로 등장할 수 있다는 것이다.

그것은 나에게 푸르게 보인다.

18　이것이 칸트가 〈순수이성비판〉의 오류추리 부분에서 짚은 논지다. 그러나 칸트는 일반적으로 사고의 경우에 형식적인 이 선험론적 나를 도덕과의 관계에서 훨씬 더 많은 일을 하도록 만들었다.

이런 경우에 나는 특별히 나 자신으로 등장한다. 그리고 나의 실제의 심리적 속성들이 이에 유관하다. (그래서 내 시력을 [온전하다고] 전제할 때, 그것이 나에게 푸르게 보이는 것은 그것이 녹색이라는 데 대한 신빙성 있는 지표일 수 있다.) 만일 내가,

나는 이 질문에 관하여 어떻게 생각하는가?

라고 묻는다면, 그 질문도 어떤 의미에서는 나의 실제의 심리적 속성들을 가진 나 자신에 대한 특별한 언급을 포함한다. 그것은 내가 다른 누군가의 믿음에 관하여 알아낼 수 있는 것처럼 (정확히 동일한 방식으로는 아닐지라도) 나의 믿음에 관하여 알아내라는 요청일 수 있다. 그러나

나는 이 질문에 관하여 어떻게 생각해야 하는가?

처럼

이 질문에 관하여 참은 무엇인가?

와 같은 효과를 갖는다면, 다시금 **나**는 파생적으로만 등장하는 사례가 된다. 뒤의 질문이 기본적 질문이다.
이런 이유로 이런 종류의 **나** 역시 비개인적impersonal이다.

나는 이 질문에 관하여 어떻게 생각해야 하는가?

라는 질문은

어느 누구라도 이 질문에 관하여 어떻게 생각해야 하는가?

라는 질문이 되어도 무방하다. 설사 그 질문이[나는 이 질문에 관하여 어떻게 생각해야 하는가 하는 질문이]

내가 가진 증거로 나는 이것에 관하여 어떻게 생각해야 하는가?

를 의미하더라도 그렇다.

이것은 어느 누구라도 그 증거로 그것에 관하여 어떻게 생각해야 하는지를 묻고 있음이 틀림없다. ['어느 누구라도'로 시작하는 질문과] 마찬가지로, 그 질문은[즉, '나는'으로 시작하는 질문은] 누군가가 진심으로 믿는 것은 다른 사람들이 진심으로 믿는 것과 일치해야 하고, 그 진리에 관하여 숙고하는 누구라도 그 과정의 본성에 의해, 믿음들의 일관된 집합, 즉 자기 자신과 다른 사람들의 믿음들이 일관된 집합을 이루어야 한다는 목적에 헌신하고 있다.[19]

행위를 위한 숙고에서는 사정이 다르다. 실천적 숙고는 모든 면에서 일인칭이다. 그리고 일인칭은 파생적이지 않고 **어느 누구라도**any-one에 의해 자연스럽게 대체되지 않는다. 내가 그에 대해 결정하는 행위는 나의 행위일 것이다. 그리고 (행위의 목적에 관해 앞서 이야기한 바와 같이) 그 행위가 나의 행위임은, 이 숙고에 의해 그 행위에 이르게 되리라는 것뿐 아니라, 그 행위가 세계의 변화를 수반하며, 경험적으로 내가, 또 어떤 면에서는 이런 욕구들과 숙고 자체가 그 변화의

---

19 그러나 모든 진리를 모든 다른 진리와 결합시키는 일은 일부 지식의 관점적 성격 때문에 가능하지 않을지도 모른다. 8장을 보라.

원인이 되리라는 점도 의미한다. 내가 나의 욕구들로부터 물러서서 그것들을 반성할 수 있다는 것은 참이다. 그리고 이 가능성은 정말로 그 어떠한 합리적 행위자든지 목적으로 삼는 합리적 자유의 일부로 볼 수 있다. 이것은 앞선 논의에서 인정된 자유와 의도성*에 관한 고려사항들은 어느 정도 넘어서지만, 여전히 도덕과의 관계에서 요구되는 결과를 주지는 못한다. 반성적인 실천적 숙고의 **나**는 다른 누군가가 적절히 수행한 숙고의 결과를 기지既知 사항datum으로 취할 것을 요구받지 않으며, 처음부터 모든 사람의 숙고의 조화 — 즉, 평등의 관점에서의 규칙 제정 — 에 헌신하고 있지도 않다. 진리에 관한 반성적 숙고는 정말로 불편부당한 관점을 도입하며 조화를 추구하지만, 이는 그것이 진리를 추구하기 때문이지 숙고적 반성이기 때문이 아니다. 그리고 무엇을 할지에 관한 숙고는, 단지 그것 또한 반성적이라는 이유만으로는 불편부당한 관점 도입과 조화의 추구라는 특성들을 공유하지 않는다. 합리적으로 반성하여 나의 욕구들에서 물러서는 나는, 여전히 그 욕구 및 의지를 가지고서 경험적이고 구체적으로 행위하는 **나**다. 그리고 그것은 단지 반성하여 물러섬으로써 모든 이익들의 조화가 근본적인 이익이 되는 존재로 전환되지는 않는다.

---

* ['intentionality'는 문맥에 따라 '의도(성)'과 '지향(성)'으로 번역하였다. 지향성이란 많은 심적 상태 및 심적 사건의 속성으로서, 그로 말미암아 그런 상태나 사건이 이 세상의 대상 혹은 사태를 향하거나 그것에 관한 것이 되는 것이다. 믿음, 바람, 공포, 의도함이 지향적 태도의 대표적인 예이다. 여기서 윌리엄스가 언급하는 '앞선 논의'는 자유가 합리적 행위자가 필연적으로 원하게 되는 것이라는 결론에 이르는 논의를 가리킨다. 즉 합리적 행위자는 그저 한낱 결과만을 원하는 것이 아니라 그 결과를 낳는 믿음과 사고를 통하여 그 결과를 우리 자신이 원하게 되고 이에 따라 행위했기 때문에 결과가 발생하기를 원한다. 한낱 결과만을 원하는 것도 지향적 태도이지만, 윌리엄스가 자유와 연계하여 설명하는 것은 아니다. 자유와 연계되는 것은 어떤 결과와 특정한 방식으로 관련되어 관여하고자 하는 행위자의 의도성이다.]

그저 반성하여 물러서는 이 걸음을 내디딤으로써 정의의 동기를 획득할 수는 없다.

정말로 반성적 자아가 어떠한 특정 욕구에도 헌신하지 않은 것으로 인식된다면, 왜 그 욕구들 중 어느 하나라도 만족되는 데 관심을 가져야 하는지 설명하기는 다소 힘들다. 이론적 숙고나 사실적 숙고를 하는 반성적 자아는 전前반성적인prereflective 믿음과 이익이 일치한다. 두 숙고 각각은 그 자신의 방식으로 진리를 목적으로 하는데, 이것이 바로 믿음에의 전반성적인 성향이, 표준적인 사례에서 그토록 쉽게 교정적 반성corrective reflection으로 대체되는 이유이다. 그러나 우리가 살펴보고 있는 모델에서는, [한편으로] 반성적인 실천적 자아와 [다른 한편으로] 나의 것이든 다른 사람들의 것이든 어떠한 특정 욕구들 간에는 이익의 동일성이 존재하지 않는다. 그렇다면 왜 반성적 자아가 그러한 욕구들의 만족을 제공하려고 해야 하는지 불명확하다. 이것은 이 논증이 그러듯이 반성을 거리 두기detachment와 동일시하는 오류의 또 다른 측면에 불과하다.

우리가 정의의 동기를 정말로 보유**한다면** 불편부당한 관점을 취한다는 것이 무엇인가에 관한 몇몇 심도 있는 질문들이 남아 있다. 어떻게 불편부당성의 관점을 떠맡은 내가 자신의 이익을 존중하는 삶을 살기에 충분한 동일성을 여전히 가질 수 있는가? 만일 도덕이 애초에 가능하다면, 그것은 내가 그 사람일 누군가를 특별히 남겨두는가? 이것들은 도덕과 삶 모두에 관한 중요한 질문들이다. 도덕에 관한 중요한 질문인 이유는, 윤리적인 것에 대한 특정한 견해로서 도덕이 특별히 예리한 형태로 그 질문을 제기하기 때문이다. 삶에 관한 중요한 질문인 이유는, 윤리적 질문들에 대한 그 어떠한 견해에서도 불편부당성과 개인적 만족 및 목적, 혹은 실은 개인적 헌신 사이의 관계에 관한 진정한 쟁점들이 있기 때문이다. 이 개인적 헌신은 꼭 이기적이지는 않더라도, 권리들에 대한 보편적 관심이나 존중이 부과하는 헌신보다는 좁은 것이다. 이 질문들 중 일부는 나중에 제기될 것이다. 그 질문들은 우리가 불편부당한 관점을 성취한다면, 이 관점의 영향으로 개인적 욕구와 숙고에 무슨 일이 일어나는가에 관련된다. 이 장에서 합리적 숙고만으로 불편부당한 관점에 이르는 길은 없다는 것이 입증되었다고 나는 믿는다.

제5장
윤리이론의 스타일

불편부당한 관점은 어떤 다른 목적을 위해 요청될 수 있다. 다시 말해 있는 그대로의 실천 이성을 근거로 정의나 자비에 대한 관심까지 곧장 받아들이도록 하기 위해서가 아니라, 여타 윤리관이 아닌 어떤 윤리관을 뒷받침하거나 요구하기 위해서도 요청될 수 있는 것이다. 질문은 이제 다음과 같다. 어떤 일반적인 뜻에서, 윤리적 견지에서 사고하는 데 헌신하고 있는 사람들이 있다고 할 때 그들은 어떻게 생각해야 하는가? 그들의 윤리적 사고는 건전한가?

나는 여기서 기존의 윤리적 태도와 믿음에 대한 모든 종류의 비판을 다 다루려고 하는 것이 아니다. 비판의 스타일은 다양한데, 그중 가장 설득력 있는 비판들은, 항상 그래왔듯이 철학적 논증에 기대기보다는 사람들이 어떠한 존재인가에 관한 신화, 즉 거짓됨에 기초하고 있는 저 태도들을 폭로하는 데 기댄다. 더 뚜렷하게 철학적 논증을 포함하는 비판들도 모두가 나의 당면한 관심의 대상은 아니다. 그런 논증 패턴 중 일부는 지엽적으로 작용하여, 윤리적 입장들의 결과를 끄집어 드러내거나 그러한 입장들이 부정합적이라고 고발하는 것이다. 그것들은 윤리적 논증의 도구이다. 이 장과 다음 장에서 나는 더 정교하고 철저하며 야심 찬 종류의 구조, 즉 **윤리이론**

에 관심이 있다. (이후에 나는 윤리적 논증의 도구들 중 몇몇은 철저히 적용하면 그 자체로 윤리이론을 생성하기에 충분하다는 생각을 살펴볼 것이다.)

윤리이론이란 무엇인가? 그 표현의 가장 유용한 용법은 다소 복잡한 정의에 의해 가장 잘 포착될 수 있다. 윤리이론이란 윤리적 사고와 실천이 무엇인가에 관한 이론적 해명이다. 이 해명에는 기본적인 윤리적 믿음 및 원리의 옳음에 대한 일반적 심사를 함의하는 것과, 그런 심사는 있을 수 없다고 함의하는 것이 있다. 내가 여기서 관심을 갖는 것은 적극적인 종류의 윤리이론이다.* 이 장에서는 적극적인 윤리이론의 주도적인 스타일 두 가지에 대한 설명을 제시할 것이다. 다음 장에서는 이러한 종류의 이론의 더 심층적인 동기, 그리고 그러한 이론이 실천과 맺는 관계를 살펴보겠다. 그러나 우선 소극적인 종류의 윤리이론에 관하여, 그리고 그 정의를 이렇게 특유한 방식으로 내리는 목적에 관하여 말해야 하겠다.

"윤리이론"이라는 표현이 어떻게 사용되는가는 논자의 용법이 명료하다면 크게 문제되지 않는다. 그래도 이 정의가 제안하는 방식으로 그 용어를 사용할 이유가 있기는 하다. 그리고 그것은 상당한 철학적 의미를 갖는다. 이삼십 년 전에는 "윤리" 이론을 "메타윤리" 이론과 구분하는 것이 표준적인 관행이었다. [그 앞에 '메타'의 수식어가 붙지 않은] 전자의 윤리이론은 무엇을 해야 하는가, 어떻게 살아야 하는가, 무엇이 가치 있는가 등등에 관한 실질적인 주장을 했다.

---

* [옳음에 대한 일반적 심사를 함의하는 이론이 적극적 윤리이론, 그런 심사는 있을 수 없다는 이론이 소극적 윤리이론이다.]

후자의 윤리이론은 그러한 주장들의 지위에 관한 것이었다. 즉 이런 주장들이 지식일 수 있는지, 이들의 타당성이 어떻게 입증되는지, 이들이 (어떤 뜻에서) 객관적일 수 있는지 등에 관한 것이었다. 이 구분의 배후에 있는 이념은 매우 자연스럽게도, 그 두 유형은 서로 분리될 수 있으며 메타윤리적인 종류의 이론은 그 자체로는 윤리적 함의를 갖지 않으리라는 것이었다.

이렇게 제안된 구분을, 이 구분과 자주 연관되어 왔던 다른 두 이념과 별개로 보는 것이 중요하다. 그 두 이념 중 하나는 메타윤리적 연구가 언어적이어야 한다는 이념, 즉 윤리적 담화에서 사용되는 용어에 대한 탐구여야 한다는 이념이다. 이것은 철학의 본성에 관한 추가적인 견해 — 도덕철학에서 그다지 생산적이지는 않았던 견해 — 를 포함한다. 비록 그 [윤리이론과 메타윤리이론의] 구분이 이 이념과 분리될 수 있기는 하지만, 언어적 정식화는 아마도 그 구분을 북돋우는 데 도움이 되었을 것이다. 이는 언어가 어떤 것을 말하는 데 제공하는 수단과 그 언어 내에서 말해지게 되는 특정한 것을 구분하는 것이 반드시 가능하다는 일반적 가정 때문이다. 이 가정은 당시에 널리 받아들여졌으며 다른 구분으로 귀결되었다. 이를테면 역시 지금은 인기가 식은, 분석적인 것과 종합적인 것 사이의 구분이 그렇다. 그러나 설사 언어적 철학의 선입견들이 윤리적인 것과 메타윤리적인 것 사이의 구분을 고무했다 하더라도, 그 구분은 언어적 정식화linguistic formulation에 구속되는 것은 아니다.

이러한 구분과 별개로 볼 수 있는 또 하나의 이념, 그리고 그것이 언어적 형태를 띨 때조차 정말로 별개로 다룰 수 있는 이념은, 철학이 그 어떠한 윤리적 주장도 담지 않고 메타윤리적 주장에 한정되어야만 한다는 이념이다. 이 방침은 명백히 다시금, 철학의 본성에 관한 그 이상의 가정에 기초하고 있으며, 그 가정은 보편적으로 받아들여지지 않았다. 그래서 무어는《윤리학 원리Principia Ethica》에서 좋음이 무엇인지 말하는 것과 어떤 것들이 좋은 것인지 말하는 것 사이에 단호하고 영향력 있는 구분을 지으면서도, 첫 번째 것[좋음이 무엇인지 말하는 것]뿐만 아니라 두 번째 것[어떤 것들이 좋은 것인지 말하는 것]도 감행하였다. 무어의 그 구분이 철학자들에게 영향력이 있기는 했지만, 다른 사람들에게 깊은 인상을 주었던 것은 어떤 것들이 내재적으로 좋은가에 대한 설명이었다. 그러나 무어는 좋음에 관한 견해와 좋음에 대한 우리의 지식에 관한 견해를 모두 갖고 있었다. 그 견해에 의거하면, 어떤 것들이 좋은가를 말하려고 해야 한다는 것은 어느 정도는 철학에 적합한 일이었다. 그는 좋음이 일종의 지성적 분별에 의해 탐지된다고 생각했고, (지나치게 허술하게 정의하는 바람에 어느 정도인지 분명히 할 수는 없지만) 적어도 그 과정의 일부는 철학이 또는 철학자의 능력이 그것에 기여할 수 있음을 이해하게 만들 정도로 충분히 지성적인 분석과 닮았다고 생각했다. 그러나 철학의 과업이 원칙적으로 분석이라고, 또한 실질적인 윤리 판단을 내리는 일에 관계된 것은 지성적 분석과는 상당히 다른 것이라고 생각하는 사람이라면, 어떤 것들이 좋은가에 관한 판단들이 왜 철학의 일부가 되어야 하는지 전혀 이해하지 못할 것이며, 몇몇 철학자들이 이삼십 년 전에 그랬던 것처럼, 그것들을 철학의 바깥에 남겨 두려 할 것이다.

이러한 구분은 더 이상 납득이 가거나 중요한 것으로 생각되지 않는다. 이렇게 된 데는 몇 가지 이유가 있지만 여기서 가장 관계가 깊은 것은, 이제는 윤리적 사고의 주제에 관하여 생각하는 것, 그리고 그 주제가 무엇에 관한 것이라고 상정하는 것 자체가 그 주제에 적합한 수용 가능성 내지 정합성 심사가 무엇인가에 영향을 미치고 그 심사들의 사용이 그 어떠한 실질적인 윤리적 결론에도 틀림없이 영향을 미친다는 사실이 (다시 한번) 명백해졌다는 점이다. 거꾸로, 일정한 심사나 논증 패턴의 사용은 윤리적 사고가 무엇인지에 관하여 다른 견해가 아니라 어떤 특정 견해를 함의할 수 있다. 윤리적 사고가 무엇이고 어떻게 수행되어야 하는지에 관한 견해를, 그 방식으로 윤리적 사고를 수행하여 나온 실질적인 결과와 결합시키는 이론이 적극적인 윤리이론이다.

그러나 윤리의 내용과 본성에 관한 일부 견해들은 그런 심사란[그 주제에 적합하면서도 특정 윤리적 견해를 함의하는 심사란] 없다는 것을 함의한다. 이러한 견해들 중 가장 극단적인 견해는 윤리적 입장을 견지하는 것이란 그저 그것을 선택하고는 고수하는 것으로 이루어진다고 말한다. 그런 견해 역시 윤리이론이라고, 즉 소극적인 윤리이론이라고 할 좋은 이유가 있는 것 같다. 그러나 이것은 윤리적 사고의 본성에 관한 이론 중에서 그런 심사가 있을 수 있는지의 질문을 **열린 채로 두는** 이론과는 구분되어야 한다. 윤리적인 것에 관하여 주어져야 하는 해명에 대해서는 상당히 확신에 차 있고 확고한 믿음을 가지면서도 그런 심사가 존재할 가능성에 관해서는 회의적으로 남아 있을 수 있다. 그리고 그것보다 더 복잡한 선택지도 있다. 그 더 복잡한 선택지에 따르면, 심사가 어떤 문화적 여건에서는 있을 수 있지만 다른 문화에서는 없다고 한다. 그것이 내가 이 책에서 제시하는 종류의 해명이며, 그것을 윤리이론이라고 칭하지 않는 것도 일리가 있다. 윤리이론은 철학적 과업이며, 우리가 윤리 안에서 어떻게 생각해야 하는가를 철학이 적극적으로건 소극적으로건 결정할 수 있다는 견해를 지지하게끔 되어 있다. 소극적인 경우에는 우리가 정말로 윤리 안에서 전혀 많은 것을 생각할 수 없다는 결론을 지지하게끔 되어 있다.

과거에 철학자들이 철학은 우리가 윤리 안에서 어떻게 생각해야 하는지 결정할 수 없다고 말했을 때 보통 염두에 두고 있던 것이 바로 이 소극적인 선택지이다.

이와는 달리, 나는 우리의 역사적이고 문화적인 여건이 불가능하게 만들지 않은 이상 우리가 윤리 안에서 생각할 수 있다고, 그것도 온갖 종류의 방식으로 생각할 수 있다고 말하고 싶다. 또한, 그러나 철학은 어떻게 우리가 윤리 안에서 생각해야 하는지를 결정하는 데 거의 아무런 일도 할 수 없다고 말하고 싶다. "윤리이론"이라는 용어를 내가 제안한 방식으로 쓰는 목적은, 적극적 이론과 소극적 이론이 철학에 관해 암묵적으로 하는 주장의 유사성을 드러내는 데 있다. 이것이 논증의 지금 단계에서는 첨단으로 보일지 모르겠으나 끝에 가서는 그렇게 보이지 않기를 희망한다. 목표는 이 이론들 중 그 어떠한 것의 견해와도 다른 견해에 도달하는 것이다. 그것은 철학적 윤리에 관한 회의주의를 취하는 견해이지만, 윤리보다는 철학에 대해 더 회의하는, 그런 회의주의를 취하는 세계관이다.

우리는 이제 적극적 윤리이론을 살펴보아야 한다. 윤리이론은 여러 종류가 있고 그들을 분류하는 데도 여러 방식이 있어서 이들의 종류들의 종류들도 다양하다. 어떠한 분류도 유일하게 명확한 분류는 아니지만, 하나의 유용한 구분은 두 가지 기본 스타일, 즉 **계약주의** 스타일과 **공리주의** 스타일의 구분이다. 계약주의contractualism의 중심 이념은 스캔런T. M. Scanlon이 도덕적 그름에 대한 해명과의 관계에서 정식화한 바 있다. "어떤 행위가 그른 경우는, 숙지되었고 강제되지 않은, 일반적 합의의 기초로서 누구도 합당하게 거부할 수 없는 행동 규제 일반을 위한 어떠한 규칙 체계라도 그러한 여건에서의 그 행위의 수행을 불허할 경우이다."[1] (내가 논의할 스캔런을 비롯한 다른 저자들은 대개 도덕에 관해 이야기한다. 나도 때때로 그럴 것이다.) 그름에 대한 이 해명은 도덕적 사고란 무엇에 관한 것인가 또는 궁극적인 도덕적 사실은 어떤 것이 있는가에 대한 특유한 이론과 함께 묶여 있다. 이 이론에서는, 도덕적 사고는 사람들이 어느 누구도 무지하거나 강제되지 않았다는 이 우호적인 여건에서 할 수 있을 합의와 관련된다. 그 이론은 또한 도덕적 동기에 대한 해명도 제시한다. 기본적인 도덕적 동인은 "자신의 행위를, 다른 사람들에게, 그들이 합당하게 거부할 수 없는 근거로 정당화할 수 있고자 하는 욕구"다.[2] 이 복합적인 이념이 마지막 장에서 논의되는 칸트적 관념과 얼마나 가까운지 볼 수 있을 것이다. 그러나 지금 논의에서는 모든 각각의 합리적인 행위자는 반드시 관념적 공화국의 시민 입법자임을 보이려는 점은 중심 문제가 아니다. 지금 문제는 이미 합의 도달에 이해관심이 있다고 가정되는 사람들에게 받아들여질 만한 규칙들이 어떤 것인가이다.

이와는 대조적으로 공리주의는, 개인의 복리에 관한 사실들을 윤리적 사고의 기본 주제로 여긴다. 공리주의는 다양한 종류가 있다. 그 공리주의들은 복리welfare가 어떻게 측정되어야 하는가를 비롯한 여러 질문에 관하여 의견을 달리한다. 예를 들어, 복리의 최대화에 관련해서 정당화되어야 하는 것이 개별 행위인가 아니면 어떤 규칙, 관행, 또는 제도인가 하는 질문에 관해서 말이다. (이것은 **직접** 공

---

1   Scanlon, "Contractualism and Utilitarianism," in Sen and Williams, *Utilitarianism and Beyond*, p. 110. 나는 여러 논지에 관하여 이 논문에 빚지고 있다.

2   Ibid., p. 116.

리주의와 **간접** 공리주의 사이의 차이다.) 복리를 집계해야 한다는 점에는 모든 형태의 공리주의가 의견이 일치한다.[3] 즉, 관련된 모든 개인의 복리를 어떤 방식으로 합산하는 것에는 동의한다. (이 공식, 심지어 "관련된involved"이라는 말조차도 많은 난점들을 일으킨다.)

나는 이 윤리이론의 스타일들을 더 자세히 살펴보겠다. 그러나 이 서론적인 개관만으로도 그것들이 어떻게 상이한 결과에 이를 것인가에 관한 얼마간 알게 해준다. 하나의 차이는 그 이론들에 의해 가장 자연스럽게 규정되는 도덕의 **구성원**이다. 즉, 그 체계가 최우선으로 관심을 가지는 존재들의 차이다. 상상컨대 계약주의의 자연스러운 구성원은 당신이 그에게 당신의 행위를 정당화하려고 하는 상대들이다. 가장 단순한 해석에서는, 다른 도덕적 행위자들이다. 이는 정당화를 제시하거나 수령할 수 없는 다른 이들의 이해관심을 위한 배려에까지 확장될 수 있다. 예를 들어 작은 어린이 혹은 정신적으로 장애가 있는 사람들에게로. 그런 경우에 우리가 법에서 그러듯이 우리는 자연스럽게 그러한 사람들을 대표하여 행위하는 수탁자에 관하여 생각하게 된다. 더 확장하면 동물들도 고려를 받을지 모른다. 그러나 동물은 주된 구성원에서는 멀리 떨어져 있다. 우리는 계약주의가 사람 사이의 도덕적 관계에 대한 해명으로 제시한 것과는 상이한, 동물 배려에 대한 해명을 제시하리라고 기대할 것이다. 계약이라는 이념

---

3 이것은 공리주의를 정의하는 특성으로 여겨질 수 있다. Sen and Williams, *Utilitarianism and Beyond*, pp. 2-4, 그리고 Amartya Sen, "Utilitarianism and Welfarism," *Journal of Philosophy*, 76 (1979)를 보라. 공리주의의 형태들 간의 구분에 관하여는 J. J. C. Smart and Bernard Williams, *Utilitarianism: For and Against* (New York: Cambridge University Press, 1973). James Griffin, "Modern Utilitarianism," *Revue internationale de philosophie*, 141 (1982)에서 최근 연구들을 개관하고 있다.

은 이 최소한도의 도식적인 형태에서조차, 항상 도덕적 사고의 주체이자 대상이 되는 행위자 사이의 동등한 관계를 우선적인 관심사로 도입한다.

공리주의는 다른 방향에서 바라본다. 공리주의가 관심을 기울이는 복리에 대한 가장 자연스러운 해석 중 하나는 (그리고 역사적으로도 최초의 해석 중 하나는) 쾌락의 존재와 고통의 부재이며, 공리주의의 자연스러운 구성원은 쾌락과 고통을 느낄 수 있는 모든 존재로 구성된다. 이 기초는 현대적 작업에 의해 세련화되어 왔다. 그리고 그 구성원은 이제 선호나 바람wants이 있고, 그러한 바람의 좌절로 괴로워할 수 있는 존재로 정의될 듯 하다. 대부분의 형태에서 공리주의는 동물을 여전히 주된 구성원으로 포함한다. 실제로 공리주의는 도덕의 주된 구성원으로 일부 (예를 들어 빈사 상태의) 인간보다는 일부 동물이 포함되는 것이 더 자연스럽다고 본다. 이러한 관념은 어떤 도덕적 동기, 즉 자비에 호소한다. 동시에 한편으로는 도덕적 행위자, 다른 한편으로는 도덕의 수혜자 사이에 부등의 지위를 도입한다. 여기서 두 번째 집단은 처음부터 첫 번째 집단보다 더 크다.* 공리주의의 이 특성은 그 복리주의로부터 온다.

공리주의는 또 하나의 중요한 특성을 갖고 있다. 이것은 공리주의가 일종의 결과주의이며 행위를 그것의 결과에 의거하여 판단한다는 데서 나오는 특성이다.[4] 모든 형태의 결과주의는 윤리적 가치를 궁극

---

*   [예를 들어 동물은 도덕의 수혜자이기는 하지만 도덕적 행위자는 아니다. 그리고 집합 크기의 부등은 논의의 출발에서부터 정해져 있다. 이는 계약주의와 대조되는 면이다. 계약주의는 도덕의 수혜자 집합과 행위자 집합이 같은 모델에서 출발하여, 그 모델을 양자가 일치하지 않는 사안에로 확장하여 나간다.]

4   이 공식을 개선할 것을 요하는 복잡성에 관하여는 "A Critique of Utilitarianism," in Smart and Williams, *Utilitarianism*의 2절을 보라.

적으로 사태에 둔다. (공리주의, 즉 복리주의적 결과주의[5]의 경우에는 사태의 가치는 사태에 담긴 복리의 차이에 있다.) 이 특성은 공리주의에는 행위자성이 오직 이차적으로만 들어온다는 결과를 낳는다. 행위자가 세계와 맺는 기본적인 윤리적 관계는 바람직하거나 바람직하지 못한 사태의 원인인 것이다. 우리의 기본적인 윤리적 관심은 우리가 할 수 있는 한, 더 적은 것이 아니라 더 많은 복리 내지는 공리를 세계에 초래하는 것이며, 공리주의의 가장 단순한 형태에 따르면 우리는 오직 그러한 사태를 초래할 가장 효율적인 방식으로 행위해야 한다. 그것은 그 시점에서 어떤 인과적 지레가 손이 닿는 범위에 있는가의 질문이다. 때로는 내가 결과에 영향을 끼치는 인과적 연결은 다른 사람들의 행위를 거쳐 일어난다.[6] 그러나 이것은 별다른 차이를 가져오지 않는다.** 이것은 어떤 변화가 가장 많은 복리를 낳을 것인가의 문제에 불과하다. 이는 내가 복리와 관련하여 영향을 미칠 수 있는 사태들이 있다는 것을 의미하며, 내가 그렇게 영향을 미칠 수 있기 때문에 비공리주의적 가정에서는 다른 누군가의 관심사가 될 복리라도 [공리주의에서는] 나의 관심사로 판명된다. 더군다나 수혜자 집단은 행위자 집단보다 더 크기 때문에 비공리주의적 가정에서는 어느 누구의 관심도 되지 않았을 상황들이 [공리주의에서는] 누군

---

5   엄밀히 말해 총합 순위를 매기는 복리주의적 결과주의sum-ranking welfarist conse-
    quentialism다. 앞의 주석 3을 보라.

6   이것이 책임의 질문에 미치는 몇몇 효과에 관한 논의로는 "A Critique of Utilitarian-
    ism," secs. 3 and 5; 또한 Samuel Scheffler, *The Rejection of Consequentialism*
    (New York: Oxford University Press, 1982)를 보라.

** [예를 들어 A 사태는 내가 행위하여 2명의 죽음을 야기하는 사태이고 B 사태는 악당
    의 행위에 의해 5명의 죽음이 야기되는 사태인데, 둘 중 하나만을 선택할 수 있다면, 공
    리주의는 내가 A 사태로 가는 경로를 취할 것을 명한다.]

가의 관심으로 판명되기도 한다.

이 고려사항들은 — 다시금 그 이론들에 대한 가장 직접적이고 자연스러운 해석에서 — 공리주의와 계약주의 사이의 또 다른 차이를 드러낸다. 최대 복리 산출에 대한 공리주의의 요구는 경계가 없다 boundless. [즉 도덕적 행위자의 관심사인 것과 아닌 것의 구분이 없다.] 어떤 사람이 세계를 개선하기 위하여 할 수 있는 것에는 시간과 정력의 한계를 제외하고는 아무런 한계가 없다. 더군다나 특정한 사람의 행위와 가능한 사태가 맺는 관계가 불확정적이기 때문에, 많은 경우에 나에 대한 요구와 다른 누군가에 대한 요구 사이에 아무런 명확한 경계가 없다는 더 나아간 의미에서 그 요구는 경계가 없다. 이에 공리주의 이론가들은 (그렇게 하려는 열의의 정도는 서로 다르지만[7]) 특정 개인이 요구받을 수 있는 것에 도로 제한을 두고자 한다. 예를 들어 만일 자신의 아이에만 특별히 마음을 쓴다면, 또는 선한 일을 멈추고 이따금씩 휴식한다면 보통 더 효율적으로 복리를 산출하게 된다고 말하면서 말이다. 계약주의자들, 그리고 공리주의자도 계약주의자도 아닌 많은 다른 이론가들은 이것이 앞뒤가 뒤바뀐 것이라고 불평할 것이다. 나의 아이 및 시간에 대한 나의 권리는 그들이 돌려줄 것이 아니라고 말이다.*

---

7 몇몇 공리주의 저술가들은 그들의 책을 읽는 독자들에게 막연한 죄책감을 키우는 것을 목표로 삼는다. 피터 싱어Peter Singer가 그런 저술가 중 하나다. 그의 책 *Practical Ethics* (New York: Cambridge University Press, 1980)에서 싱어가 자신의 주장을 뒷받침하는 이론적 기초보다는 죄책감을 키우는 효과를 낳는 데 더 관심을 두고 있음이 분명하다. 이론적 기초는 그 책에서 매우 피상적으로만 다루어진다. 도덕적 설득으로서 이런 종류의 책략은 오히려 반대로 작용하여, 방어적이고 분개하는 태도를 낳아 관심을 축소시키기 쉽다. 그런 관심의 축소가 현재 우리 주위에서 항상 일어난다는 점은 관련 연구에서 볼 수 있다. James S. Fishkin, *Beyond Subjective Morality* (New Haven: Yale University Press, 1984)을 보라.

존 롤즈의 표현을 빌리자면 "공약의 부담the strains of commitment"
에 한계가 있어야만 한다는 이념은, 이제껏 개진된 윤리학에 대한 가
장 풍부하고 복합적인 계약주의적 해명인 그의 이론을 형성하는 데
도움을 주는 것 중 하나다.[8] 롤즈의 정의론은 개인의 행동이 아니라
사회적 삶과 정치적 삶을 규율하는 원리들을 찾는 것을 목적으로 삼
는다. 그러나 그 이론은 도덕적 기초에서 출발하며 순수 도덕적인 사
고에 중요한 결과를 야기한다.

롤즈의 이론은 간단한 생각을 정리한 것이다. 공정한 합의의 체계
란 당사자들이 그 체계가 자신들에게 개인적으로 얼마나 이득을 줄
지 알지 못하는 상태에서 동의할 수 있는 체계라는 것이 그 생각이
다. 이 생각은 원초적 입장이라는 가상의 상황으로 발전한다. 원초적
입장에서 사람들은 "무지의 베일" 뒤에서 사회적 원리를 선택한다.
무지의 베일은 각자가 처한 사회적 위치를 감추며 개인적 취향이나
이해관심도 감춘다. 그러나 사회과학의 연구 결과와 같은 일반적 명
제들은 감추지 않는다. 그러므로 원초적 입장의 당사자들은 작업을
해나갈 얼마간의 정보를 갖고 있지만, 그 정보 중 어느 것도, 그들 중
누구라도 자기 자신에게 유리하게 원칙을 정할 수 있는 능력을 주지
는 않는다. 그러므로 이 무지는 앞 장에서 언급한 무지보다는 덜 근
본적이다. 앞 장에서 나는 사람들이 합리적 행위자일 뿐 "그 외에 아

---

*   [나의 아이에 더 마음을 쓸 권리가 원래부터 있는 것이 아니라, 오로지 그렇게 더 마음
    을 쓰는 일이 복리의 최대화에 도움이 되기 때문에 그리고 도움이 되는 한도 내에서만
    해야 되는 일이자 허락되는 일이라고 보는 것은 터무니없다고 다른 이론가들은 생각할
    것이다. 즉 그런 권리가 먼저 있고 복리에 관한 고려사항은 뒤에 있다고 생각할 것이다.]

8   John Rawls, *A Theory of Justice* (Cambridge: Harvard University Press, 1971),
    그리고 이 장 주석 10에서 언급한 논문들을 보라. Norman Daniels, ed., *Reading
    Rawls* (New York: Basic Books, 1975)은 유익한 논문집이다.

무도 아닌 존재"로서만 선택한다는 칸트의 이념을 다룬 바 있다. (그 모델은 흥미로운 결과를 보여준다. 이 결과는 롤즈는 받아들이지 않겠지만 받아들여야만 하는 것으로, 역사에 대한 지식이 사회과학적 이해에 필수적이지 않다는 가정이다. 이 가정을 롤즈가 받아들이지 않으려면, 당신이 역사의 전개 과정을 알면서도 그 안에서 당신의 위치는 모를 수 있다는 가정을 허용해야 하는데, 롤즈는 이것은 더 받아들이지 않을 것이다.) 당사자들은 이 여건에서 사회 질서에 대한 사리적인 선택을 해야 한다. 그러나 그런 선택을 할 수 있는 처지가 못 된다. 왜냐하면 자신들의 자아를 모르기 때문이다. 그러나 그렇다고 그들의 선택의 기초가 자비롭거나 이타적인 원리는 조금도 포함하지 않음을 의미하지는 않는다. 롤즈[의 논지]는 여기서 개인의 사리에서 출발하여 사회 정의로 이동하려고 하는 것으로 해석되어서는 안 된다. 그의 논지는, 자신의 정체성에 무지한 상태에서 내리는 사리적인 선택은, 통상적인 지식의 조건 하에서는 중요한 면에서 사리적이지 않은 또는 도덕적인 선택의 모델을 만든다는 것이다.

원초적 입장에서 한 숙고의 결과는 당사자들이 두 가지 근본적인 정의의 원리를 받아들이는 것이다.

(1) 각자는 다른 사람들의 유사한 자유와 양립 가능한, 가장 광범위한 자유에 대한 평등한 권리를 가져야 한다. …

(2) 사회적·경제적 불평등은 다음 두 조건을 모두 만족하도록 규율되어야 한다. (a) 그것들은 최소수혜자에게 최대 이득이 되어야 한다. 그리고 (b) 공정한 기회 균등의 조건 하에 모두에게 개방되는 직책과 직위에 결부되어야 한다.[9]

---

9   Rawls, pp. 60, 83. 그 원리에 대한 최종적으로 더 정교화된 진술은 p. 302에 있다.

이 중 두 번째 원리는 당사자들이 숙고할 때 "최소극대화" 규칙을 사용할 것이라는 발상에 기반하고 있는데, 이 규칙은 가능한 최악의 결과에 따라서 대안의 순위를 매긴다. 이것은 롤즈 이론의 특성이다. 원초적 입장에서 이 원리를 선택하는 일은 (이 방향이나 다른 어느 방향으로도 특수한 취향을 감안할 수 없는) 당사자의 특이하게 보수적인 편향에 기초하는 것이 아니라 선택의 특이한 성격에 기댄다. 그 특이한 성격이란 당사자들이 아무런 확률도 활용할 수 없다는 사실이다. 그리고 그들은 최소 이상의 이득에 대하여는 그리 대단한 이해관심을 갖고 있지 않다. 또한 최악의 결과는 받아들일 수 없는 "심대한 위험"을 포함한다.

이것은 근본적 선에 관한 어떤 중요한 이념을 나타낸다. 예를 들어 노예제는 단적으로 받아들일 수 없는 것이다. 노예제가 주는 이득이 무엇이건 말이다. 정말로 롤즈가 모든 확률 계산을 거부한 것은 그가 매우 적은 수의 노예만 있는 사회조차 받아들일 수 없다는 결론에 헌신하고 있음을 보여준다. 이것은 도덕적 정의론이 낳는 환영할 만한 결과일 수는 있지만, 무지 하의 합리적 선택 모델에서 자연스럽게 따라나오지는 않는다. 만일 사리적인 합리적 선택이 쟁점이라면, 확률에 대한 질문이 어떻게 전적으로 회피될 수 있는지 알기 어렵다. 또는 만일 노예가 될 확률이 충분히 작고 노예제를 포함하는 체계를 선택하는 것이 다른 충분히 큰 이득을 준다면 그 선택이 당사자들에게 어떻게 합리적이지 않은지 알기 어렵다. 이런 종류의 이유들 때문에, 롤즈 모델에서 의사결정 이론의 요소 또는 합리적 선택의 요소는 많은 비판을 받아 왔다.

또한, 선the goods가 무엇인가 하는 중요한 질문도 하나 있다. 이는 [계약의] 당사자들이 합리적 선택을 하는 데 준거가 된다고 상정되는 것이다. 합리적 선택 이론이 보통 사용될 때는, 통상적 효용이나 개인의 복리를 기초로 작동한다. 그리고 이것은 행위자의 선호와 기호의 함수이다. (우리는 나중에 공리주의자들의 수중에 있는 복리가 그렇게 간단한 문제로 남지 않는다는 점을 보게 될 것이다.) 그러나 계약 당사자들은 그 어떠한 알려진 개인적 선호나 기호도 갖고 있지 않으므로, 이것은 그들에게 활용 가능하지 않다. 롤즈는 그의 당사자들이 자유와 기회, 소득과 부, 자존감의 기반인 "기초적 선들primary goods"의 목록을 준거로 하여 선택한다고 말한다. 이 선들은 그가 "얇은 선이론the thin theory of the good"이라고 부르는 바에 의해 제시된 것이다. 그 이념은 이들이 누구나 여하한 것이라도 원한다면 바라게 될 선이라는 것이다. 그러나 질문은 이것보다 더 복잡하다. 기초적 선의 목록은 흡사 이 선들이 어떤 목적이라도 추구하는 데에 독특하게 필수적이라는 고려사항으로부터 간단히 조립한 듯이 그럴듯해 보이지 않는다. 그런 고려사항으로부터는 자유 이상의 것을 도출할 가능성이 없다. 또한 이 기초적 선의 일부, 특히 돈이 다른 사회에서보다 일부 사회에서 더 중요하다는 반성(일반적인 사회적 사실에 대한 그들의 지식 덕택에 가질 수 있는 반성)을 어떻게 당사자들이 피할 수 있는지도 알기 어렵다.

애초에 기초적 선은 왜 도입되는가? 알려진 특정한 선호가 없는 당사자들이 다른 사회의 상태 대신 한 사회의 상태를 선택하는 것은 엄밀히 말하면 불가능하지 않다. 우리는 그들이 (즉, 누구로 판명되든 간에 그들이) 다른 상황에서 선호하는 것을 얻는 것보다 이 상황에서 선호하는 것을 더 얻는다면 이 상황을 선택한다고 상정할 수 있다. 우리가 살펴볼 바와 같이, 공리주의 이론을 구성하면서 헤어R. M. Hare가 했던 비교가 이것이다. 그러한 비교는 정말로 공상적이지만fanciful[즉 현실에서 너무나 멀리 떨어져 있지만] 그렇다는 점이 롤즈가 원초적 입장에서 그러한 비교를 사용하는 일에 반대한 이유는 아니다. 그게 아니라, 롤즈는 원초적 입장의 당사자들이 단순히 여러 사회적 상황에서 그들이 선호할 것의 견지에서만 사고하지 않도록 하였다. 원초적 입장의 당사자들은, 어떠한 상황에 처해 있었다면 받아들일 만한 것으로 여기리라는 이유만으로 그 상황을 받아들일 만한 것으로 간주하는 것을 내켜하지 않는다. 사실 우리도 그렇다. (우리는 앞서 "진정한 이익"을 살펴보면서 내켜하지 않음을 주목한 바 있다.) 그러므로, 실제로는 물론 그렇게 얘기해줄 가능성도 없지만, 설사 사회과학이 우리에게 대부분의 노예들이 자유가 없는 것에 만족한다고 말한다 할지라도 이것이 당사자들에게 노예제를 선택할 이유를 주는 것은 아니다. 정체政體를 자유롭게 선택하는 자유로운 사람들의 관점에서 노예제는 선택지가 아닌 것이다. 롤즈가 그러한 확신을 윤리이론에 반영해 넣는 것은 실로 정당하긴 하지만, 그런 확신은 무지의 선별적 조건 하에서 운용되는 합리적 선택의 기제에 의해서 가장 잘 표현되는 것은 아니다. 기초적 선들은 어쩌면 사람에 대한 근본적인 윤리관에 의거하여 더 잘 이해될 수 있을지 모른다. 그리고 이제 롤즈 자신이 이 방향으로 움직였다.[10]

형식적으로 말해서, 공리주의는 그 자체가 계약주의 하에서 선택될 수 있는 선택지 중 하나다. 만일 계약주의적 질문이 특정한 원리나 관행에 관한 것이 아니라 롤즈가 그러듯이 원리들의 전체 세트에

---

10 롤즈의 다음 글을 보라. Rawls, "Kantian Construction in Moral Theory," *Journal of Philosophy*, 77 (1980); 그리고 "Social Unity and Primary Goods," in Sen and Williams, *Utilitarianism*을 보라. 또한 T. M. Scanlon, "Preference and Urgency," *Journal of Philosophy*, 72 (1975)도 보라.

관한 것이라면, 당사자는 그에 대한 답으로 어떤 공리주의적 체계를 선택할 수도 있을 것이다. 이러한 두 가지 방식의 사유가 낳는 전형적 결과에 있어서 우리가 이미 주목한 종류의 차이를 인정한다면 실제로 공리주의 체계를 선택할 가능성은 높지 않지만, 그렇다고 하여 계약주의 기제가 이러한 선택을 배제하지도 않는다. 어떤 사람들이 원칙들의 세트를 선택할 것을 요청받는다고 해보자. 그들은 (기초적 선의 목록 대신에) 공리로 무장하였으며[공리가 선택을 결정하는 기초가 되는 유일한 선이라고 보며] 그들의 선택에는 어떠한 추가적인 제약도 없다. 그들에게 하나의 차원에서 무지가 부과된다는 점, 즉 그들은 스스로가 선택하는 원칙들에 의해 규율되는 세계에서 자신들이 누가 될지 알지 못한다는 제약을 제외하고는 말이다. 그 경우 특정 원칙이 **불편부당하게 받아들일 만하다**는 것은, 이 원칙이 곧 자신이 그 누구라도 동일한 확률로 될 수 있다고 믿었던 사람이 선택했을 원칙이라는 것과 같다고 여겨진다. (이제 선택하는 사람이 오직한 명만 있으면 된다는 점이 이해될 수 있을 것이다.) 이것이 존 하서니John Harsanyi의 접근법이다. 그는 그 접근법이 당사자들의 평균 공리를 최대화할 원리들의 세트를 산출한다고 논한다. 이것은 계약주의적 논증을 닮아 있지만 공리주의적 결과를 낳는다.[11]

그러나 공리주의는 그 가장 익숙한 형태에서는 복리 또는 사람들의 이익이라는 이념에서 출발한다. 그 기획은 (그 가장 단순한 형태에

---

11   하서니의 논증은 *Essays in Ethics, Social Behavior, and Scientific Explanation* (Boston: Dordrecht Reidel, 1976)에 포함된 논문들에서 제시되어 있다. 또한 "Morality and the Theory of Rational Behaviour," reprinted in Sen and Williams, *Utilitarianism*도 보라. 앞의 주석 1에서 인용한 논문에서 스캔론은 흥미롭게도 하서니의 논증을 진정한 계약주의적 접근과 구분한다.

서는) 여러 선택 가능한 결과들 하에서 모든 각인의 복리를 고려하는 것, 그리고는 이를 혼합하는 것으로 이루어지는데, 여기에는 심각한 개념적 난점뿐만 아니라 중대한 기술적 난점도 있다. 그 난점 중 하나는, 가장 단순한 사안을 제외하고는, 다양한 결과에 의해 영향받는 일군의 사람들은 동일하지 않을 것이며, 한 선택지 하에서 고려되어야 하는 사람은 다른 선택지 하에서는 존재하지 않을 수도 있다는 점이다.[12] 그러나 나는 기술적 난점을 여기서 더 파고들지는 않겠다.

나는 앞에서 공리주의에서 특징적인 도덕적 동기가 자비라고 말했다. 자비라는 용어는 모호하다. 또한 그 용어에는 오해의 소지가 있을 수도 있다. 특히 그 용어가 개인적인 애착의 따뜻한 느낌, 혹은 더 나아가, 한 사람이 자연스럽게는 다른 사람들보다 몇몇 사람들에 훨씬 강하게 느끼는 어떠한 종류의 정서들이라도 시사한다면 말이다. 공리주의적 자비는 특정한 애착을 포함하지 않으며 역제곱법칙의 적용을 받지 않는다.* 자비라는 용어는 다른 사람들의 욕구 및 만족에 대한 긍정적 관계를 나타낸다. 그리고 자비로운 사람은 오직, 그 욕구 및 만족이 다른 사람들의 욕구 및 만족이기 때문에 이러한 긍정적 관계를 가진다. 이 밑그림 스케치 정도의 생각이 윤리이론에서 어떤 역할을 하려면 다듬어져야 하는데, 여러 이론가들이 여러 가지 방식으

---

12   이 점은 인구 정책과 특별한 유관성을 갖는다. Derek Parfit, "On Doing the Best for our Children," in M. D. Bayles, ed., *Ethics and Population* (Cambridge: Schenkman, 1976); "Future Generations: Further Problems," *Philosophy and Public Affairs*, 11 (1982); 그리고 *Reasons and Persons* (Oxford: Clarendon Press, 1984). 또한 J. McMahan, "Problems of Population Theory," *Ethics*, 92 (1981)를 보라.

*   [역제곱법칙inverse square law은 '어떤 단위 요소를 둘러싸고 있는 장의 크기 F는 요소 m으로부터의 거리 r의 제곱에 반비례하여 변화한다'는 법칙으로, 이 맥락에서는 행위자를 중심으로 하여 가까운 사람일수록 자비가 더 많이 발휘되는 그런 법칙을 공리주의는 받아들이지 않는다는 것을 은유적으로 표현하고 있다.]

로 그렇게 했다. 욕구 만족에 대한 공리주의의 불편부당한 태도에 관한 중요한 질문을 살펴보면서, 나는 헤어가 전개한 흥미로운 형태의 공리주의를 논의하겠다. 참고로 헤어는 행위자와 (내가 막연히 '자비'라고 표현한) 다른 사람들의 욕구와의 관계를 상상적 동일시의 측면에서 다룬다.

헤어의 이론[13]은 도덕 판단의 본성에 관한 몇몇 주장에서 출발한다. 즉, 도덕 판단은 규정적이며 보편적이라는 것이다. "규정적pre-scriptive"은 언어와 관련된 용어다. (나는 4장에서 그 용어의 가능한 용법을 간략하게 다룬 적이 있으며 7장에서 그에 관해 더 이야기할 것이다.) 규정적 발언a prescriptive utterance은 "이러이러한 것이 이루어지도록 하라let so-and-so be done"는 유형의 것이며, 헤어는 그런 발언이 진지하게 이루어진 경우 욕구나 선호의 표현이라고 여긴다. 더군다나 모든 선호는 규정으로 표현될 수 있다. 그러므로 선호를 가지고 있는 행위자라면 누구나 규정을 할 수 있는 입지에 있다. 그러나 행위자는 아직 **보편적** 규정 — 즉 도덕적 언어, 특히 **해야 한다**의 도덕적 용법과 함께 들어오는 **보편적** 규정 — 을 하는 것에 헌신하게 되지는 않았다. 그러므로 헤어는 어떠한 실천적 추론의 전제도 보편적 규정을 포함한다는 주장을 하지 않는다. 여기까지의 논의에 관해서 헤어와 나는, 도덕적 추론에 참여하지 않음으로써 도덕적 추론에의 헌신을 회피할 수 있다는 점에 의견이 일치한다.

---

13   *Moral Thinking* (New York: Oxford University Press, 1981)에서 제시된 내용이다. 헤어의 이론은 발전해왔으며 나는 그의 초기 견해 중 일부도 언급할 것이다. 그의 초기 견해는 *The Language of Morals* (New York: Oxford University Press, 1952; rev. ed. 1961) 그리고 *Freedom and Reason* (New York: Oxford University Press, 1965)에 표현되어 있다.

내가 일정한 것을 해야 한다고 판단하면서 보편적 규정을 하는 효과는, 내가 다른 누구라도 유사한 여건에서 유사하게 행위해야 한다고 받아들인다는 것이다. 특히 나는 만일 내가 행위의 목적을 받아들인다면 이것이 참이어야 한다는 점을 받아들인다. 그러므로 나는 해야 하는 것을 검토함에 있어 영향받는 타인이 어떻게 될지를 고려해야만 한다. 이렇게 하면서 나는 "역할 바꾸기 심사role-reversal test"를 적용하여 내가 타인의 입장이 된다면 원하거나 선호할 것이 무엇인지 생각한다. 이상적으로 생각한다면 나는 유사한 상황에 연루된 모든 사람에 관련하여, 또는 실로 모든 유정적有情的 존재에 관련하여 이 사고실험을 수행한다.

역할 바꾸기 심사의 사용은 공리주의 특유의 것은 아니다. 이런저런 형태에서 그것은 윤리적 사유의 기본적 항목이며, 그 심사의 한 형태가 칸트의 정언명령에 포함되어 있다. [그 심사의] 독특하게 공리주의적인 결과는 자신이 다른 사람의 입장에 처해 있다고 사유한다는 생각에 헤어의 이론이 부여하는 특별하고 근본적인 해석에서 나온다. 이 해석에 의하면, 행위자는 다른 사람의 입장에 처한다는 가상의 상황에 상응하는 **실제의** 선호를 현재 갖는 경우에만 그 상황에서 선호하는 것을 실현할 것이다. 나는 이 해석을 지지하는 헤어의 논거를 나중에 살펴보고 비판하겠다. 그러나 우선 그것이 공리주의로의 이행에서 어떤 중대한 역할을 수행하는지 살펴보아야 한다. 누구라도 만일 이 요건에서 이상적으로 완전한 사고실험을 수행한다면, 그 상황에 영향받는 누구라도 견지할, 각각의 선호에 상응하는 선호를 실제로 획득할 것이다. 이와 같이 모든 선호는 한 덩어리로 합쳐져 하나의 개인적 선호가 된다. 모든 선호가 이렇게 한 덩어리로 합쳐진다면 행위자는 어떻게 결정할 수 있는가? 이것은 이제 그의 선호이며, 그는 어떠한 일인칭 숙고에도 적용된다고 상정되는 어떤 합리적인 요구를 이 선호에 적용할 수 있다. 그러나 그는 타인과의 동일시로부터 획득한 어떠한 선호도 윤리적 근거를 들어 무시하거나 격하시킬 수 없다. 마찬가지로 그가 처음부터 지니던 선호도 윤리적 근거로 무시하거나 격하시킬 수 없다. 왜냐하면 반성의 이상적인 층위란 모든 윤리적 근거를 비판적으로 검토하는 층위이며, 그런 윤리적 근거들 중 아무것도 당연한 것으로 여겨질 수 없기 때문이다. 이상적으로 반성적인 행위자에게 윤리적 수준에서 주어진 것은 가법적 동일시additive identification 과정* 자체다. 그러므로 일단 그 선호가 일인칭 숙고에마저도 적용되는 합리적 기준에 비추어 조정되고 나면, 그것들의 상대적 강도를 비교하고 그 비교에 기초하여 여러 결과 중에서 선택하는 것 외에는 아무것도 남지 않는다. 그 결과는 공리주의다.

이 구조는 이상적 관망자 이론Ideal Observer theory이라고 불리는 것의 한 형태와 동등하다. 이 이론은 전지하고 불편부당하며 자비로운 하나의 관망자를 상정한다. 그는 — 세계 행위자World Agent라고 할 수도 있겠다 — 모든 각인의 선호를 획득해서 한 데 모은다. 무엇이 행해져야 하는가 하는 심사(또는 그 이론의 간접적인 형태에서는 어떤 관행과 제도가 채택되어야 하는가 하는 심사)는 그 경우에 그런 관망자에 의해 무엇이 선택될 것인가의 심사가 된다. 헤어가 이야기하듯이, 헤어 자신의 모델도 이와 같은 것에 이른다. 다른 형태의 이상적 관망자 이론도 있다. 이 이론은 관망자가 자비롭다는 조건을 넣지 않으며,

---

* [어떤 개인과 동일시를 하여 그 개인의 선호를 준거로 효용을 계산하는 과정을 모든 개인에게 적용하여 나온 각각의 효용을 합산하는 과정, 또는 어떤 개인과 동일시를 하여 개인의 선호함수를 추출하고 그 각각의 선호함수들을 모두 더한 선호함수에 따라 나온 효용을 계산하는 과정을 말한다.]

그가 모든 각인의 선호를 실제로 취한다고 상상하지도 않는다. 로더릭 퍼스Roderick Firth가 그 이론에 대한 잘 알려진 해명에서 (아마도 조금 예스럽게) 표현한 바를 따르면 관망자는 "전지하고 사심 없으며 냉정하지만, 다른 점에서는 보통의 사람과 같다." 이 형태의 이론에서 여러 선호는 세계 행위자로 모아지는 것이 아니라 그저 냉정한 정신으로 외부로부터 조사될 뿐인데, 이 이론이 반드시 공리주의에 이른다고 생각되지는 않는다. 공리주의는 그 이론의 심사 결과로 선별될 수도 있는 후보 중 하나에 불과하다. 그러나 이 형태에서 이상적 관망자 이론은, 만일 관망자에게 불편부당성에 더해 어떤 동기가 없다면 애초에 어떠한 것이라도 선택해야 하는 이유가 아예 없어진다는 반론에 직면한다. 그리고 그 동기가 자비로운 것이 아니라면 — 또는 그가 이해하는 선호와 적극적으로 연관된 것이 아니라면 — 그는 가능한 한 많은 선호를 좌절시키는 쪽을 선택할 수도 있다.[14]

초기 저작에서 헤어는 가설적 동일시를 그렇게까지 완전하게 하지는 않았다. 그 결과 그가 문제라고 본 것이 남게 되었는데, 그 문제란 어떤 이상에 너무 깊이 경도되어 역할 바꾸기 논증에서 나오는 가설적으로 불쾌한 결과를 받아들이고자 하는 "광신자"의 가능성이었다. 그리하여 확신에 찬 나치는 "내가 유대인이라면 내가 죽임을 당하도록 하라."라는 규정을 받아들일지도 모른다. 헤어는 공리주의적 입장

---

14 헤어는 "대천사"라고 칭하는, 자신만의 이상적 관망자를 갖고 있다. 퍼스의 이론은 "Ethical Absolutism and the Ideal Observer," *Philosophy and Phenomenological Research*, 12 (1952), pp. 317-345에 제시되어 있다. 이에 대한 비판으로는 R. B. Brandt, *A Theory of the Good and the Right* (New York: Oxford University Press, 1979), pp. 225ff을 보라. 두 판본에 대한 논급으로는 Derek Parfit, "Later Selves and Moral Principles," in Alan Montefiore, ed., *Philosophy and Personal Relations* (Montreal: McGill-Queens University Press, 1973), pp. 149-150 그리고 nn. 30-34도 보라.

으로 그를 이끈 동일한 사유 과정에 의해 이제 이 문제가 극복된 것으로 여긴다. 그 나치가 이상적 사유 과정을 거친다면, 가설적 상황에서 각각의 유대인과 동일시함으로써 그의 반유대주의적 선호를 잃고, 그 유대인들의 실제 선호인, 반유대주의에 반대하는 선호를 얻을 것이다. 이 사고 과정은 그 자체로 (총합이 옳게 나온다고 가정할 때) 반유대주의에 대한 공리주의적인 비판을 구성한다. 물론 실제 인종차별주의자가 이 사고 과정을 거치기를 거부할 수 있다는 점은 인정되지만, 그렇다고 해서 그 점이 이 논증을 훼손하는 것은 아니다.

헤어가 윤리학에서 합리적 논증의 힘을 찬성하며 하는 주장들은 눈에 띌 정도로 강하다[그 주장이 참이 되기 위해 성립해야 할 것들이 많다]. 왜 애초에 광신자가 문제로 여겨졌는가? 헤어는 말한다. "만일 [광신자가] 모든 논증을 듣고 이해하고는 공리주의가 제시한 모든 사실을 인정하고도 여전히 자기 의견을 유지할 수 있다면, 공리주의의 옹호에는 틈이 드러날 것이다."[15] 언뜻 보기엔, 이 진술은 어떤 주장이 옹호되기 위해서는 아주 높은 수준의 힘을 가질 것을 요하는 견해 super-power view of defense를 함의하는 듯 보인다. 즉, 상대편의 주장을 소멸시킬 수 있는 경우에만 자기 주장을 적정하게 옹호한 것이라는 견해를 함의하는 것 같다. 그러나 그 견해가 주장하는 바와는 달리, 당신이 합리적이거나 합당한 윤리적 믿음 세트를 견지하더라도, 당신이 실로 개탄하지만 일관성이 없거나 사실적으로 그르다고 입증할 수는 없는 다른 윤리적 믿음을 견지하는 사람들이 얼마든지 있을 수 있다는 것은 확실하다. (헤어 그 자신이 그의 초기 저술인,《도덕의 언어The Language of Morals》에서 실제로 이렇게 생각하였다.) 더 흥미

---

15   Hare, *Moral Thinking*, p. 170.

롭게도, 당신 자신의 입장과는 다른 어떤 입장이 정말 비합리적이며 인종주의가 그중 하나라고 생각하면서도, 그러한 입장의 비합리성이 반드시 모든 사안에서 같은 논증으로 입증될 수 있는 것도 아니고 반드시 당신 자신의 윤리적 믿음을 구축하는 중심 논증으로 입증될 수 있는 것도 아니라고 생각할 수 있다. 인종주의에는 무언가 [다른 사안에서 어떤 입장이 비합리적이게 되는 점과는 공통되지 않는] **특별히** 비합리적인 점이 있을지도 모른다.

헤어가 이론의 옹호와, 그 이론에 어긋나는 주장에 대한 공격을 동일시하는 데는 두 가지 원천이 있다. 하나는 그의 도덕관에 다소 특수한 것이고 다른 하나는 많은 윤리이론이 공유하는 것이다. 일반적인 논지는, 이런 스타일의 윤리이론들은 편견을 겨냥하는 공격용 무기로 기꺼이 간주될 수 있다는 것이다. 만일 어떤 윤리이론에도 영향을 받지 않는 중대한 유형의 편견이 있다면, 그 이론은 공격용 무기라는 역할을 위해 잘 고안된 것이 아니어서, 편견에 의해서는 아니더라도 더욱 화력이 뛰어난 윤리이론에 의해서 대체될 가능성이 높다. 이 말은 어느 정도로는 모든 윤리이론에 대하여 참이다. 비록 그 이론들이 공격에 대한 포부에서 차이가 있지만 말이다.

이론의 옹호에 관한 자신의 견해를 뒷받침하는 헤어의 특별한 근거는, 그가 공리주의를 찬성하는 자신의 논증이 도덕적 단어들의 의미에서 엄밀하게 따라 나온다고 믿는다는 데 있다. 만일 도덕 언어를 맞게 쓰면서도 어떤 이론은 일관되게 거부하는 누군가가 있을 수 있다면, 그 주장[공리주의를 찬성하는 논증이 도덕적 단어들의 의미에서 엄밀하게 따라 나온다는 주장]의 옹호에 실로 틈이 생겨 무방비해질 뿐 아니라 파기될 것이다. 그런데 그 주장은 합당하지 않다. 헤어의 공리주의와는 다른 이론들이 도덕 언어를 잘못 사용하거나 잘못 해석하는 것이라고 그럴 법하게 입증할 수 없다. 설사 "도덕 언어" 그 자체에 하나의 기본적인 특성이 있다고 하더라도, 그리고 설사 그 특성이 규정적임과 보편적임에 있다 할지라도, 불가피하게 헤어의 공리주의 이론으로 이어지는 것은 여전히 아닐 것이다. 어떤 규정을 받아들인다는 것이 무엇인가, 그리고 무엇이 보편화 가능성으로 여겨지는가에 관한 다른 해석들이 있고, 그런 다른 해석들은 다른 이론들로 이어진다. 존 맥키가 논했듯이, 헤어의 이론이 제시한 궁극적 단계보다는 덜 극단적이고 다양한 정도의 보편화 가능성이 있다. 헤어의 이론은 모든 행위자의 기호와 이상을 동일시라는 사고 실험으로 쏟아 넣는다. 매키의 표현으로는 "그것은 도덕 언어의 의미에 짜 넣는, 기껏해야 첫 단계, 즉 순전한 수적數的 차이*는 도덕적으로 무관한 것으로 보고 제외하는 일이다."[16]

역할 바꾸기 논증의 일상적인 용법은 이에 관한 모든 도덕적 고려 사항을 찾으려는 시도보다는 덜 야심적이다. 보통 이러한 용법에서는, 상상적으로 동일시한 것에 개인의 기호는 포함하면서도 이상이나 윤리적 믿음은 제외하는 것이 자연스럽다. 이러한 구분은 공리주

---

* [수적 차이numerical difference는 수적 동일성numerical identity의 반대말인데, 수적 동일성(두 개가 아니라 하나라는 것으로 엄밀한 의미의 동일성)은 질적 동일성과 구별되는 개념이다. 만일 두 개의 대상이 모든 질이 같더라도 서로 다른 두 대상이라면, 이 둘은 질적으로는 동일하지만 수적으로는 차이가 있는 것이다. 여기에서는, 모든 도덕적 당사자들의 특징(질)들이 같다는 '질적 동일성'만 도덕에 유관할 뿐, 이들 사이의 '수적 차이'(이들이 그래도 서로 다른 당사자라는 사실)는 도덕에 유관하지 않다는 의미이다.]

16 John Mackie, *Ethics: Inventing Right and Wrong* (New York: Penguin, 1977), p. 97. "순전한 수적 차이를 제외하기"는 내가 나이고 당신이 당신이라는 점이 그 자체로는 우리 중 한 명을 다른 한 명과 달리 대우할 하나의 이유로 간주되지 않는다는 사실을 언급하는 것이다. 나는 이것조차도 "도덕 언어"와 특별한 점을 조금이라도 갖고 있는지 의문스럽다. 보편화가능성에 관한 더 상세한 논의로는 6장을 보라.

의적 사고의 특징적 수手에 저항하는 요소를 포함한다. 이 특징적 수는 **환원**이라고 불리며, "모든 이익, 이념, 열망, 욕구가 동일한 차원에 있고, 또한 그것들을 모두 선호로 나타낼 수 있다고 여기는 장치, 즉 그 선호의 강도에는 아마 차이가 있겠지만 그 외에는 비슷하게 다루어질 수 있는 선호로 나타낼 수 있다고 여기는 장치"[17]로 규정된다. 공리주의 저술가들은 모든 사람의 이익에 대한 평등한 고려를 요청하는 데에서 출발해서, 이를 보통 위로는 (소위) 이상으로 확장하고 아래로는 한낱 기호嗜好로 확장한다. 이런 동화assimilation는 하나 이상의 방면으로 균형을 무너뜨린다. 한 방면에서는 이상이나 윤리관의 중요성을 과소평가한다. 그리고 행위자로 하여금 어떠한 원칙 혹은 깊은 신념의 태도라도 버릴 것을 요구한다. 만약, 어떠한 종류의 선호들이든 그것들의 총합이 충분히 커서 [행위자의 원칙 및 신념에] 반하는 행위에 더 호의적이라면 말이다. 이러한 동화는 우리 자신의 계산에서 우리의 신념에 충분한 비중을 두지 않는다. 동시에 다른 방면에서는, 이러한 동화는 다른 사람들의 신념에 지나치게 큰 비중을 둘 수 있다. 헤어의 사고 실험이 인종주의적 광신자에 반대하는 일종의 논증을 제공하기는 하지만, 옳은 종류의 논증을 제공하는 것은 아니다.

무엇보다도 총합이 올바르게 산출되어야 한다는 논점이 있다. 공리주의의 결과가 계산에 의존한다는 점은 공리주의의 자연스러운 특성이지만, 인종주의적 광신자에 반대하는 논증과 관련해서 보자면 특히 바람직하지 못할 것이다. 만일 인종주의적 편견이 소수를 향한 것이고 그로부터 다수가 충분히 큰 만족을 얻는다면, 인종주의가 정당화될 수도 있는 것이 된다. 그런데 중요한 점은 그런 일이 일어날 가

---

17 Sen and Williams, *Utilitarianism*, p. 8.

능성이 얼마나 되고 그런 일이 어떤 여건에서 발생하는지가 아니다. 중요한 점은 인종주의자가 [이 계산에] 얼마나 많이 연루되어 있는가 하는 질문 전체가 인종주의가 받아들여질 만한 것인가 하는 질문에 있어 살필 고려사항이 애초에 될 수 없다는 것이다(노예제에 대한 롤즈의 논의와 대조해보라).* 더군다나, 공리주의적 논증에서는 인종주의자가 유대인의 괴로움으로부터 얼마간의 만족을 얻는다는 것이 — 비록 총합이 맞게 나온다면, 결정적 고려사항이나 이기는 고려사항은 아니라 할지라도 — **하나의** 고려사항으로 등장하게 된다. 그러나 그것은 아예 고려사항이 될 수 없다. 이것이 인종주의자의 괴로움은 결코 계산하지 않음을 의미하는 것은 아니다. 오로지 인종주의적 견해 때문에 인종주의자가 겪는 괴로움은 계산하지 않음을 의미할 뿐이다. 실제로 하서니는 다소 시원스럽게 "반사회적antisocial" 선호를 계산에서 배제함으로써, 이런 종류의 문제를 처리하려는 것을 목적으로 하는 단서를 자기 체계 내에 끼워 넣었다. 그러나 그는 반사회적 선호가 어떻게 정의되는지 설명하지 않는다. 그 단서에 대해 그가 제시한 이유는 반反공리주의적 선호가 문제임을 시사한다.[18] **

나는 헤어 이론의 요구, 즉 선호들은 한 행위자로 모아졌을 때 일인칭 합리성 기준을 준거로 수정되어야 한다는 요구를 이미 언급하였다. 결국 고려되는 것이 반드시 (실제의 가설적 선호를 포함하여 —

---

* [롤즈는 노예제로부터 노예주들이 얻는 이득을 증가시키는 사정은 노예제를 조금이라도 덜 그릇된 것으로 만들지 못한다고 하였다.]

18 위의 주석 11에서 인용한 "Morality and the Theory of Rational Behaviour,"를 보라.

** [공리주의 계산을 특정 방식으로 제약하기 위한 선호 배제를 하면서 그 제약의 근거로 반공리주의적 이유를 대는 것은 정합적이지 못하다. 왜냐하면 공리주의 체계 내에서는 어떤 제약도 오로지 공리의 최대화를 도모하는 제약이어야 하기 때문이다.]

즉 그들이 가설적 상황에서 실제로 가질 선호들을 포함하여) 행위자들의 실제 선호들actual preferences인 것은 아니다. 오히려 "완전히 타산적인 선호들perfectly prudent preferences"인데, 이것은 행위자가 완전히 숙지하고 있고 사고에서 전혀 혼란을 겪지 않을 때 가질 선호들이다. 하서니도 유사한 규정을 제시한다. 도덕적 사유는 단일 개인이 하는 타산적인 사유로 (헤어 이론과 하서니 이론에서 상이한 방식으로) 동화된다. 보통의 행위자가 하기에 타산적으로 합리적인 것은 그가 실제로 선호하는 것과 필연적으로 일치하는 것은 아니다. 왜냐하면 보통의 행위자는 혼란스러워하거나 잘못된 정보를 가지고 있을 수 있기 때문이다. 미래의 선호에 대한 우리의 지식도 여기 포함된다. (헤어가 유익한 전문용어로 칭하는 바에 따르면) 우리의 '그때를 위한 지금now-for-then' 선호들에 미래 시점에 우리의 예상되는 '그때를 위한 그때then-for-then' 선호들까지 포함시켜야 한다.*** 헤어에 따르면, 우리가 이렇게 하는 방식은 반성적 행위자가 다른 사람들의 선호를 받아들이는 것과 꼭 마찬가지로, '그때를 위한 지금' 선호들을 대리물로 받아들이는 것이다.[19] 여기에는 많은 복잡한 문제가 포함되어 있다. 여기서 나는 헤어의 모델이 이 집계된 선호를 다루는 처리방식

*** ['그때를 위한 지금' 선호는 가령 미래 시점('그때')에 일어날 결과를 현재 시점('지금')에 선호함을 뜻한다. 여기에 선호의 시간적 변화까지 감안하여, 미래 시점('그때')의 어떤 것을 그와 동시적인 미래 시점('그때')에 선호하는 것까지 포괄해야 지금 시점에서 완전한 계산이 된다는 의미다.]

19 헤어는(*Moral Thinking*, pp. 101ff.) 이 방법 그 자체가 항상 복리를 최대화할 필요는 없다고 한다. 이 방법이 복리를 항상 최대화하는지 아닌지는 다른 쟁점에 달려 있다. 이 쟁점은 우리가 이미 알고 있는 '그때를 위한 그때(then-for-then)' 선호의 대리물인 '그때를 위한 지금(now-for-then)' 선호를 이와 다른 '그때를 위한 지금' 선호와 '지금을 위한 지금(now-for-now)' 선호와 어떻게 견주어야 하는가이다. 미래에 대한 타산적 관심에 대한, 그리고 미래에 대한 타산적 관심이 다른 사람들에 대한 관심과 유사한 점에 대한 섬세한 논의로는 앞의 주석 12에서 인용된 Parfit, *Reasons and Persons*을 보라.

만 드러내고 싶을 뿐이다.

선호를 교정하는 이 과정(이를 선호들의 **이상화**라고 말할 수 있을 것이다)은 이상적 관망자 이론에 대한 세계 행위자 해석과 같이 모든 선호들이 관념적으로 한 사람의 선호가 되는 모델에 적합하다. 그러나 그 과정은 그 모델이 문자 그대로 취해졌을 때에만 적합하다. 그리고 그 모델을 조금이라도 문자 그대로 취하면 그것이 얼마나 기이한지가 명백해진다. 세계 행위자가 그러는 것과 같이, 어느 한 행위자의 기획들이 그토록 서로 충돌하고 경쟁하며 기초가 다양하다면 이 행위자는 (온건하게 표현하자면) 망가진 상태에 있는 것이다. 그는 자신의 일련의 선호들에 어떤 가중치를 줄 수 있는 가치들의 세트나 이차적 욕구들의 세트가 필요하게 될 것이다. 그러나 만일 세계 행위자가 이런 것을 가지고 있고 이들이 여전히 그 선호들의 집계체 내에서 인식 가능하다면, 그 행위자는 다시금 지나치게 많은 선호를 갖고 있는 것이다. 이 선호 집계체가 **서로** 다른 사람들의 선호라는 점이 이해되지 않는 한, 아예 지성적으로 이해 불가능하다는 것이 진실이다. 세계 행위자라는 장치는 우리가 이 사실을 잊을 것을 요구한다. 그래서 윤리적 세계를 선호의 바다로 볼 것을 요구한다. 모든 형태의 공리주의가, 서로 정도는 다르지만, 그렇게 요구한다. 이런 이념은 그것의 윤리적 결과 측면에 의거하여 흔히 비판을 받는데, 근본적인 반론은 그것이 세계의 해석으로서 전혀 이치에 닿지 않는다는 것이다. 바로 그 점 때문에 공리주의는 윤리를 이해하지 못한 것이다. "사람들이 별개의 존재라는 점"은 존 핀들리John Findlay가 표현하듯이, "도덕의 기본적 사실이다."[20]

---

20   John Findlay, *Values and Intentions* (Atlantic Highlands, N.J.: Humanities

만일 공리주의를 세계 행위자 모델보다 덜 과격한 용어로 해석한다면, 선호들의 이상화는 덜 적합한 것이 된다. 확실히 행위자의 선호가 거짓 정보에 기반하고 있다는 그 이유**만으로도** 그 모델은 결코 적합한 것이 되지 못한다. 그런 모델에 따르면 거짓 정보에 기반한 선호에서 행위한 결과, 행위자 및 다른 이들이 교정된 선호에 따라 행위하여 얻게 될 효용보다 더 적은 효용을 얻게 되더라도 윤리적으로 적합한 일이 될 것이다. 정치적 사례를 예로 들 때, 만일 공리주의적 행정이 사람들의 실제 선호가 아니라 사람들이 더 잘 숙지했을 때 갖게 될 선호에 기초하여 운영된다면 행정부의 행위의 수혜자인 사람들은 실제로 이루어지는 것에 대해 항상 불만스러워할 것이다.[*] 왜냐하면 그 사람들은 결코 오류에서 벗어나지 못할 것이어서, 그 정책이 만족시키려고 고안한 이상화된 선호를 실제로는 결코 가지지 않을 것이기 때문이다.

공리주의 이론에서 이상화의 의문스러운 역할은 내가 이미 언급한 환원 과정과 연관되어 있는데, 이를 통해 이익이 선호로 동화된다. 이상화나 교정은 우리가 사람들의 이익에 관해 생각할 때에는 적합하다. 사람들의 이익에 관한 기본적 사실 중 하나는 자신들의 이익에 관하여 잘못 판단할 수 있다는 것이다. 문제가 되는 질문은 다른 사람들의 이익에 관해 생각할 때 그들의 선호를 적합하게 교정할 수 있는지 여부가 아니라, 관련된 사람들이 그런 선호의 교정을 인정하지 않을 때 당신이 이런 교정을 기초로 해서 행위할 권리가 어디까지 있

Press, 1978), pp. 235-236.

[*] [이것이 치명적인 반론이 되는 이유는, 공리주의는 만족의 최대화를 추구하기 때문이다.]

는지이다. 그러나 당신이 세계가 선호 만족을 얼마나 많이 담을 것인가에만 관심을 둔다면 그 질문은 달라질 것이다. 주어진 사안에서 이상화가 장기적으로 더 많은 공리를 창출할 것인지 여부가 문제가 될 것이다. 서로 다른 이 두 질문이 상이한 두 정치관[의사와 권리를 근본적인 것으로 보는 정치관과 공리를 근본적인 것으로 보는 정치관]에서 어떻게 자연스럽게 등장할지 이해할 수 있다.

이상화는 역할 바꾸기 심사 그 자체와 애매한 관계를 맺고 있다. 우리가 살펴보았듯이, 이상화는 선호들이 모두 세계 행위자의 것이 되고 난 후에 그의 숙고에서 적합하게 적용될 수 있다. 그러나 이 결과는 다른 사람들과의 동일시라는 사고 실험이 애초에 우리에게 권고한 취지와 상충한다. 원래의 질문은 "내가 그의 입장이라면 그것은 나에게 어떨 것인가?"였다. 이것은 헤어에 의해 "그것이 그에게 어떨 것인가?"라는 질문과 등가로 해석되었다. 그 이전transfer에 의해 원래의 **나에게**란 전혀 남아 있지 않게 된다. (이러한, "그것이 그에게 어떨 것인가?"라는 가설적 관점the hypothetical은 "내가 루즈벨트였다면 스탈린에 대하여 그 모든 양보를 하지 않았을 것이다"와 같은 말에 대한 유명한 답변에서 그대로 취해진다. "어리석은 소리 하지 마라, 네가 루즈벨트였다면 루즈벨트가 했던 것은 무엇이라도 했을 것이다.") 그러나 만일 동일시가 이 정도까지 (전면적으로) 이루어져야 한다면, 다른 사람의 선호가 잘못 판단한 것일 경우 내가 그의 입장이라면 가진다고 상상하는 선호도 똑같이 잘못 판단한 것이 되어버린다.* 그리고 만일 **동일시**가 핵심이라면, 선호들은 그렇게 남아야 한다. 그러나 실제 이론

---

* [루즈벨트와 전면적 동일시를 하면 루즈벨트의 판단을 그대로 따라할 수밖에 없듯이, 다른 사람과 전면적 동일시를 하면 그 사람의 선호를 그대로 가질 수밖에 없다.]

을 적용한 결과에서는, 나의 다른 사람과의 전면적인 공감적 동일시는 내가 그의 선호를 개선하는 것으로 귀결된다. 이것은 공리주의 정치에 관한 진리를 압축하여 설명한 것이다. 즉, 공리주의 정치는 자비가 공감으로부터 자격을 얻어서는 그 자격을 후견주의에게 건네주게 된다는 것이다.

이 지점에서 우리는, 이상적으로 반성적인 사람을 어떤 형태의 세계 행위자로 만드는 해석을 찬성하는 헤어의 이유를 다시 돌아봐야 한다. 그것의 뿌리는 헤어가 두 명제 사이에 설정하는 관계에서 발견될 수 있다. 그 두 명제는 표면적으로는 서로 매우 다르다. (1) 지금 나는 내가 그 상황에 있다면 X가 일어나지 않기보다는 일어나는 쪽을 S의 강도로 선호한다. (2) 내가 그 상황에 있다면 나는 X가 일어나지 않기보다는 일어나는 쪽을 S의 강도로 선호할 것이다. 헤어는 다음과 같이 썼다. "내가 주장하는 것은 이 명제들이 동일하다는 것이 아니라, 나는 (2)를 알 수 없으며 (1)이 참인 경우가 아니라면 그것이 어떠할지를 알 수 없다는 것이다."[21] 다시 말해서, 헤어의 주장은 지식에 관한 것이다. 특정 상황에서 X가 일어나는 것을 특정 강도로 내가 선호하리라는 것을, 그 상황에서 X가 일어나는 것을 동일한 강도로 지금 내가 선호하지 않고서는, 지금 나는 알 수 없다는 것이다.

보험에 가입하거나 여타 그런 타산적인 결정을 내리는 경우에서 그런 것처럼, 설사 그 가설적 상황의 **나**ᵢ[상상을 통해 공감적 동일시의 대상이 되는 사람]가 곧바로 **나**me[현재 공감적 동일시를 하는 주체]인 경우라 하더라도, 이 주장은 받아들이기 어려운 듯하다. 예를 들어 우

---

21   Hare, *Moral Thinking*, pp. 95-96.

리 집에 불이 난다면, 우리 가족과 내가 거기서 벗어나기를 가능한 최대의 강도로 선호하리라는 것을 나는 정말로 안다. 나는 적당히 합리적인 행위자이므로, 그런 상황이 발생한다면 우리가 그렇게 할 수 있도록 확실하게 만들기 위해 지금 어떤 행위를 한다. 그리고 그 행위는 물론 나의 지금 선호에서 나온다. 그러나 현재의 타산적 선호가 만일 집에 실제로 불이 난다면 내가 (거의 모든 다른 고려사항은 마음에서 몰아내고) 가질 선호와 동일한 강도라는 뜻은 전혀 아니며 그렇게 될 것이라는 가정도 합리적이지 않다. 우선 한 가지 이유는, 그것의 강도는 상상하는 상황이 일어날 확률에 의해 부분적으로 결정될 것이기 때문이다.*

역할 바꾸기 심사의 급진적 형태와 더불어 진행되는 사고 실험의 경우에는, 상상하는 상황의 확률은 항상 0이라고 말할 수도 있다. 왜냐하면 그것은 어떤 다른 사람이 될 확률이기 때문이다. 이런 식으로 표현하는 것이 불공정하긴 하다. 왜냐하면 그 사고 실험은 일반적인 조건으로 기술된 상황과 관련되기 때문이다. 그래서 그것은 상상하는 상황이 기술되는 일반적 조건을 충족하는가의 문제이지 완전히 다른 사람이 되는 문제는 아니다. 그럼에도 불구하고, 많은 사안에서 확률은 여전히 0일 것이다. 그리고 어떠한 사안에서도 확률은 논증에 등장한다고 상정되지 않는다. 이 점을 인정하면, 이렇게 도출된 선호의 강도가, 만일 그 상황이 발생한다면 존재할 선호의 강도와 같다는 주장은 더욱 설득력이 떨어져 보인다. 실제로 그렇다거나 그렇

---

* [보험에 드는 사람은 불이 날 경우 자신이 가질 선호를 얼마간 감안하기는 하지만 불이 날 확률이 작다고 생각하기 때문에 실제로 불이 난 경우에 과거에 취했더라면 좋았을 것이라고 강하게 염원한 정도로 지금 어떤 조치를 취할 것을 강하게 염원하지는 않는다.]

지 않다고 말하는 것이 무슨 의미인지조차도 명확하지 않다. 왜냐하면 도출된 선호의 강도에 대한 [현재 선호의 강도와] 독립적인 심사는 대체로 없기 때문이다.

이것은 다른 사람들과의 공감적 동일시에 기반한 다양한 강도의 선호들이 없다고 말하는 것이 아니다. 물론 그런 선호들은 있으며, 윤리적 경험의 기초이다. 요지는 이해, 동일시, 선호가 세계 행위자 모델이 만들어 내는 것처럼 서로 관련되어 있는 것은 아니라는 점이다. 끔찍한 위기상황에 빠진 누군가를 직접 볼 경우, 만일 내가 인간적인 사람이고 그를 도울 수 있다면 돕는다는 우선적인 선호를 가질 것이다. 그것은 그에게 사태가 어떠한지를 고려해서 작동하며, 그 고려에서는 나에게 이런 것이나 저런 것이 어떠할지를 생각해보는 일이 일부 역할을 한다. 내게 인간적 성향이 있다면, 누군가가 원하는 것(이를테면 그가 화재에서 탈출하도록 내가 도와주는 것)이 무엇인가에 대한 나의 앎은 그가 불에서 탈출하도록 도우려는 욕구를 일으킨다. 그래서 이 상황에서는 나에 관한 네 가지 유관한 진리들이 있다. 첫째, 나는 이 상황이 그에게 어떠한지를 알며 그가 도움 받기를 원한다는 것을 안다. 둘째, 나는 만일 내가 그 상황에 있다면 도움 받기를 원하리라는 것을 안다. 셋째, 나는 그런 상황에서 도움 받으려는 선호를 나 자신의 인격 안에 지금 갖고 있다. 넷째, 나는 인간적인 성향이 있으므로 그를 돕고 싶다. 헤어의 모델에서는 이 중 첫 번째 것이 두 번째 것과 등가이다. 왜냐하면 **그 상황에 있음**이 완전한 몰입을 의미하는 것으로 여겨지기 때문이다. (이것은 그 해석이 얼마나 급진적인지를 명료하게 드러낸다. 일상생활에서 그 둘은 등가로 여겨지지 않는다. 그리고 그 둘이 혼동되는 데서 나올 수 있는 희극이 많다.) 또한 헤어의 모델에서는 셋째가 참이 아니라면 둘째를 알 수 없다. 그리고 마지막으로 그의 모델에서는 "인간적인 성향임"은 그렇게 [그의 선호가 나의 선호로] 이전된 종류의 선호에 (나 자신의 편의 등등에 반대하는 쪽으로) 적절한 비중이 부여되는 합리적인 일인칭 계산을 하는 성향임을 의미한다.

이런 연결관계들이 모두 옳을 수는 없다. 공감적 이해의 작동, 또는 요즘 흔히 칭하는 용어로 "감정이입"은 도덕철학의 역사에서 많이 논의되고 다양하게 설명돼온 주제다. 그러나 참일 수밖에 없는 것 하나는, 공감적인 사람이 보유하는, 타인의 감정에 대한 통찰력 있는 이해는, 가학적이거나 잔인한 사람도 거의 동일한 형태로 보유한다는 것이다. 이것은 잔인함이 야만성이나 무심함과 구별되는 한 면이다. 그런데 잔인한 사람은 도움을 주려고 하는 선호가 전혀 없는 사람이다. (그는 도움을 주려는 선호를 가지기는 했으나 남의 고통을 즐기는 선호가 도우려는 선호를 능가하는 사람이 아니다.) 그럼에도 그는 다른 사람의 선호를 분명히 **알기는 한다**. 헤어는 정말로 자신이 구축하는 연결관계에 관하여 "도덕적 사유가 요구하는 '안다'는 뜻에서 개념적 진리"라고 말한다.[22] 그러나 도덕적 사유는 지식(앎Knowldge) 외의 그 어떠한 뜻의 "안다"도 요구하지 않는다. 그리고 도덕적 사유가 사용할 수 있는 어떠한 지식이라도 도덕적 사유에 반대될 수 있다는 것은, 개념적인 진리는 아니라 할지라도 진리다.*

내가 이 질문[이성적으로 반성적인 사람을 세계 행위자로 만드는 해

---

22 Ibid., p. 96.

* [예를 들어 때리면 상대가 고통을 겪을 것이라는 지식은 보통 사람에게는 때리지 않는 이유가 되지만 잔인한 사람에게는 오히려 때릴 이유가 된다.]

석을 헤어가 지지하는 이유가 무엇이며 그 이유는 타당한가 하는 질문]을 좇은 것은 공감과 역할 바꾸기 심사(둘은 반드시 같은 것은 아니다)의 작동이 윤리적 사고에 중요하기 때문이다. 그리고 더 직접적으로는 이들이 공리주의에 대한 영향력 있는 세계 행위자 해석에 포함되어 있기 때문이다. 이것은 공리주의의 유일한 모델은 아니며, 공리주의의 다른 형태들은 이 특정한 비판 중 일부는 빠져나갈 것이다. 그러나 세계의 욕구와 괴로움을 자기 안으로 들인다는 이념, 그리고 이상적인 수준에서 적어도 그것의 고통과 쾌락을 모두 자기 것처럼 똑같이 밀접하게 느낀다는 이념은 공리주의의 기본적인 동기이며 — 계약주의와의 대조가 이 지점에서 명확하게 드러난다 — 세계 행위자 모델이 실제로 무엇인가에 관한 헤어의 견해는 거기 포함된 것을 이례적으로 명료하게 드러낸다.

공리주의는 현존하는 윤리이론 중 가장 야심 찬 것이다. 그것은 가장 확정적인 결론을 산출하는 것을 목표로 하며, 그 결론이 일상의 윤리적 믿음과 상치되더라도 기꺼이 아주 확고하게 밀어붙이고자 한다. 우리는 다음으로 공리주의를 비롯한 윤리이론들이 실천과 맺는 관계를 살펴보아야만 한다. 도대체 왜 그런 이론들에 어떠한 권위라도 인정되어야 하는가?

제6장

이론과 편견

윤리이론은 어딘가로부터 출발해야 한다. 앞에서 윤리이론이 전적으로 윤리 바깥에서 출발하는 방식을 살펴보았다. 또한 윤리 안에서 출발하지만 도덕적 단어의 의미로부터만 출발한다는 이념도 다루었다. 나는 이 모두가 정도의 차이는 있지만 설득력이 없다고 판단하였으며, 그 중 일부는 아예 거부하였다. 많은 이들이 이 결론에 동의할 것이다. 그리고 이렇게 동의하는 저자에는 윤리이론을 구축하려는 목적이 있는 저자도 포함될 것이다. 그들은 여전히 어딘가로부터 출발해야 한다. 그리고 남아 있는 유일한 출발점은 윤리적 경험 그 자체다.

"윤리적 경험"은 많은 것을 포괄할 수 있다. 윤리적 삶을 경험하는 방식에서 출발하는 도덕철학 방법이 있을 수 있다. 그런 철학은 우리가 믿고 느끼고 당연하게 여기는 것을 성찰할 것이다. 우리가 의무를 대면하고 책임을 인정하는 방식, 죄책감과 수치심의 감성을 성찰할 것이다. 그것은 윤리적 삶의 현상학을 포함할 것이다. 이것은 좋은 철학일 수는 있겠지만 윤리이론을 산출할 가능성은 낮다. 윤리이론은 심사에 대한 관심을 지니므로 윤리적 경험의 한 측면에 불과한 믿음에서 시작하는 경향이 있다. 윤리이론에 대한 자연스러운 이해는 윤리이론을 명제들로 이루어진 어떤 구조로 여긴다. 이 구조는 과학 이론처럼 부분적으로는 우리의 믿음을 위한 틀을 제공하며, 부분적으로는 그 믿음을 비판하거나 수정한다. 그러므로 이 구조는 우리의 믿음에서 출발한다. 비록 그것을 대체할 수도 있지만 말이다.

[윤리이론의 비판과 수정을 거치지 않은, 윤리이론의 출발점이 되는] 그 처음의 윤리적 믿음은 현대 철학에선 흔히 **직관**이라고 불린다. 그러나 그 용어는 한때 수반했던 것과 같은 함의를 더 이상 그다지 수반하지 않는다. 직관은 추상적 진리에 도달하는 하나의 지성적 능력으로 여겨지곤 했다. 그리고 윤리학에 그 지성적 능력을 적용하는 것을 뒷받침한 것은 윤리적 진리가 그런 능력에 의해 **선험적으로** 파악될 수 있다는 이념이었다. 이 모델[1]을 사용한 철학자들은 여러 질문에서 의견을 달리했는데, 직관에 의해 주어지는 진리에 등장하는 개념은 무엇인지(예를 들어 그런 진리에 등장하는 개념이 좋음인지 아니면 의무인지 등), 그런 진리가 매우 구체적인 것인지 아니면 매우 일반적인 것인지 하는 것이 바로 그런 질문들이었다. 그러나 그 철학자들은 모두 직관이라는 관념을 사용하면서, 우리가 윤리적 진리를 파악하는 방식이 수학적 진리나 다른 필연적 진리를 파악하는 방식과 유의미하게 닮았다고 상정하였다. 만일 윤리이론이라는 것을 얻고자 한다면 직관에 의해 파악되는 윤리적 진리들은 윤리이론의 출발점을 제공할 수도 있다. 그러나 직관을 신뢰하는 모든 철학자들이 윤리이론을 실제로 원한 것은 아니었다. 왜냐하면 직관 그 자체가 심사를 제공하거나 아니면 그보다는 심사를 불필요하게 만든다고 생각했기

---

1   20세기에는 G. E. Moore, David Ross(10장을 보라), H. A. Prichard가 직관주의자였다. 비슷한 전통을 대표한 그 이전 사상가들은 Richard Price(*A Review of the Principal Questions in Morals*, 1758)와 William Whewell(*The Elements of Morality*, 1845)이었다.

때문이다.

윤리학에서 이 직관 모델은 연이어 등장한 여러 비판가들[2]에 의해 무너졌다. 그리고 땅 위에 남은 직관 모델의 폐허는 그리 인상적이지 않기에 그것에 무슨 일이 일어났는가에 대한 역사를 세세히 살필 필요는 없다. 그 비판을 간략하게 표현하자면, 직관 모델은 영원한 진리가 실천적 고려사항을 어떻게 제공할 수 있는지를 설명하는 데 실패했으며, 윤리적 진리를 다른 필연적 진리와 똑같이 취급했다는 점에서 틀렸다는 것이었다. 다른 문화로부터 온 정보 제공자가 수학의 진리와 같은 필연적 진리를 부인하는 것처럼 보인다면 우선 그 사람보다 나은 역자를 찾아보는 것이 자연스러울 것이다. 그러나 윤리적 믿음의 경우에는 상황이 전혀 그와 같지 않다. 무엇보다도 능력으로서의 직관에 호소하는 일은 아무것도 설명하지 못했다. 이 진리가 [지성적 능력을 가진 존재에게] 알려졌다고 이야기되곤 했지만, 그 진리가 알려진 방식이란 것이 없었다. "직관"은 필연적 진리에 적용될 때도 어떤 설명을 주지는 못하지만, 윤리적 믿음의 경우에는 더구나 문화적 이견에 관련된 이유 때문에 상황이 더 나쁘다. 그것에 관하여 우리가 아는 것은 거의 없지만 윤리적 믿음 및 그것의 문화적 차이에 대한 설명에 관해서는 이미 너무 많은 것을 알고 있어서, 그런 설명은 없을 것이라고 말하는 모델을 받아들이지 못한다.

그러므로 윤리학에서 어떤 능력으로서의 직관이 윤리적 진리가 알

---

2   존 스튜어트 밀은 직관주의를 특히 그 독단성을 이유로 끊임없이 공격했다. 그의 *Autobiography*, ed. Jack Stillinger (Boston: Houghton Miffl in Co., 1964), pp. 134-135를 보라. 직관주의의 인식론은 1950년대에 심하게 비판받았다. 헤어의 *The Language of Morals* 및 그 외에도 예를 들어 Stephen Toulmin, *The Place of Reason in Ethics* (New York: Cambridge University Press, 1950), 그리고 Patrick Nowell-Smith, *Ethics* (New York: Penguin, 1954)를 보라.

려지는 방식을 설명해준다고는 더 이상 볼 수 없다. 그러나 **직관** ─ 어떤 능력이 있다고 상정되었을 때 그 능력에 의해 주어진다고 상정된 믿음 ─ 은 이 주제의 아주 많은 부분을 차지한다. 이 직관은 어떤 윤리적 질문에의 답에 관한, 적당히 반성적이지만 아직 이론화되지 않은 자연발생적 확신으로서 보통 가설적이며, 일반적 용어들로 표현된다. 이들은 흔히 무엇을 해야 하는가에 관한 질문들이다. "당신이 전철기轉轍機를 작동시킴으로써 제어가 안 되는 전차를 현재 선로에서 다른 선로로 전환시킬 수 있는데, 현재 선로로 진행하면 세 명의 노인을 확실히 죽이게 되지만 다른 선로로 진행하면 한 명의 어린이와 한 명의 재능 있는 바이올린 연주가를 확실히 죽이게 된다면, 당신은 무엇을 해야 하는가?" 이 사례는 이와 관련하여 제시되어온 몇몇 사례에 비해 지나치게 공상적인 것도 아니다.[3] 그러나 직관이 꼭 무엇을 해야 하는가에 관한 질문에의 답에서 표현되는 것은 아니다. 어떤 직관은 더 실질적인 윤리적 개념을 어떤 상상된 상황에 적용하려는 의욕에서 발견될 수도 있다. 이를테면 1장에서 언급한 미덕이나 행위 유형을 골라내는 윤리적 개념 등이 그렇다.

---

3   공정하게 말하자면, '트롤리 문제'로 불리게 된 이 문제는 원래는 필리파 풋이 도입했다. Philippa Foot, in "The Problem of Abortion and the Doctrine of the Double Effect," reprinted in her *Virtues and Vices* (Berkeley: University of California Press, 1978) 그녀는 그 문제를 상황의 인과적 구조가 그 상황에 관한 도덕적 결론에 얼마나 유관할 수 있는가의 질문을 논의하기 위해서 도입하였다. 그 질문은 이중효과 원칙과 같은 원리에 개입된 질문이다. 비록 공상적인 사례들일지라도 그런 종류의 질문에 유관할 수도 있다. 바로 사례들이 공상적이기 때문에 유관하게 되는 다른 방식들도 있다. 낙태를 논의하면서 주디스 자르비스 톰슨Judith Jarvis Thomson이 사용한 악명 높은 사례는 바로 지독할 정도로 공상적이었기 때문에 효과적이다. "In Defence of Abortion," reprinted in Marshall Cohen, Thomas Nagel 그리고 Thomas Scanlon, eds., *The Rights and Wrongs of Abortion* (Princeton: Princeton University Press, 1974)을 보라. (도덕적 사고의 토대적 수준에서는 아니라도) 일상의 도덕적 직관들에 관련하여 공상적 사례 사용에 대한 일반적 비판으로는 Hare, *Moral Thinking*을 보라.

이 연관성 속에서 "직관"이라는 용어의 부활을 고무했던 유비가 있다. 이것은 언어학 및 언어철학에서 이 용어를 쓰는 방식인데, 여기에서 이 용어는, 어떤 화자가 자신이 쓰는 언어에서 말할 수 있는 것과 말할 수 없는 것, 혹은 특수한 상황에서 올바르게 말할 수 있는 것에 관해 자연발생적으로 파악함을 지칭하는 것이다. (내가 망명자인 언어철학자에게 들은 이야기인데) 능숙한 영어 사용자는 "영어에서 우리는 관습이나 관행을 나타내기 위해 현재진행형을 쓰고 있지 않다In English we are not using the present continuous to signify a custom or practice."라고 말하는 것이 올바르지 않다는, 즉 이 말은 영어가 아니라는 직관을 갖는다. 그런 직관은 자연언어 이론의 원료이다. 화자가 내면화한 규칙들에 대한 해명을 제시함으로써 이런 이론을 확립할 수 있다고 믿을 좋은 이유가 있다. 자신이 쓰는 언어로 되어 있지만 그 전에 한 번도 들어보지 못한 문장이 올바른지 아닌지 화자가 즉각 인식할 수 있다는 이유만으로 말이다. 노엄 촘스키Noam Chomsky가 강조했듯이, 우리는 이런 일을 늘 하고 있다. 나아가 특히 촘스키를 포함하여 몇몇 이론가들은, 어떤 사람이든 어린아이 때는 인간의 어떤 언어라도 배울 수 있다는 점에서 모든 자연언어의 저변에 깔린 규칙의 이론, 즉 보편 문법이 있다고 기대할 근거가 있다고 믿는다.

이러한 언어적 직관 관념은 윤리학에 어떻게 적용되는가? 확실히 윤리학과 관련하여 이 모델에 들어맞는 직관이 한 종류 있다. 그런 경우는 단지 그 모델의 적용에 불과하기 때문에 들어맞는 것이다. 미덕과 행위 종류에 관한 실질적인 용어의 경우에는 그 용어가 적용되는 상황이 어떤 상황인가에 관하여 언어적 직관이 작용할 여지가 있다. 이는 그런 용어가 일반적 용어이고, 언어에서 일반적 용어는 적용 조건이 복잡하기 때문이다. (그런 용어를 쓰는 능력으로부터 어떤 윤리적 결과가 따라 나온다면 무슨 윤리적 결과가 따라 나오는가는 문화마다 다르며, 이는 8장과 9장에서 살펴볼 바이다.) 이런 종류의 용어에 관해서는, 주변부 사례에서 그 용어들의 적용에 관한 논쟁이 있을 것이다. 그리고 이 논쟁들은 만만찮은[어느 쪽이 채택되느냐에 따라 그 논쟁의 중요한 부분이 좌우되는] 실천적 결과를 수반할 수도 있다. 그것들은 법에서는 익숙한 종류의 논쟁이다. 거기서는 예를 들어 문제의 행위가 절도를 구성하는가가 쟁점이 될 수도 있다. 그런 종류의 논쟁의 정확한 성격에 관하여, 그리고 그것이 어떻게 적절하게 결정될 수 있을까에 관하여 법이론가들의 의견은 갈린다. 소위 법현실주의자들은 난해한 사건의 결정에서 정책적 고려사항이 더 크고 더 명시적인 역할을 하도록 허용한다 — 그러나 난해한 사건에 관한 논쟁들이 가능하기 위해서는 어떤 핵심 또는 중심 사안들에 대한 이해가 공유되어야 한다는 점에는 모든 법이론가들이 의견을 같이한다. 이런 사정은 이 실질적 용어들을 포함하는 윤리적 논의의 덜 형식적인 구조 내에서도 어느 정도는 마찬가지이다.

몇몇 전통에서는 윤리적 사상에서 이 법적 계보에 큰 비중이 놓인다. 이렇게 법적 계보에 큰 비중이 주어지면 윤리학에서 객관주의적 견해에 힘이 더해진다. 왜냐하면 핵심 사안들은 이 윤리적 용어들의 이해에서 주어지며, 이들을 난해한 사안에 적용하는 일은 비록 다툼의 대상이 되고 윤리적으로 난처한 문제이기는 하지만, 무엇이 핵심 사안과 적정하게 유사하고 무엇이 그렇지 않은가에 관한 합리적 기준에 의해 제약되기 때문이다. 이러한 용어의 특정한[핵심 사안으로부터 주변부 사안 혹은 난해한 사안으로의] 확장이, 이 용어를 핵심 사안에 적용하는 취지 혹은 근본 원리를 적절하게 담고 있는지에 관한 합리적인 논의가 있을 수 있다. 이런 스타일의 논증은 가톨릭 전통에서는 결의법決疑法, casuistry* 논증으로 알려져 있다. (결의법이라는 단어를 우호적이지 않게 사용하게 된 일은 기교로 이루어진 기만적인 용법에 대한 응당한 반응이었다.) 만일 결의법이 윤리적 사고의 기본 과정으로 여겨진다면, 이것이 갖는 문제는 그것의 남용에 있다기보다는 실질적인 윤리적 개념들의 목록이 문화마다 다르고 시간이 지남에 따라 변하며 비판에 열려 있다는 명백한 사실에 있다. 만일 결의법이 해당 지역적 개념들[해당 지역에서만 쓰는 개념들]의 세트에 적용되는 윤리적 사고의 중심 과정이 되려면 더 많은 설명이 필요하다. 결의법은 순전히 지역적이지 않은, 선호되는 윤리적 범주들이 있다고 주장해야 한다. 그 범주들은 인간 본성 이론으로부터 나온다고 이야기될 수도 있다. 이러한 형태의 설명은 우리를 3장의 관심사로 돌아가게 한다. 즉, 윤리 범주들이 신의 명령이나 계시에 의해 주어지는 것으로 말할 수도 있다는 것이다. 이러한 형태에서 설명은, 인간 본성을 근거로 삼는 것과 결합되지 않는다면, 스피노자가 "무지의 피난처"라고 부른 것에 이를 뿐이다. 결의론적 방법의 주창자는 어쩌면 간단히 우리가 선호하는 범주들은 물려받은 범주들이라는 이념에 기댈 수 있을지도 모른다. 그 이념에 기대는 것은 중요한 진리를 마주하는 장점이 있긴 하지만, 우리가 선호하는 윤리적 범주들이 비판될 수 있는 방식들에 관하여 더 많이 말하지 않는다면 **진실**로 진리를 마주할 수는 없을 것이다.

우리가 실질적인 윤리적 용어의 사용으로부터 관심을 돌려 일정한 상황에서 윤리적으로 옳은 행동에 대한 질문에의 사람들의 답변

---

*   [결의법은 구체적인 사안들로부터 끌어낸 이론적인 규칙을 확장하여 새로운 사안들에 적용하여 도덕 문제를 풀고자 하는 추론 방법이다.]

같은 것만 살펴본다면, 한편으로 이 질문들에 "직관적"(확신에 차고 자연스러운) 답을 하는 능력과, 다른 한편으로 언어적 능숙함 사이의 유사성은 훨씬 미약해 보인다. 윤리적 답변을 하는 능력은 정말로 어떤 설명을 필요로 한다. 제시된 사안들은 이전 사안들과 정확하게 같지 않으며, 응답자는 그가 새로운 사안에 대응할 수 있는 능력을 주는 무언가를 내면화했어야만 한다. 그러나 그것이 무엇일지는 명백하지 않다. 특히 그것이 ("지나친", "균형 잡힌", "…에 충분한 주의를 기울이지 않은" 같이) 정도를 모호하게 언급하는 것에 너무 의존하지 않는, 간략하면서 담화적으로 진술될 수 있는 기술이라는 뜻에서의 어떤 원리여야 하는지 명백하지 않다. 사실 언어철학에서는 특히 의미론의 측면에서 언어 능력 자체가 진술 가능한 규칙들의 집합으로 어느 정도까지 포착될 수 있는지에 대한 논쟁이 있다. 윤리적 사안에서는 그 문제가 새로운 사안에 관한 판단을 내리는 능력을 묘사하는 설명상의 문제로 이해되는 한, 그 능력에 깔려 있는 어떤 명확한 담화 규칙이 있다고 상정할 필요는 없다. 아리스토텔레스는 그런 규칙이란 없으며, 일종의 명시적이지 않은 판단이 본질적으로 개입한다고 생각했다. 즉, 비슷하게 키워진 일군의 사람들이 공유할, 어떤 사안을 다른 사람들처럼 보는 능력이 개입한다고 생각했다.

비트겐슈타인을 따르는 이들은 인간의 모든 학습과 관련해 이렇게 믿는 경향이 있다. 어떤 궁극적인 수준에서는 그들은 틀림없이 옳다. 즉, 간략한 담화 규칙을 이해하는 것 자체가 유사성에 대한 공유된 평가를 포함한다. 그러나 공유된 윤리적 판단에 도달하는 능력에 대한 이러한 관념은 (그리고 이와 같은 것은 다른 종류의 실천적 판단에도 마찬가지로 적용될 것인데) 그것보다 더 나아간다. 언어 사용 능력이 유사성을 보는 공유된 능력을 요한다고 이야기하는 데 더해, 윤리적 유사성을 보는 능력이 언어로 적정하게 표현될 수 있는 그 어떤 것도 넘어선다고도 하는 것이다.* 이것은 분명히 참이다. 그리고 그것이 비트겐슈타인주의자들이 예상할 바이기도 하다. 그러나 그것은 (비트겐슈타인주의자들 자신이 이 점에 관하여 항상 명료하게 입장을 밝히는 것은 아닌데) 인간의 기질적 능력에 대한 설명이 어떤 수준에서도 없음을 의미하지는 않는다. 그 설명이 응답자가 내면화하였고 무의식적으로 참조하는, 어떤 진술 가능한 규칙을 상정하는 데 있지 않음을 의미할 뿐이다. 우리는 새로운 사안에 대응하는 능력에 대하여 설명적 수준에서 관심을 가지는 한, 그 능력을 뒷받침하는 어떤 규칙을 끌어낼 수 있으리라고 꼭 기대하지는 않아야 한다. [그 능력의 일부가 명제 형태의 언어적 표현을 넘어서 있다면, 사안에 대응하는 그런 규칙이 없을 수도 있기 때문이다.]

직관들의 상충을 살펴보면 윤리적 직관과 언어적 직관 사이의 유사성은 매우 약해 보인다. 언어적 사안에서는 두 사람의 직관이 상충하는 경우 두 사람의 통용어가 (단지 사소하게라도) 다르다고 인식한다. 만일 한 사람이 상충하는 직관들을 갖고 있다면, 이것이 나타내는 불확실성은 해당 경우에 어떤 말을 해야 하는가에 관한 답이 그 언어에 의해 충분히 결정되지 않기 때문에, 또는 이 화자가 두 가지 통용어로 훈련받았기 때문에 발생할 수도 있다. 이 사안들 중 어느 경우에도 언어이론은 그 상충을 **해결할** 것을 요구받지 않는다. 언어이론은 몇몇 상충은 언어 이론 자신의 목적을 위해 해결할 것이다.

---

*   [약간 다른 두 사안에 같은 규칙이 적용되어야 함을 볼 수 있는 능력의 내용 중에는, 명제 형태의 정식화를 아무리 상세하게 이어가도 담지 못하는 부분이 필연적으로 있다는 뜻이다.]

실제로 언어이론은 직관의 이상화된 관념에 도달하면서도 일부 상충은 해결한다. 왜냐하면 수행에 대한, 즉 사람들이 실제로 어떻게 말하는가에 대한 관찰은 발화의 조건 때문에 생기는 많은 부정합성을 드러내는데, 언어에 관한 질문에의 반성적 답으로서 직관이라는 관념에서는 이 부정합성이 매끄럽게 없어지기 때문이다. (언어 이론가들은 이러한 일이 어느 정도까지 정당한지에 관하여 의견이 나뉜다.) 더군다나 어떤 이론이 어떤 직관들의 힘 위에 하나의 원리를 형성한 뒤 그와 상충하는 다른 직관들은 무시하는 것은 확실히 적절한 일이다. 그것들을 무시함은 수행에서의 변칙사례로 여기는 것을 의미한다. 이는 예를 들어 혹은 또다시, 어떠한 일반적 원리에도 부합되지 않은 채 사전에 특이사항으로 등재되어야 하는, 언어에 관한 사실을 산출한다고 여기는 것을 의미한다. 이런 관념들은 그 자체가 그런 상충을 다루기 위한 이론적 장치이다.

그런데 윤리적 직관들의 경우에는 사정이 다르다. 많은 것이 어떤 견해가 채택될 것인가에 달려 있다. 그리고 윤리적으로 특이한 견해는 어떠한 중요한 문제나 다른 이들의 이익을 건드리는 한 그냥 방치되지 않을 것이다. 여기서 윤리이론의 목적은 단순히 상충을 이해하는 것이 아니며, 그러한 이해는 주된 목적도 아니다. 그 상충을 이해하는 데에는 다른 방식, 즉 역사적이고 사회적인 방식이 있다. 윤리이론의 목적은 그 상충을 이해하는 것이 아니라 그 상충을 한층 근본적인 의미에서 해결하는 것, 즉 바로 이 하나의 직관을 받아들일 어떤 강력한 이유를 제시해야 한다는 의미에서 해결하는 것이다. 우리가 살펴봐야 하는 질문은 다음과 같다. 그 어떤 윤리이론이 어떻게 다른 직관이 아니라 바로 이 직관을 받아들일 이유를 제시할 권위를 가질 수 있는가?

그 질문에 대한 하나의 답이 있다. 이 답은 매우 강한 가정들을 전제하면 이치에 닿는다. 첫째, 중요한 윤리적 질문에 대하여 합의에 도달하기로 결심한 사람들이 있다고 가정해 보자. 실로 세계의 상이한 윤리적 관념들을 표현하는 것 이상으로 강력하게, 합의에 도달하기로 결심한 것이다. 그리고 그들은 한 사회에서 함께 밀접하게 사는 데 불가역적으로 헌신하고 있다.[4] 더군다나 그들이 도달하기로 결심한 것은 합의이며, 단순히 한 세트의 믿음들이 [그들 사이에서] 우세해지는 정도로 결말이 나는 것에는 만족하지 않을 것이다. 둘째, 그들은 이 과업을 공적으로 진술 가능한 원리들에 도달함을 요구하는 것으로 이해한다. 셋째, 그들은 이 과정이[당해 사안에서 공적으로 진술되는 원리들에 의거하여 합의에 도달하는 과정이] 그들이 합의한 원리들로부터 나중에 발생할 문제, 이를테면 원리들의 상충 문제에 관한 논의를 규율하기를 바란다. 이런 상황에서 그들이 윤리 이론을 목적으로 삼는 것은 합당하다. 그리고 그들의 직관 중 가능한 한 많은 것을 구하는 방법인 동시에 어떤 직관이 버려지거나 고쳐져야 하는지 명확하게 하는 데 기여할 원리들의 합리적 구조를 낳는 방법을 사용하는 것도 합당하다. 이 일을 하는 한 가지 분명한 방법은 이론과 직관들이 서로 대략 들어맞을 때까지 상호적으로 수정하는 것이다. 방금 언급한 목적은 물론 롤즈의 이론과 같은 계약론의 목적이다. 그리고 방금 언급한 방법은 롤즈가 권고한 방법, 즉 그가 이론과 직관 사이의 **반성적 평형**이라고 부른 것에 도달하는 방법

---

4   이것은 크고 불명확한 가정이다. 그 가정은 브루스 애커먼Bruce Ackerman이 그의 *Social Justice in the Liberal State* (New Haven: Yale University Press, 1980)에서 사용한 모델에서 중요한 일부분을 담당하였다. 이에 대한 비판으로는 애커먼의 책에 대한 *Ethics*, 93 (1983)에 실린 일련의 논평들을 보라.

이다.[5]

그 방법은 이 가정들 하에서 윤리이론을 구성하는 데 적합하다. 그러나 이 가정들이 얼마나 강한지가[그 가정이 참이 되기 위해 얼마나 많은 것들이 성립해야만 하는가] 매우 중요하다. 그 가정들은 사람들이 어떠한가와 사회가 어떻게 작동할 수 있는가에 관한 믿음들을 포함한다. 여기서 '작동하는가'라고 하지 않고 '작동할 수 있는가'라고 한 것은 그 이론이 요구하는 것과 같이 작동하는 사회가 없을 수도 있으나 그러한 작동이 적어도 가능할 것임이 그 이론이 성립하는 데 필수적이기 때문이다. 그 가정들은 또한 특정 이상들을 포함한다. 그리고 이에 상응하여, 이런 유형의 이론은 이중의 의미에서 윤리적 세계 안에서부터 출발한다. 그것은 관련된 이들이 어떤 윤리적 세계 안에 있기를 열망한다고 하는 가정에서 출발할 뿐만 아니라, 다른 윤리적 세계가 아니라 바로 이 종류의 윤리적 세계를 향한 열망을 자신의 과업에 들여온다. (우리는 이것을 5장에서 롤즈의 계약 당사자들이 노예제에 대해 암묵적으로 갖는 태도에서 보았다.)

사실적인 것과 이상적인 것은 이 가정들에서 흥미롭게 연관되어 있다. 한편에는 그 어떤 사회에도 적용되는 가정들[사실적인 것]이 있다. 다른 한편에는 더 나은 또는 더 합리적인 사회를 위한 이상들[이상적인 것]이 있다. 이 사이에는 명확하게 규정되지는 않았지만 특정 종류의 사회에 적용되는 조건들의 상당히 큰 영역이 있다. 한마디로 표현하자면, 한낱 역사적 관념에 그치는 것이 아니라 어느 정도는 윤리적 관념으로서의 현대 사회[관찰자로서 중세와 구분되는 현대

---

5   롤즈는 *A Theory of Justice*의 pp. 20ff에서 그 방법을 기술한다. 그리고 pp. 48-51 에서 그 방법을 아리스토텔레스와 관련짓는다.

사회라는 의미가 아니라, 그 안의 구조, 제도, 생활상들을 상당 부분 승인하면서 살아가는 참여자 입장에서 일컫는 현대 사회]에 적용되는 조건들의 영역이 있는 것이다.

롤즈의 절차가 깔고 있는 첫 번째 가정은 어떠한 사회에도 적용되어야만 하는 하나의 요소를 포함한다. 즉, 사회에는 어느 정도 동질적인 믿음이 있어야 하고, 권위를 지니고 폭력을 피하는 갈등 해소 방법들이 있어야 한다는 것이다. 그러나 이는 그러한 최소 조건을 넘어서는데, 이러한 방법들이 압도적으로 합의적 토론으로 구성되는 어떤 사회를 목적으로 하기 때문이다. 이것은 사회에 반드시 필요한 요소social necessity가 아니며, 여기서 질문은 사회들이 그러한지가 아니라 하나의 사회라도 그럴 수 있는지다. 이 면에서 그 모델은 **자유주의적**이다. 더군다나 그 모델은 사회가 자기 가치들을 진술 가능한 원리들의 세트로 표현할 것을 요구한다는 점에서 **합리주의적**이다. 다시 한번 말하지만, 사회가 자기 가치들을 그런 방식으로 표현함은 사회에 반드시 필요한 요소가 아니며, 어느 한 사회라도 그럴 수 있는가 하는 질문이 다시금 제기된다. 이 열망은 자유주의의 최소 가정보다 한 걸음 더 나아간다. 그것은 합의를 지향하는 논의에 대한 열망만을 포함하는 데 그치지 않는다. 그것은 합의를 지향하는 논의란 어떤 것인가에 대한 합리주의적 관념, 즉 현대 사회 특유의 관념 또는 적어도 현대 사회의 철학적 또는 사회학적 재현 특유의 관념이다.

사회 원리들의 상충이 동일한 종류의 절차로 해결되어야 한다는 주장은 또다시 한 걸음 나아간 단계이고, **설명적** 합리주의expository rationalism라고 불릴 것을 넘어서는 발전이다. 첫 번째 합리주의적 단계에 이르고 나서, 우리는 실제로 담화적으로 진술되었으나 체계적으로 정리되지 않은 원리들에 만족할 수도 있다. 그 다음 요구는 합리주의적 결정 절차, 즉 그 자체가 담화적으로 제시될 수 있는 어떤 상충 해결 방법이 있어야 한다는 것이다. 가장 완전한 의미의 윤리이론으로 귀결되는 것은 바로 이러한 요구이다. 이것은 앞서 살펴본 것과는 다른 뜻에서 "직관주의"로 불려온 어떤 접근을 거부한다. 이 접근은 일련의 원리 및 윤리적 고려사항을 제시하지만, 그들 사이의 상충이 적어도 일정한 지점을 넘어서면 특정 사안에서의 판단만으로 해결될 수 있음을 인정한다. 많은 윤리이론가들은 직관주의를 넘어서 더 완전하고 또렷하게 표현된 윤리이론으로 향하라는 요구가 이성 그 자체로부터 나온다고 믿는다. 그들은 내가 합리주의라 부른 것이 합리적임으로부터 그냥 따라 나온다고 생각한다.

이런 기획에서, 그리고 이런 방식으로 동기부여되는 윤리이론에서 중요한 하나의 요소는 사회가 **투명해야** 한다는 열망이다. 이것은 사회의 윤리적 제도들의 작동이 이 작동방식에 관한 공동체 구성원들의 오해에 달려 있어서는 안 된다는 의미이다.[6] 롤즈가 명시적으로 채택한 이 요구는 자유주의적 계약주의와 자연스럽게 들어맞지만, 더 폭넓게 주장된 것이기도 하다. 그것은 자유주의자와 비자유주의자를 구분하는 특징이기보다는, 계몽에서 탄생한 좀 더 급진적인 희망을 품은 이와 그런 희망을 품지 않은 이를 구분하는 특징이다. 많은 맑스주의 이론은 허위의식 없이 작동할 수 있는 사회를 목적으로 하면서 이 요구의 어떤 형태를 구현한다. 이 관념은 급진적 비판을 예리하게 만드는 데 이바지할 수 있다. 예를 들어 일반적으로 받아들

---

6   롤즈는 이것을 "공지성publicity"의 요구라고 칭한다. *A Theory of Justice* p. 133 및 다른 곳, 특히 sec. 29를 보라. 허위의식에 관련한 비판은 비판이론을 언급한 9장 주석 11을 보라.

여지는 성별 간 관계들이 강요되는 무지와 오해에 어느 정도나 기인하는가는 유용한 질문일 수 있다. 급진적 비판가들은 이런 질문을 강조할 때 때때로 격분하는 순환성의 태도를 보이는데, 자신의 이데올로기를 받아들이지 않는 것이야말로 허위의식이라고(혹은 허위의식으로 판명된다고) 맹비난하는 것이다.* 급진적 비판이 그것보다 효과적으로 사용되는 경우, 강요된 무지가 있다고 말하는 다른 이유들을 제시할 것이다. 그것이 무지라는 주장, 그리고 그 무지가 강요된 것이라는 주장은 이 비판자의 이데올로기를 받아들이는 것과는 어느 정도 독립적일 것이다. 무지가 강요되었음은 많은 흥미로운 사안들에서는 성립하기 어려운 조건이다. 그러나 정교한 논의를 거치지 않아도 무지가 강요되었다고 볼 수 있는 사안들도 있다. 나쁜 사회질서의 잔인함과 야만성이 흔히 잔인함과 야만성 이상은 아닌 것처럼, 나쁜 사회질서의 허위도 그저 허위 — 거짓말, 협잡, 오염된 말 — 에 불과한 것이다.

투명성에 대한 열망은 여러 형태로 나타나며 일부 형태의 열망은 다른 형태의 열망보다 야심 차다. 이들이 제기하는 질문들을 여기서 논하지는 않겠다.[7] 한 가지 중요한 논지는 투명성은 자유주의에 자연스럽게 수반되지만 합리주의를 함축하는 데는 못 미친다는 것이다. 사회적·윤리적 관계들은 그 관계들이 무엇인지에 대한 무지와 오해에 본질적으로 기대고 있지 않아야 한다는 열망과, 그 관계들에 포함

---

* [자신의 이데올로기의 참을 적극적으로 입증하지 않고 자신의 이데올로기가 받아들여지지 않는다는 점을 근거로 기존 의식의 허위성을 입증하는 것은 순환논증이다. 여기에다가 급진적 비판가들은 자신들의 이데올로기가 재빨리 전 사회에 받아들여지지 않는 점에 놀라워하며 격분한다.]

7 위르겐 하버마스가 제기한, 지배로부터 자유로운 인간관계 모델은 매우 강한 칸트적 가정을 하며, 한계 없는 명시성의 요구라는 문제도 겪는다.

된 모든 믿음 및 원리가 명시적으로 진술되어야 한다는 열망은 상당히 다르다. 이 둘이 서로 다른 것임은 개인적 관계에서 분명하다. 이러한 개인적 관계가 기만이나 오류에 기대지 않기를 바라는 것은 그저 온당한 것이지만, 개인적 관계의 기초가 전적으로 명시적으로 진술될 수 있다는 생각은 매우 어리석은 것이다.

만일 계약주의 기획이 이런 정신[사회적 관계와 윤리적 관계의 기초가 무지와 오해에 본질적으로 기대지 않아야 한다는 정신]과 이런 가정들[투명성과 합리주의는 다르다는 가정들] 하에서 진행된다면 정합적이다. 그래서 그 기획이 반성적 평형에 도달하려고 하면서 직관을 사용하는 것도 정합적이다. 이 모든 것들은 이 가정들이 어떻게 현실에 연관되어 있는가, 사회가 그 정도로 자기의식적인 윤리적 이해 하에서 어떻게 유지될 수 있는가, 그리고 이것은 어떤 실제 사회에 대하여 합당한 열망인가 하는 큰 질문을 열린 상태로 남겨둔다. (나는 이것들이 어떤 부분에서는 사회과학의 질문이기를 희망하지만, 사회과학 중 어느 것이라도 여기 답하는 데 많은 도움을 주었는지는 명확하지 않다.)

반성적 평형의 방법에 반대하여 때때로 제기되는 주장은, 이론을 거기 맞춰 조정하는 직관이 단지 지역적인 윤리적 믿음만 나타내며 이런 믿음이 타당하지 않을 수 있다는 것이다. 이 기획을 내가 기술한 방식으로 취한다면, 이것은 적절한 반론이 아니다. 추구되는 이론이 **우리를 위한** 윤리적 삶의 이론이기 때문에 그 직관도 우리의 윤리적 믿음들을 나타내는 것으로 상정된다. 그리고 그 취지는 직관이 어떤 궁극적인 뜻에서 타당하다는 것이 아니라, 직관이 우리의 것이어야 한다는 것이다. 더군다나 어떤 이론을 형성하고 그 이론에 의해 형성되는 직관이 우리의 것일 뿐 아니라, 애초에 그런 이론에 동기를 부여하는 열망도 우리의 것이다.

그럼에도 이 가정들을 인정할 때조차 그 방법에서 한 가지 문제
는 남는다. 그리고 아마도 그 문제는 그 방법이 지지하는 직관들이
"실제로 타당한가"라는 질문을 제기하는 이들 중 일부가 염두에 두
는 것일 수도 있다. 그 문제란 **우리**가 누구인가이다. 그 이론을 기술
하면서 나는 "사회"를 언급하였다. 그리고 일차적으로 사회정의론
인 계약론을 생각한다면, 이 말이 무엇을 의미하는지는 상당히 명확
하다. 그러나 롤즈가 물론 인정했듯이, 윤리적 관심은 그런 경계 너
머로 나아간다. 그리고 우리가 어떤 가능한 정치질서 너머에 관심
을 뻗으면 사회에 대한 그 어떠한 구체적 관념도 사라진다. 그 이론
은, 나는 "자연적 구성원"이라고 불렀고 그 이론은 도덕적 행위자라
고 표현할, 윤리적 합의를 적용받는 모든 사람으로 뻗어가는 것이
다. 우리는 이러한 이론에 있어 원래의 칸트적이고 보편주의적 관심
으로 돌아오게 된다.

보편주의적인 관심은 어떤 면에서 계약주의적 기획의 정신에, 그
리고 내가 방금 기술한 가정들에 잘 들어맞는다. 그것의 자유주의적
이고 합리주의적인 열망이 긋는 외부 경계는 우리가 그들과 실효적
으로 합의해야 하는 이들을 넘어서, 그들과 합의하는 것이 윤리적으
로 바람직한 이들까지 포함하고, 궁극적으로는 존재할 수 있는 모든
이들, 그리고 우리가 그들과 합의함을 상상할 수 있는 모든 이들 —
합리적 행위자들의 집합, 즉 관념적 공화국의 시민들 — 까지 포함
하게 된다. 그러나 이 과정이 이루어지는 와중에 두가지 연관된 일
이 벌어진다. 지역적인 **우리**에게 독특하게 속하는 직관들에 우리가
의존하는 일이 점점 덜 적합하게 된다. 왜냐하면 그 이론은 이제 우
리의 지역적 풍습의 범위를 훨씬 벗어나 존재하는 행위자들까지 포

함하는 **우리**를 위한 이론이 되어야 하기 때문이다. 같은 이유로, 그 윤리이론이 담을 수도 있는 것이 무엇인가 생각하려고 할 때 기댈 수 있는 것이 점점 더 적어진다. 5장에서 인용된 스캔런의 공식에 의해 표현하자면, 어떤 행위자가 "합당하게 거부할" 수 있는 규칙의 세트들이 무엇인지 결정하는 데 있어 기초가 점점 더 얄팍해진다. 종국에는 다시금 어떠한 합리적 행위자라도 그 자체로 거부해야 하는 것이라는 매우 불확정적인 관념을 제외하고는, 그 질문으로 들여올 것은 아무것도 남지 않게 된다. 신체 구조에서, 감성에서, 그리고 일반적으로 비트겐슈타인이 "삶의 형식form of life"이라고 부른 것에서 있을 수 있는 광범위한 차이를 전제하면, 4장의 "자유"가 보다 특정하게 산출할 수 있는 것이 무엇인가는 당혹스러운 질문이다.

그것은 너무나 당혹스러운 질문이어서 애초에 그 질문을 묻는 것이 옳은지를 궁금해할 수밖에 없다. 만일 그 모델이 우리와는 매우 다른 존재들과의 공존 모델이라면, 왜 연맹이나 — 또는 그보다 덜 하지만 가장 적합할 — 한낱 불가침 조약이 아니라, 보편적 공화국을 상상하도록 만드는가? 살려는 요구는 공유하지만 삶을 공유하려는 요구는 없는 당사자들에게는 간섭과 상호 파괴를 금하는 가장 개략적인 규정으로 충분할 것이다. 그 개략적 규정이 만일 공유된 삶의 윤리적 실질을 모두 제공한다고 받아들여지면 산출하는 바가 지나치게 적은 것이다. 공유된 삶은 날것 그대로의 방어적 개인주의보다 많은 것을 필요로 하는 것이다. 이런 식으로 공유된 삶을 되짚어나가는 일은 부적합할 것이다. 그러나 그렇다면 보편주의적 관점은 어떤 주어진 집단을 위해 윤리이론의 내용을 결정하지 않을 것이다. 그리고 다른 윤리적 내용이 다른 집단들에 적합하지 않을 수 있는가뿐 아니라, 계약주의 이론의 자유주의적이고 합리주의적인 가정들 자체가 각 집단을 위해 윤리적 삶의 내용을 결정하기에 얼마나 적합한가도 실로 의문시될 것이다.

이것은 원래 헤겔의 문제였다. 헤겔은 칸트의 "추상적" 도덕을 탁월하게 비판하면서 **인륜**Sittlichkeit 관념과 대조하였다. 인륜은 지역적 풍습으로 표현되었던, 구체적으로 확정된 윤리적 실재로서, 거기 사는 사람들에게 특수한 의미를 부여하는 삶의 형식이다. 그 관념은 불가피하게 이 풍습에 대한 견해가 적합하게 얼마나 지역적으로 남을 수 있는지, 그리고 이 풍습을 비판하거나 평가하거나 초월할 수 없는지에 대해 질문을 제기한다. 이 질문들에 대한 헤겔의 답변은 자기의식의 성장을 포함하는, 역사에 대한 목적론적 관념에 호소하는 데 있었다. 이제는 그런 목적론적 역사관을 신뢰하는 사람은 거의 없을 것이다. 여전히 그 역사관의 유물론적 형태를 받아들이고 있는, 한층 터무니없게 낙관적인 맑스주의자들을 제외하고는 말이다. 그러나 이러한 헤겔의 문제는 적어도 다음과 같은 한도에서는 올바른 문제다. 그것은 보편적인 프로그램이 어떻게 적용되어야 하는가를 묻는 대신, 구체적으로 경험되는 삶의 형식이 어떻게 확장될 수 있는가를 묻는다. 더군다나 자기의식의 관념은 여전히 그 문제에 상당히 유관하다.[8]

계약주의 윤리이론은 윤리학을 이해하는 기본적 방법을 제공할 수 없다. 왜냐하면 그것은 그 자체가 이해를 요하기 때문이다. 그것은

---

8   예를 들어 *The Phenomenology of Spirit*, trans. A. V. Miller (Oxford: Clarendon Press, 1977), "The Actualization of Rational Self-Consciousness through Its Own Activity"를 보라. 이에 대한 논평으로는 Charles Taylor, *Hegel* (New York: Cambridge University Press, 1975); Judith N. Shklar, *Freedom and Independence* (New York: Cambridge University Press, 1976)를 보라.

지나치게 넓게 적용되면 결과를 전혀 내놓지 못하거나 충분히 내놓지 못한다. 지나치게 좁게 적용되면 그것을 적합하게 만들기 위해 요구되는 특수한 조건에 관한 질문을 끈질기게 제기한다. 계약론에 의거하여 윤리적 삶을 사유하는 기획을 통해 더 나은 세계를 향한 열망이 가장 효과적으로 표현될 수 있는 여건이 있을 수는 있다. 그러나 그렇다고 해도 그런 이론의 일반적 이념 자체로는 그 여건이 무엇인지를 이야기해줄 수 없다.

우리는 계약주의의 복잡성으로부터 등을 돌려 다른 방향에 있는 공리주의를 본다. 공리주의는 겉보기에는 너무나 단순해서, 이 각도에서는 매력적으로 보일 수도 있다. 거기에는 풍습으로부터 얼마나 멀리까지 가야 하는가의 문제가 없다. 왜냐하면 애초부터 이미 다 가버렸기 때문이다. 그렇게 멀리까지 갔기 때문에 무엇을 고려해야 하는가 하는 문제가 없다. 유일하게 고려해야 하는 것이 무엇인지 이미 이야기해준 것이다. (설사 그것이 우리가 기대한 것보다는 세부사항에서 더 많은 것을 고려해야 한다고 판명되더라도 말이다.) 더군다나 공리주의는 적어도 이 크고 단순한 수준에서는 직관들과 반성적 평형을 이루는 일로 수고를 기울일 필요가 없다. 공리주의는 직관들을 한쪽으로 치워 놓기 때문이다.

그러나 공리주의가 이 수준에서 우리의 더 구체적인 직관들을 만지작거리는 데* 시간을 낭비하지는 않는다 하더라도, 아무런 윤리적 직관에도 기대지 않는다고 생각해서는 안 된다. 그것은 두 가지 직관

---

* ['직관들을 만지작거린다'는 표현은 롤즈식의 반성적 평형에서 직관과 원리 양쪽 끝을 상호 조정하여 평형을 찾아나가는 작업에 대한 윌리엄스의 은유적 표현이다.]

에 기댄다. 빈틈없이 논증된 책인《윤리학 방법The Methods of Ethics》에서 헨리 시지윅이 그중 하나를 잘 표현했다. 그는 공리주의가 적어도 하나의 직관을 요구한다는 바로 이 논지를 짚은 것이다.

> 나는 (내가 그렇게 말할 수 있다면) 우주의 관점에서 어느 한 개인의 선도 어느 다른 사람의 선보다 조금도 더 중요하지 않다는 자명한 원리를 얻는다. (…) 그리고 합리적 존재로서 나는 — 내 노력으로 이룰 수 있는 한에서는 — 선의 특정 부분만이 아니라 일반적으로 선을 목적으로 하여야 한다는 점이 내겐 명백하다.[9]

시지윅의 자명한 원리는 실천적 합리성의 원리로 제시되었다. 헤어는 유사한 원리를 언어적 형식으로 표현한다. 그러나 문제되는 것이 윤리적 원리임은 명백해 보인다. 그리고 이에 대한 (순수하게 이기적인 거부를 제쳐두고 보면) 이의는 윤리적 이의가 되리라는 점도 명백해 보인다. 그러나 공리주의에는 또 하나의 원리, 즉 첫 번째 원리 외에는 다른 기본적 윤리적 고려사항이 없다는 원리도 필요하다. 이것 역시 윤리적 직관이며, 그 직관에 대해 많은 사람이 제기할 이의도 역시 윤리적 이의이다.

두 번째 원리는 달리 조명하면 윤리적 가정이 아니라 이론적 합리성의 요구로 보일 수 있다. 단순성 원리, 즉 가능한 한 경제적으로 가

---

9   시지윅의 책은 1874년에 처음 출간되었다. 그는 그 초판을 이후 여러 개정판을 통해 대폭 수정했다. 이 인용은 7판(London, 1907, reissued 1962), p. 382에서 한 것이다. "우주의 관점"이라는 문구는 p. 420에서 아무런 부가설명도 달지 않고 다시 등장한다. 나는 시지윅과 그가 취한 종류의 이론에 특정적인 문제들을 "The Point of View of the Universe: Sidgwick and the Ambitions of Ethics," *Cambridge Review*, 7 (1982)에서 다루었다. 이 장의 내용 중 일부는 그 논문에서 가져온 것이다.

정해야 한다는 원리로 말이다. 그러나 이 견해는 애초에 단순성 원리 자체를 오해한다. 최소 가정, 즉 가장 경제적인 설명을 주는 가정을 하는 것은 좋은 생각이긴 하다. 그러나 이것이 최소한을 가정하는 것과 반드시 동일한 것은 아니다. 가장 효과적인 가정 세트들이 꼭 가장 단출한 세트가 될 필요는 없다. 이런 종류의 오류는, 마음이 경험 이전에는 비어 있다는 가정을 기초로 작업하는 경험주의의 역사를 이루는 한 부분이었다. 이 작업은 마음의 내용물이 최소한인 것으로 가정하지만, 여기에서 설명해야 할 것을 고려해볼 때 이것은 최소 가정이 아니다. 그와는 반대로, 그것은 진화와 인간 학습에 관하여 정교하지만 매우 믿기 어려운 설명들을 포함한다. 마찬가지로, 공리주의가 그토록 작은 꾸러미만 가지고 시작한다는 사실은 공리주의에 유리한 추정을 전혀 제공하지 않는다. 공리주의가 가야 하는 여정에 충분한 꾸러미를 가지고 있는가 하는 질문만이 있을 수 있을 뿐이다.

어쨌건 그 여정에 관하여 여전히 답해야 하는 근본적인 질문이 있다. 왜 이론적 단순성과 그것의 기준들은 적합해야 하는가? 그것들이 적합한지 여부는 분명 어느 윤리이론이 무엇을 위한 것인지에 달려 있음이 틀림없다. 시지윅 자신은 때때로 "상식의 도덕을 과학적 형식 안에" 던져 넣는다는 목적을 간단히 가정하는 것으로 보인다. 그리고 그가 "보편적 행복을 인간의 공통 목적으로 여김으로써 인간 활동을 체계화하지 않을 것이라면, 어떤 원리 위에서 이를 체계화해야 하는가?"[10]라고 질문한 부분은 그의 견해를 드러낸다. 그 이후의 몇몇 이론가도 윤리 체계가 과학이론과 같은 미덕을 가지도록 노력해야 한다고 의문을 품지 않고 가정했다.

---

10   *The Methods of Ethics*, pp. 338, 406.

나는 저 질문으로 돌아오고자 한다. 우선 이론, 특히 공리주의 이론이 "상식의 도덕"과 관계를 맺을 수 있는 방식들을 더 자세히 살펴보아야 한다. 공리주의 이론가들에게 일상의 태도와 성향들을 체계화함이 꼭 그것들을 대체함을 의미하지는 않는다는 점이 중요하다. 이론은 때때로는 그러한 태도들을 정당화할 수도 있다. 더군다나 설사 그 태도들이 그 자체로 그 취지에서 공리주의적이지 않더라도 때때로 그러한 정당화를 할 수도 있다. 시지윅은 어떤 동기가 최대선에 이르는가는 경험적인 질문일 수밖에 없다고 보았다. 특히 최대선에 관한 사유를 실천하는 일이 최대선으로 이끌 가능성이 높은지 여부는 경험적 질문임이 틀림없다고 보았다. 공리주의적 의식 자체는, 최대선에 이르는가 하는 경험적 질문이 검토해야 하는 하나의 항목이 된다. 그리고 삶의 많은 부분에서는 그러한 공리주의적 의식을 지나치게 많이 북돋아서는 안 된다는 결론에 시지윅은 도달했다. 그는 오랜 비판으로부터 공리주의를 구하고자 했다. 그 비판이란 공리주의가 보편적 선을 지향하는 계산적인 정신에 이익이 되기 위해서 모든 자연적 애착을 부인하고 충동과 자발성을 질식시킨다는 것이다. (이 비판은 원래는 누구보다도 고드윈Godwin이 불러들인 것이었다. 고드윈은 보통 사람이 강력하게 여기는 모든 고려사항의 존중에 대해 대단히 합리주의적인 거부를 보였다.) 대개 내재적 가치나 비공리주의적 가치를 지닌다고 생각되는 많은 성향에 대해 시지윅은 공리주의적 해명을 제시하였다. 정의, 진실 말하기, 자발적인 애착, 친구에 대한 충직, 자신의 아이에 대한 특별한 관심 등등의 가치는 철저한 공리주의자라면 지지하지 않을 견해를 포함하는 것으로 보일지 모른다. 그러나 시지윅은 그 가치들의 공리주의적 가치, 즉 사람들이 그 안에서 그러한 가치들을 갖는 상황의 가치라는 뜻에서의 공리주의적 가치를 고려해

야만 한다고 주장하였다. 그런 가치를 고려하면 공리주의적 정당화
는 생각해왔던 것보다 훨씬 더 멀리 확장될 수 있을 것이다.

헤어의 공리주의는 시지윅의 공리주의와 유사하게 간접적인 공리
주의다. 헤어가 보기에 광범위한 공감적 동일시의 과정은 모든 도덕
적 사유의 특성이 아니라 그가 "비판적" 사유라고 부르는 것만의 특
징이다. 대부분의 시간 동안 우리는 이와 다른 수준, 즉 "직관적" 수
준에서 사고한다. 그 수준에서 우리는 행위의 복합적 효과를 규명하
려 하지 않고, 어린 시절 습득한 도식적이고 단순한 원리들에 기댄
다. 이 원리들은 만일 그렇게 하는 것이 적합해 보인다면 특정 사안
에서 제쳐놓을 수 있는 어림짐작의 법칙에 불과한 것이 아니다. 그
원리들은 강력하게 내면화되어 "최대의 반감"을 느껴야만 이탈할 수
있다. 또한 다른 이들이 그 원리들을 위배하면 "최대의 의분"을 불러
일으킨다.[11] 이 두 번째 수준에서 도덕적 사고를 하는 기본적인 이유
는, 일상적 상황에서는 비판적 사유의 정교한 계산을 할 처지가 아
니고, 만일 그러려고 한다면 틀린 계산을 할 가능성이 더 높기 때문
이다. 특히 자신에게 유리하도록 하는 편향 때문에 말이다. 이러한
사실 및 이에 따른 직관적 사유의 가치는 비판적 사유의 관점에서
인식될 수 있다. 그 자체로 공리주의적인 비판적 사유는 다음과 같
은 결론에 (시지윅이 그러했듯이) 도달할 수 있다. 대부분의 시간을
공리주의자로서 사유한다고 해서 공리를 최대화하지는 않는다는 결
론 말이다.

---

11   이 문구들은 다음에 등장한다. "Ethical Theory and Utilitarianism," in H. D. Lew-
      is, ed., *Contemporary British Philosophy* (Atlantic Highlands, N.J.: Humanities
      Press, 1976); reprinted in Sen and Williams, *Utilitarianism*.

이런 스타일의 간접 공리주의*는 일상의 수준 또는 직관적 수준에서 발휘되는 성향에 대한 특수한 견해를 포함한다. 그리고 이것은 심각한 질문을 제기한다. 마음이나 사회에 이런 종류의 이론이 정합적으로 또는 받아들일 만하게 위치할 장소가 있는가? 간접 공리주의는 이런 성향의 가치를 발견하지만, 그것은 여전히 도구적인 가치이다. 그러한 성향은 일정한 행위를 생성하는 장치로 이해된다. 그리고 그러한 행위는 최대 복리를 산출하는 특정 사태들을 일으키는 수단이다. 이것이 그 성향을 바깥에서, 즉 공리주의적 의식의 관점에서 볼 때의 모습이다. 그러나 그것은 안에서 볼 때의 모습은 아니다. 실제로 공리주의적 논증은 공리주의적 의식의 관점에서 보이는 모습이 안에서 보이는 모습처럼 보이면 안 된다는 것을 함축한다. 그 성향은 그것을 가진 행위자의 성품을 형성하는 데 도움을 주며, 행위자가 순전히 도구적으로 자기 성품을 보는 것이 아니라 그 성품의 관점에서 세계를 보는 경우에만 이 이론이 부여한 임무를 해낼 것이다. 더군다나 그 성향은 행위자에게 다른 것들을 도구적이지 않은 방식으로 보라고 요구한다. 그것은 단지 행위의 성향일 뿐 아니라 느낌과 판단의 성향이

---

* [공리주의는 공리 계산이 옳은 행위를 지시하는 과정이 직접적인가 간접적인가에 따라 직접 공리주의와 간접 공리주의로 분류할 수 있다. 직접 공리주의란 행위 선택이 문제 되는 바로 그 구체적인 상황에서 최대의 공리를 산출하는 행위가 무엇인가 묻고 바로 그 행위를 해야 한다고 보는 이론이다. 간접 공리주의란 행위 선택이 문제되는 같은 유형의 상황에서 일반적으로 준수한다면 최대의 공리를 산출하는 행위 규칙이 무엇인가 묻고 그 규칙에 따른 행위를 해야 한다고 보는 이론이다. 예를 들어 한 명을 죽여서 다섯 명을 구할 수 있다면 직접 공리주의는 그 구체적인 살해 행위가 다른 사람의 성향이나 행위에 미칠 영향이 극히 적다면 한 명을 죽이는 것이 옳다고 볼 가능성이 높다. 반면에 간접 공리주의는 다섯 명을 구하기 위해 한 명을 죽여도 된다는 규칙은 일반적으로 준수된다면 최대 공리를 산출하지 못할 가능성이 높으므로 그런 규칙은 채택될 수 없고 대신에 예외적으로 아주 많은 사람들을 구할 수 있는 경우가 아니라면 무고한 사람을 죽여서는 안 된다는 규칙에 따라 행위하는 것이 옳다고 볼 가능성이 높다.]

기도 하다. 진실 말하기, 충직함 같은 것들에 도구적 가치가 아닌 내재적 가치를 귀속시키는 것에서 그 성향은 바로 정확히 표현된다.

이 유형의 이론에서는, 이론의 정신spirit 자체와 그것이 정당화한다고 상정되는 정신 사이에 심각하게 우려되는 간극 또는 탈구dislocation가 있다. 그 간극을 메운다고, 더 정확히 말해 그 간극을 받아들이게 만든다고 상정되는 구분이 하나 있다. 이론과 실천의 구분이다. 그러나 누구의 이론과 누구의 실천이 문제되는지 물을 때면, 이론과 실천의 구분은 거의 아무런 힘을 가지지 못하는 것으로 판명된다.** 과거의 많은 이들과 마찬가지로 시지윅이 보기에는, 그 구분은 두 집단의 사람들을 확정한다. 그 중 한 집단인 이론가들은 비공리주의적인 성향에 대한 공리주의적 정당화를 책임 있게 다룰 수 있다. 다른 집단은 비반성적으로 그 성향을 활용하는 이들이다. 이 견해는 공리주의와 식민주의 사이의 중대한 연결관계와 잘 일치하는 것으로 "총독부 공리주의Government House utilitarianism"***라고 부를 수 있다. 그것은 시지윅 자신이 피학적 철저함으로 알아본 놀라운 결과를 갖는

** [같은 사람이 이론에서는 공리주의를 취하고 실천에서는 진심으로 비공리주의 성향이 내재적으로 가치 있다고 믿으며 비공리주의를 취하는 일은 일어나기 매우 어렵다.]

*** [간접 공리주의는 규칙의 물신숭배라는 비판을 받는다. 합리적인 공리주의 행위자라면 자신의 구체적 행위가 모든 사정을 감안해보아도 최대 공리를 산출할 것임을 확신할 수 있다면, 그 행위를 해서는 안 된다는 규칙을 따라야 하는 공리주의적 이유를 생각해낼 수 없기 때문이다. 그래서 개개의 행위자에게 가장 깊은 이론적 수준의 반성까지 모두 허용하는 한, 간접 공리주의는 실행 불가능하다는 비판이 유력하다. '총독부 공리주의'는, 시지윅과 같은 몇몇 공리주의자들이 이 비판을 피하기 위해 권고하곤 하는 행위 규율의 사회체계를 비판적으로 명명하는 버나드 윌리엄스의 용어다. 총독부는 식민지 통치를 시행하는 기구인데, 제국주의의 관점에서 식민지의 주민들은 자신의 최선의 이익을 스스로 파악하고 따를 이성과 의지를 갖췄다고 신뢰할 수 없는 미개한 사람들이다. 그래서 이런 관점에서는 총독부가 그 주민들을 위한 최선의 이익을 대신 파악하고 이 이익을 추구하는 데 적합한 규칙을 입법하고 이를 강제하는 것이 옳다는 결론이 나온다. 그런데 시지윅 등의 제안이 이와 닮은꼴이라고 윌리엄스는 보는 것이다.]

다. 예를 들어 얼마나 많은 것을 알려주어야 하는가 하는 질문이 있었다. 계몽된 공리주의자들은 일상의 실천에 예외를 인정해주는 "세련되고 복잡한" 규칙들을 준수하며 살 수 있다. 그러나 다른 사람들은 그렇게 할 수 없다. 그리고 그런 예외를 허용하는 규칙을 도입하는 것은 "현재의 도덕의 질을 개선하여 얻는 선보다는 현재의 도덕을 약화시켜 가하는 해가 더 많을"지도 모른다. 그래서 공리주의자들은 "조언이나 사례"에 얼마나 공지성publicity을 부여해야 하는지 진지하게 검토해야 한다.

> 그리하여 공리주의 원리에 따르면, 일정한 여건에서는 공개적으로 옹호하기에는 옳지 않은 일을 하고 또 사적으로 권하는 것이 옳을 수도 있다. 즉 다른 사람에게 가르치면 옳지 않은 것을, 특정 부류의 사람들에게 공개적으로 가르치는 일은 옳을 수도 있다. 대놓고 공개적으로 하면 그른 일이, 상대적으로 은밀하게 행해진다면 옳은 일이 되는 경우를 생각할 수 있다.

시지윅은 이것이 충격적인 결론으로 보일 가능성이 높음을 인정한다. 그러나 만일 그렇다면 대부분의 사람들이 계속해서 그 결론을 충격적으로 여기는 것이 최선이다. 시지윅은 무미건조한 투로 "이것이 공리주의의 결론인 듯하다."라고 결론을 내린다. "은밀하지 않으면 옳지 않을 행위가 은밀하면 옳을 수도 있다는 이 의견 자체가, 상대적으로 은밀하게 지켜져야 한다는 것이다. 마찬가지로 비전秘傳의 도덕이 유용하다는 이 교설 자체를 소수만 알게 함이 유용해 보인다."[12]

---

12 *Methods*, pp. 489-490. 데릭 파피트는 *Reasons and Persons* (Oxford: Clarendon

총독부 공리주의는 내가 계약주의를 논의하면서 언급한 사회적 투명성이라는 가치에 무심하다. 그것은 오늘날 공공연한 이론에서보다는 실천에서 더 도움이 될 가능성이 높은 견해이다. (아마도 공리주의는 이 점을 아쉬워할 이유는 없으리라.) 헤어의 것과 같은 간접 공리주의의 현재 형태들은 보통 사회적 용어보다는 심리적 용어로 이론과 실천을 구분한다. 이들은 이론화의 **시간**과 실천의 **시간**을 구분하며, 철학적인 기질을 가진 도덕주의자가 자신의 원리 및 실천을 반성하는 때, 즉 버틀러Joseph Butler 주교의 "차분한 때cool hour"라는 관념을 사용한다.[13] 간접 공리주의의 이러한 형태에도 마찬가지로 심각한 난점이 있다. 우정 등의 가치에 대한 철저한 헌신이, 차분함이나 활발함으로 지시되는 시간표에 따라 단지 일련의 생경한 반성과 번갈아일어날 수 있다고 상정하는 것은 작위적이다. 더군다나 반성은 정말로 생경하기 때문에 어떤 종류의 자발적 망각이 필요하다. 이 자발적 망각은 시지윅이 기댄 집단 장벽의 내면적 대리물 같은 것으로, 헌신하는 성향들이 압력을 받아 도구적 반성에 의해 동요되지 않게 막아준다.

총독부 공리주의는 적어도 한 가지 현실주의의 장점이 있다. 즉 그

Press, 1984)에서 윤리이론이 "자기반박적"이 되는 경우나 "자멸적"이 되는 경우에 대한 상세한 논의를 하면서 시지윅의 견해를 검토했다. 파피트는 윤리이론이 이 속성들 중 어느 한 쪽을 갖는다는 사실이 그 윤리이론이 허위라는 점을 보여주는지 여부에 강조점을 두었다. 나는 이것이 의미하는 바에 관하여 파피트보다는 덜 분명한 견해를 갖고 있다. 현재 장에서의 논의는 사회적인 삶이건 개인적인 삶이건 어떤 종류의 삶이 그런 이론을 구현하기 위해 필요할 것인가에 관한 것이다.

13 Joseph Butler, *Fifteen Sermons Preached at the Rolls Chapel*, sermon XI. 우리가 차분한 시간에 알게 되는 것은, "그 일이 우리의 행복이 되리라는 점 또는 적어도 우리의 행복에 반대되는 것이 아니라는 점을 납득하지 않는다면" 우리가 스스로에게 어떠한 추구활동도 정당화할 수 없다는 점이다. 흥미롭게도 버틀러가 이러한 발견이 건전하다고 생각했는지 여부는 다퉈볼 여지가 있다.

이론이 사회에서 자리하는 실제 위치를 찾으려 한다는 점에서는 말이다. 그것은 이 이론을 특정 집단, 즉 공리주의 엘리트에 두는 것이다. (비록 그런 사람들이 현실에서 어떤 사람일지에 대해서는 망상에 빠진 관념을 갖고 있기는 했지만 말이다.) 간접 공리주의의 어떤 형태들은 그 이론이 자리할 위치를 제공하지 못한다. 이들은 그 이론을 삶에 초월적인 것으로, 즉 그 이론이 규제하거나 정당화해야 하는 실천 바깥의 공간에 존재하는 것으로 다룬다. 간접 공리주의의 심리학적 형태에서는 실천 바깥에 이론을 두려는 유혹이 이론의 시기에 관한 구도에서 발견된다. 그 시기에 행위자는 자신을 떠나서 자신의 성향을 포함한 모든 것을 우주의 관점에서 바라보며, 그런 후 돌아가 실천적 삶을 산다. 그러나 그런 종류의 이론화는 그것의 어떠한 실제 과정도 삶의 일부가 되어야 할 것이다. 즉 그것 자체가 특정한 종류의 실천일 수밖에 없다. 강요되고 착각에 불과한 분열이 아니라면 이론가 자신을 그의 성향들이 이론화되고 있는 그 자아로부터 분리할 수 없다. 간접 공리주의의 경우에 이 분열은 특별한 난점이 보이지 않게 위장하는 것을 도와주는데, 이 난점이란 이론가가 이 성향들에 관하여 갖는 견해와 그 성향들에 근거해서 세계에 관하여 갖는 견해 사이의 상충을 말한다.

윤리에서의 철학적 반성을, 정당화를 찾아 보편주의적인 관점으로의 도약한 뒤 다시 일상의 실천으로 돌아오는 것으로 이해하려 하면 또 다른 난점들이 나타난다. 계약주의는 전형적으로 그렇지만 간접 공리주의는 그렇지 않듯이, 정당화와 정당화되는 것이 그 정신에서 일관되기를 요구하더라도 그 난점들은 발생한다. 그런 구도는 모두 반성적 행위자가 이론가로서 자신이 고찰하는 삶과 성품으로부터 스스로를 독립적인 존재로 만들 수 있다는 플라톤적 가정을 어느 정도는 하고 있다. 자신의 모든 성향들을 바깥, 즉 우주의 관점에서 비판적으로 바라볼 수 있다는 믿음은 자신과 다른 사람들의 성향도 그런 관점으로 이해할 수 있다고 가정한다. 그곳으로부터 활용 가능할, 그 무엇보다도 지역적으로 친숙한 세계의 그림을 암묵적으로 당연시하지 않고 말이다. 그러나 윤리적 반성의 심리학이나 역사를 보더라도, 차분한 시간에 이루어지는 이론적 추론에는 일상적 성향들에서 주어지는 종류의, 세계의 도덕적 형태에 대한 어떤 감각이 없어도 된다고 믿기 어렵다.

이런 구도들의 매력은 무엇인가? 그런 이론적 구조를 향하도록 하는 압력은 무엇인가? 그 구조를 향하도록 하는 동기 중 일부는 대단히 형이상학적이고 일반적인 것일 수도 있다. 이런 동기는 예를 들어 세계를 바깥으로부터, 즉 **영원의 관점에서**sub specie aeternitatis 볼 때에만 실제 있는 그대로의 세계를 살펴보는 것이라는 이념에 있는지도 모른다. 그 관점에서 윤리적 세계를 바라보려는 데 돌려지는 합리적 품위 중 일부는 그런 객관성 관념에서 비롯된 듯하다. 그것이 과학에 관해서까지도 가능한 세계관인지에 대해서, 철학에서는 의견이 갈린다. 우리가 어떤 궁극적인, 또는 심지어 매우 근본적인 의미에서, 내가 다른 데서 세계에 대해 "절대적 관념"이라고 칭한 것을 얻기 위해 세계에 대한 우리의 관점으로부터 우리 스스로를 떼어낼 수 있는지에 대해 의견이 갈리는 것이다.[14] 그러나 설사 그런 관념을 향해 분투

---

14 내 책 *Descartes: The Project of Pure Enquiry.* 그 관념에 대한 거부로는 예를 들어 8장에서 논의한 리처드 로티Richard Rorty의 견해를 보라. 데이비드 위긴스David Wiggins는, "Truth, Invention and the Meaning of Life" (British Academy Lecture, 1976)에서 그런 관점을 윤리에 적합한 견해들로 부터 구분한다. 비록 후자에 대한 위긴스의 구성이 이 책의 접근보다는 8장에서 논의 된 존 맥도웰John McDowell의 접근에 더 가깝긴 하지만 말이다.

하는 것이 과학에는 적절한 야망이 될지라도 (나는 나중에 그것이 과학에는 적절한 야망이라고 논할 것이다.) 그 관념이 윤리적 의식의 토대를 두기에 매력적이거나 적합한 장소가 되는 것은 아니다.

이는 부분적으로 실천 이성과 이론 이성의 차이 때문이다. 또 부분적으로 세계에 대한 과학적 이해는 세계에서 우리의 위치가 특별하지 않음을 인정하는 일과 전적으로 일관될 뿐만 아니라 이제 그런 인정을 포함하기 때문이다.[15] 그러나 윤리적 사고의 목적은 우리가 우리의 세계가 될 세계를 구성하는 데 도움을 주는 것이다. 우리의 세계는 그 안에서 우리가 사회적이고 문화적이며 개인적으로 사는 세계이다. 이는 자연 세계가 우리의 집처럼 고안되지 않았음을 잊어야 한다는 뜻이 아니다. 그리고 무시간적인 관점을 지닌 한층 냉담한 어떤 표현, 이를테면 스피노자의 표현은, 우리가 진리와 그 진리의 의의를 기억하도록 하는 적절한 목표에 바쳐져 왔다. 그러나 이는 그것이 윤리적 사고 그 자체의 적절한 관점임을 의미하지는 않는다. 만일 그런 절대적 관념이 윤리적 사고 자체의 적절한 관점이라면, 우리의 윤리적 삶을 그 관점에서만 생각하는 데에 엄격히 구속될 뿐 아니라 그 안에서 활용 가능한 개념들만 사용하는 데에도 엄격히 구속될 것이다. 이는 확실히 불가능한 일이다. 그 개념들은 대체로 물리학의 개념들이다. 그리고 심리학의 어휘 중에서도 어느 만큼이나 그런 절대적인 성격을 보유할 수 있는지는 해결되지 못한 문제다.

이 형이상학적 이미지가 어떤 윤리이론을 고무할 수도 있다. 그러

---

15 이것은 "인류 원리anthropic principle"에 모순되지 않는다. 몇몇 이론물리학자와 우주론자가 논의한 이 원리는 오히려 우주에 관한 특정 가설이 우리가 존재하며 우주를 관찰할 수 있다는 주어진 사실에 의해 간단히 배제된다고 주장한다.

나 이론을 향한 추동은 윤리적 사고 그 자체에 뿌리를 두고 있다. 많은 이들에게는 이성 그 자체가 윤리적 사고를 이론 및 체계화의 방향으로 끌고 가는 것처럼 느껴질 것이다. 윤리에 대한 이론의 장악력 hold을 적절하게 이해하려면, 왜 그래야 하는지 이해해야 한다. 이 지점에서 중요한 질문은 왜 반성이 이론을 요구하는 것으로 여겨져야 하는가이다. 이 단계에서 "왜 반성인가?"라는 선행 질문을 제기하기엔 너무 늦었다. 일단 우리의 탐구 면에서 때가 늦었다. 이미 1장에서 소크라테스에게 주도권을 주었기(혹은 적어도 빌려주었기) 때문이다. 또한 질문 자체라는 면에서 보아도 이것은 언제나 뒤늦은 것이다. 해당 질문을 고려하지 않아야만 편견 없이 그 질문에 대답할 수 있기 때문이다. 그러나 반성을 거부하고 비반성적인 편견에 머무르는 것이 윤리이론에 대한 유일한 대안이라고 생각하는 것은 완전히 틀렸다. 이론과 편견 두 가지만이 지성적 행위자나 철학에게 남겨진 가능성은 아니다.

윤리적 삶에 대한 어떤 종류의 반성이 이론을 자연스럽게 고무하는가? 모든 반성이 이론을 고무하지는 않는다. 어떤 반성은 우리의 동기에 대한 이해, 그리고 우리의 윤리적 실천에 대한 심리적이거나 사회적인 통찰을 요청하는데, 이러한 반성에는 특정 종류의 이론이 필요할 수 있지만 윤리이론은 거기 속하지 않는다. 또한 윤리이론을 요하는 반성은 비판적인 데 반해 이런 종류의 반성은 설명적인 것도 아니다. 특정 관행이나 감성이, 그것들이 받아들여지는 바와는 실제로 다름을 드러내는 것만으로도 많은 설명적 반성은 그 자체가 비판적이다. 이것은 가장 효과적인 종류의 비판적 반성 중 하나다. 윤리이론에 이르는 것은 다른 종류의 비판적 반성이다. 그것은 바로 **정당화 이유를** 찾는 반성이다. 로크는 "인간이 정당하게 이유를 요구할 수 없는 도덕 규칙은 하나라도 제안될 수 없다."[16]라고 말했다. 그리고 이 준칙은 어떤 특정한 방식으로 이해하면 자연스럽게 이론에 이른다.

많은 사람들이 초기 태아를 죽이는 것과 신생아를 죽이는 것을 구분한다. 그러나 모든 사람이 그런 것은 아니다. 상당히 많은 사람들, 특히 가톨릭교도들은 낙태를 유아살해와 같은 것으로 보며 둘 다 악한 일로 여긴다. 극소수는 유아살해를 낙태와 같은 것으로 보면서 둘 다 허용된다고 여긴다. 현대 세계에서 후자는 대부분 윤리이론을 열렬히 신봉하는 이들, 그리고 인구과잉 국가의 일부 냉정한 행정가들로 이루어지는 것 같다.[17] 불가피하게 자신의 아기를 죽여야 하는 상태에 몰린 부모는 그렇기 때문에 둘을 같은 것으로 보지 않는다. 낙태에 관련된 논의에서 자주 언급되지 않지만 이와 밀접하게 연관된 사실은, 자발적인 낙태나 초기 유산을 사산이나 출산 직후 사망과 같은 것으로 보는 여성은 거의 없다는 점이다. 그렇다면 많은 사람들에게 태아와 유아乳兒의 구분은 죽임의 문제에서 하나의 이유를 주기에 충분한 중요성을 갖는다. 그리고 거의 대부분의 사람에게 그 구분은 죽음의 문제에서 상이한 태도를 찬성하는 이유를 주기에 충분한 중요성을 갖는다. 이것은 많은 사람에게 어떤 이유를 주는 구분의 한 예이다. 그러나 그 밖의 다른 무엇인가가 있다. 이에 대해 아직 아무 이유도 주어지진 않았지만 로크의 준칙에 대한 한 해석에 의하면 이에 대해 이유를 정당하게 요구할 수 있는 무엇인가가 말이다. 이것은

---

16 John Locke, *An Essay Concerning Human Understanding*, I.iii.4.

17 Michael Tooley, "Abortion and Infanticide," in Cohen, Nagel, and Scanlon, *The Rights and Wrongs of Abortion*, 그리고 그의 *Abortion and Infanticide* (Oxford: Clarendon Press, 1983).

바로 그 구분을 이유로 사용하는 그들의 실천이다. 그들은 그것을 어떻게 정당화하는가?

이 지점, 즉 이유 제시하기라는 해당 실천을 뒷받침하는 이유가 요구되는 지점에서, 가능한 답변들의 범위는 훨씬 좁아진다. 답을 줄 수 있는 몇 안 되는 고려사항들이 있는데, 그것들은 이미 윤리이론에서 등장할 수 있는 종류의 고려사항들(복리, 가능한 계약적 합의)과 닮기 시작한다. 또는 이유들이 이 수준에서는 아직 이런 종류가 아니지만 그 과정이 진행됨에 따라 다음 수준에서는 이런 종류가 될 것이다. 종국에는 이유들을 찾는 이 선형적인 탐색이 계속 추구된다면, 그에 대해 아무 이유도 주어질 수 없고 그 자체로 홀로 서는 이유 제시의 실천이 적어도 하나 있어야 할 것이다.[18] 어떤 방식으로 바라보았을 때, 이 결과는 내가 앞서 언급한 단순화 원리를 고무할지도 모르겠다. 다시 말해 만일 합리화되지 않은 원리를 갖는 것이 비합리적이라면, 가능한 한 적은 비합리성만 갖는 것이 좋다. 다른 태도를 가진 사람들은, 종국에는 어떤 정당화되지 않는 이유 제시 실천으로 끝날 수밖에 없다면 왜 여러 실천으로 끝나서는 안 되는지 의문을 제기할 것이다. 일단 모든 것을 합리화함이 불가능하다는 점을 이해하게 되면, 가능한 한 많은 것을 합리화한다는 기획을 꼭 차선책으로 이해할 필요는 없다. 대신에 우리는 틀린 방향으로 살펴보고 있었다는 결론을 내릴 수도 있다.

그러나 우리가 이 선형적 모델의 결과에 대하여 취해야 할 태도가

---

18 물론 낙담스러운 또 하나의 가능성이 있는데, 이는 간접 공리주의를 논의하면서 이미 드러났다. 즉 하나의 원리가 하나의 실천으로서 그 자체에 적용되었을 때 스스로에 반하는 이유들을 줄 가능성이 그것이다.

무엇인지 논의하는 일은 그다지 의미가 없다. 왜냐하면 모델 그 자체가 틀렸기 때문이다. 과학에서건 다른 분야에서건, 이유를 제시하는 그 어떤 과정도 이 그림에 들어맞지 않는다. 이론과 연관하여 보자면, 토대주의적 기획, 즉 어떤 애호되는 부류의 진술 위에 지식의 구조를 건축하려는 기획은 이제 전체론적 유형의 모델로 일반적으로 대체되었다. 전체론적 모델에선 다른 믿음들은 그대로 유지되면서 일부 믿음들은 의문시되거나 정당화되거나 조정될 수 있다. 그러나 한 번에 모든 믿음을 의문시하는 과정이나 모든 믿음을 (거의) 아무 것에도 의거하지 않으면서 정당화하는 과정은 없다. 오토 노이라트Otto Neurath의 유명한 이미지를 빌려 말하자면, 우리는 바다 위에 떠 있으면서 우리가 타고 있는 배를 수선한다.

선형적 모델을 포기해도 모든 실천에 어떤 이유가 있다는 가능성이 남을지 모른다. 우리가 잃어버릴 것은 단지 모든 실천에 대하여 단 하나의 이유가 있을 가능성이다. 그러나 윤리학의 경우에는, 각각의 실천에 대하여 어떤 이유가 있어야 한다는 비교적 약한 요구라도 충족되기를 기대한다면, 거의 부담 없는 방식으로 취해야 할 것이다. 우리는 해당 실천이 어떻게 사회적·심리적으로 이치에 닿도록 다른 실천과 들어맞는지를 보여줄 수 있을지도 모른다. 그러나 그러한 실천 바깥에 있는 누군가가 제기하는 정당화 요구를 충족할 어떤 것도 발견할 수 없을지도 모른다. 우리는 해당 실천을 우리에게조차 어떤 실제적인 의미로도 정당화할 수 없을지도 모른다. 어떤 실천은 우리의 경험에 너무 직접적으로 연관되어 있어서 정말로 그것이 제공하는 이유가 그것을 위해 개진될 수 있는 어떠한 이유보다도 강력한 것으로 여겨질 것이다.

이 점은 우리에게 이유를 제공하는 범주들을 체계적 자격systematic credentials이 더 낫다고 상정되는 다른 범주들로 대체하려는 이론가들의 몇몇 시도로 드러난다. 그래서 우리가 유아살해라는 관념에 익숙해지기를 원했던 이론가인 마이클 툴리Micahel Tooley는 이런 종류의 질문에서 작동하는 관념operative notions으로서 **인격**person*이라는 범주를 역설한다. 어떤 의무들은 인격만이 진다. 유아들은 그 의무의 적용을 받지 않는 [인생주기의] 한쪽 끝 집단이고, 노망난 사람들은 [인생주기의] 다른 쪽 끝의 집단이다. 이 흥미로운 제안은 어떤 기만적인 개념에 노력을 투여하고 있다. 비록 일부 도덕철학에서 많은 논의가 있었지만, 인격이라는 범주는 윤리적 사고의 토대로서는 빈약하다. 이는 특히 그것이 구분 관념 또는 분류 관념처럼 보이지만 실제로는 거의 모든 경우에 정도의 문제인 책임, 자기의식, 반성 능력 등의 특징을 나타내기 때문이다. 그러므로 우리가 존재자의 특정 집단이나 유형을 다루는 것처럼 보이지만 실제로는 하나의 눈금자에서 합격 점수인 인간을 모호하게 살펴보고 있는 것이다.[19] 설상가상으로 어떤 목적에의 합격점이 다른 목적에는 부적합할 수 있다는 것이다. 만일 **인격**이 "온전한 도덕적 책임full moral responsibility"이라고 불리는 것을 함축한다면, 이 집단에 입장하는 최하 연령은 전통적으로 일곱 살로 상정되어 왔다. 그러나 여섯 살 또는 두 살 아이와 살아보았던 사람이라면 이들을 인격으로 생각할 분명한 이유가 있다. 툴리조차 이들을 살해되는 것이 허용되는, 충분히 인격 이전prepersonal

---

* [호모 사피엔스에 속하는 살아 있는 유기체인 인간human being과 대비되는 의미에서 분명한 미래지각력과 자의식, 합리성의 능력을 갖추고 있는 인격체를 뜻한다.]

19 툴리 유형의 논증을 허용하지 않는 "인격"에 대한 해명으로는 David Wiggins, *Sameness and Substance* (Cambridge: Harvard University Press, 1980)의 6장, 특히 pp. 169-172를 보라.

의 존재로 여기지 않는다.

이론적 범주로서 **인격**이 갖는 결함은 그 특정 제안에서의 실패를 나타내지만 더 일반적으로는 이론적 기획의 실패를 드러내기도 한다. 어떤 이론적 개념의 약점을 알게 되는 방법이 그것이 대체하거나 정당화해야 할 일상의 구분을 준거로 하는 것 외에, 그리고 그것이 우리로 하여금 살도록 도와야 하는 그런 삶의 의미에 의거하는 것 외에 무엇이겠는가? 이 관념들은 이론에 속한다는 이유로 특별한 권위를 갖기는커녕, 그들이 수행하도록 요구받은 것과 관련하여 보면, 그들이 대체할 관념들보다 더 자의적일 가능성이 높다.

내가 살펴보고 있는 주장과 같이 이론이 **이성 자체**의 산물로 판명된다면 이는 모든 이성이 어떤 이유를 요구하기 때문은 아닐 것이다. 그것은 어떤 다른 방식으로 합리성 요구의 산물일 수 있는가? 이제까지 이야기한 어떠한 것도 전통적인 구분들이 비판을 벗어나 있다고 생각하게끔 하지는 않는다. 상이한 집단의 사람들을 구분하는 실천들은 확실히 정당화를 요할지도 모른다. 편견의 패러다임을 제공할 수 있는 비반성적인 전통에 만족할 것이 아니라면 말이다. 그러한 편견들은 단적으로 비합리적인 것으로 보인다. 합리성은 그러한 편견들을 비판하고, 만일 정당화되지 않는다면 제거할 것을 요구한다. 만일 이것이[즉, 사람들을 구별하는 정당화에 답하기 위해 이유를 제시하고 이유가 제시되지 못하면 그러한 구별을 부당한 차별로 보아 제거하는 반성적 과정이] 충분히 수행된다면 어떻게 결국 윤리이론에 이르지 않을 수 있겠는가?

첫 번째 질문은 그런 실천에서 그른 것은 어느 정도만큼이나 그것이 **비합리적**이기 때문에 그른 것인가라는 것이다. 흑인이나 여성을 백인이나 남성에 비해 불리하게 대우하는 것은 부정의하기 때문에 그르며, 그런 실천들이 실시되었을 때 종종 잔인하기도 하다. 그것이 일관성이 없기 때문에 비합리적이라고 이야기할 수도 있다. 이유들이 동등하게 적용되지 않으므로 보편화 가능성이라는 형식적 원리에 위배된다. 그러나 그른 점이 이 형식적 원리의 위배인 경우는 드물다 [형식적 원리를 위반하기 때문에 그른 경우는 드물다]. 그리고 어떠한 것이 이 문제에 있어서 비합리적이라면, 비합리적인 점이 이 형식적 원리의 위배인 경우는 드물다. 그 형식적이고 논란의 여지가 없는 보편화 가능성 원리는 내가 예전에 "충분한 것은 충분하다" 원리"enough is enough" principle라고 불렀던 것이다. 그 원리는 만일 특정 고려사항이 한 사안에서 특정 행위에 대한 정말로 충분한 이유라면 다른 사안에서도 그렇다는 것이다. 그러나 그 토대 위에서 차별과 편견이 작동될 수도 있다. **여성임** 자체를 차별적 대우의 이유로 여기는 사람은 그 행동만으로는 "충분한 것은 충분하다" 원리를 위배하는 것이 아니다. 그가 이 원리를 위배하며 비일관적이고 비합리적인 경우는, 지성과 신뢰성을 남성을 고용하는 충분한 근거로 여기면서도 여성을 고용하는 충분한 근거로 여기기는 거부할 때이다. 그러나 그가 첫 번째 사안에서의 근거가 실제로 그 [피고용] 후보가 지성적이고 신뢰할 수 있고 남자라는 점임을 명확하게 했다면 적어도 그런 비판은 피할 것이다. 물론 이런 이유들을 이렇게 공개된 방식으로 표현한다고 해서 더 정의로워지는 것은 아닐 테지만 일관되기는 할 것이다.

이 사람이 실로 비합리적일 수 있는 다른 하나의 측면이 있다. **남자임**을 하나의 이유로 여기는 것은 그가 하고 있는 일 — 이 경우에는 어떤 직무를 효과적으로 수행할 누군가를 노동시장에서 채용하는 일 — 의 맥락에서는 이치에 닿지 않을지도 모른다. 또는 그가 하고 있는 일에 대한 매우 좁은 해석에서는 그것이 이치에 닿을지라도,

그 좁은 해석을 넘어서 생각하면서 자신의 편견보다 나을 것 없는 다른 이들의 편견에 도움을 청하는 것의 장점을 살펴보는 경우에는 그리 이치에 닿지 않는다.* (그는 이런 편견에 맞설 엄두를 못 내거나 그럴 여유가 없다고 말할지도 모른다. 그러나 그 경우 그의 이유는 다른 것이 된다.)[즉, 다른 편견을 채택하지 않고 기존 편견을 채택하는 이유는 합리성 이외의 다른 이유가 될 것이다.] 이런 종류의 비합리성은 윤리이론을 거론함으로써 드러나거나 교정되는 것이 아니라, 그가 하고 있는 것을 반성해보도록 함으로써 드러나거나 교정되는 것이다. 앞서와 마찬가지로 이 반성은 다른 종류의 어떤 이론적 이해를 요구할지도 모르며, 이는 다른 가치들을 포함할 것이다.

이렇게 차별하는 사람은 보다 통상적인 경우에는 "그는 흑인이야"라든가 "그녀는 여성이야"가 자신의 이유임을 인정하지 않는데, 그가 정말 하고 있는 일이 무엇인가에 대한 조사는 이런 경우에 더욱 설득력이 있으며 더욱 윤리이론에서 멀어진다. 합리화가 공공연한 차별을 대체하고, 적절할 수도 있긴 하지만 단지 목적에 들어맞기 때문에 믿어지는 어떤 이유가 제시될 것이다. 이것은 다시금 비합리성이며, 그것도 어떤 심층적 형태의 비합리성이다. 그러나 윤리이론의 동인에 저항하는 비합리성이 아니라, 믿음, 자기기만, 사회적 기망의 비합리성이다. 그것은 사회적 실천에서 나타날 비합리성에 대한 연구가 살펴야 할 분야이다. 그리고 그 분야는 철학 이론에 대한 도식적인 검토보다는 더 상세하고 실질적인 탐구를 요한다.

윤리적 논증에 있어서 이 논의의 주된 결과는 반성적 비판이 기본

---

* [1인칭 관점에서 장점이 더 두드러지는 다른 편견을 채택하지 않는 이유를 제시하지도 못한 채 그런 장점이 덜한 기존 편견을 고수하는 일은 덜 이치에 닿는다는 뜻이다.]

적으로 윤리이론이 북돋우는 것의 반대 방향으로 가야 한다는 점이다. 이론의 특징은 매우 일반적인 고려사항들, 따라서 독특한 내용은 최대한 적은 고려사항들을 탐색한다는 데 있다. 왜냐하면 이론은 체계화하려고 하기 때문이고, 최대한 많은 이유를 다른 이유의 적용으로 묘사하고자 하기 때문이다.** 반면에 비판적 반성은 어떤 쟁점에 관하여 발견할 수 있는 한 가급적 널리 공유된 이해를 찾아보아야 하며, 반성적 논의의 맥락에서 얼마간 이치에 닿으며 부합해야 하는 윤리적 자료라면 무엇이든 사용해야 한다. 물론 그것은 어떤 것들은 당연시하겠지만, 진지한 반성으로서의 그것은 스스로가 그렇게 할 것임을 알고 있어야 한다. 유일하게 진지한 기획은 살아가기이며, 우리는 반성 뒤에도 계속 살아가야 한다. 더군다나 (비록 이론과 실천의 구분은 그것을 망각하라고 촉구하지만) 반성 도중에도 살아가야 한다. 이론의 전형적 가정은, 우리가 지닌 윤리적 관념들이 어쩌면 너무 많으며 그 중 일부는 한낱 편견으로 판명될 것이라는 것이다. 실제로는 이들이 너무 많은 것이 아니라 너무 적다는 것이 지금 우리의 주된 문제다. 우리는 우리가 할 수 있는 한 많은 것을 소중히 여길 필요가 있다.

　"편견"은 강력하고 모호한 단어다. 그것이 이론과 갖는 관계도 비슷한 정도로 모호하다. 편견 개념은 데카르트적 전통에서 큰 역할을 수행해 왔다. 그 전통에서는 토대가 아직 주어지지 않은 믿음은 모두 편견으로 여겨진다. 이런 의미에서는 편견은 이론과 확실히 대조

** 　[다른 종류의 이유가 적용되어 결론을 정당화하는 경우가 아니라면 되도록 일반적 이유로 여러 사안을 해결하고자 하며 꼭 필요한 경우가 아니라면 이유들의 수를 쓸데없이 늘리려고 하지 않는다는 뜻이다.]

된다. 그러나 내가 이미 말했듯이 이런 의미에서는 모든 것이 편견이다. 윤리학에서도 그렇고 과학에서도 그렇다. 이와는 또 다른 더 좁은 의미에서, 편견은 오직 우리가 반성해보지 않았기 때문에 견지하고 있는 모든 믿음을 의미한다. 이런 의미에서 우리가 편견을 지니는 것은 불가피할 수도 있지만, 어쨌거나 이처럼 요구되는, 일부 믿음은 살아남을 반성이 꼭 윤리이론의 반성일 필요는 없다. 다시 한번 말하지만 인종주의나 성차별주의 같은 종류의 편견은 통상 반성으로부터 보호되는 믿음이다. 왜냐하면 그런 편견이 유지되는 것이 그것을 믿는 이의 이익에 부합하기 때문이다. 나는 이런 종류의 믿음에 포함되어 있을 수 있는 몇 가지 비합리성과 이런 종류의 믿음과 관련이 있을 수 있는 몇 가지 반성을 언급했다. 나의 개략적 묘사는 관련된 사회적 역할에 대한 이해와 같이, 쉽게 구할 수 있는 자료가 있는 상황에 적용된다.* 이런 자료는 그 사회에서 사는 누군가가 하는 반성에서 적용될 수도 있다. 한 사회를 다른 사회의 관점에서 살펴보았을 때, 그리고 편견이 그 사회 내부에서는 깨지지 않는 집단적인 편견으로 여겨졌을 때 제기되는 다른 질문들이 있다. 이 질문들은 다른 종류의 반성으로 향하게 만들 수밖에 없다. 9장에서 상대주의의 몇몇 문제를 살펴볼 때 이것을 다룰 것이다.

그러나 이 모든 반성은 한 사회 내에서 이뤄지건 아니면 다른 사회들에 관한 것이건 간에 인간 경험에 기댈 것이며 인간의 이해관심에 관련될 것이다. 우리가 그 지점에서 멈춘다면, 어떤 이들은 이것이 또 다른 편견을 나타낼 뿐이라고 말할 것이다. 동등한 고려는 궁

---

* [예를 들어 앞에서 든 사례에서 고용주가 최대의 이윤을 내기에 적합한 사람을 고용하는 일을 하고 있다는 자료는 사고하는 사람이 고용주일 때 관련이 있게 된다.]

극적으로 인류를 넘어 고려를 받을 수 있는 모든 존재로 확장되어야 할 것이다. 여기서 우리는 어째서 공리주의가 야망이 가장 큰 윤리이론일 뿐 아니라 편견과 싸우기 위해 이론을 사용한다는 야망을 가장 멀리까지 밀고 나가는 이론인지 알게 된다. 이 야망은 이상적 관망자의 입지와 그의 최소 자료에 들어맞는다. 다시 말해 그가 사용할 수 있는 최대한의 것이 복리라는 이념인데, 그것은 고려를 받을 수 있는 모든 것에 적용될 수 있다고 상정된다. 그러나 우리는 이 관점이 산출하는 것이 지나치게 적다는 점을 이미 살펴보았다. 그리고 우리의 지역적인 윤리적 삶의 관심을, 즉 우리의 삶에 관한 관심을 회복시킬 일관된 귀로歸路는 없음도 살펴보았다.

"종차별주의speciesism"[20]라는 단어는 일부에서 우리의 궁극적인 편견이라고 여기는 태도, 즉 인류에 유리한 태도를 나타내기 위해 사

---

20 이 용어는 Richard D. Ryder가 *Victims of Science: The Use of Animals in Research* (London: Davis-Poynter, 1975)에서 도입한 것으로 보인다. 우리와 다른 동물 사이의 관계에 관한 윤리를 다루는 문헌은 최근에 아주 많다. 그중 많은 문헌들이 소위 "동물권"에 대한 존중을 촉구한다. 그 주제를 여기서 충분히 다룰 수는 없다. 세 가지 논점이 아주 요약적인 형태로라도 짚을 가치가 있다. 첫째, 동물들에게 고통을 가하지 않아야 할 좋은 이유들이 있다. 그러나 이 이유들의 근거를 권리에 두는 것은 수사적인 것 외에는 아무런 특별한 논지도 되지 않는다. 권리는 독특한 종류의 윤리적 이유이며, 기대의 확인으로 가장 잘 설명된다(10장의 의무에 관한 논의를 보라). 그런데 이 고려사항은 다른 동물들에게는 적용되지 않는다. (이와 반대되는 견해로는 Tom Regan, *The Case for Animal Rights* [Berkeley: University of California Press, 1983]를 보라.) 둘째, 그 근거로서 고통 수준의 저하라는 가장 단순한 공리주의적 기초를 취한다면, 리트치Ritchie가 수년 전에 *Natural Rights* (1894)에서 지적했듯이, 우리가 시간을 아껴 자연을 청소하는 데 써야 하는 의무가 없는 이유가 불명확하다. 마지막으로, 일반적인 목적론 안에서 우리와 동물의 관계를 근거짓는 상이한 노선의 논증이 있다. 이 논증은 동물을 자원이 아니라 우리와 세계를 공유하는 존재로 보라고 촉구한다(Stephen R. L. Clark, *The Moral Status of Animals* [New York: Oxford University Press, 1977]를 보라). 그러나 나는 우리와 다른 동물의, 그리고 동물들끼리의 "자연적" 관계에 대한 현실적 견해에 있어서, 이런 견해가 우리로 하여금 동물을 먹는 일을 왜 배제한다는 것인지 이해하지 못하겠다.

용된다. 보다 분명하게는 "인본주의humanism"라고 불린다. 그것은 편견이 아니다.[21] 인간의 관점에서 우주를 바라보는 것은 인간에게 터무니없는 일이 아니다. 때때로 그런 관점은 인간을 세계에서 가장 중요한 존재나 가장 가치 있는 존재로 간주함을 함축한다고 이야기된다. 그런 것이라면 터무니없겠지만, 인본주의는 이를 함축하지 않는다. 인본주의가 그렇다고 상정하는 것은 우주의 관점과 인간의 관점을 동일시하는 오류이다. 어느 누구도 우주에 대한 인간의 중요성에 관하여 주장하는 것이 아니다. 요점은 인간에 대한 인간의 중요성에 관한 것이다.

비인간 동물들nonhuman animals에 대한 관심은 실로 인간 삶의 합당한 부분이다. 그러나 우리는 동물에 대한 관심을 우리 자신에 대한 우리의 이해에 의거해서만 획득하고 계발하며 가르친다. 인간은 그런 이해를 가지는 동시에 그런 이해의 대상이기도 하다. 그리고 이 점은 우리의 서로에 대한 윤리적 관계가 우리의 다른 동물에 대한 관계와 항상 다를 수밖에 없는 기본적인 측면 중 하나이다. 동물이 어떻게 대우받아야 하는가 하는 질문을 던지기 전의 근본적 논지는, 동물이 어떻게 대우받아야 하는가 하는 질문이 유일하게 가능한 질문이라는 것이다. 우리의 실천으로부터 동물이 혜택을 볼지 아니면 해를 입을지가 유일한 선택일 수밖에 없다. 바로 그래서 종차별주의가 정말로 편견인 인종차별주의와 성차별주의를 모델로 삼은 것은 잘못

---

21   편견으로서, 그것은 셰리든Sheridan의 희곡에서 잭 앱솔루트가 언급한 것과 전혀 다른 것은 아니다. "내가 인정하건대, 아내의 팔다리 숫자가 보통이고 등의 면적이 제한적이기를 차라리 선택하겠다. 그리고 하나의 눈이 매우 유쾌할 수 있는데도 편견이 항상 양 눈을 다 갖는 쪽을 애호하므로, 나는 그 품목이 하나가 되기를 원치 않는다."(The Rivals, III, I).

이다. 제거할 수 없는 백인의 세계관이나 남성의 세계관이 있다고 상정하는 것, 그리고 "우리의" (백인의, 남성의) 실천으로 흑인이나 여성이 혜택을 볼지 아니면 해를 입을지가 유일한 선택이라고 생각하는 것 자체가 이미 편견에 빠진 것이다. 그러나 인간의 동물에 대한 관계의 경우에는 그런 식의 사고에의 유비는 그야말로 타당한 것이다.

우리의 논증은 인간의 관점에 근거를 두어야만 한다. 이 논증은 어느 누구의 관점도 아닌 어떤 관점으로부터 도출될 수는 없다. 이성은 우리로 하여금 인간임을 넘어서도록 내몰지는 않는다. 가장 강력한 형태의 윤리이론에서 그렇다고 보는 것과는 달리 말이다. 인간성의 가장 긴절한 요구는, 항상 그래왔듯이, 우리가 인간성을 존중하도록 돕기 위해 할 수 있는 한 많은 자원들을 모아야 한다는 것이다.

제7장

언어적 전회

앞서 나는 윤리적 사고에 토대를 제공하려는 몇 가지 기획을 논의하였다. 이 논증들 중 어느 것도 예를 들어 논리적으로 사실에서 가치를 도출하거나, 세계에 대한 단순한 기술에서 실천적 권고를 도출하거나, **이다**is에서 **해야 한다**ought*를 도출함으로써 윤리적 결론을 연역하는 입지에 우리를 올려놓는다고 주장하지 않았다. 칸트적 접근은 윤리적 고려사항을 도입한다고 상정되는 합리적 행위자의 전제조건을 탐색한다. 이런 고려사항을 거부하는 사람들은 세계와의 실천적 관계에서 혼란에 빠졌을 수 있다. 혹은 여기 어떤 논리적 상충이 있다면, **해야 한다**와 **이다** 사이에 있는 것이 아니라, 그들이 각각 받아들이도록 구속되는 다양한 **해야 한다**들 사이에 있을 것이다. 또한 아리스토텔레스의 관심은 기본적으로 우리가 추구해야 할 이유가 가장 큰 일을 결정하는 것이다. 이에 대한 아리스토텔레스 자신의 해명

---

*   ['ought'는 '이어야 한다'로 옮기는 것이 대구에 맞고, 흄과 무어의 구분은 특히 그렇게 옮기는 것이 적실하다. 그러나 이 장에서 '해야 한다'는 단순히 사태가 일어나야 한다는 것이 아니라 행위자가 해야 할 실천적 이유가 있는 것을 가리키는 의미로 쓰인 경우가 많아 '이어야 한다'로 옮기면 논지의 파악이 어려울 수 있다. 한편 맥락에 따라 '이어야 한다'라고 옮기는 것은 혼동을 줄 수 있어 부득이 모두 '해야 한다' 또는 '해야만 한다'로 번역하였다.]

은 우리가 지금은 받아들일 수 없는 자연에 대한 목적론적 해명으로부터 차용하기는 했지만, 가치들을 그와 다른 것으로부터 논리적으로 연역하는 데 의존하지는 않는다.

이때까지의 논의에서 관심을 둔 대부분의 쟁점들보다 덜 직접적으로 윤리적 판단을 실천 이성과 연관시키는 도덕철학의 질문들이 있다. 윤리적 지식이 있을 수 있는가? 만일 그런 것이 있다면, 과학적 지식과 어떻게 비교되는가? 나는 그런 질문을 검토하면서도 사실에서 가치를 논리적으로 연역하는 것에는 그다지 관심을 기울이지 않을 것이다. 다음 장에서는 정말로 사실과 가치가 구분되는지, 그리고 그런 구분이 어디에 위치해야 하는지 살펴볼 것이다. 그러나 그런 구분이 있다면, 기본적으로 논리적인 것으로 판명되지는 않을 것이다. 그 구분은 용어의 사용에서는 더더욱 발견되지 않을 것이다.

최근까지는 이런 방식의 진행과 이런 결론은 놀라웠을 것이다. 사실에서 가치의 연역에 대한 논의, 또는 이와 관련하여 윤리적 단어를 비윤리적 용어로 정의하는 문제에 대한 논의는 20세기 도덕철학에서 두드러진 주제였다. 때때로 다른 것을 거의 모두 배제하면서까지 다루어져 왔다. 이 논의의 뒤에는 실로 가치, 세계에 대한 지식, 그리고 자유 사이의 관계에 관한 커다란 이념이 하나 혹은 그 이상 있다. 최근의 철학은 종종 이러한 질문들을 용어의 정의에 관한 질문이라는 면에서 논의함으로써 이를 잘못 표현해 왔다. 나는 이미 한두 번 그 논점을 다룬 바 있다. 이 장에서는 언어적 방법에 의해 제기된 쟁점들을 더욱 일반적으로 논의하고자 한다. 그 논의는 도덕철학의 어떠한 일반적인 해명에서도 누락될 수 없는 하나의 관념에서 출발한다. 바로 "자연주의적 오류naturalistic fallacy"가 그것이다.

윤리학이 정의定義에 특별한 주의를 기울여야 한다는 이념은 무어에 의해 크게 고무되었다. 그는 《윤리학 원리Principia Ethica》(1903)에서 좋음goodness에 관한 일련의 견해들을 개진하였다. 좋음은 정의될 수 없는, 비자연적이고 단순한 성질이다.[1] 좋음을 정의하려고 시도하였던 이들은 자연주의적 오류를 범했다는 것이다. 철학사에서 널리 사용된 문구 중에서 그토록 극적으로 부정확한 것을 생각하기란 어렵다. 우선, 왜 그 비판받는 이들이, 무어가 보기에는 실수한 것이라거나 그저 단어를 재정의한 것이 아니라 (추론에서의 잘못인) 오류를 범했다는 것인지가 명백하지 않다. 더 중요한 점은 그 문구가 잘못 인식된 목적을 위해 "자연주의"라는 유용한 용어를 전용해 버렸다는 것이다. 윤리학에 대한 자연주의적 견해는 예전에는 초자연주의적 견해supernaturalistic view와 대조되었는데, 이는 윤리학이 신 혹은 어떤 초월적 권위를 준거로 하지 않고 세속적인 용어로 이해되어야 한다는 견해를 의미했다. 그것은 인간이 자연의 일부라는 일반적 태도로부터 나오는 일종의 윤리적 견해를 의미했다. 이런 의미에서 아리스토텔레스의 견해는 자연주의적이다. 밀의 공리주의도 그러하며, 이 책을 포함한 대부분의 현대 윤리학 저작들도 그렇다. 이 넓고 유용한 의미에서 자연주의적인 견해들이 꼭 "자연주의의 오류"를 범하는 것은 아니다. 아리스토텔레스는 그런 오류를 범하지 않았다. 그리고 나는 (무어가 특히 언짢게 생각했던) 밀도 자연주의의 오류를 범했다고 볼 이유가 별로 없다고 생각한다. 한층 더 혼동을 야기하는 것

---

1   이런 해명에 관하여 얼마간 논의한 문헌으로는 나의 *Morality: An Introduction to Ethics* (New York: Harper and Row, 1972) 중 "신" 부분을 보라. 무어는 "A Reply to my Critics"(이 책 1장의 주석 12 참조)에서 《윤리학 원리》에서 제시한, 자연적 속성과 비자연적 속성의 구분에 대한 해명이 상당히 불만족스럽다는 점을 인정했지만 그 구분을 전적으로 포기하지는 않았다.

은, 무어가 보기에 이 오류를 범한 사람들이 모두 이러한 넓고 유용한 뜻에서 자연주의자였던 것은 아니라는 점이다. 신이 명하거나 뜻한 것에 의거하여 좋음을 정의하였던 이들처럼 가장 두드러지는 [자연주의적 오류 원칙의] 일부 위반자는 그 넓고 유용한 뜻에서는 반자연주의자였다.

이 마지막 논점은 무어의 이념에 용어상의 문제 이상이 있음을 보여준다. 중요한 이론적 쟁점이 하나 있다. 그 쟁점은 무어가 그 문구를 도입한 이후에 자연주의의 오류에 관한 논의로부터 점차 나타났다. 만일 그 오류가 중대한 오류라면, 그것을 피하기 위해 요구되는 것은 정확히 무엇인가? 단지 (넓고 유용한 의미의) 자연주의적 용어로 **좋음**good을 정의하는 것만 금지하는 것이 아니다. 우리가 방금 살펴본 바와 같이, 자연주의의 오류에 대한 비판은 비자연주의적인 정의도 금지한다. 그러면 혹시, 바로 **좋음**을 정의하는 것을 아예 금지하는 것인가? 이것이 무어 자신의 입장이었다. 그러나 1장에서 언급한 바와 같이, 그는 **좋음**에 의거해 **옳음**을 정의할 준비가 되어 있었다. 그리고 자연주의적 오류에 대한 무어의 금지를 지키면서도 **좋음**을 환원적으로 정의하는 다른 길이 있다. 이것은 자연주의의 오류 원칙이 단지 **좋음**의 정의에 대한 금지가 아니라는 점, 또는 적어도 정의에 대한 금지는 아닌 것으로 재빨리 변했음을 드러낸다. 오히려 그것은 표현들의 두 집합을 설정하는 것으로 여겨졌다. 그중 한 집합은 무엇보다 **좋음**과 **옳음**을 포함했고, 예를 들어 "평가적" 용어라는 이름이 붙여졌다. 평가적이지 않은 다른 집합은 사실에 대한 진술, 수학적 진리, 그리고 ("신은 선하다"가 그렇다고 여겨지는 것과 같이, 이로부터 독립적인 어떤 이유로 평가적인 경우를 제외하면) 실로 신에 대한 진술 같은 것 등 폭넓고 다양한 사항을 포함했다. 그 경우 자연주의적 오류는 첫 번째 집합에 속하는 그 어떤 용어를 두 번째 집합에 속하는 용어로 완전히 정의하려는 시도로 드러난다.

그것은 단지 정의의 문제가 아니다. 그 금지는 전적으로 평가적이지 않은 전제에서 평가적 결론을 연역하려는 그 어떠한 시도도 금한다. (정의에 대한 금지는 그 금지의 특수한 경우다. 왜냐하면 정의는 일종의 논리적 동치나 쌍방함축이기 때문이다.) 이 더 폭넓은 금지는 **좋음**을 정의하려는 시도만 배제한 것이 아니다. 그 금지는 흄이 의심을 가지고 주목한 일, 즉 **이다**에서 **해야 한다**를 도출하려는 시도도 배제하였다. 흄의 논급에 따르면, **이다**를 포함하는 명제로부터 **해야 한다**를 포함하는 다른 명제로의 변화는,

> 가장 일어날 법하지 않은 결과이다. 이 해야 한다 또는 해서는 안 된다는, 어떤 새로운 관계 또는 주장을 표현하기 때문에 인지되고 설명되어야 한다. 그리고 동시에 도대체 상상할 수 없는 것처럼 보이는 것에 대해, 즉 이러한 새로운 관계가 어떻게 그와 전혀 다른 것으로부터 연역될 수 있는지에 대해 어떤 이유가 주어져야 한다.[2]

흄 자신이 이 구절로 의미한 것이 그 이후 활용돼온 의미와 같은지 합당하게 의문시되어 왔다.[3] 흄은 이 논지에 주의를 기울이면 "악

---

2   David Hume, *A Treatise of Human Nature* (1739), III.i.i.

3   흄이 의미한 것에 대한 해석에 관한 여러 논문으로 W. D. Hudson, ed., *The Is — Ought Question* (New York: St. Martin's Press, 1969); John Mackie, *Hume's Moral Theory* (Boston: Routledge and Kegan Paul, 1980), pp. 61-63, 그리고 *Ethics: Inventing Right and Wrong* (New York: Penguin, 1977), pp. 64-73를 보라.

덕과 미덕의 구분이 그저 대상들의 관계에 정초하고 있는 것도 아니고 이성에 의해 인식되는 것도 아님을 이해하게 될 것"이라고 정말로 생각했고 명시적으로 말했다. 그러나 그런 종류의 결론이 정의와 논리적 연역의 문제에 대하여 갖는 관계는 간단하지 않다.

이제 "자연주의의 오류"라는 문구는 **이다**에서 **해야 한다**를 도출하는 것에 대한 이러한 금지의 위반을 지칭하는 데 흔히 사용된다. 동시에 그것은 **좋음** 및 그와 같은 평가적 표현과 관련하여 원래의 힘을 유지한다. 왜 **해야 한다**에 관련된 금지가 **좋음**에 관련된 금지를 똑같이 산출할 것인지를 설명하기 위해서는 어떤 이론이 더 필요하다. 그 이론은 **좋음**을 **해야 한다**에 의거하여 정의 가능한 것으로 다룸으로써 환원주의 전략을 적용하는 형태를 취한다. 이것은 환원주의 전략을 취하게 되는 더 심층적인 동기 중 하나다. 만일 하나는 가치와 관계되고 다른 하나는 사실과 관계되는 두 가지 근본적인 표현 집합이 있을 수밖에 없다고 확신한다면, 가치 집합에 속하는 하나의 원소를 기본적으로 보는 반면에 다른 원소들은 그에 의거하여 정의된다고 보는 것은 자연스럽다.

이것은 왜 평가적이지 않은 것으로부터 평가적인 것을 도출할 수 없는지에 대해 현대 이론가들이 설명해온 특정한 방식을 살펴볼 때 더욱더 자연스러워 보인다. 무어 자신은 좋음이 정의 불가능하다고 생각했는데, 이는 단지 좋음이 단순하고 비자연적인 성질이라는 이유에서였다. 또한 이 성질의 존재는 직관에 의해 감지된다고 생각했는데, 이것은 앞 장에서 한 종류의 "직관주의"의 기초로 논의하는 지성적 능력이라는 의미에서이다. 이런 의미에서 직관주의는 그다지 많은 것을 설명하지 않으며, 왜 가치가 사실에서 도출될 수 없는지 설명하는 데 그다지 많은 일을 하지 않는다.

더 최근의 작업은 그보다 나은 설명을 제시하려고 하였다. 그 작업은 **이다**에서 **해야 한다**를 도출하는 것에 대한 금지를 핵심으로 여긴다. 그 중심적 견해는 헤어가 전개한 **규정주의**prescriptivism이다. 규정주의는 **해야 한다**의 기능을 행위를 규정하는 것, 곧 누군가에게 무엇을 하라고 이야기하는 것에 의거하여 설명한다. **해야 한다**는 명령imperative과 같은 것으로 여겨진다. 엄밀하게 말해, 통상적인 규정적 방식으로 쓰이는 **해야 한다**를 활용하는 진술은, 모든 유사한 여건에서 모든 행위자에게 적용되는 명령을 함축하는 보편적 표현이다. (우리는 헤어가 세계 행위자 공리주의를 전개하면서 이 이념을 사용한 것을 이미 보았다.) 이 해석에 의하면, 내가 지금까지 **평가적**인 것이라고 칭해온 것을 **규정적**인 것이라고 칭하면 더 많은 것을 드러낼 수 있으며, 진술의 다른 집합 — 이러한 대비에 있어서 **기술적**인 것이라고 적합하게 명명할 수 있는 집합 — 으로부터 타당하게 도출될 수 없는 것은 바로 이 규정적인 것이다. 금지에 대한 설명은 이제 꽤나 분명해졌다. 규정적인 것은 어떤 일을 한다. 즉, 사람들에게 특정 방식으로 행위하라고 이야기한다. 이는 기술적인 것이 그 자체만으로는 할 수 없는 일이다. 이것은 **이다**에서 **해야 한다**를 도출해서는 안 된다는 금지의 명확한 이유를 보여 준다. 그러나 만일 그 금지가 원래 희망했던 것과 같이 일반적인 금지가 되려면, 그리고 사실과 가치 사이의 기본적 관계를 설명하려면, (내가 이미 말했듯이) **좋음**으로 확장되어야 하고 자연주의의 오류에 반대하는 원래의 논증에서 이와 관련된 관심사로 확장되어야 한다. 평가적인 것은 일반적으로 방금 설명한 바와 같이 규정적인 것으로 환원되어야 할 것이다. 더군다나 그로부터 귀결되는 이론은 무어의 원칙이 그랬듯이 윤리적인 것뿐만 아니라 윤리와 무관한 것도 포괄해야 할 것이다. 그렇다면 보여져야 할 것은 다음과 같은 점이다. 우

리가 어떤 것이 좋거나 나쁘다고, 경탄할 만하거나 비천하다고, 그 종
류에서 뛰어나거나 열등하다고 말하면서 실제로는 다른 사람들이나
우리 자신에게 무엇인가를 하라고 이야기하고 있다는 점, 혹은, 그 설
명이 전형적으로 나아가는 바에 따르면, 무엇인가를 선택하라고 이
야기하고 있다는 점이다. 모든 평가는 행위와 연결되어 있어야 한다.

이 결론은 결코 믿기 쉬운 것이 아니다. 그것은 예를 들어 많은 미
적 평가의 취지에 관해서는 거짓으로 보인다. 그림의 가치에 관한 우
리의 기본 관점이 대략적으로 잠재적 수집가의 관점이기를 요구하
는 것처럼 보이는 것이다. 윤리적인 것의 영역 내에서조차, 좋은 사람
으로 인정되는 사람은 본받아야 하는 사람이라고 상정하는 것은 인
간의 덕목에 관한 너무 협소한 견해임이 분명하다. 헤어는 평가의 이
규정적 힘을 설명하면서 다음과 같이 썼다.

> 우리가 [어떤 호텔에 관하여] 그것이 도로 건너편의 다른 호텔보
> 다 좋은 호텔이라고 말한다고 해보자. 이때 "…보다 좋은"의 어떤
> 의미(규정적 의미)에 따르면, 어떤 사람이 말로는 우리 판단에 동
> 의하면서도 막상 두 호텔 중 선택해야 할 때 (가격 등 다른 사정이
> 동일한데) 다른 호텔을 선택한다면, 그는 진실로 그렇게 생각하
> 지 않는 것을 말하고 있었음이 틀림없다.[4]

계속해서 헤어는 규정적인 의미에서 무엇인가가 더 좋다고 생각하
는 것은 그 무엇을 선호하는 것이라고 설명한다. 그러나 이것은 그가
든 사례가 누설하듯이, 정확히 그가 정말로 생각하는 것은 아니다. 예

---

4   Hare, *Moral Thinking*, p. 21.

를 들어, 어떤 호텔이 더 좋다고 생각하는 것은 가격을 근거로 하나의 호텔을 선호하는 것이 아니다. 그렇게 생각하는 것은 호텔로서의 덕목을 근거로 선호하는 것이어야 한다. 그러나 일단 호텔의(또는, 어떤 유형의 것이든 그것의) 덕목이라는 관념을 들여오면, 선호와의 논리적인 연결고리는 오도되는 것 같다. 그리고 실제로 나는, 적어도 호텔과 같이 어떤 종류의 특정한 대상의 덕목이 문제라면, "…보다 좋은"의 이러한 **의미가**[더 좋다고 판단한 것을 선택하는 행위를 하라는 규정적인 의미가] 있다고 생각할 이유가 없다고 본다. 호텔의 덕목은 매우 확정적인 문제가 아니며 개인적인 취향에 많은 여지를 남겨둔다. 그러나 그 경우조차도, 그리고 설사 호텔이 (원칙적으로) 고객이 즐겁도록 보살피는 기능을 가진 무엇이라고 하더라도, 나는 호텔의 덕목과 내가 완벽하게 정당한 이유로 우연히 선호하게 된 것을 구분할 수 있다. "좋은 호텔에 머무르는 것을 좋아하지 않을 뿐이야."라는 말은 이해할 수 있는 말이다.

이것은 평가적인 것에 대한 규정적 설명의 기본적 약점을 드러낸다. 특정 종류의 어떤 것을 평가할 때, 그 종류에 속하는 것들의 덕목을 판별하는 어떤 규준이 있을 것이다. 설사 그것이 특정한 경우에는 지역적이거나 모호하거나 불확정적일지라도 말이다. 물론 선택하는 사람이 찾고 있는 것은 그런 종류에 속하는 좋은 것이기 때문에, 많은 선택들은 그것의 덕목에 의해 적합하게 확정될 것이다. 그렇지만 어떤 특정한 사람의 선택이, 그가 그것의 덕목을 보는 방식과 직접 연관되지 않을 여지는 항상 있다. 많은 종류의 것들에 있어서 당신은 해당 대상이 그 종류의 좋은 것이라고 생각하는 것을 그 대상을 좋아하거나 원하거나 선택하는 것과 구별할 수 있다. 더군다나 당신의 이러한 구별 능력은 해당 대상의 덕목이 당신 자신의 이익이나 대응력을 넘어설 수 있음을 당신이 이해한다는 것을 보여 준다. 가장 즐겨 듣는 나쁜 음악이 무엇인가를 주제로 토론하던 중 나의 지인은 "아껴 들으면 걸작만 들으면서 살 수 있다"고 말했는데, 철학이라고 해서 이 사람의 태도를 논리적 필연으로 만들 수는 없다[대중가요가 걸작이 아니라고 생각하면서도 그 생각과 일관되게 고전적인 교향곡을 듣기보다는 대중가요 듣기를 선호할 수 있고 철학적 해명이 이 사실을 지우거나 바꿀 수 없다].

그렇다면 **이다**와 **해야 한다**의 구분이 얼마나 많은 일을 할 수 있는가에 관한 심각한 문제가 있다. 이것은 사실-가치의 언어적 표현에 관련된 중요한 논점이다. **이다**와 **해야 한다**의 관계는 이런 유의 구분에 대해 언어적 관점에서 명료한 주장이 이루어진 소수의 [언어 내의] 자리 중 하나이다. 만일 그 결과가 그 [사실-가치] 구분이 그렇게 생각되던 만큼 중대하려면, 그것[**이다**와 **해야 한다**의 관계]은 나머지 평가적 언어에 대하여 일반화될 필요가 있을 것이다.

이외에도 **이다**와 **해야 한다** 그 자체에 관하여 정확히 얼마나 많은 것들이 확립될 수 있는지도 물을 필요가 있다. **이다 - 해야 한다** 구분에서 하나의 명백한 진리가 발견된다. 비록 그 진리가 그런 방식으로는 전적으로 잘 표현될 수 없을지라도 말이다. 이것은 실천적 추론에 관한 논지다. 만일 **해야만 한다**ought가 "나는 무엇을 해야 하는가?what should I do?"라는 실천적 질문* 및 그에 대한 "모든 것을 고려

---

*   [앞에서도 한 번 설명했듯이 영어의 'should'는 당면한 선택과 직결되는, 모든 것을 고려한 조언의 의미에서 그렇게 할 실천적 필요가 있다는 뜻을 갖기 때문에 'ought'와 병치해서 쓰일 때는 부득이 'ought'를 '해야만 한다'로 번역하였다. 그러나 이 경우를 제외하고 본문에서 '이다'와 '해야 한다'의 구분을 언급할 때 등장하는 '해야 한다'는 'be'와 대비된 'ought'임을 상기하라.]

한"대답에 등장하는 **해야 한다**should와 같다고 여겨진다면, **해야 한다**ought가 **이다**로부터 연역될 수 없음은 참이다. 하나의 실천적 추론의 결론인 그런 대답은 그것을 뒷받침하는 전제로부터 논리적으로 연역될 수 없다.[5] 특히 전제에 우리가 원하는 것에 관한 진술이 포함되지 않을 때는 명백히 그럴 것이다. 우리가 할 이유가 가장 크다고 여기는 것은 우리가 원하는 것에 의존함이 틀림없는 것이다. 그러나 설사 우리가 원하는 것에 관한 모든 유관한 진술을 포함시킨다 할지라도, 설사 우리가 사용하고 있는 (그 자체가 어느 정도는 선택이나 기질의 문제일) 의사결정 이론의 일반 원칙을 포함시킨다 할지라도, 모든 것을 고려할 때 우리가 해야 하는 것what we should do)에 관한 결론에 도달하는 것은 여전히 논리적 연역의 문제는 아닐 것이다. 이것은 우리로 하여금 이 특수한 경우에 모든 것에 비추어볼 때 무엇을 가장 중요하다고 판단하는지를 규정하도록 항상 요구할 것이다.

많은 경우에는 무엇이 가장 중요한지 전적으로 분명할 것이고, "규정하기determining"는 그 어떤 삽화적인 결정episodic decision*도 요구하지 않을 것이다. 그러나 여전히 입력input을 넘어서는 하나의 단계가 있다. 예를 들어 "나는 ABC라는 요인들을 가장 중요한 것으로 여긴다"와 같이, 내가 그 단계를 입력에 포함시키려 한다고 해보자. 그러면 그것은 나의 성향에 관한 언급("나는 그런 종류의 사람이다")일 수 있는데, 이런 사례에서는 이 경우에 해야 할 어떤 규정이 남아 있

---

5   나는 여기서 데이비드 위긴스에게 빚지고 있다. "Truth, Invention, and the Meaning of Life" (British Academy Lecture, 1976), 그리고 "Deliberation and Practical Reason," in Amelie O. Rorty, ed., *Essays on Aristotle's Ethics* (Berkeley: University of California Press, 1981)을 보라.

*   [해당 선택 사건에 당면하여 의식적으로 선택지들을 모두 열거한 후 고려사항들을 다 따져 그 중 하나를 선택하는 결정을 말한다.]

게 된다. 아니면 그것은 이 경우에 규정이 무엇인지를 표현할 수도 있는데, 그 진술은 진정으로 입력의 일부가 아니라 결론을 선취하는 것이다.

물론 이 "모든 것을 포함한all-in" 결론으로부터도 행위까지 도달하려면 하나의 단계가 더 남아 있어서, 이 결론과 행위하려는 의도 사이에 간극이 생길 수 있다. 이것이 의지박약의 영역을 구성한다. 그러나 그런 간극이 있을 수 있다는 사실이, 말하자면 그 결론을 입력이 논리적으로 함축하는 것으로 되돌려 놓지는 않는다. 행위하려는 결정에 이르기까지 모든 것이 논리적 추론의 문제라고 생각하는 것은 틀렸다. 의지박약의 문제는 의도와 무엇을 할지에 관한 최선의 판단 사이의 관계에 관한 것이다. 여기서 논지는 그 최선의 판단조차도 판단을 포함한다는 점이다.

1장에서 보았듯이, "나는 무엇을 해야 하는가what should I do"라는 질문과 그에 대한 답은 필연적으로 혹은 특유하게 윤리적이지는 않다. 윤리적 고려사항들은, 숙고에 들어가는 입력의 한 종류인 것이다. 이에 따라, 방금 짚은 논지는 윤리적인 것과 별로 관계가 없다. 그것은 모든 실천적 추론에 적용되는 입력과 결론에 관한 논지이다. 일단 실천적 추론의 문제와 그 문제에 대한 "모든 것을 포함한" 결론을 넘어서면, 자연주의의 오류 또는 **이다-해야 한다** 구분이라는 표제 하에 논의되었던 가장 심층적인 질문은 언어분석으로 해결되기는커녕 드러날 수도 없을 것이다.

도덕철학은 소위 '언어적 전회linguistic tum'[6]가 문제를 더 다루기

---

6   "언어적 전회"라는 문구는 리처드 로티가 편집한, 철학적 방법에 관한 논문집(Chicago: University of Chicago Press, 1967)의 제목이다.

쉬운 형태로 제시하는 데 도움을 주지 못한 철학 분야 중 하나다. 그렇다고 해서 철학의 다른 분과와 마찬가지로 도덕철학이 우리가 말하는 것에 대한 반성과 적절하게 관련되어 있음을 부인하는 것은 아니다. 실제로 어떤 수준에서는 도덕철학이 우리가 말하는 것에 더 관심을 기울였다면 지금까지보다 더 잘해냈을지도 모른다. 도덕철학의 모든 스타일에서 만연한 결함은 윤리적 삶에 엄청나게 단순한 모델을 부과하는 것이다. 그 단순한 모델이 우리가 실제로 사용하는 개념의 모델이건, 아니면 우리를 인도해야 하는 도덕 규칙의 모델이건 말이다. 이 고질적인 뒤틀림에 대한 하나의 교정책은 정말로 사람들이 자신과 타인이 사는 방식에 관하여 말하는 것들의 어마어마한 다양성에 주의를 기울이는 일이었을 것이다.

어떤 수준에서는 언어에 주목해야 한다면 더 많이 주목해야 한다. 그러나 다른 수준에서는 특유하게 언어적인 노력은 어떻게 수행되건 간에 성공적일 가능성이 높지 않다. 한 가지 이유는 우리가 이미 짚었듯이, 검토해야 하는 언어적 표현의 집합에 명료한 한계가 없기 때문이다. 이론가들은 윤리적 논의에서 사용되는 — **좋다, 옳다, 해야 한다**를 비롯한 — 대부분의 일반적인 표현을 호의적으로 다루는 경향이 강하다. 이런 단어들은 물론 윤리적 사고에서만 사용되는 것이 아니다. 그런 사실 자체가 이러한 탐구를 필연적으로 좌절시키는 것은 아니지만, 여기에 집중하는 것은 적어도 두 이유에서 탐구를 좌절시키는 데 기여했다. 하나의 이유는 그 단어들을 선택하는 동기에 있는데, 그 동기는 한층 특수하게 윤리적인 사고에 이런 관념들이 포함된다는 환원주의자의 믿음이었다. 이것은 이러한 윤리적 사고의 진정한 성격을 감추며, 순전히 언어적인 탐구가 어차피 밝혀내기 힘든 어떤 진실을 감추는 것을 돕는다. 즉, 매우 일반적인 윤리적 표현들에 의지하는 사회는 더 특수한 표현들에 더 비중을 두는 사회와는 다른 유형의 사회다. (다음 장에서 더 특수한 윤리적 개념들의 몇몇 중요한 특징, 특히 윤리적 지식에서의 역할을 살펴볼 것이다.) 이런 일반적인 용어들에 집중하는 것이 윤리에 대한 언어적 철학에 아무런 도움이 되지 않았던 두 번째 이유는, 그 용어들의 유관한 사용을 규명하려는 이론가들이 이미 이론적일 뿐만 아니라 윤리적이기도 한 전제들을 탐구로 들여오기 때문이다. 그 결과는 보통 나쁜 언어철학이다.

이들은 분명 윤리에 대한 나쁜 철학이다. **해야 한다**와 **이다** 및 자연주의의 오류에 대한 우려의 저변에는 진정으로 윤리적이고 궁극적으로 형이상학적 관심들이 있다. 그 관심들의 핵심에 있는 이념은 우리의 가치들이 "세계 안에" 있지 않고, 세계에 대한 적절히 공정한 기술은 그 어떤 가치도 언급하지 않을 것이며, 우리의 가치들은 어떤 의미에서 우리의 주위환경에 부과되거나 투사된 것이라는 것이다. 만일 그것이 참모습이라면, 이 발견은 목적론적으로 의미 있는 세계의 상실이 그런 것처럼, 절망스러울 수도 있다. 그러나 해방으로 이해될 수도 있다. 그리고 이 세계가 우리로 하여금 바로 이 하나의 가치 세트를 받아들이도록 강제할 수 없다는 사실에서 근본적 형태의 자유를 발견할 수 있을지도 모른다.

이러한 일단의 관념들은 사실과 가치 사이의 하나의 구분 혹은 몇몇 구분에 대한 믿음을 구성한다. 그러한 어떤 구분이 건전한지 여부는 확실히 매우 진지한 쟁점이다. 우리는 다음 장에서 그 쟁점을 살펴볼 것이고, 세계에 대한 **어떤** 관념이 가치에 전혀 물들지 않은 관념인지를 살펴볼 것이다. 지금 짚어야 할 논점은 예비적인 것이지만 중요하다. 그 논점은 왜 언어적 전회가 도움이 되지 않을 가능성이 높은지를 보여준다. 만일 사실과 가치 사이에 근본적인 구분이 있다면, 그것을 인식했던 것은 인류의 어떤 보편적 공적이 아니다. 오히려 그것은 계몽의 발견이자 성취이다. 그러나 그렇게 잘 정의된 어떤 것이 있는 한 이미 그 구분을 우리에게 제시한다고 상정할 아무런 이유도 없다. 그런 구분을 암시하는 것이건 감추는 것이건, 윤리적 언어는 그런 종류의 어떤 구분도 제시하지 않을지도 모른다. 언어가 특유하게 형이상학적인 믿음을 구현할 수 있다는 생각은 오류일지도 모른다. 그러나 만일 윤리적 언어가 그런 질문에 관하여 어떤 것이든 전달할 능력이 있다면, 틀림없이 최소한 진리를 전달할 수도 있는 정도만큼은 환상을 전달할 수도 있으며 그렇게 할 가능성이 더 크다. 시간적으로나 공간적으로 환상이 차지하는 범위를 감안하고, 계몽이 최근에야 도래했다는 사실을 감안하면 그러한 것이다. 만일 인간의 가치가 "세계"의 특성이 아니라 인간의 관심사가 투사한 것이라고 해도, 가치에서 풀려난 세계 — 또는 그것의 충분한 부분 — 에 대한 기술이 손에 닿는 곳에 있다는 결론은 따라 나오지 않는다. (아마도 그런 것은 있을 수 없을 것이다. 그러나 만일 그렇다면, 우리는 투사에 관한 담화가 진정으로 말하는 것이 무엇인지 궁금해질 수밖에 없다. 무엇이 [투사를 받는] 화면인가?)

이것은 언어적 기획을 비판하는 다소 역설적인 방식으로 보일지 모르겠다. 언어적 기획[사실-가치 구분 같은 것이 있다면 우리의 언어에 구현되어 있을 것이라는 가정 하에 언어에 주목하는 기획]에 참여해 온 이들은 보통 사실-가치 구분을 강조해 왔다. 그리고 **해야 한다와 이다** 사이의 구분은 그것을 드러내는 데 사용되어 왔다. 그래서 언어가 사실-가치 구분을 위장하지 않는 것이거나, 아니면 언어적 이론가들이 그 위장을 어떻게든 꿰뚫어 볼 수 있었던 것이거나 둘 중 하나로 보인다. 그러나 이 선택지 가운데 어느 것도 타당하지 않다. 실제로 벌어진 일은 그 이론가들이 거기에 드러난 사실 – 가치 구분을 발견했다기보다는 그 구분을 언어에 들여왔다는 것이다. 그들이 발견한 것은 내가 이미 언급한, **반역**, **약속**, **야만**, **용기** 등 사실과 가치의 융합을 표현하는 것으로 보이는, 많은 "더 두꺼운thicker" 또는 더 특수하게 윤리적인 관념들이었다.* 이 관념들이 적용되는 방식은 세계가 어떠한가에 의해 (예를 들어 누가 어떻게 행동하였는가에 의해) 결정된다. 그러면서도 동시에 그 관념들의 적용은 통상 그 상황, 사람, 행위에 대한 어떤 가치평가valuation를 포함한다. 더군다나 그 관념들은 통상 (꼭 직접적으로는 아닐지라도) 행위의 이유를 제공한다. 이런 종류의 용어들은 확실히 사실-가치 구분을 노골적으로 드러내지 않는다. 오히려 그 구분을 옹호하려는 이론가는 이 용어들의 작동을 해석해야만 한다. 그리고 그는 그런 용어를 원칙적으로 서로 분리될 수 있는 사실적 요소와 평가적 요소의 결합으로 다룸으로써 그렇게 한다. 대개 그렇듯이, 가장 명료한 해명은 헤어가 제시했다. 이런 종류의 용어는 개인이나 사회의 가치를 표현하는 규정이 첨부된 기술적 복합체를 포함한다. 이런 용어를 사용하는 진술은 "이 행위는 이러이러한 성격을 갖고 있으며, 그런 성격을 가진 행위를 해서는 안 된다"와 같은 것으로 분석될 수 있다. 이 해명에서 본질적인 것은 이

---

* ['thick'은 '두터운'으로 번역되기도 한다. 그러나 역자는 '두꺼운'이라는 번역어를 채택한다. 두텁다는 것은 보통 신의나 믿음에 적용될 때는 굳고 깊은 것을 의미하거나 사물에 적용될 때에는 여러 층으로 덧대 두꺼워졌다는 의미가 담겨 있다. 'thick notions'의 경우에는 그런 굳건함이나 여러 층이 덧대어져 있음의 의미를 내포하지 않으면서 해당 관념을 사용하는 사람들에게는 그 관념에서 지시되는 사실과 가치를 분리할 수 없을 정도로 얽혀서 불투명하다는 의미이므로, 두껍다는 용어가 더 적합한 것으로 보인다.]

용어의 특수하거나 "두꺼운" 성격이 기술적 요소로 주어진다는 점이다. 이러한 분석에 의하면, 가치 부분은 만능의 규정적 용어인 **해야 한다**에 의해 표현된다.

나는 다음 장에서 이 해명이 틀렸다고 주장할 것이다. 여기서 그 논증을 앞당겨 하지는 않겠다. 여기서 논지는 다시금 언어적 수단에 의존하는 사실-가치 이론가들이 그들의 구분을 언어에 들여오는 것이지 언어에 있는 것을 발견하는 것이 아니라는 점, 게다가 그 구분이 드러난다면 언어의 표면 아주 가까운 곳에서 발견되리라는 그들의 기대가 합당하지 않다는 점을 시사하는 것이다. 그렇게 기대할 아무런 이유도 없다. 만일 우리가 우리의 가치를 세계에 있는 것으로 해석하는 기망적인 또는 자기기만적인 일을 하고 있다면, 우리의 언어가 거기 깊이 연루되어 있을 가능성이 높다.

규정주의적 해명은 이 두꺼운 용어의 가치 부분이 **해야 한다**에 의거해 분석될 수 있는 규정적 기능에 전적으로 담겨 있다고 주장한다. 그것은 우리가 윤리적 영역에서 (그리고 사실은 윤리적 영역을 넘어서는 평가적 영역에서) 말하거나 생각하기를 원하는 모든 것을 바로 이러한 매우 일반적인 용어에 의거하여 말하거나 생각할 수 있다고 주장한다. 다른 이론가들은 다른 일반적 용어들에 관하여 유사한 주장을 한다. 즉, 어떤 일반적이고 추상적인 용어가 그 모든 작업을 해낼 수 있다는 것이다. 실제로 더 두꺼운 윤리적 용어는 이 용어를 포함하는 유일한 복합체이기 때문에 이미 그 작업을 하고 있다. 만일 이런 종류의 분석이[구체적인 윤리적 용어를 더 단순하면서 추상적인 여러 범주의 용어들의 복합체로 보는 분석이] 오류라고 증명된다면, 그리고 보다 일반적으로는 윤리적 언어를 그런 추상적인 용어로 환원하려는 충동이 오도된 것이라면, 그 추상적 용어들이 모든 작업을 하고 있는 것이 아니다. 그리고 이는 내가 이미 시사한 이념, 즉 윤리적 삶이 그런 일반적인 용어로 이해되고 수행되는 사회는 그렇지 않은 사회와는 사회적으로 다르며 그 차이는 사회적 이해를 요구할 것이라는 이념이 참일 여지를 남겨둘 것이다. 만일 그것이 사실이라면, 언어적 접근은 확실히 그 사실을 인식하는 데 도움을 주지 않는다. 언어적 접근은 그럴 가능성조차 무시하도록 부추긴다.

윤리적 개념들이 어떻게 작동하고 어떻게 변하는지 이해하려면 그 개념들이 작동하는 사회 조직의 형태에 대한 얼마간의 통찰을 갖고 있어야 한다는 것은 매우 명백한 이념이다. 언어적 접근은 어떤 초연한 수준에서는 이 이념을 거부하지는 않지만, 그러한 통찰을 얻는 데, 혹은 그러한 통찰을 얻었다면 철학에서 그것으로 무언가를 하는 데 도움이 되는 질문을 던지지 않는다. 그 접근이 논리적 분석의 질문에 집중하는 것은 그 논지를 감추는 데 기여하였다. 그리고 철학에 대한 순수 관념 그 자체도 그러했다. 이 순수 관념은 사실 언어가 사회적 활동이라는 점을 강조하긴 하지만 동시에 몹시 기이하게도 사회에 대한 여하한 구체적인 관심도 철학으로 받아들이지 않는다.[7] 그러나 어쩌면 그것은 적어도 자율적이며 변하지 않는 주제에 의거해서 윤리적 사고를 이해하는 몇몇 다른 접근에 비하면 윤리적 사고의 사회적이고 역사적인 차원을 어느 정도 이해하는 데 더 가깝다. 우리의 윤리적 언어에 주의를 기울이는 것은 적어도 윤리적 언어와 그 언어로 표현되는 가변적인 사회적 실천으로서의 윤리적 삶에 관하여

---

7   하나의 예외는 피터 윈치Peter Winch의 *The Idea of a Social Science and Its Relation to Philosophy* (London, 1958; Atlantic Highlands, N.J.: Humanities Press, 1970) 및 그 외의 저술이다.

생각하게 되는 전망을 지속시킬 수는 있다. 언어적 전회는 설사 실제로 그러지는 않았을지라도, 윤리적 이해가 사회적 설명의 차원을 필요로 한다는 점을 인식하도록 도울 수 있었을지도 모른다.

제8장

지식, 과학, 수렴

이때까지 나는 객관성에 관해서는 그리 많은 것을 이야기하지 않았다. 비록 앞의 장들이 객관성과 많은 관련이 있었지만 말이다. 만일 어떤 아르키메데스적 점을 발견할 수 있고, 실천 이성이나 인간의 이해관심이 어떤 확정적인 윤리관을 포함한다는 것을 보일 수 있다면, 윤리적 사고는 객관적인 토대를 부여받았다는 뜻에서 객관적일 것이다. 그것들은 실천 이성의 관점 내에 있는 가능성이다. 또는 그러한 가능성으로 판명된 것들인지도 모른다. 그러나 객관성에 대한 논의가 이와는 다른 출발점에서 시작하여 도덕철학 안으로 들어오는 일이 매우 잦은데, 그 다른 출발점이란 윤리적 믿음을 다른 종류의 지식 및 진리 주장, 예를 들어 과학적 믿음과 비교하는 관심이다. 여기서 다소 상이한 객관성 관념이 개입된다. 그것은 윤리적 믿음들을 참으로 만들 수 있는 것이 무엇인가, 그리고 어떠한 윤리적 지식이 있는가와 같은 질문과 자연스럽게 연관된다. 사실과 가치 사이의 다양한 구분이 위치하는 곳이 바로 이 비교의 장이다.

객관성에 대한 논의는 흔히 의견 불일치에 관한 고려에서 출발한다. 이 때문에 의견 불일치는 마치 놀라운 일인 것처럼 보이지만, 그래야 할 이유는 없다. (서구 전통의 초기 사상가들은 상충을 적어도 일치만큼 뻔한 세계의 특성으로 보았다.) 의견 불일치에 대한 관심은 오히려 의견 일치와 의견 불일치 모두 보편적이지 않기 때문에 발생한다. 의견 불일치는 설명이 필요한 반면에 의견 일치는 설명이 불필요한 것이 아니다. 의견 불일치는 상이한 맥락에서 상이한 종류의 설명이 필요한 것이고, 의견 일치도 그렇다.

우리가 어떤 주어진 종류의 의견 불일치를 이해하고 설명하는 방식은 중요한 실천적 효과를 갖는다. 그것은 다른 사람들에 대한 우리의 태도를 수정하고 우리의 견해에 대한 우리 자신의 이해를 수정할 수 있다. 다른 사람들과 관련해서는, 우리는 반대되고 거부되는 것이 무엇이며 어떤 취지에서 그러한가에 관한 견해가 필요하다. 우리 자신에게는, 의견 불일치는 우리가 틀렸을지도 모르며 만일 우리가 옳음의 진실을 추구한다면 전략을 개선할 필요가 있을 것이라고 경고한다.

의견 불일치는 꼭 극복되어야만 하는 것은 아니다. 그것은 우리가 다른 사람들과 맺는 관계의 중요하고 구성적인 특성으로 남을 수 있으며, 그런 의견 불일치가 어떻게 발생하는가에 관한 우리의 최선의 설명에 비추어 그저 기대되는 어떤 것으로 볼 수도 있다. 만일 우리가 의견 불일치가 매우 중요한 문제에 관한 것이라고 느끼는 동시에 그 의견 불일치가 왜 일어나리라고 기대될 수밖에 없는지에 관하여 좋은 설명이 있다고 느낀다면, 여기에는 긴장이 포함되어 있을 수도 있다. 특히 그 의견 불일치가 중요할 뿐만 아니라 다른 사람들의 동의를 요구한다고 보이는 판단에서 드러날 때, 이러한 긴장은 특히 격심해진다. (다음 장에서 살펴볼 바와 같이, 그 긴장의 양쪽 면을 모두 수용하려는 방식으로 우리의 견해를 이해하려는 상대주의에는 특수한 문제가 있다.)

의견 불일치의 유형들 중에는, 그리고 그러한 의견 불일치로부터 배울 수 있는 교훈들 중에는 잘 알려진 양극성이 있다. 한 극단은 하나의 빵을 두 아이가 원하거나 한 명의 여자 노예를 두 영웅이 원하는 상황이다. 이런 의견 불일치는 실천적이며, 그에 대한 설명은 해당 인물들의 인지 능력에 대한 의구심을 별로 일으키지 않을 것이다. 이런 종류의 사안은 너무나 원초적으로 실천적이어서, 여기에 도입되는 판단에 대해서는 의견 불일치조차 거의 없다고 할 수도 있다. 물론 이 가장 원초적인 수준에서조차 **무엇을 해야 하는가**에 관한 의견 불일치는 있다. 그러나 이것은 욕구 및 행위와 너무 가까워서, 그 의견 불일치가 지식이나 이해의 실패를 보여준다고는 아무도 생각하지 않을 것이다. 그것은 단지 두 사람이 양립 불가능한 것을 원하는 것이다. 그러나 갈등이 그처럼 답 없는 상태로만 남아 있지 않을 가능성도 충분히 있으며, 만일 당사자들이 폭력이 아니라 정연한 연설로 이 상충을 해결하기를 원한다면 더 실질적인 판단들을, 보통은 정의에 관련한 판단들을 거론할 것이다. 아이들은 공정성에 관하여 이야기할 것이고 영웅들은 우선권에 관하여 이야기할 것이다.

적어도 의견 불일치의 가장 기초적인 형태에서는, 그런 불일치가 있다고 해서 누군가가 무언가를 인식하거나 이해하지 못했다든지 그들이 말이 통하지 않는 것이라고 생각할 필요는 없다. 전통적인 대조의 반대쪽 극에 있는 의견 불일치들은 그렇게 생각하게끔 한다. 이런 의견 불일치가 전형적으로 어떤 것인가는 논평가가 찬성하는 지식 이론에 달려있지만, 흔히 옥스퍼드의 철학자 J. L. 오스틴J. L. Austin이 "중간 크기 고체 물건middle-sized dry goods"이라고 부른 것을 표준적 조건에서 관찰하는 일을 포함한다. 이런 사례들의 중요한 특성은, 당사자들이 동일한 개념을 공유하고 있으며 그들이 가구, 펜, 동전 등 등에 관한 인식으로 훈련되어 있다고 가정된다는 것이다.

이런 범례들 주위에 실천적인 것과 이론적인 것, 가치와 사실, **해야 한다**와 **이다** 등의 다양한 대립이 형성되었다. 이 대립들 각각은 의견 불일치가 의미하는 것의 근본적인 차이를 나타내는 것으로 생각되어 왔다. 그리고 이 대립들은 흔히 그것을 해결하기 위한 서로 대비되는 희망을 시사하는 것으로 여겨져 왔다. 그러나 이 대립들이 그저 하나의 구분을 나타내는 상이한 방식들에 불과하다고 상정하는 것은 잘못이다. 실제로, 내가 언급한 두 사례는[빵이나 노예의 배분을 두고 대립하는 사례는] 중요한 점에서 이 대립들 중 어느 하나의 양극단에도 상응하지 못한다. 어떤 재화의 배분을 두고 벌어지는 다툼은 확실히 실천적인 것의 사례이기는 하지만, 정의定義의 주장을 진지하게 여기는 단계로 가기 전까지는, 아직 가치에 관한 의견 불일치는 아니다. 가구를 지각할 때의 의견 불일치는 의문의 여지 없이 사실의 문제에 관한 것이지만, 실천적인 것과 가장 자주 대조되는 것, 즉 이론적인 것에 대한 의견 불일치는 아직 아니다. 이런 종류의 사례들을 어떤 하나의 대조로 모으는 일은 더 많은 작업을 요한다. 그 작업은 특징적으로, 평가적인 것을 실천적인 것으로 환원하고 사실적인 것을 이론적인 것으로 확장함으로써 이루어져 왔다. 환원과 확장이라는 두 조치 모두 실증주의적인 착상이며 둘 다 의심스럽다. 이제 몇몇 철학자가 전통적인 패턴으로 구성될 수 있는 기본적인 구분이 어떠한 것이라도 있는지 의심하고 있는 것도 놀라운 일이 아니다.[1]

---

1   평가적인 것을 실천적인 것으로 환원하는 가장 잘 알려진 경로는, '규정적인 것'이라는 관념을 통하는 길이다. 바로 앞의 장에서 이 전략을 비판했다.

나는 여기서 문제되는 단 하나의 구분이란 것은 없음을 받아들인다. 또한 그런 구분의 양쪽을 정의하는 일로 돌입한 더 실증주의적인 정식이 오도되었음도 받아들인다. 그래도 나는 여전히 윤리학과 관련하여 어떤 진정하고 심원한 차이를 발견할 수 있다고 믿는다. 또한 — 이는 더 나아간 논점인데 — 그 차이가 어떤 형태의 (정확히 전통적이지는 않더라도 그 자체로 되풀이되는) 느낌에 동기를 부여하기 충분하다고 믿는다. 과학은 겉으로 보이는 모습과 어느 정도 같을 가능성, 즉 체계화된 이론적 설명을 가진 반면에 윤리적 사고는 겉으로 보이는 어떤 모습과도 같을 가능성이 없다는 느낌 말이다. 더군다나 그 전통은[사실적인 것과 평가적인 것을 구분하는 전통은] 그러한 구분이 있다고 생각한 점에서 옳을 뿐만 아니라, 의견 불일치를 이해함으로써 그 구분이 무엇인지 우리가 이해할 수 있다고 생각한 점에서도 옳다. 그러나 그것은 의견 불일치가 얼마나 많은가 하는 문제도 아니고 그 의견 불일치를 해결하기 위해 어떤 방법을 갖고 있는가 하는 문제도 아니다. 물론 그런 문제가 이와 유관한 많은 고려사항들을 제공하긴 하지만 말이다. 오히려 기본적인 차이는 우리가 그 두 분야에서 의견 불일치를 제거하는 데 대해 정합적으로 가질 수 있는 최선의 희망에 대한 반성적 이해에 있다. 그것은 가장 유리한 조건 하에서 의견 불일치의 목적에 대한 최선의 설명이 무엇인가의 문제이다. 그것은 — 내가 앞으로 말할 바와 같이 — 수렴의 설명이다.

근본적인 차이는 윤리적인 것과 과학적인 것 사이에 있다. 나는 왜 그 대조의 한쪽 끝을 이를테면 "사실적인 것"이 아니라 "과학적인 것"으로 명명해야 하는지 설명하고자 한다. 다른 쪽 끝은 "윤리적인 것"이라고 명명하는데, 이는 우리가 윤리적인 것을 살펴보고 있으며 그 분야를 넓히거나 좁히려면 많은 논의를 요할 것이기 때문이다. 그것이 "평가적인 것"이라고 불리지 않는 이유는, 그렇게 말하면 적어도 미학적 판단의 분야를 추가적으로 아우르게 될 터이고 이것은 그 자체의 많은 문제를 제기할 것이기 때문이다. 그것이 "규범적인 것"이라고 불리지 않는 이유는, 이 용어가 윤리적인 것의 관심사의 일부(대략적으로 말해, 규칙에 관계하는 부분)만 포괄하기 때문이다. 또한 법과 같은 것까지로 자연스럽게 확장될 터이고 이것은 상이한 질문들을 제기하기 때문이다. 더 중요한 점이지만, 그것은 "실천적인 것"이라고 불리지 않는다. 그렇게 부르면 우리가 이미 규정과 **이다-해야 한다** 구분을 살펴보면서 주목했던 이유 때문에 그 문제의 많은 부분이 바뀔 것이다. 실천적인 것과 실천적이지 않은 것이 구분된다는 점에 동의하기란 어렵지 않다. 실천적 추론 또는 숙고 같은 것이 명백히 있는데, 이는 사태가 어떠한지에 관하여 생각하는 것과 같지 않다.* 이는 분명히 같지 않은데, 바로 그래서 실증주의는 평가적인 것을 실천적인 것으로 환원함으로써 전통적 구분을 입증했다고 생각했던 것이다. 그러나 그 환원은 틀렸으며, 그것은 전체 문제를 실제보다 더 쉬운 것으로 보이게 만든다.[2]

과학적인 것과 윤리적인 것의 구분 배후에 있는 기본적인 이념은 수렴에 의거하여 표현하면 매우 간단하다. 과학적 탐구에서는 이상적으로는 하나의 답으로의 수렴이 있어야 하며, 그 경우 그 수렴에 대한 최선의 설명은 이 답이 사태가 어떠한지를 재현한다는 이념을

---

* [어떤 호텔이 다른 호텔보다 좋다고 생각하는 것과, 다른 사정이 동일하다면 그 호텔에 가야 한다고 생각하는 것은 다르다.]

2   7장 주석 5에서 인용한 위긴스의 연구를 보라.

포함한다. 윤리적인 것의 분야에서는 적어도 높은 수준의 일반성에서는, 그러한 정합적인 희망이 전혀 없다. 그 구분은 수렴이 실제로 발생할 것인지의 어떠한 차이에도 달려 있지 않으며, 그것이 이 논증의 내용도 아니라는 점이 중요하다. 적어도 인간들 간에는, 윤리관에서 수렴이 있을 것이라고 판명될 수도 있다. 과학적인 것과 윤리적인 것 간 대조의 논지는, 설사 그런 일이 발생하더라도 그 수렴이 사태가 실제로 어떠한지에 의해 인도되었기 때문에 그런 일이 발생하였다고 생각하는 것은 타당하지 않으며, 반면에 과학에서는 수렴이 실제로 발생한다면 그런 방식으로 설명할 수 있을 것이라는 데 있다. 이는 특히 우리가 이 두 경우에 수렴의 존재 또는 수렴의 실패를 달리 이해한다는 점을 의미한다.

윤리적 수렴을 이해하는 방식들에 관해서는 나중에 다시 살펴보도록 하겠다. 그러나 우선 이런 용어로 표현된 그 구분에는 정말로 아무것도 없다고 주장하는 특정 논증들을 다루어야 한다. 이런 반론이 제기될 수 있는 두 가지 다른 방향이 있다. 한 방향의 반론에서는, 사태가 어떠하다는 것 때문에 발생하는 수렴이라는 관념은 빈 관념으로 여겨진다. 다른 방향의 반론에 따르면, 그러한 수렴 관념은 빈 관념은 아니지만 과학적 사안과 마찬가지로 윤리적 사안에서도 활용 가능하다. 즉, 그 관념은 어떤 내용을 갖고 있긴 하지만 이러한 [과학적인 것과 윤리적인 것의] 구분에 전혀 기여하지 않는다는 것이다.

나는 그 구분의 의의와 수렴에 의거한 그 구분의 설명이 실제로 수렴이 발생하는지의 질문에 달려 있지 않다고 이미 말했다. 그러나 과학 쪽을 보자면, 이 이념[수렴에 의거한 구분이라는 이념]을 17세기 이래 서구 과학사를 이해해야 하는 방식들과 전적으로 절연시키는 일은 비현실적일 것이다. 수렴에 의거한 과학적 진보라는 관념은 서구 과학사에서 분리될 수 없다. 왜냐하면 그 관념을 북돋우는 데 가장 큰 일을 한 것이 바로 서구 과학사이기 때문이다. 서구 과학사가 상당한 정도의 수렴을 보여준다는 것을 부인하기는 매우 어렵다. 이에 대한 반론으로 주장된 것은, 이러한 외관이 문화적 인공물, 즉 우리가 과학사를 서술하는 데 선택한 방식의 산물이기 때문에 실제적인 중요성이 없다는 것이었다. 리처드 로티Richard Rorty는 다음과 같이 썼다.

> 물리학에 대해서는 "이미 있던 것에 대한 더 나은 기술"이라는 고전적인 관념을 고수하는 것은 … 덜 역설적이다. 이것은 심층적인 인식론적 또는 형이상학적 고려사항들 때문이 아니라, 그저 우리 선조들이 어떻게 우리가 서 있는 그 (아마도 거짓) 정상에 서서히 기어 올라왔는가에 관해 우리의 휘그식 이야기*를 할 때, 어떤 것을 이야기 전체에 걸쳐 상수로 유지할 필요가 있기 때문이다. … 물리학은 "발견하기"의 패러다임이다. 그러나 이는 단지 (적어도 서구에서는) 변하지 않는 도덕법이나 시작법詩作法을 배경으로 하여 변화하는 우주에 관한 이야기를 하기가 어려운 데 반해, 반대편 종류의 이야기[변하지 않는 우주법칙을 배경으로 하는 변화하는 도덕과 시의 규칙에 관한 이야기]를 하기는 매우 쉽기 때문이다.[3]

---

* ['휘그식 이야기' 혹은 '휘그식 역사관'은 계몽주의와 이성의 진보를 믿는, 당파적이고 목적론적인 역사해석 방법을 뜻한다.]

3 Richard Rorty, *Philosophy and the Mirror of Nature* (Princeton: Princeton University Press, 1980), pp. 344-345. 나는 로티의 견해를 그의 *Consequences of Pragmatism* (Minneapolis: University of Minnesota Press, 1982)에 대한 서평 (*New York Review of Books*, 28 April 1983)에서 어느 정도 자세히 논의하였다.

과학의 성공과 그 성공의 의미에 대한, 로티의 것과 같은 기술에는 두 가지 눈에 띄는 결함이 있다. 하나는, 한 종류의 이야기는 말하기 쉽지만 다른 종류의 이야기는 말하기 어렵다는 사실에 대한 태도다. 세계가 "이미 있어서" 세계에 대한 우리의 기술을 통제하도록 돕는다는 이미지는 **왜** 그렇게 설득력이 있는가? 로티의 해명에서, 이 부분에 대해서는 설명이 필요해 보이지만 그에 관한 설명은 없다. 만일 "서구"에 대한 언급이 문화적 또는 인류학적 설명을 함의한다면, 그런 설명이 어떤 것이 될지는 전적으로 불명확하다. 그런 설명 자체가 인간이 그 안에서 생겨나서 문화를 발전시키는, 이미 존재하는 물리적 세계를 가정하지 않는다면, 어떤 것이 될 수 있는지 정말로 전적으로 불명확하다.

우리가 하는 것에 대한 여하한 설명 배후에도 이런 종류의 가정이 놓여 있을 것이라는 논지는 로티의 해명에 있는 두 번째 결함과 직결된다. 즉 그것은 자기 반박적이다. 만일 그가 하는 이야기가 참이라면, 그가 그것을 이런 방식으로 표현할 수 있을 어떤 관점도 없을 것이다. 만일 이미 있는 것을 과학이 기술한다고 이야기하는 것이 훨씬 편리하다면, 그리고 여기에는 형이상학적이거나 인식론적인 쟁점이 아니라 무엇이 편리한가 하는 문제만 있다면 (우리가 이런 방식으로 말하는 것은 편리하기 "때문일 뿐"이라면), 그 경우 로티를 포함한 모든 사람이 말해야 하는 것은 이미 있는 세계를 과학이 기술한다는 것이다. 그러나 로티는 우리에게 그것을 말하지 말라고 촉구한다. 로티는 그렇게 촉구함으로써, 즉 그것에 **반대하여** 우리가 말하기 편리한 것을 말하라고 주장하면서, 인간의 언어와 활동 바깥에 있는 선험론적 관점을 재점유하려고 하고 있다. 그런데 이것이야말로 로티가 우리가 포기하기를 원하는 일

이다.[4]

더 효과적인 층위의 반론은 로티를 비롯한 이들이 하는 소극적 주장에 놓여 있다. 그 주장이란, 믿음을 규정하는 무엇인가로서 "세계"라는 관념에는 해결 불가능한 난점이 있기 때문에, 과거에 있었고 미래에 있을 과학의 어떠한 수렴도 세계의 존재 방식에 관한 언급으로는 아마 의미 있게 설명될 수 없다는 것이다. 여기에는 딜레마가 있다. 한편으로 "세계"는 그것이 담고 있는 것에 관한 우리의 현재 믿음들에 의거하여 특징지어질 수 있다. 그것은 별, 사람, 풀, 또는 테이블의 세계이다. "세계"를 이런 방식으로 이해할 때, 물론 세계에 관한 믿음이 세계의 영향을 받는다고 말할 수 있다. 예를 들어 풀에 관한 믿음이 풀의 영향을 받는다는 뜻에서 말이다. 그러나 여기에는 무언가를 해명해주는 점이나 실질적인 점이 없다. 믿음의 대상으로서 세계에 관한 관념은 세계를 재현하기 위해 취하는 믿음들을 반복하는 것 이상이 전혀 아니다. 만일 다른 한편으로, 세계에 대한 그 어떤 기술보다 앞서는 세계, 모든 믿음 및 재현 체계가 재현하고자 하는 세계라는 어떤 관념을 형성하려면, 전혀 특정되지 않고 특정될 수도 없는 무엇인가에 관한 빈 관념을 가지게 된다.[5] 그래서 어느 쪽이든 요구받은 작업을 해낼 "세계"에 관한 어떤 관념을 가지는 데 실패한다.

이 딜레마의 양쪽은 각각 세계에 대한 모든 재현을 한 덩어리로

---

4   경험적 실용주의와 선험론적 실용주의라고 칭할 수 있는 것 사이에 혼동이 있다. 유사한 문제가 비트겐슈타인의 후기 저술과 관련하여 발생한다: 내 책 *Moral Luck*에 실린 "Wittegenstein and Idealism," 그리고 Johnathan Lear, "Leaving the World Alone," *Journal of Philosophy*, 79 (1982)를 보라.

5   Rorty, "The World Well Lost," in *Consequences of Pragmatism*, p. 14. 또한 Donald Davidson, "The Very Idea of a Conceptual Scheme," Proceedings and Addresses of the *American Philosophical Association*, 67 (1973-74)도 보라.

함께 보고는 한 쪽에서는 모두 집어넣고 다른 쪽에서는 모두 **빼버린**다. 그러나 더 도움이 되는 제3의 가능성이 있다. 이 가능성은 우리의 믿음과 이론 중 전부가 아닌 일부에 의거해서 "이미 있는" 세계에 관한 관념을 형성하는 것이다. 우리의 경험과는 독립적으로 **어쨌거나** 있는 세계를 성찰하면서, 우리는 우선 믿음이 무엇에 관한 것인가가 아니라 그 믿음이 자신이 관여하는 대상을 어떻게 나타내는가에 집중해야 한다. 우리의 믿음 중에서, 그리고 우리의 세계 그림의 특성 중에서, 우리의 관점 및 그 특유성으로부터 최대한 독립적인 방식으로 세계를 재현한다고 합당하게 주장할 수 있는 일부를 선별할 수 있다. 이 과업을 완수할 수 있다면 그 결과로 얻게 될 사태에 대한 그림은 세계에 관한 "절대적 관념"이라고 불릴 수 있다.[6] 세계에 관한 절대적 관념에 의거하여 우리는 우리가 그 관념 자체를 획득할 가능성 및 다른 관점에서 재현할 가능성을 설명하기를 희망할 수 있을 것이다.

절대적 관념이라는 생각은 "우리의 경험과 독립적으로 있는 대로의 세계"와 "우리에게 보이는 대로의 세계" 사이의 구분을 유효한 것으로 만드는 데 기여할 수 있다. 절대적 관념은 "우리에게 보이는 대로의 세계"를 "우리에게 특유하게 보이는 대로의 세계"로 이해함으로써 그렇게 한다. 이에 따라 절대적 관념은 우리와 아주 다른 탐구자라도 누구나 도달할 수 있는, 세계에 대한 관념이 될 것이다. 우리와의 유관한 차이로 여겨지는 것, 그리고 정말로 다양한 기술記述의

---

6   이 점은 이미 6장 주석 14에서 언급했다. 또한 N. Jardine, "The Possibility of Abso-
lutism," in D.H. Mellor, ed., *Science, Belief, and Behaviour: Essays in Honour
of R. B. Braithwaite* (New York: Cambridge University Press, 1980); and Colin
McGinn, *The Subjective View* (Oxford: Clarendon Press, 1983)도 보라.

수준에서는 "우리"로 여겨질 것은, 또한 그 관념 자체의 기반 위에서 설명될 것이다. 예를 들어 어떤 종류의 관찰자는 왜 다른 종류의 관찰자는 할 수 없는 관찰을 할 수 있는지 설명할 수 있을 것이다. 이런 이념들이 모든 종류의 지식이 아니라 과학에만 관련된다는 점이 핵심적으로 중요하다. 우리는 그 내용이 관점에 의존하는 사물들을 **알** 수 있다. 예를 들어 초록을 통해 확실히 풀이 초록임을 알 수 있다. 그리고 아마도 풀은 세계의 모든 유능한 관찰자가 활용할 수 있는 개념은 아닐 것이며 절대적 관념에서는 등장할 개념도 아닐 것이다. (우리가 살펴볼 바와 같이, 사람들은 심지어 이보다 더 지역적인 관점에 의존하는 것들도 알 수 있다.) 여기서 논지는 지식에 대한 해명을 제시하는 것이 아니다. 그리고 가치와의 대조는 지식이 아니라 과학에 의거해서 표현해야 한다. 논의의 목적은 과학 특유의 수렴 가능성을 개괄하는 것인데, 이것은 사태가 (어쨌거나) 어떠한지에 대하여 수렴이라고 의미 있게 이야기할 수 있는 것이다.

앞서 설명한 바와 같이 과학 특유의 수렴 가능성은 설명 관념에 크게 의존한다. 그 절대적 관념의 실질은 (앞서 보여준 "세계"라는 공허하고 희미해지는 관념과는 달리) 그것 자체가 어떻게 가능한지, 그리고 세계에 관한 다양한 관점의 견해들이 어떻게 가능한지 공허하지 않게 설명할 수 있다는 이념에 놓여 있다. 현대 과학의 중요한 특성은, 우리의 기원과 특징을 지닌 존재가 어떻게 하여 바로 이 과학이 세계에 귀속시키는 속성들을 지닌 세계를 이해할 수 있는지 설명하는 데 기여한다는 점이다. 진화생물학과 신경과학의 성취는 이 측면에서 실질적이며 그것들의 설명 관념은 공허하지 않다. 그러나 그런 설명 자체가 전적으로 절대적 관념의 수준에서 작동할 수는 없다는 것은 참이다. 왜냐하면 그것들이 설명해야 하는 것들은 세계에 대한 믿음, 이론, 관념 같은 심리적이고 사회적인 현상이기 때문이다. 나아가 그런 현상이 비관점적 견지에서 적정하게 특징지어질 수 있다고 상정할 이유는 거의 없을 것이다. 어느 정도까지 그렇게 특징지어질 수 있을지는 철학적으로 핵심적인 질문이다. 그러나 그러한 것들에 대한 설명에 어느 정도는 관점이 투사된 상태일 수밖에 없음을 감안하더라도, 이는 절대적 관념이라는 개념을 운용할 수 없음을 의미하지는 않는다. 그런 관념은[절대적 관념을 목표로 추구하여 얻은 관념으로서, 그 내용 중 일부는 관점이 투사된 것으로 남아 있기는 하지만 그래도 그 어떤 관점에서라도 이해할 수 있는 관념은] 탐구자가 어떤 모습이건 어떠한 적정한 탐구자도 활용 가능한, 관점에 의존하지 않는 재료로 이루어진 관념일 것이다. 또한 그것은 저 외계의 탐구자들에게는 반드시 그렇지 않더라도 우리에게는 그 관념을 파악하는 우리 능력과 같은 것을 설명하는 데도 도움이 될 것이다. 어쩌면 그 이상의 것이 활용 가능하다고 판명될 것이다. 그러나 "세계"라는 관념에 내용을 부여하는 것, 그리고 수렴 가능성에 의거하여 과학적인 것과 윤리적인 것을 구분하는 것에 대한 첫 번째 노선의 반론을 물리치는 데에 그 이상은 필요하지 않다.

이런 반론의 반대편 노선은 "사태가 어떠한지에 관한 수렴"이라는 관념이 윤리적 사안에서도 어떤 적절한 정도로 활용 가능하다고 주장한다. 윤리적 사안에서의 이러한 활용 가능성이 보이는 장소는 무엇보다도, 내가 자주 언급했던 실질적이거나 두꺼운 윤리적 개념들에 있다. 그런 개념들의 많은 이국적 사례를 다른 문화에서 끌어올 수도 있겠지만, 우리 문화에도 충분히 많은 사례가 남아 있다. **겁쟁이, 거짓말, 야만성, 감사** 등이 바로 그런 사례이다. 이들은 행위의 이유에 특징적으로 연관된다. 만일 이런 종류의 개념이 적용되면, 흔히 누군가에게 행위의 이유를 제공한다. 1장에서 실천적 추론에서 이들의 역할에서 보았듯이, 그런 이유는 결정적인 것이 아닐 수도 있으며 다른 이유들이 이를 능가할 수도 있지만 말이다. 물론 정확히 어떤 행위 이유가 누구에게 제공되는가는 상황에 달려 있으며, 그 방식은 이 윤리적 개념으로 규율될 수도 있고 다른 윤리적 개념들로 규율될 수도 있다. 그러나 이유와 행위의 어떤 일반적인 연관은 충분히 명확하다. 요약하자면, 그런 개념은 "행위를 인도한다"고 말할 수 있을 것이다.

동시에 그런 두꺼운 윤리적 개념의 적용은 세계에 의해 인도된다. 이런 종류의 개념은 올바르거나 그릇되게 적용될 수 있고, 그 개념을 획득한 사람들은 이를 어떤 새로운 상황에 적용하거나 적용할 수 없다는 데 동의할 수 있다. 많은 사안에서 의견 불일치는 즉발적일 것이지만, 다른 사안에서는 판단하고 비교할 여유가 있을 것이다. 주변부 사안에서 일부의 의견 불일치는 해결 불가능할 수도 있다. 그러나 이것은 그 개념 사용이 사실에 의해, 혹은 세계에 대한 사용자의 지각에 의해 통제되지 않음을 의미하지는 않는다. (전적으로 정확하지 않은 다른 개념들과 마찬가지로, 주변부 사안에서 의견 불일치는 정말로 그 개념 사용이 사실에 의해 어떻게 통제되고 있는지 보여주는 데 도움을 줄 수 있다.) 그렇다면 이런 개념 적용은 세계에 의해 인도됨과 동시에 행위를 인도한다고 말할 수 있다. 어떻게 동시에 둘 다일 수 있는가?

앞 장에서 논의한 규정주의적 해명은 이 질문에 매우 간단하게 답변한다. 그 해명에 따르면, 두꺼운 윤리적 개념은 어느 것이나 기술적 요소와 규정적 요소로 분석될 수 있다. 두꺼운 개념은 그 기술적 내용에 있어서 세계에 의해 인도되지만 그 개념에는 규정적 깃발이 달려 있다. 두꺼운 개념이 세계에 의해 인도되게 하는 것은 첫 번째 특성인 반면, 두 번째 특성은 두꺼운 개념이 행위를 인도하도록 만든다. 이 그림의 난점 중 일부는 규정적 요소에 관한 것이며, 규정적 요소 가 적절한 의미에서 어떻게 행위를 인도한다고 상정되는가와 관련된 다. (자신에게 무엇인가를 하라고 이야기함은, 그것을 할 이유가 있다고 인식하는 것에 대한 명확한 모델이 아니다.) 그러나 가장 중대한 반론 은 그 분석의 나머지 절반에 적용된다. 규정주의는, 그 개념을 세계 에 적용하는 것을 규율하는 것은 기술적 요소이며, 그 개념의 평가적 관심은 여기에서 아무 역할을 하지 않는다고 한다. 평가적 측면이 모 두 출력인 것과 마찬가지로, 그 개념의 사용에 들어가는 입력은 모두 기술적 측면이다. 이로부터 나오는 결론은, 이런 종류의 어떤 개념에 대해서도, 바로 세계의 동일한 특성들을 집어내면서도 기술적 개념 으로만 작동할 뿐 여하한 규정적이거나 평가적인 힘은 없는 다른 개 념을 산출할 수 있다는 것이다.*

이에 대하여 비판가들은 어떤 기술적 등가물이 필연적으로 활용 가능할 것이라고 믿을 이유가 없다는 효과적인 논지를 짚었다.[7] 어떤

---

* ['정숙하다'라는 두꺼운 윤리적 개념은 단기간에 다수의 사람과 성행위를 하지 않는다 는 기술적 요소를 가진다. 그래서 오랜 기간 아무와도 성행위를 하지 않았거나 단 한 사람에게 충실한 사람을 두고 '정숙하지 않다'고 묘사하는 것은 틀린 언어 사용이다. 그 러나 그러한 기술적 요소로부터 곧바로 행위를 인도하는 데에 '정숙' 개념을 적용할 수 는 없다. 그 두꺼운 개념에 혼입된 평가적 관념을 공유하지 않는 사람은 'A는 정숙하지 않다. 그러나 정숙함이 사람이라면 누구나 따라야 하는 지침은 아니다'라고 얼마든지 말할 수 있다. 다른 사람에게 피해를 주지 않는 범위에서 최대한의 성적 쾌락을 추구 하는 사람은 오히려 정숙하지 않은 생활을 좋은 삶이라고 여기며 추구할지도 모른다.]

7 주목할 만한 문헌으로 John McDowell, "Are Moral Requirements Hypothetical Imperatives?", Proceedings of the *Aristotelian Society*, suppl. vol. 52 (1978); "Virtue and Reason," *Monist*, 62 (1979)가 있다. 맥도웰은 무엇보다도 덕스러운 사람 의 마음 상태와 동기부여에 관심이 있지만, 나는 그의 견해가 나의 본문에서 논의된 더 일반적인 함의를 가진다고 본다. 개념의 평가적 관심을 공유하지 않으면 그 평가적 개 념을 골라내는 것이 불가능할 수도 있다는 발상은 기본적으로 비트겐슈타인적 발상이

개념의 한 적용에서 다른 적용으로 어떻게 "넘어가는가"는 그 개념이 나타내는 관심 종류의 함수이다.** 그리고 만일 우리가 이런 종류의 개념이 그 의의를 갖는 평가적 관점을 공유하지 않는다면, 사람들이 어떻게 "넘어가는가"를 우리가 이해할 수 있다고 가정해서는 안 된다. 통찰력 있는 관찰자는 실로 그 개념을 사용하는 사람들의 가치를 실제로 공유하지 않고서도 그 개념 사용을 이해하고 예상할 수 있을 것이다. 이것은 중요한 논지이며, 뒤에서 다시 살펴보겠다. 그러나 관찰자는 그 개념 사용을 상상에 의해 예상할 때는 반드시 그 평가적 의의도 상상에 의해 파악할 것이다. 관찰자는 전적으로 자신이 관찰

다. 나는 그 이념을 필리파 풋과 아이리스 머독이 1950년대 있었던 한 세미나에서 표현하여 처음 들었다. 비트겐슈타인의 후기 철학에서 가져온 발상들을 윤리학에 적용하는 문제에 관하여는 예를 들어 Hanna F. Pitkin, *Wittgenstein and Justice* (Berkeley: University of California Press, 1972), 그리고 Sabina Lovibond, *Realism and Imagination in Ethics* (Minneapolis: University of Minnesota Press, 1983)를 보라. 비트겐슈타인에게 많은 것을 빚지고 있는 광범위한 성찰로는 Stanley Cavell, *The Claim of Reason* (New York: Oxford University Press, 1979), 특히 3부와 4부를 보라. 윤리적 질문들에 관한 비트겐슈타인의 개인적인 견해는 다른 문제였다. 비트겐슈타인 사후 출간된 "A Lecture on Ethics," *Philosophical Review*, 74 (1965)를 보라. 그리고 Rush Rhees, "Some Developments of Wittgenstein's View of Ethics," ibid.; B.F. McGuiness, "The Mysticism of the Tractatus," ibid., 75 (1966)도 보라. 맥도웰 자신은 합리적 행위의 "믿음과 욕구" 모델을 거부하면서 심리철학에서 중요한 결론들을 끌어낸다. 나는 이 결론들을 받아들이지 않지만 그 질문을 여기서 논하지는 않겠다. 이 장의 이후에 등장하는, 윤리적 믿음과 감각적 지각 사이의 차이에 관한 몇몇 고려사항들이 이 질문과 밀접한 관련이 있다.

** [예를 들어, 미국 수정헌법 제8조는 '잔인하고 비정상적인 형벌'을 가해서는 안 된다고 규정하고 있다. 그런데 미국 사람들 사이에서는 사형제가 '잔인하고 비정상적'이라는 개념에 속하는가를 두고 논쟁이 계속 벌어져왔다. 그런데 어떤 형벌이 고통을 많이 발생시키고 삶의 과정을 이례적으로 단절시키거나 축소시키는 것이라는 사실은 '잔인하고 비정상적'이라는 개념의 공통 기술 요소라고 볼 수 없다. 사형제가 합헌이라고 보는 사람들은 '사형제는 잔인하고 비정상적이지만 수정헌법 제8조에 어긋나지 않는다'고는 결코 말하지 않을 것이다. 그렇다면 이러한 논쟁을 '잔인하고 비정상적'의 기술적 적용에서 행위를 인도하는 실천적 적용으로 어떻게 '넘어가는가'의 문제를 둘러싼 논쟁으로 이해하는 것은 잘못된 이해이다.]

하는 공동체의 평가적 이해관심 바깥에 있을 수 없고, 그러면서 그저 세계의 특정한 중립적 특성을 다소 이상한 방식으로 분류하는 도구로 그 개념을 집어들 수 없다.

이해에 대한 이런 요구를 제기하는 윤리적 개념들이 있어야 한다는 것은 매우 그럴 법하며 확실히 가능하다. 사실 이 논증에서 어떤 중요한 역할을 수행함이 가능하다는 것 이상이 필요하지도 않다. 이 역할은 적절한 언어철학이나 사회적 설명의 철학이 제기하는 요구가 어떤 것으로 드러날지를 도덕철학에게 상기시켜주는 것이다. 만일 그것이 가능할 뿐만 아니라 그럴 법하기까지 하다면, 도덕철학은 그것이 참이라면 무엇을 말해야 하는지 살펴봐야 할 것이다.

공감적 관찰자는 자신이 관찰하고 있는 사람들의 실천을 따를 수 있다. 그들의 개념 사용에 대한 토론들을 보고하고 예상하고 심지어 거기 참여할 수도 있다. 그러나 이를테면 종교나 마법 관련 개념 같은 그들의 다른 개념들에서처럼, 그는 그런 개념 사용에 궁극적으로 동질감을 갖지 않을 수도 있다. 그 개념은 진정으로는 그의 것이 아닐 수도 있는 것이다.[8] 통찰력은 있지만 전적으로 동질감은 갖지 않는 관찰자라는 이 가능성은 중요한 질문과 관련이 있다. 그것은 이런 종류의 윤리적 개념을 적절하게 적용하는 이가 윤리적 지식을 갖고

---

8   맥도웰("*Virtue and Reason*")은 이 가능성을 허용한다. 그러나 맥도웰은 이 가능성으로부터 아무런 결론도 이끌어내지 않으며 문화 간 상충을 전적으로 무시한다. 맥도웰은 윤리에서 객관성에 대한 회의주의를 추적하여 한편으로는 그가 "속류 과학주의 philistine scientism"라고 칭하는 것으로, 다른 한편으로는 뒷받침되지 않는 실천에 직면하여 느끼는 현기증이라는 철학적 병리로 나아간다. 과학에 대한 그의 태도를 제쳐놓고 보면, 맥도웰은 역사에 대해서조차 다소 관심이 없는 듯 하며, 시대에 따른 견해 차이에 관해서는 아무것도 말하지 않는다. 아리스토텔레스와 가장 관련이 깊은 덕을 논하면서 친절함을 사례로 든다는 점은 의미심장하다. 친절함은 아리스토텔레스적 덕이 아니다.

있다고 이야기될 수 있는지 여부다.

부자연스럽지만, 우리가 최대한으로 동질적인 사회, 일반적 반성이 최소화된 사회를 다루고 있다고 가정해보자. 그 구성원들 모두는, 단지 이런 종류의 특정 윤리적 개념들을 사용한다. (그것을 "극도로 전통적인hypertraditional" 사회라고 부를 수 있겠다.) 그들이 윤리적 지식을 갖는 일에는 무엇이 포함될까? 명제적 지식에 대한, 활용 가능한 최선의 해명에 따르면[9] 그들은 자신의 판단을 믿어야 할 것이다. 또 그러한 판단은 참이어야 한다. 그리고 그 판단은 지식 철학에서 광범위하게 논의되어 왔지만 다음과 같이 요약될 수 있는 추가 조건을 만족해야 한다. 앞의 두 조건의 연결이 우연적이지 않아야 한다는 조건이다. 즉 사람들이 탐구를 진행하는 방식을 인정할 때 그들이 획득한 믿음이 참된 믿음임이 우연이어서는 안 되며, 만일 그 주제에 관한 참이 달랐더라면 그들은 그러한 다른 상이한 여건에서 참인, 어떤 다른 믿음을 획득했을 것이다. 그래서 나는 주사위를 봄으로써 6이 나왔음을 알며, 개략적으로[10] 이는 만일 주사위가 4가 나왔다면 그것을 봄으로써 4가 나왔음을 믿었을 것이라는 주장을 포함한다. (고려해야 할 대안적 상황은 실제 상황과 적당히 닮은 상황으로 한정해야 한다.) 로버트 노직Robert Nozick의 표현에 따르면, 우리는 그 세 번째 요구 —

---

9 내가 읽은 문헌 중 명제적 지식에 대한 가장 섬세하고 재기 넘치는 논의는 로버트 노직이 그의 *Philosophical Explanations* 3장에서 한 논의다. 노직의 해명의 몇몇 중심적 특성은 가정법적 조건문subjunctive conditionals을 주목할 만큼 활용한 것인데, 프레드 드레츠키Fred Dretske가 이미 그 전에 보여주었던 것이다. 노직은 실제로 그 책 3장의 주석 53 (p. 630)에서 이 점을 언급하면서 인정한다.

10 얼마나 개략적인가? 어쩌면 나는 여섯 개의 점은 6으로 읽을 수 있지만 네 개의 점을 4로 읽을 수 없을지도 모른다. 만일 내가 여섯 개의 점은 6으로 읽고 그 외에는 모두 6이 아닌 것으로 읽을 수밖에 없다면 어떻게 되는가?

그것은 내가 시사한 것보다 훨씬 더 많은 정교화를 포함한다 — 란 주체의 믿음이 "참을 추적track the truth"해야 한다는 것이다.

극도로 전통적인 사회의 구성원들은 그들의 두꺼운 개념들을 적용하며, 그렇게 하면서 여러가지 판단을 한다. 만일 그러한 판단 중 하나라도 참이라고 적절하게 말할 수 있다면, 그들의 믿음은 참을 추적할 수 있다. 그 여건이 이전에 추정한 바대로가 아니라고 판명된다면 그들은 그 판단을 철회하고, 어떤 대안적 판단이 더 적합하다면 그런 판단을 내리는 등의 일을 할 수 있기 때문이다. 그들은 각각 이 개념들에 숙달하였고 이 개념들이 적용되는 개인적이고 사회적인 사건을 지각할 수 있다. 만일 여기에 참이 있다면, 그들의 믿음은 그것을 추적할 수 있다. 남아 있는 질문은 이 판단들 중 어느 하나라도 참일 수 있는가 하는 것이다.

그럴 수 있다는 데 대한 하나의 반론이 제기될 수 있다. 만일 그 판단들이 참이라면, 관찰자는 그들이 참이라고 타당하게 이야기할 수 있다. 그들의 개념 중 하나를 F라고 하면, 관찰자는 "'그 소년은 F다' 라는 그 추장headman의 진술은 참이다."라고 말할 수 있다. 그 경우 관찰자는 몸소 "그 소년은 F다"라고 말할 수 있어야만 한다. 그러나 그렇게 할 준비가 되어 있지 않다. 왜냐하면 F가 관찰자 자신의 개념들 중 하나가 아니기 때문이다.

이 반론은 어느 정도나 강력한가? 그것은 다음 원리에 기대고 있다. A 자신도 S에 해당하는 무엇인가를 말할 수 없다면, B가 S를 발화할 때 참을 말하는 것이라고 A가 말하는 것은 타당하지 않다. 이 것은 진리에 관한 기본 원리인 **탈인용 원리**disquotation principle[11]*에서

---

11   Alfred Tarski, "The Concept of Truth in Formalized Languages," in *Logic, Se-*

따라나오는 것으로 보일지 모른다. 그 원리는 P일 때, 그리고 오직 그 때에만, P는 참이라는 내용이다. 그러나 그 원리는 다른 사람들의 진술에 관하여 무엇을 말할 수 있는가를 결정할 때 그렇게 간단히 적용될 수 없다. 단순한 사례를 들자면, 학교의 다양한 대상, 장소, 제도에 특수한 이름을 사용하는 어떤 학교 은어를 상상해볼 수 있다. 학교 구성원만 그 단어들을 적절하게 사용한다는 것이 규칙이며 학교 바깥의 집단은 이 규칙을 수용하고 이해한다. (만일 그 규칙이 애초에 **그런** 규칙이라면 그럴 수밖에 없을 것이다.) 사람들은 몸소 이런 용어를 사용한다면 그 학교 구성원으로 여겨지든가, 그렇지 않다면 비판을 받으리라는 것 등등을 안다. 이 은어에서는 "잡초Weed"가 일부 학교 건물의 이름이라고 가정해보자. 이 상상된 규칙 하에서는, 관찰자가 어떤 역할을 맡은 것이 아니라 온전한 자기로 있으면서 "로버트슨은 잡초에 있다"라고 말하는 것은 적절할 수 없다. 그러나 그는 "스미스는 '로버트슨이 잡초에 있다'고 말했다"고 이야기할 수는 있으며, 거기다가 "그리고 스미스가 말한 것은 참이다."라고 덧붙일 수 있다. (비록 그 논증에 필요한 것은 아니지만, 사실 거기서 한 걸음 더 나아가

---

mantics, Meta-Mathematics (Indianapolis: Hackett Publishing Co., 1981). 지금 다루고 있는 쟁점에 관하여는 David Wiggins, "What Would Be a Substantial Theory of Truth?", in Zak van Straaten, ed., Philosophical Subjects: Essays Presented to P.F. Strawson (New York: Oxford University Press, 1980)를 보라. 위긴스의 논의는 추가적인 쟁점을 불러일으킨다. 이 쟁점은 관찰자가 문장들에 탈인용 진리 공식을 적용할 수 없다면 문장이 의미하는 것을 이해라도 할 수 있는지 여부이다. 이 부분에서 위긴스는 Donald Davidson, "Truth and Meaning", Synthese, 17 (1967)의 영향을 받았다. 공감적이지만 동질감을 갖지는 않은 관찰자가 있을 수 있다는 사실은 어떤 것을 스스로 주장하기는 꺼리더라도 그것을 이해하는 것이 불가능하지는 않음을 보여준다.

* [탈인용 원리는 "P"(문장)가 참인 것은 P(사태)일 때, 그리고 오직 P(사태)일 때 뿐이라는 원리이다.]

"스미스는 로버트슨이 잡초에 있다고 참되게 말했다"고 이야기하는 것은 상당히 자연스럽다.)

이 간단한 사안에서 은어가 칭하는 것과 동일한 대상을 지시하는 다른 용어를 관찰자가 가지고 있음은 물론 참이다. 아마도 현지의 사용자들도 그러할 것이다. 그러나 그런 사정이 성립하지 않는 다른 사례들이 있다. 이를테면 남성과 여성이 동일한 것에 대하여 상이한 이름을 사용하는 언어에서 말이다. 위의 학교 사례에서는 관찰자와 현지인 양쪽 다, 해당 은어 진술을 참으로 만드는 요소를 (그것에 대조되는) 특정인이 그렇게 진술하는 것을 적절한 것으로 만드는 요소와 가려낼 언어적 수단을 지녔다.* 그 또는 그녀가 사용해야 하는 올바른 용어를 화자의 성별이 결정하는 경우에는 사정이 더 복잡하다. 두꺼운 윤리적 개념의 경우에는 사정은 한층 더 복잡하다. 왜냐하면 관찰자는 바로 현지인의 용어가 가려내는 것과 동일한 것을 가려낼 용어가 없으며, 이와 동시에 현지인의 이러한 사용을 형성하는 이해관심으로부터 전적으로 독립적이기 때문이다. (물론 그는 "그들이 F라고 부르는 것"과 같은 표현을 갖고 있으며 그가 이것을 사용할 수 있다는 사실은, 비록 이 용어와 독립적이지는 않지만, 중요하다. 그가 이 표현을 영리하게 사용한다는 것은, 스스로 그 용어를 사용할 수는 없지만 정말로 그들의 용어 사용을 이해할 수는 있다는 것을 보여준다.)

그러나 학교 은어라는 단순한 사례와는 차이가 있음에도 불구하고, 윤리적 개념이라는 사례를 동일한 것의 좀 더 심층적인 사례로

---

*   [여기서 학교 건물을 가리키는 '잡초'라는 용어를 쓰는 일을 적합하게 만드는 요소는
     화자가 학교의 구성원이라는 사실이다. 반면에 그 진술을 참으로 만드는 요소는 로버
     트슨이 실제로 '잡초'로 지칭되는 학교 건물에 있다는 사실이다.]

볼 수 있다. 양 사례에서 우리가 특정 방식으로 말하려면 만족되어야 하는 하나의 조건이 있다. 그 조건은 관찰자가 아니라 현지인에 의해 충족되며, 그 사례들에서 모두 이는 특정 문화에의 소속 문제이다. 두 사례를 서로 비교한다면, 그리고 둘을 화자 성별이 어휘에 영향을 주는 상황과 비교한다면, 현지인이 말하는 바로 그것을 관찰자가 말하는 것이 차단되어 있는 이유를 이해할 수 있으며, 현지인이 말하는 것이 참일 수 있음을 관찰자가 인식하는 것은 차단되어 있지 않다는 사실도 알 수 있다. 그렇다면 탈인용 원리로부터, 두꺼운 윤리적 개념을 포함하는 현지인의 진술이 참일 수 없다는 결론에 이르지는 않는다.

현지인의 진술이 참이 아닐 수 있다는 결론을 지지하는 다른 논증이 있다. 더 직설적으로는, 이 논증은 그 진술이 거짓일 수 있다고 주장한다. 그 진술이 현지인 자신이 인식할 수 있는 방식으로 오류일 수 있기 때문이 아니라, 현지 담화의 부분들 모두가 오류를 포함한다고 바깥에서 볼 수 있기 때문이다. 이론가들은 이 가능성을 많이 논의해 왔다. 사회 인류학자들은 의례나 마법적 관념이 우리의 용어로는 오류로 여겨져야 하는지, 아니면 어떤 다른 수준에서 작동하며 우리의 과학적 관념들과는 통약 불가능한 것으로 여겨져야 하는지 질문해 왔다. 더 일반적으로 말할 수 있는 것이 무엇이든 간에, 적어도 마법은 과학적 인과 관념과 중첩하는 함의를 지니는 어떤 인과적 관념임을 부인하기는 어렵다.[12] 그렇다면 마법적 관념은 바깥에서 거짓으로 볼 수 있으며, 그럴 경우 어느 누구도 마법적 영향력을 주장한 그 어떤

---

12   John Skorupski, *Symbol and Theory* (New York: Cambridge University Press, 1976)를 보라.

사람도 참을 진술한 것은 아니게 될 것이다. 설사 그가 특정한 마법적 영향력을 주장할 수 있는 현지의 기준을 모두 타당하게 사용했을지라도 말이다. 그 현지의 기준은 그런 주장에 포함된 모든 것에 미치는 것은 아니다. 이런 종류의 사안에서 현지인의 진술에 참을 인정하는 문제는 앞서 논의한 문제와 정반대의 구조를 갖는다. 앞서의 주장은, 현지인의 관념과 관찰자의 관점이 너무나 달라서 관찰자는 현지인이 주장한 것을 주장할 수 없다는 것이었다. 지금 다루고 있는 문제는, 현지인 주장이 함의하는 관념이 관찰자의 일부 관념과 충분히 유사해서 관찰자가 현지인이 진술하는 것을 거부할 수 없다는 것이다.

우리는 이 난점을 제기하는 방식으로 현지의 윤리적 진술을 바라볼 수도 있다. 이 독법에서는 현지인의 진술은 관찰자의 용어로 표현할 수 있으며 관찰자가 거부하는 무엇인가를 함의한다. 즉, 그가 생각하기에 옳지 않거나 괜찮지 않은 행위가 **옳다**거나 **괜찮다**는 것이다. 규정주의는 그런 식으로 본다. 현지의 진술은 그것의 기술적 내용과 함께, 어떤 만능의all-purpose[모든 목적에 적용되는] **해야 한다**를 함축한다. 우리는 그 분석의 기술적 부분에 해당하는 절반을 거부하였다. 그렇다면 다른 절반을 받아들일 이유가 있는가?

물론 현지인이 자신이 하는 대로 행위하는 것이 "괜찮다"고 생각하는 최소 의미가 있으며, 현지인은 이 점을 함의하는 데 그치는 것이 아니라 사는 방식을 통해 드러낸다. 현지인이 이 층위에서 "그것을 괜찮다고 생각한다"고 말하는 것은 어떤 추가적이고 논란의 여지가 있는 그의 판단을 언급하는 것이 아니다. 그것은 단지 그의 실천을 기록하는 것이기 때문이다. 현지인은 받아들이되 관찰자는 충분히 거부할 수 있는, 어떤 보편적인 도덕적 관념을 사용하여 표현되는 판단이 있다는 데 동의해야 할까?

나는 그런 판단이 있다는 이념을 받아들여야 한다고 생각하지 않는다. 더 정확히 말해, 나는 그 질문 전체에 대한 더 일반적인 그림을 갖기 전에는 그 이념을 받아들여야 할지 결정할 수 없다고 생각한다. 이것은 그 자체로 우리에게 더 일반적인 결론을 강제할 수 있는 쟁점이 아닌 것이다. 기본적인 질문은 실천과 반성의 관계를 어떻게 이해해야 하는가이다. 여기서 문제가 되는 그 매우 일반적인 종류의 판단 — 매우 일반적인 개념을 사용하는 판단 — 은 본질적으로 반성의 산물이다. 그것이 문제가 되는 것은 누군가 사회의 실천으로부터, 그리고 이러한 개념 사용으로부터 물러서서 계속 그렇게 하는 것이 옳은 방식인지, 이것이 행위를 평가하는 좋은 방법인지, 찬탄받고 있는 성품 유형이 적절하게 찬탄받고 있는 것인지 물을 때이다. 많은 전통적인 사회 자체 안에서도 반성적 질문과 비판이 어느 정도 있으며, 이것은 중요한 사실이다. 내가 아무런 반성이 없는 극도로 전통적인 사회라는 관념을 사용해온 것은 논증을 위해서 그 쟁점을 분리하려는 것이다.

이런 사회와 관련하여 질문은 이제 다음과 같다. 그 사회의 실천, 특히 그 사회 구성원이 내리는 판단은 그 실천에 관한 반성적인 질문, 즉 그가 한 번도 제기한 적이 없는 질문에 대한 답변을 함의하는가? 어떤 사회의 구성원이 내린 일부 판단은 그가 더 일반적이거나 이론적인 층위에서 한 번도 고려해보지 않은 함의를 정말로 갖는다. 마법적 판단이 만약 인과적 주장으로 간주된다면 그것은 여기에 해당할 것이다. 수학적 판단이나 별에 관한 판단에서도 성립할 것이다. 우리는 그의 말을 수학적 판단이나 별에 관한 의견 표명으로 이해할지와 관련하여 얼마간 재량을 가질 수도 있다. 그러나 만일 우리가 그가 그러한 판단을 내리고 그러한 의견을 표현하고 있는 것으로 여긴다면, 그의 진술은 더 일반적인 함의를 가질 것이다. 어떤 진술이 표현하는 것이 별에 관한 하나의 의견이라면, 그것이 별에 관한 다른 의견과 모순될 수 있다는 결론이 따라 나온다.

극도로 전통적인 사회의 활동을 보는 두 가지 상이한 방식이 있다. 그 방식들이 의존하는 윤리적 실천 모델은 서로 다르다. 그 중 하나는 "객관주의" 모델로 불릴 수 있다. 이에 따르면, 우리는 그 사회 구성원이 가치에 관한 진리를 규명하려고 그 현지 방식으로 시도한다고 볼 것이다. 이 시도는 우리, 다른 인간들, 그리고 아마도 인간이 아닌 존재들까지도 모두 관여되어 있는 활동이다. 우리는 그 경우 그의 판단이 이 일반적인 함의를 가지는 것으로 볼 것이다. 더 정확히 말하면 이는 별에 관한 원초적 진술을, 별에 관한 더 정교한 진술과 모순될 수 있는 함의를 갖는 것으로 보는 것과 같다. 다른 모델에서는 우리는 그의 판단을 그의 삶의 방식의 일부로, (비록 그가 의식적으로 건축한 것은 아니지만) 그가 거주하게 된 문화적 인공물로 볼 것이다. 이 비객관주의 모델에서는 실천과 비판적 반성의 관계에 대한 견해가 달라진다. 우리는 반성이 일어나는 수준이 이미 내재해 있다고 보려 하지 않을 것이며, 그의 판단이 보이는 바 그대로 일반적인 함의를 가진다고 말하려 하지 않을 것이다.

그의 활동을 바라보는 이 두 상이한 방식 중 무엇을 선택하는가에 따라, 극도로 전통적인 사회에 사는 사람이 윤리적 지식을 갖는다고 말할지가 결정될 것이다. 어떤 윤리적 지식이 문제되고 있는지 아주 명료하게 하는 것이 중요하다. 문제되는 윤리적 지식은 그 사람이 자신의 두꺼운 개념을 사용하는 판단을 내릴 때 개입되는 지식이다. 그가 **어떤 다른 개념이 아니라 바로 그 개념을 사용하는 것이** 그의 지식을 드러내보이는지 여부를 살펴보고 있는 것이 아니다. 이것은 반성적 수준의 쟁점일 것이기 때문이다. "그 사회는 윤리적 지식을 보유하는가?"라는 질문은 그 면에서 심각하게 애매하다. 사회를 집단적으로 언급함으로써 그 사회의 윤리적 재현을 다른 사회의 윤리적 재현과 비교하는 관점을 취하게 되는데, 이런 관점은 반성적 수준에서 취하는 것이다. 그 수준에서는 그 사회에 사는 사람은 확실히 지식을 보유하지 않는다. 다른 의미에 있어서 이 질문은 그 사회 구성원이 자신의 개념을 활용하는 것이 그 개념을 적용하는 세계에 대한 지식을 표현하는 것일 수 있는지 묻는 것이고 그에 대한 답은 '예'일 수 있다.

이 논의의 흥미로운 결론은 우리가 그의 윤리적 활동에 대해 비객관주의 견해를 취한다면 그 답이 '예'[극도로 전통적인 사회는 윤리적 지식을 보유한다]일 것이라는 점이다. 그 사회의 여러 구성원은 자신의 개념을 주의 깊게 활용하고 적합한 기준을 사용하는 등의 활동을 할 때 지식을 가질 것이기 때문이다. 그러나 객관주의 견해에 따르면 그는 지식을 갖지 않는다. 또는 적어도 지식을 가질 가능성이 대단히 낮다. 왜냐하면 반성적 수준에 있어서 그의 판단에는 그가 결코 고려해 보지 않은 광범위한 함의가 있기 때문이다. 그리고 그런 함의를 고려할 경우 윤리적 개념의 전통적 사용이 심각하게 영향을 받으리라고 믿을 근거가 충분하다.

객관주의 견해는 비반성적인 사회의 지식을 부인하지만, 반성적 수준에서는 지식을 약속해주는 것으로 보인다. 특징적으로, 객관주의 견해는 지식에 대한 요구가 반성에 의해서만 충족되리라 기대한다. 보편적으로 견지되며 보통 모호한 몇몇 윤리적 믿음("누군가를 죽이려면 특별한 이유가 있어야 한다.")은 확실히 반성적 수준에서도 살아남으리라는 것에 의문의 여지가 없다. 그러나 그런 것은 반성적 수준에서의 윤리적 지식의 체계적 집합체이기는커녕 적정한 집합체에도 훨씬 못 미친다. 그리고 나는 윤리이론에 관한 앞선 논의의 결론은 적어도 현재 상태에서는 그런 지식 집합체가 존재하지 않음을 보여 주었다고 생각한다. 나중에 나는 윤리적 진리의 명제적 지식이 관련되는 한, 이것은 그저 현재 상태가 어떠하다는 문제가 아니라고 주장할 것이다. 그렇기보다는 반성적 일반성의 높은 수준에서는 이런 종류의 윤리적 지식은 있을 수 없거나 기껏해야 한 조각만 있을 수 있다.

극도로 전통적인 수준에서 또는 비반성적인 수준에서도 지식이 있을 수 있음을 받아들인다면, 반성이 그런 전통적 개념을 특유의 방식으로 동요시키거나 밀어내거나 대체한다는 분명한 진리를 받아들인다면, 그리고 적어도 현재 상태에서는 반성적 수준이 우리에게 전에 없던 지식을 줄 처지가 아님에 동의한다면, 명백히 소크라테스적이지 않은 결론, 즉 윤리학에서는 **반성이 지식을 파괴할 수 있다**는 결론에 이른다. 다음 장에서 상대주의의 관심사를 다루면서 이 결론이 무엇을 의미하는지 살펴볼 것이다.

비반성적 수준에서의 지식을 허용할 때 또 하나의 결과는, 모든 명제적 지식이 가법적加法的이지는 않다는 점이다. 지식의 모든 조각이 더 큰 지식 집합체로 결합될 수 있는 것은 아니다.* 우리는 그 결론을 어쨌거나 세계에 대한 관점적 견해를 포함하는 다른 맥락에서 받아들여야 할 수도 있다. 물리 세계의 일부는 어떤 종류의 관찰자에게는 어떤 하나의 색깔로 드러나면서, 다른 종류의 관찰자에게는 다

---

* [예를 들어 어떤 사회에서 '정숙하다'라는 두꺼운 윤리적 개념을 사용하면서 그 평가적 의의를 긍정하며 다양하게 그 사회 안에서 적절하게 사용하고 그 개념을 매개하여 자기 행동과 타인 행동을 조정하는 비반성적 지식을 가진다면, 그 지식은 정숙함에 대한 긍정적 평가를 공유하지 않는 사회의 윤리적 지식과는 더하기를 통하여 더 큰 지식 집합체로 결합될 수 없다.]

른 색깔로 드러날 수 있다. 또 다른 종류의 관찰자에게는 정확히 어떠한 색깔도 아닐 수도 있다. 각 종류의 관찰자가 지각하는 이런 성질을 각각 A, B, C라고 하자. 그 경우 한 종류의 숙련된 관찰자는 표면이 A임을 알 수 있고 다른 종류의 관찰자는 B임을 알 수 있는 식이다. 그러나 그것이 A이고 B이고 C라는 지식이란 없다. 이런 결과는 A나 B나 C가 무엇인가 관계적인 것을 의미하는 것이었다면 사라질 것이다. 관찰자가 "그것은 A다."라고 말했을 때 "우리 같은 관찰자에게 A다."를 의미했다면 말이다. 이것이 타당한 해명인지는 매우 의심스럽다.[13] 만일 그렇지 않다면, 그 지식의 조각들 사이의 정합성은 이와 다른 수준에서, 지각되는 다양한 성질들이 절대적 관념과 관련될 때 확보된다. 또한 그것들이 그 절대적 관념과 갖는 관계는 이 다양한 지식 조각들을 산출하는 능력이 모두 **지각**의 형식임을 명확하게 만드는 것이다. 물론 우리는 그런 이론적 관념을 보유하기 전에, 그리고 분명 그 세부사항을 알게 되기 전에, 그렇다고 믿을 이유가 충분하다. 이는 일상의 경험이 당연히 우리가 어떤 존재인가, 그리고 우리와 세계의 관계는 어떠한가를 상당히 드러내고, 이런 식으로 우리를 이론적 관념으로 이끌기 때문이다.[14]

어떤 이들은 윤리적 개념들을 적용함으로써 주어지는 지식을 지각과 같은 것으로 생각한다. 그러나 이제 우리는 윤리적 개념의 사례와 색깔 같은 이차 성질에 대한 관점에 의존하는 경험 사이의 결정적 비대칭성을 알 수 있다. 더구나 이 비대칭성은 과학적인 것과 윤리적인

---

13 Wiggins, "Truth, Invention and the Meaning of Life", McGinn, *The Subjective View*, pp. 9-10, 119-120.

14 서구 전통에서 일차 성질과 이차 성질 구분의 정식화는 충족이유율의 의식적 사용만큼이나 오래되었다.

것의 구분이 지니는 함의가 더 폭넓음을 보여준다. 그것은 이상적으로 관점에 의존하지 않는 과학을 한편에 두고 윤리적 개념을 다른 한편에 두어 구분하는 문제에 그치지 않는다. 관점에 의존하는 개념이 모두 윤리적 개념은 아니며, 감각적 지각의 개념 등 관점에 의존하는 다른 개념들과 윤리적 개념 사이에는 상당한 차이가 있다.

주된 차이점은 다음과 같다. 이차 성질의 경우, 설명하는 것은 정당화 역시도 한다. 윤리적인 것의 경우는 그렇지 않다. 우리는 특정한 이차 성질들에 의거하여 세계를 지각하는데, 그 저변에 깔린 심리적 능력은 물리 세계가 신뢰할 수 있고 유용한 방식으로 우리에게 드러나도록 진화해 왔다. 이 성질들이 우리의 세계에의 지각적 간여 형식을 구성한다는 것, 그리고 이 드러남의 양태가 특정 방식으로 작동한다는 것을 알게 된다고 해서 이 체계가 동요하지는 않을 것이다.[15] 윤리적인 것의 경우에, 지각적인 것과의 유사성은 다만 이런 개념 하에서 지역적 수렴이 있다는 정도이다. 이런 개념을 사용하는 이들의 판단은 정말로, 내가 앞서 표현했듯이, 세계에 의해 인도된다. 이것은 확실히 사실과 가치라는 가장 단순한 대립을 논박하기에는 충분하다. 그러나 만일 그것이 더 폭넓은 객관성에 있어 어떤 의미를 가지려면, 그 다음에 무엇을 말할 수 있는가에 모든 것이 달려 있다. 이차 성질의 경우, 이를 반성하면서 다른 사람 및 다른 존재의 지각과 연관시킬 수 있는 것은 관점에 의존하는 지각에 대한 설명 덕분이다.

---

15 나는 여기서 나의 논문 "Ethics and the Fabric of the World"으로부터 두 문장을 가져왔다. 이 논문은 존 매키John Mackie 기념논문집인 Ted Honderich, ed., *Morality and Objectivity* (London: Routledge and Kegan Paul, 1985)에 실릴 것인데, 여기에서는 이런 주제들에 관한 매키의 견해, 특히 지각적 경험과 도덕적 경험이 각각 비슷한 오류를 포함한다는 발상을 논의한다. 또한 McGinn, *The Subjective View*, 특히 7장도 보라.

이는 지각적 판단들이 문제인 한, 어느 정도는 모든 것을 원래 있던 자리에 그대로 둔다.* 문제는 윤리에서 그것에 대응하는 유사성을 찾을 수 있는지 여부다. 여기서 지역적 판단의 바깥으로 나가 그에 대한 반성적 해명 혹은 이차 수준second-order의 해명으로 향해야 한다. 여기서 유비는 멈춘다.

먼저 이차 수준의 해명이 무엇이어야 하는가의 문제가 있다. 그러한 지역적 판단에 대한, 그리고 사회들 간의 개념의 차이에 대한 **설명**은 아마도 사회과학에서 나와야 할 것이다. 문화적 차이들이 문제이기 때문이다. 아마도 이에 대한 기존 설명은 그리 깊이 파고들지 않으며, 그것이 얼마나 깊이 파고들 수 있을지도 그리 명확하지 않다. 그러나 우리는 그런 설명이 색 지각에 대한 설명을 닮지 않으리라는 것은 안다. 그것이 거론할 능력들은 한낱 물리적 세계가 아니라 어떤 사회적 세계를 다니며 길을 발견하는 데 필요한 능력들이다. 그리고 이것이 **특정 사회적 세계나 다른 사회적 세계를** 뜻한다는 것은 중대한 점이다. 왜냐하면 인간은 문화 없이 살 수 없다는 것, 그리고 인간이 살 수 있는 상이한 문화들이 많으며 이들의 지역적 개념들이 상이하다는 것은 모두 확실하기 때문이다.

어느 경우건, 설명적 이론은 지역적인 윤리적 개념들이 제기하는 객관성의 문제를 다루기에 충분하지 않다. 이차 성질의 경우에는 설명이 정당화도 한다. 왜냐하면 설명은 지각이 어떻게 물리적 실재와 연관되어 있는지, 그리고 자신이 하려는 일, 즉 물리적 실재에 대

---

* [색이란 오로지 시각을 갖추고 있는 존재자들에게만 경험되는, 빛의 파장이 눈에 닿아 뇌에서 구성된 감각질이라는 것을 알게 된다 하여도 초록색과 붉은색의 지각경험과 그 경험을 일관되게 사용하는 실천은 동요하지 않는다.]

한 지식을 주는 일을 어떻게 할 수 있는지 보여줄 수 있기 때문이다. 그것들과 관련된 질문은 다음과 같다. 이것이 물리적 세계를 다니며 길을 발견하는 방법인가? 이론적 해명은 어째서 그런지를[어떻게 지각이 물리적 세계에서 사정을 파악하는 방법이 되는지를] 설명한다. 윤리적인 것의 경우에는 이는 반성이 제기하는 종류의 질문이 아니다. 만일 "이것이 사회적 세계를 다니며 길을 발견하는 방법인가?"라고 묻는다면, 이것이 한 사회적 세계나 다른 사회적 세계를 다니며 길을 발견하는 방법인가를 묻는 것이어야 하며, 그에 대한 답은 분명히 '예'일 수밖에 없다. (그 사회가 극단적으로 무질서하지 않다면 그러한데, 우리는 극단적 무질서를 상정하고 있지 않다.) [위에서 살핀 인류학적 사회학적 사안에서 제기된 질문과는 달리] 제기되는 질문은 오히려 "그것은 다른 사는 방식과 비교해서 좋은 사는 방식인가?" 또는 달리 표현해서 "그것은 가장 좋은 종류의 사회적 세계인가?"이다.

이것이 문제되는 질문들로 여겨질 때, 우리가 요구하는 반성적 해명은 반성적인 윤리적 고려사항들을 포함하는 것으로 판명된다. 이것들은 일부 사람들이 윤리이론의 형태를 취해야 한다고 믿는 고려사항들이다. 그 반성적 고려사항들은 일단 지역적 개념들이 의문시되면 이들을 정당화하는 임무를 맡아야 할 것이다. 심지어 윤리이론은 약한 의미의 설명을 제공할 수도 있다. 그것은 왜 여타 지역적 개념이 아니라 어떤 지역적 개념이 특정한 여건에서 윤리적으로 적합한지 보여줌으로써, 어떤 문화적 차이를 합리화할지도 모른다. (여기에서 간접 공리주의의 가능성과 위험을 상기할 수 있다.) 그러나 그런 윤리이론은 사람들이 다양한 윤리적 믿음을 갖는 것이 왜 합당한가를 설명할 수 있을지는 몰라도, 왜 그러한 믿음들을 가졌는가 혹은 가지지 않았는가를 설명하는 종류의 이론은 아닐 것이다. 그것은 지각에 대한 설명이 할 수 있는 일을 할 수 없을 것이다. 즉, 적절한 오류 이론을 생성하고, 그것의 원리에 비춰볼 때 그른 믿음을 갖는 사람들의 경향성을 일반적으로 해명하는 일을 할 수 없을 것이다.[16]

만일 이 모든 것으로부터 더 폭넓은 객관성이 나온다면 반성적인 윤리적 고려사항들은 그 자체가 객관적이어야 할 것이다. 이것은 우리를 반성적 수준이 그 자체의 윤리적 지식을 생성할 수 있는가 하는 질문으로 돌아가게 한다. 만일 이것을 윤리적 진리에 대한 명제적 지식을 갖게 되는 것으로 이해한다면, "참을 추적하는" 것이 무엇일지에 대한 해명이 필요하다. 우리의 믿음이 이 수준에서 참을 추적할 수 있다는 이념은, 적어도 광범위한 탐구자들이 합리적이고 합당하고 제약 없이 확정적인 윤리적 결론 집합에 수렴하게 됨을 함의하여야 한다. 그런 과정이 이루어질 희망은 무엇인가? 나는 그것의 실제 발생을 뜻하는 것이 아니라, 그런 수렴이 어떻게 발생할 수 있는가에 대한 정합적 그림의 형성을 뜻하는 것이다. 만일 윤리적 진리들의 집합체로의 이러한 수렴이, 이들이 진리라는 사실에 의해 발생하고 설명된다고 해석하면, 이것은 과학적 객관성에 대응하는 엄밀한 유비가 될 것이다. 그러나 그런 희망은 없어 보인다. 특히 우리가 두꺼운 윤리적 개념의 경우에 살펴본 종류의, 세계에 의해 인도됨을 이 수준까지 확장할 희망은 없다. 반성적 수준에서의 논의는, 모든 윤리적 경험을 고려하고 윤리적인 것에 관한 진리에 도달하려는 야망이 있

---

16 적절한 오류 이론을 찾아내는 난점은 윤리적 진리라는 관념에 집중하는 윤리이론이라면 어느 것이나 직면하는 난점이다. 윤리적인 것은 도덕이라는 특별한 형태를 취하면 특별한 변형인 도덕주의와 연결된다. 어떤 사람이 그르다는 주장은, 그가 그른 것이 어떻게 일어났는지에 관한 가능한 여하한 이해와도 단절되는 경우, 논평자를 전적으로 그 사람 바깥에 놓게 되며 그 사람에게 설교하는 위치로 데려간다.

다면, 반드시 "옳음"과 같이 가장 일반적이고 추상적인 윤리적 개념을 사용할 것인데, 그런 개념은 세계에 의해 인도됨을 보여 주지 않는다. (이 점이 바로, 세계에 의해 인도됨을 그로부터 **분리**할 수 있는 순수한 규범적 요소를 찾으려는 규정주의가 이런 개념을 택한 이유다.)

나는 과학적 사례에의 어렴풋한 유비에서라도, 반성적인 윤리적 사고가 윤리적 실재를 향해 수렴함을 지지하는 설득력 있는 그 어떤 지식 이론도 알지 못한다. 심지어 독립적 실재라는 관념이 적어도 문젯거리가 되는 수학과의 설득력 있는 유비도 없다. 6장에서 언급된 이유들을 제외하고는, 수학의 모든 비모순적인 조각은 어느 것이나 수학의 일부라는 점은 중요하다. 비록 지나치게 사소하거나 밝히는 바가 없거나 무용하다고 제쳐놓더라도 말이다. 그러나 윤리적 반성의 모든 비모순적 구조가 그런 하나의 주제의 일부가 될 수 있는 것은 아니다. 왜냐하면 윤리적 사고의 집합체들은 상충할 수 있기 때문인데, 신뢰성 있는 오류 이론을 형성할 수 있는 종류의 설명이 없는 방식으로 상충할 뿐만 아니라, 다른 종류의 신뢰성 있는 설명을 지나치게 많이 갖기도 하는 방식으로도 상충할 수 있다.

그렇다면, 나는 비반성적 실천으로 획득한 믿음을 지식으로 대체하는 과정으로 반성을 이해할 수 있다고 믿지 않는다. 윤리적 삶이란 그런 방식으로 윤리적 진리를 추구하는 것이라고 이해하는 객관주의적 견해는 거부해야 한다. 그러나 이러한 거부가 모든 형태의 객관주의를 배제하지는 않는다. 윤리적 삶에 객관적 근거 혹은 토대를 제시하려는 기획은 여전히 있다. 이 기획에 관하여 3장에서 논의한 인간 본성에 관한 이념들의 방향으로 살펴보아야 한다. 그 이념들은 이제 윤리적인 삶을 살지 않기가 아니라 윤리적 삶을 살기로 할 이유를 **각** 사람에게 제공하여야 한다는 소크라테스적 요건으로부터 자유로워져야 한다. 우리가 지금 염두에 두는 목적을 위해서는, 그런 고려사항들이 우리에게 최선의 윤리적 삶이자 일반적으로 인간에게 가장 만족스러운 삶이 될 어떤 윤리적 삶의 구조를 줄 수 있다면 충분히 유의미할 것이다. 답해야 할 질문은 다음과 같다. 인간이 사회적 세계를 공유할 필요가 있음을 전제하면, 이 세계가 최선일 때 어떤 모습일지를 보여줄, 그의 필요 및 기본 동기에 관련하여 알아야 하는 어떠한 것이 무엇이라도 있는가?

나는 매우 만족스러운 답이 있으리라고 믿지 않는다. 그런 어떠한 고려사항도 주어진 사회적 상황에서조차 윤리적 선택지들을 근본적으로 과소결정할[그런 고려사항들만 따져서는 선택지 중 어느 것이 답인지 모르도록 구멍을 크게 남겨둘] 개연성이 크다. (우리가 그 상황으로 여기는 것 자체가 부분적으로는 우리가 볼 수 있는 윤리적 선택지들이 무엇인가의 함수라는 점을 기억해야 한다.) 그 어떠한 윤리적 삶도 살해, 상해, 거짓말 같은 것에 대한 제약을 포함할 것이지만, 그러한 제약의 형태는 매우 다를 수 있다. 또한 이런 종류의 탐구를 위한 가장 자연스럽고 유망한 분야인 미덕에 있어서는, 적절한 인간 삶에 대한 여러 그림들이 그 취지 및 그것들이 요청하는 행위와 제도에 있어서 서로 얼마나 다를 수 있는지 살펴보려면, 아리스토텔레스의 미덕 목록과 오늘날 만들어질 목록 중 아무 것하고나 비교하기만 하면 된다. 우리는 인간 탁월성의 형태가 매우 많고 다양하여 이들이 모두 서로 맞아떨어져서 단 하나의 조화로운 전체를 이루지 않는다는 이념, 그래서 어떤 확정적인 윤리관도 인간 가능성 중 어떤 종류의 전문화만 재현한다는 이념도 갖고 있다. 그 이념은 인간 본성에 관한 그 어떤 자연주의적 관념이나 나아가 역사적 관념 — 즉 인간 본성에 관한 그 어떤 적정한 관념 — 에도 깊이 자리 잡고 있다. 그리고 나는 인간 탁월성의 다양한 형태가 있다는 이념이 객관적 탐구에 의해 극복되리라고 믿기 어렵다고 생각한다. 혹은 인간은 우리의 기존 지식이 시사하는 것보다 훨씬 확정적인 본성, 즉 시간을 초월해 특정 종류의 삶을 요구하는 본성이 있다고 믿기 어렵다고 생각한다.

윤리적 삶의 토대를 인간 본성에 관한 고려에 두려는 기획은 내가 보기엔 성공 가능성이 그다지 높지 않다. 그러나 그것은 어쨌거나 이해할 수 있는 기획이며, 나는 그것이 반성적 수준에서 유일하게 이해 가능한 윤리적 객관성 형태라고 생각한다. 그것이 성공하려면 무엇이 포함되어야 할지 물어볼 가치가 있다. 우선 일차적으로 우리 윤리의 주체인 인간임은 어떠한 것인지에 주목해야 한다. 왜냐하면 그 [윤리의] 결론은 인간 본성으로부터 도출되기 때문이다. 여기서 이 기획은 다른 동물을 윤리의 기본 구성원 외부의 존재로, 기껏해야 윤리의 수혜자로 본다는 점에서 계약주의와 손을 잡는다. 이 기획이 우리가 외계인들과 맺는 관계에서 기대하는 바는 계약주의보다 적지만 말이다. 이 외계인들은 불가침조약에서 등장할 상호제약 규칙을 통해서만 그와 연결되는 것이다.*

그 기획이 성공한다면 어떤 인간 본성론에 대한 합의 문제에 그치지 않을 것이다. 수렴 자체가 부분적으로 사회과학과 심리과학에 있게 될 터이다. 그러나 중요한 것은, 과학적 결론이 그에 이르는 수단

---

* [계약주의에서는 T.M. 스캔런의 수탁자를 통한 계약을 통해 동물들이 지닌 이해관심을 계약주의적 틀 내로 들여올 수 있다. 반면에 본성 이론은 본성이 다른 존재들 사이의 어떤 윤리적인 관계도 단절시킨다. 따라서 본성 이론에 의하면 인간보다 더 지성적이고 질적으로 다른 본성을 지닌 외계인과는, 힘의 타협에 의해 서로 침공하지 않는 등의 내용을 담은 제약 규칙으로 이루어진 조약 체결만이 가능하다.]

의 일부만 제공하는 수렴일 것이다. 다른 한편으로는 이와 다른 객관주의 모델에서처럼 직접적으로 윤리적 진리로 수렴하지도 않을 것이다. 어떤 윤리적 믿음은 특정 종류의 삶이 인간에게 최선이라는 의미에서, 그 자체로 반성적 수준에서의 지식의 대상이라고 말할 수도 있다. 그러나 이것은 다른 윤리적 진리들을 직접 산출하지는 않을 것이다. 그 이유를 요약해서 표현하자면, 어떤 삶의 탁월성이나 만족스러움과 그 삶에 포함된 믿음의 관계는 전제와 결론의 관계가 아니기 때문이다. 오히려 행위자의 탁월한 삶은 그런 믿음을 **가짐**으로 특징지어진다. 그리고 그런 믿음 대부분은 행위자의 성향이나 삶에 관한 것이거나 다른 사람들의 성향에 관한 것이 아니라, 사회적 세계에 관한 것일 터이다. 그 삶이 포함하는 것은, 예를 들어 행위자가 다른 두꺼운 개념이 아니라 바로 이 두꺼운 개념을 사용하는 것이다. 삶의 탁월성에 대한 반성 자체는 그 개념을 사용하는 판단의 진리나 행위자의 다른 윤리적 판단의 진리를 확립하지 못한다. 대신에 그것은 (윤리적 삶에의 헌신을 전제한다면) 그러한 개념 및 믿음을 포함하는 삶을 영위할 좋은 이유가 있다는 점을 보여준다.[17]**

---

17 이 결론은 3장 말미에서 짚은 논지와 연관된다. 즉, 어떤 의미에서 모든 가치는 성품의 성향에 원인이 있다는 논지와 연관된다. 나의 후기도 보라.

** [탁월성이나 만족스러움을 최대화하여야 한다는 원리를 전제로 받아들여도 특정한 두꺼운 개념들을 사용하는 특정 유형의 윤리적 삶이 진리라는 결론이 도출되는 것이 아니라는 뜻이다. 예를 들어 A 유형의 음악적 탁월성에 대한 감식안은, 그러한 감식안을 가진 삶을 좋다고 보는 전제에서 훈련해야 길러진다. 그런 감식안이 없다면 그런 감식안에 의해서만 분별되는 탁월성을 애초에 탁월하다고 보지 않을 것이다. 이 상태에서는 B 유형의 음악을 탁월한 것으로 볼 것인데, A 유형의 음악을 탁월하다고 보는 감식안과 B 유형의 음악을 탁월하다고 보는 감식안은 온전히 양립 가능하지 않을 가능성이 높다. 탁월한 음악을 탁월한 것으로 제대로 음미하고 즐기는 삶이 바람직하다고 본다는 논지가 확립되더라도, 어떤 유형의 음악적 믿음이 참인가를 결정해주지 못한다.]

이 기획의 성공을 나타내는 수렴은 실천 이성의 수렴일 것이다. 이에 의해 사람들은 최선의 종류의 삶을 영위하게 되며 그런 삶에 속하는 욕구들을 갖게 된다. 윤리적 믿음에서의 수렴은 대체로 그 과정의 일부이자 결과일 것이다. 매우 일반적인 하나의 윤리적 믿음은 정말로 그 수준에서의 지식의 대상일 것이다. 선호하는 두꺼운 개념들을 포함하는 많은 특수한 윤리적 판단은 참으로 알려질 수 있다. 그러나 그럴 경우 이런 종류의 판단은 (내가 논했듯이) 설령 항상 그래왔듯이 객관적 수준에 그 근거의 토대를 두고 있지 않은 어떤 삶에서 발생하더라도, 어쨌거나 매우 자주 참으로 알려진다. 객관적 근거 짓기가 이런 개념을 사용하는 판단이 참이거나 알려질 수 있도록 만드는 것은 아닐 것이다. 이는 이미 그랬기 때문이다. 그러나 객관적 근거 짓기는 그런 판단 중 어떤 것이 가장 사용하기 좋거나 적합한 두꺼운 개념임을 인식하게 해준다. 하나의 매우 일반적인 명제와 많은 구체적 명제라는 두 극단 사이에서 다른 윤리적 믿음들은 어떤 완곡한 의미에서만, 즉 — 이 낙관적인 프로그램에서 — 인간에게 최선으로 드러난 어떤 사회적 세계를 다니며 우리 길을 찾는 데 이바지하는 믿음들이라는 의미에서만 참일 것이다.

이것은 과학의 객관성의 구조와는 매우 다른 구조일 것이다. 윤리학과 과학 사이에는 근본적인 차이가 있을 것이다. 설사 윤리학이 이해 가능하게 그렇게 될 수 있는 유일한 방식으로 객관적이라고 할지라도 말이다. 그러나, 이것은 (어떠한) 사실과 (어떠한) 가치 사이에 명확한 구분이 있음을 의미하지는 않는다. 또한 아무런 윤리적 지식도 없음을 의미하지도 않는다. 윤리적 지식이 일부 있으며, 덜 반성적이던 과거에는 더 많이 있었다.

내가 논의한 문제들은 윤리학이 결국 객관적인 것으로 판명될지,

만일 그렇다면 어떻게 그럴지에 관한 한낱 가설적 질문이 아니다. 그것들은 윤리적 사고의 본성, 그것이 자신의 본성을 이해할 수 있는 방식, 그것이 실제 모습으로 일관되게 드러날 수 있는 정도에 관한 문제인 것이다. 이들은 어떤 설명에서도 심각한 문제이고, 윤리적 사고가 유일하게 이해 가능한 방식으로 객관적으로 판명되더라도 여전히 심각한 문제일 것이다. 이 문제들은 다른 관점에서, 즉 상대주의의 관점에서 살펴보면 더 뚜렷하게 보일 것이다.

제9장

상대주의와 반성

우리가 특정한 종류의 의견 불일치를 성찰해보고는 그것이 객관적으로 해결될 수 없다는 결론에 도달한다면, 그것은 어떤 형태의 상대주의를 채택하는 반응일 수도 있다. 상대주의는 윤리학에만 특유한 것이 아니다. 많은 곳에서, 심지어 과학철학에서도 발견되는 것이다. 그 목적은 분명하게 상충하는 관점, 견해, 믿음들을 취하여 상충하지 않는 방식으로 다루는 것이다. 그렇게 다루면 이들 각각은 그것의 고유한 장소에서는 받아들일 만한 것으로 판명되는 것이다. 문제는 이렇게 하는 길을 찾는 것인데, 특히 각 믿음이나 세계관에 대해 그것의 고유한 장소일 무언가를 찾는 것이다.

가장 단순한 방법, 그리고 가장 정확한 뜻에서 상대주의적인 방법은 원래의 주장들이 각각 어떤 다른 사항에의 관계를 도입한다고 해석하는 것이다. 일반적으로 최초의 상대주의자였다고 인정되는 그리스 사상가 프로타고라스Protagoras는, 나는 바람이 차다고 여기고 당신은 따뜻하다고 여기는 것과 같은 상충하는 감각적 현상에서 출발하여, 바람이 실제로 "그 자체로" 따뜻하거나 차가운가 하는 질문에는 답할 수 없다고 주장하였다. 그 문제의 사실은 그저 바람이 나에게는 차갑고 당신에게는 따뜻하다는 것이다. 그리고 이 관계적 처리야말로 앞 장에서 이차 성질 지각에서의 변이, 즉 (프로타고라스가 다루는 원래 사안처럼) 개인들이 아니라 지각자의 상이한 종류들 사이의 차이를 다루는, 가장 설득력 있는 방식은 아니지만 하나의 방식이라고 언급한 것이었다.

상대주의의 목적은 어떤 상충을 **설명해 제거하는** 것인데, 이는 두 가지 과제를 포함한다. 첫째로 왜 상충이 없는지, 둘째로 그런데도 왜 상충이 있는 것처럼 보이는지 말해야 한다. 엄격한 관계적 상대주의는 첫 번째 과제는 매우 활기차게 수행한다. 두 진술을 단순하게 양립 가능하게 만드는 논리적 형식을 찾아내어 두 진술 모두를 받아들이는 데 아무런 문제도 없도록 만듦으로써 말이다. 두 번째 과제는 덜 성공적인 경향이 있는데, 두 진술이 실은 관계적이라는 주장이 설득력이 클수록 상충한다고 생각할 수밖에 없던 것이 더욱 수수께끼가 되기 때문이다. 관계적 상대주의는 명백히 양립 가능한 어떤 구조를 도입하고는 무엇이 그런 구조를 위장했는지 말해야 한다. 다른 방향에서 상대주의에 접근하여, 두 믿음이나 견해가 정말로 상충하며 진정으로 배타적임을 인정하는 데에서 출발한다면 어떤 일이 벌어질지 묻는 것이 유익할지도 모르겠다. 그럴 경우 문제는 각 믿음이나 견해가 그것의 장소에서 여전히 받아들여질 수 있다는 어떤 의미를 발견하는 것이 된다.

상대주의에 관하여 더 폭넓은 방식으로 생각하도록 요구하는 하나의 이념은 **통약 불가능성**이다. 몇몇 과학철학자는 과학적 이론들이 각자 사용하는 개념이 다르고 다양한 용어로 지시하는 바도 다르며 증거로 여기는 것도 다르기 때문에 서로 통약 불가능할 수 있다고 주장한다. 이 이론들은 서로 단순하게 모순되지는 않을 것이다. 그렇지만 서로를 배제한다. 만일 이들이 서로 배제하지 않는다면, 마치 분리된 장소들을 지형으로 결합할 수 있듯이 이들을 결합하는 데 아무런 난점도 없을 것이다. 그러나 이 이론들은 결합될 수 없으며, 애초에 논의를 시작한 것이 바로 이 사실 때문이었다. 이론들 중 하나를 지지하는 이는 다른 이론을 거부할 이유를 찾으려고 한다. 그래서 과학사가 전개되는 과정에서 하나의 이론이 다른 이론을 몰아낼 수도 있다. 어떻게 그럴 수 있는가? 몇몇 급진적 과학철학자는 두 이론을 결합할 수 없는 이유가 단지 이 두 이론을 수용하는 것을 결합할 수 없기 때문이라고 말할 것이다. 다시 말해 각 이론마다 특유한 연구 활동이나 각 이론에 적합한 주의의 방향 등은 결합할 수 없다. 두 이론 모두의 내부에서 작업할 수는 없는 것이다.

경쟁하는 과학 이론들에 대한 이 해명은, 그 이론들이 두 가지 문화나 삶의 형식처럼 들리게 한다. 과학에 대한 해명으로는 대담한 과장처럼 보이지만, 이런 종류의 이야기는 이를테면 앞 장에서 살펴본 극도로 전통적인 사회의 문화나 삶의 형식처럼 정말로 상이한 문화나 삶의 형식인 것에 대한 논의로는 적합할 수도 있다. 그런 사회의 견해는 다른 사회의 세계관과는 중대할 정도로 통약 불가능할지도 모르지만, 그럼에도 불구하고 이들은 서로를 배제할 것이다. 이런 상충은 그들 안에서의 삶에 포함된 것에 놓여 있을 것이다.

두 문화, 두 견해, 두 삶의 형식이 서로를 배제한다면, 상대주의에 어떤 여지라도 있는가? 즉각적으로는 없다. 한 문화의 구성원으로서 특정 성향이나 기대를 가진 사람은 어떤 대안적 삶의 형식과 대면해서는 종종 그 다른 문화에서 하는 일을 하기를 꺼릴 것이다. 나아가 그의 응답이 윤리적 응답인 이유는, 부분적으로 이런 응답이 충분히 깊이 내면화되어서 어떤 경우에는 단지 꺼리는 것이 아니라 거부하는 반응을 보이기 때문이다. 반드시 당사자들이 해당 행위를 동일한 방식으로 개념화해야 이러한 거부가 적절한 거부인 것은 아니다. 그리고 우리가 상정하고 있는 상황을 전제한다면, 그렇게 하지도 않을 것이다. 인신공양을 인정하지 않는 어떤 문화의 구성원이 이를 인정하는 다른 문화의 구성원과 맞닥뜨리는 것이 이와 같다. 이들은 의례적 살해를 서로 다르게 개념화한다. 그러나 이것은 전자의 집단이 공포에 질린다면 그들이 어떤 인류학적인 오해에 빠져 있음을 의미하지는 않는다. 이 집단이 그렇게 표현하듯이 이는 포로에 대한 고의적 살해이며 이것만으로도 윤리적으로 적대적인 감성이 그 행위까지 포함하기에 충분하다. (그들이 누군가를 비난해야 한다는 결론이 따라 나오지는 않는다. 이는 또 다른 문제다.)

한 문화 내에서 실행하는 성향과 반응은 그 구성원들에게 다른 문화의 행동이 주어진다는 사실만으로 부적합한 것으로 전환되거나 입증되지는 않는다. 어쨌든 이런 문제가 마치 명백하게 자족적인 두 문화와 항상 관련된 것인 양 다루는 것은 작위적이다. 완전히 개체화될 수 있는 문화는 있다고 해도 드물다. 문화들, 하위문화들, 문화부분들은 끊임없이 서로 만나며 관행과 태도를 교환하고 수정한다. 사회적 관행은 결코 진정 다른 문화에 속함을 기재한 증명서를 내밀어 외부의 판단과 반응에 대해 면역력을 보장받을 수는 없다.

그러므로 즉각적 상대주의instant relativism는 배제된다. 유사한 이유로 윤리에서 엄밀한 관계적 상대주의도 모두 배제된다. 관계적 상대주의는 유능한 옹호자가 있지만[1] 옳음과 그름의 윤리적 관념이 어

---

1   특히 Gilbert Harman, "Moral Relativism Defended," *Philosophical Review*, 84 (1975). 이 글은 Michael Krausz and Jack W. Meiland, eds., *Relativism, Cognitive and Moral* (Notre Dame: University of Notre Dame Press, 1982)에 재수록되었는데, 이 책은 이 주제에 관한 유익한 논문집이다.

떤 주어진 사회에 논리적으로 내재적인 상대성을 갖는다는 가정은 타당성이 없는 것 같다.* 다시 한번 극도로 전통적인 사회를 살펴보자. 그리고 그 사회가 "옳음"과 "그름" 같은 용어로 표현된 어떤 규칙을 가지고 있다고 가정해보자. 그 사회가 처음으로 다른 문화에 노출되어 스스로를 반성하도록 유도될 때 자신의 언어에 어떤 암묵적 상대화implicit relativization가 숨겨진 있음을 갑자기 발견할 수는 없다. 이것은 말하자면 언제나 너무 이르거나 너무 늦을 것이다. [전통적인 문화에 의해 구성된] "우리"에 대한 어떤 대안을 결코 반성하거나 생각해본 적이 없다면, 너무 이르다. ("이것이 어떻게 그들의 언어가 될 수 있었는가?"라는 7장의 질문이 여기 적용된다.) 새로운 상황을 대면한다면, 너무 늦다. 이는 기존 규칙과 관행을 넘어 [새로운 상황을] 보기를 요구하기 때문이다.

이러한 고찰은 상대주의가 모두 배제될 수 있는 것처럼 보이게 한다. 다른 문화와 대면할 때 반응할 수 있고 반응해야 하며 기존 관념을 적용함으로써 — 그리고 그것을 기초로 반성함으로써 — 그렇게 한다는 사실은 어떤 주어진 문화의 윤리적 사고가 항상 그 경계를 넘어서 뻗어 나갈 수 있음을 보여주는 것 같다. 이것이 윤리적 사고의 내용 또는 목표에 관한 논지이지 그 객관성에 관한 논지는 아니라는 점이 중요하다. 서로 갈라지는 윤리적 믿음들을 독립적인 탐구나 합리적 논증

---

* ['따뜻하게 느낀다'와 '차갑게 느낀다'는 느끼는 이와 부는 바람 사이에 논리적으로 내재적인 상대성을 갖는다. 그런데 바람을 따뜻하게 느끼는 이는, 바람을 차갑게 느끼는 이의 '차갑다'는 진술이 틀린 것이라고 보는 대응을 전혀 보이지 않을 것이다. 반면에 인신공양을 완전히 잘못된 것으로 여기는 문화의 구성원은, 인신공양이 의례의 일부인 문화에서 이루어지는 인신공양에 대해서, 바람의 따뜻함이나 차가움에 관한 진술과는 전혀 다른 반응을 보일 것이다. 이런 차이들을 고려할 때 윤리학에서 관계적 상대성이 성립한다고 간단히 전제하는 것은 타당성이 없다고 윌리엄스는 논하고 있는 것이다.]

에 의해 수렴시킬 수 있는 방도가 없더라도 이 사실이 상대주의를 함축하지는 않을 것이다. 각 견해의 주장은 여전히 전체 세계에 적용하려는 것이지, 그 일부인 "자기" 세계에만 적용하려는 것이 아닐 것이다.

비객관성이 어떠한 상대주의적 태도도 함축하지 않는다는 것이 참이긴 하지만, 그저 그 점을 확인하는 데 머문다면 무언가 비어 있고 대답되지 않은 것 같다. 비객관성을 **의식**한다면 자신의 윤리관의 적용과 범위를 이해하는 방식에 적절한 영향을 반드시 미치지 않겠는가? 만일 그렇다면 어떻게 영향을 미칠 것인가? 이런 의식이 다른 집단을 대면할 때 윤리적 반응을 그냥 꺼버릴 수는 없으며 그래야 할 이유도 없다. 어떤 사람들은 그래야 한다고 생각했는데, 이는 적절한 상대주의적 견해를 취한다면 다른 모든 사람의 윤리적 믿음에 대한 성향도 동등한 정도로 가져야 한다고 믿기 때문이다. 이것은 심각한 혼란이다. 왜냐하면 이는 상대주의가 보편적 관용이라는 비상대주의적 도덕으로 귀결된다고 여기기 때문이다.[2] 그러나 이러한 혼란스러운 반응도 분명 무엇인가에 대한 하나의 반응이다. 만일 윤리적 변이를 의식하고 이에 대해 가능한 설명의 종류들을 의식하게 된다면, 이런 의식이 모든 것을 있던 그대로 내버려두며 윤리적 사고 자체에 아무 영향도 미치지 않으리라고 믿기는 어렵다. 물론 그냥 우리가 옳고 다른 사람은 모두 그르다고 말하면서 (말하자면 비객관주의적 견해에 입각하여 우리의 가치를 긍정하고 그들의 가치를 거부하면서) 계속 하던 대로 할 수 있다. 그러나 이미 반성의 이 단계에 이르렀다면 그것은 현저히 부적절한 응답으로 보인다. 다른 무엇이 가능할까? 이 질문에 답하려고

---

2   내가 속류 상대주의라고 칭하는 이 견해는 내 책 *Morality: An Introduction to Ethics*에서 논의되었다.

하면서 우리는 다시 한번 상대주의의 질문을 뒤집게 된다. 전통적으로 그 질문은 개념적이거나 논리적인 이유에서 상대주의적 방식으로 생각해야 하는가, 아니면 그것이 불가능한가 여부를 묻는 것이었다. 그보다는 우리는 어느 만큼이나 그런 식으로 생각할 여지를 정합적으로 발견할 수 있는가, 그리고 이것이 반성에 대한 좀 더 적절한 응답을 어느 정도까지 제공하는가 하고 물어야 한다.

지금까지 살펴본 모든 이념은 한 집단의 견해와 다른 모든 집단의 견해 사이에 하나의 기본적 구분이 그어진다고 가정한다. 상대주의자는 한 집단의 판단이 그 집단에만 적용된다고 생각하고, 다른 편은 그어느 집단의 판단도 모두에게 적용되어야 한다고 생각한다. 둘 다 틀렸다. 상대주의자의 관심을 수용하려면, 우리와 다른 사람들 사이에 그저 선을 그어서는 안 된다. 선을 전혀 긋지 않되, 다른 사람들과 우리의 거리가 다양함을 인정해야 한다. 또한 다른 집단에 대한 우리의 반응과 관계가 그 자체로 우리의 윤리적 삶의 일부임을 알아야 하며, 이런 반응을 우리 삶을 형성하는 데 기여하는 실천 및 감성에 의거하여 더 현실적으로 이해해야 한다. 의견 불일치와 차이 중 몇몇은 다른 것들보다 더 중요하다. 무엇보다도, 우리의 견해를 다른 이들의 견해와 대조하면 [우리의 실천에] 차이가 생기는지, 이 중 어느 한쪽 집단이 살아갈 삶이 어떤 삶인가에 대한 물음이 해결되어야 하는지가 중요하다.

우리는 **실제적** 대면과 **관념적** 대면을 구분해야 한다.[3] 서로 갈라지

---

3   나는 이 발상을 "The Truth in Relativism," *Proc. Arist. Soc.*, 75 (1974-75)(*Moral Luck*에 재수록)에서 여기서보다 더 상세히 제시하였다. 이로부터 뒤의 내용 중 몇 문장을 가져왔다. 앞으로 보게 되겠지만, 나는 그 책(*Moral Luck*, p. 142)에서처럼 윤리관에 있어서는 이런 용어들로 정의되는 어떤 상대주의적 관점이 타당하다는 주장을 더 이상 무조건적으로 고수하고자 하지 않는다.

는 두 가지 견해의 실제적 대면은 특정 시점에 한 집단의 사람들에게 각 견해가 실제적 선택지가 되어야 발생한다. 이와 대조적으로 관념적 대면은 어떤 사람들이 서로 갈라지는 두 가지 견해를 알지만 그중 적어도 하나는 실제적 선택지가 아닐 때 발생한다. "실제적 선택지"라는 관념은 대체적으로 사회적 관념이지만 전적으로 그런 것은 아니다. 어떤 견해가 한 집단에게 실제적 선택지인 것은, 그 견해가 이미 그들의 견해이거나 그들이 그 견해로 건너갈 수 있을 때이다. 그리고 그 견해로 건너갈 수 있는 것은 그들의 실제 역사적 여건에서 그런 견해를 가지고 살면서 현실 이해 능력을 유지하고 광범위한 자기기만을 하지 않을 수 있을 때이다. 어느 정도로 그럴 수 있는가는 현재 사회적 상황의 어떤 특성이 다른 견해로 건너가더라도 유지된다고 가정되는지에 달려 있다. 상황이 변한다면 그들에게는 어떤 것이 새로 가능해질 수 있고, 그것이 그들에게 실제적 선택지인가라는 질문은 그들의 상황이 변할 수 있는가 하는 질문을 포함한다. 사람들은 이 질문에 있어 오류를 범할 수 있다. 잘못된 정보를 갖고 있거나 낙관적이거나 환상에 빠져 있다면, 어떤 견해가 실제적 선택지가 아닌데도 그렇다고 생각할 수 있다. 그리고 이것은 개인적 오류에 그치지 않고 사회적이거나 정치적인 오류일 수 있다. 달리 말하면, 그들은 그 견해로 건너감이 그들에게 무엇을 제공할 수 있는지 깨닫지 못했을 수도 있다.

인간이 가졌던 많은 견해가 지금 우리에게는 실제적 선택지가 아니다. 청동기 시대 족장이나 중세 사무라이의 삶은 우리에게 실제적 선택지가 아니다. 그러한 삶을 살 길이 전혀 없는 것이다. 이는 그러한 가치 체계에 대한 반성이 현대적 삶에 유관한 어떤 사고들을 고취할 수도 있음을 부인하는 것이 아니라, 단지 그런 견해를 취할 길이 없다는 것이다. 소규모 열광자 집단 내에서의 유토피아적 기획조차도 그 삶을 재생산할 수는 없다. 현대 산업사회의 삶의 맥락에서 사회적 규모로 그것을 다시 실행하는 기획이 어마어마한 사회적 환상을 포함함은 한층 더 분명하다. 현대 산업사회의 삶의 조건을 모두 제거한다는 전망도, 어떤 다른 환상, 이와는 다르지만 또 하나의 불가능성이다.

선택지들의 관계가 비대칭적일 수 있음이 중요하다. 현대 기술 속에서 사는 삶의 어떤 형태는 여태껏 전통 사회에서 살아온 구성원들에게 실제적 선택지가 되었다.* 그러나 그들의 삶은 많은 이들의 열정적인 향수에도 불구하고 우리에게 실제적 선택지가 아니다. 그러한 비대칭성의 본성이 무엇이고 어디까지 확장될 수 있는가에 관해 우리가 가진 이론들은, 급진적인 사회적 행위와 정치적 행위의 가능성에 관한 견해에 영향을 미친다.

어떤 주어진 유형의 견해에 대한 상대주의적 관점은 다음과 같이 말한다고 이해할 수 있다. 다시 말해 이런 견해들에 있어서 평가 언어 — 좋음, 나쁨, 옳음, 그름 등등 — 는 실제적 대면에서만 적용될 수 있다. 관념적 대면에서는 이런 종류의 평가가 부적합하게 여겨지며 어떠한 판단도 내려지지 않는다. 어떤 영역에서 상대주의가 거부될 때, 이는 관념적 대면이 전혀 없음을 의미하지 않는다. 플로지스톤 이론과 현대적 연소 이론의 대면은 의문의 여지 없이 관념적 대면이고, 플로지스톤 이론은 현재는 실제적 선택지가 아니다. 그러나 그런 이론들에 대한 비상대주의적 견해에서는 플로지스톤 이론의 평

---

* [예를 들어 네팔의 전통적인 촌락에 사는 사람에게 도시에 나가서 직업을 구하고 사는 삶은 실제 선택지이다.]

가에 있어서 무언가 할 말이 있다. 즉 플로지스톤 이론은 거짓이라는 것이다. 그것은 단지 현대 학계에서 확신에 찬 플로지스톤 이론가의 삶을 살려는 것이 [나치 전당대회가 매년 열리던] 1930년대 뉘른베르크에서 독일기사단의 삶을 살려는 것만큼이나 비정합적인 과업이라는 것이 아니다. 플로지스톤 이론은 그것이 우리가 참이라고 알고 있는 많은 것과 일치할 수 없기에 실제적 선택지가 아니다.[**]

나는 이런 면에서 바라본 상대주의를 **거리의 상대주의**the relativism of distance라고 부르겠다. 어떤 반성적 윤리관에는 이를 위한 여지가 있다. 대면을 관념적으로 만들며 이 상대주의를 가능하게 하는 거리는 다양한 방향으로 있을 수 있다. 때때로 거리의 상대주의는 어떤 다른 곳에 있는 무엇인가의 문제이며, 이국적인 것에 적용된다. 당연히 그것은 더 거리가 먼 과거에 적용된다. 그것은 미래에도 적용될 수 있는데, 이 장의 말미에서 살펴보겠다.

이런 종류의 상대주의를 도입하면서 나는 특정한 관행이 아니라 윤리적 견해를 언급했는데, 이것이 적용되어야 할 믿음과 태도의 체계 내지는 집합체는 꽤 광범위하다. 윤리적 판단에 대한 상대주의적 보류를 진지하게 받아들이려면, 해당 사회를 전체로 인식해야 한다. 그들이 살던 사회의 견해와 우리의 견해가 실제적으로 대면하지 않더라도, 그들과 그들의 행위에 적용할 수 있는 윤리적 개념 — 예를 들어 미덕과 악덕의 개념 — 이 몇 가지 있다. 이것은 그들이 살던 사회의 관행으로부터 그들을 추상하는 것을 포함하고, 그렇기 때문

[**]　[버나드 윌리엄스는 윤리 분야에서와 달리 과학 분야에서는 이 장에서 제시되는 일반적 설명이 들어맞지 않는다는 점을 인정하고 있다. 즉, 과학 분야의 경우에는 관념상 대면의 경우에도 상대주의가 성립할 여지가 거의 없다고 보고 있다.]

에 그들을 현실적으로 보는 것은 아니다. [현실적으로 그리고 구체적으로 생각할 수 있는] 특별한 경우는 범죄자나 반체제 인사였던 역사적 인물, 즉 우리나 그 동시대인이 오로지 지역적 가치에 따라 살았다고 보지 않는 인물이다. 이런 경우에 반체제 인사나 그 사회는 원칙적으로는 구체적으로 이해될 수 있다. 물론 그런 인물은 드물지만 말이다.[4]

만일 평가에 대한 상대주의적 보류를 진지하게 여긴다면, 사회 자체를 현실적이고 구체적으로 생각해야 한다. 과거나 이국적인 것에 관한 많은 윤리적 이야기들은 그 시대나 장소의 현실과는 거의 관련이 없다. 그것들은 공상으로서, 동화와 같이 어떤 윤리적 목적에 봉사한다. 그리고 만일 그런 이야기가 어떤 것에 반한다면 인간 삶과 인간적 가능성에 대한 현실적 견해에 반하는 것이지, 진지하게 제기된 상대주의에 반하는 것이 아니다. 그 이야기들은 다른 사회를 진정으로 사고하는 것이 아니라 상징과 열망의 원천으로 활용하는 것이다.[5]

한낱 공간적 거리에 있어서의 상대주의는, 현대 세계에서는 관심받거나 적용되지 않는다. 오늘날 문화들 사이의 대면은 모두 실제적 대면일 수밖에 없다. 그리고 이국적인 전통 사회의 존재는 이와 상당히 다르며 어려운 쟁점들을 제기하는데, 그것은 나머지 세계가 그러한 사회를 마치 멸종위기종처럼 보존하기 위해 힘쓸 수 있고 힘써야 하는가 하는 것이다. 인류학 및 다른 분야의 연구자들은 금렵

---

4   하나의 전설-혹은 오히려 여러 상이한 전설들의- 출현의 사례에 대해서는 J. C. Holt, *Robin Hood* (London: Thames and Hudson, 1982)을 보라.

5   이 커다란 주제에 대한 하나의 매우 흥미로운 기여는 Bernard Smith, *European Vision and the South Pacific* (New York: Oxford University Press, 1969)이다.

298

구 관리인 역할을 하고 있음을 안다.[6] 과거와 미래에 대한 사고는 이와 다른 문제들을 제기한다. 왜냐하면 우리는 과거로 인하여 야기되었고 미래를 야기하기 때문이다. 더군다나 과거 및 과거에 대한 우리의 이해는 이 문제들이 시작되게 했던 반성성과 특별한 연관성을 갖는다. 나는 반성성의 특유한 수준이 현대 세계의 특징이라고 여긴다. 이 사실을 드러내고 이런 논의의 상당 부분을 시작한 것은 헤겔이지만, 우리 자신의 문화와 다른 이들의 문화를 그 안에 배치할 수 있는 설명적 틀의 범위는 현재 훨씬 크다.

반성적 의식의 성장은 평탄하거나 항상 긍정적인 것은 아니었다. 서구 세계에 통합적이고 구체적이고 익숙한 공동체적 삶이 어느 시점까지 있었고, 각자의 관점에 따라 [제1차 세계대전이 발발한] 1914년, 산업혁명, 갈릴레이, 종교개혁, 혹은 이보다 더 이른 사건으로 지목되는 어떤 것에 의해 부서졌다고 믿을 필요는 더욱 없다. '몰락'에 대한 이 다양한 판본의 이야기들은 똑같이 신화적이며, 환경과의 절대적 합일 상태에 대한 갈망, 흐릿하게 기억되는 어떤 것에 대한 갈망을 똑같이 표현한다. 이런 신화를 받아들여야만 다음 두 가지를 인정할 수 있는 것은 아니다. 현대 사회에서 사회 및 우리 활동에 대한 반성적 이해에의 충동은 유례 없이 깊이 들어가며 널리 퍼져 있다는 것이 하나이고, 두꺼운 종류의 윤리적 개념이 더 전통적인 사회보다 덜 통용된다는 것이 다른 하나이다. 물론 그러한 사회에서 두꺼운 개념의 사용이 신화에서처럼 공동의 정체성, 갈등의 부재, 완전함의 감

---

6   같은 이유로, 과거를 향하지 않는 공상은 이제 이국적인 사람들이 아니라 외계인들에게로 이동했다. 외계인들은 가장 원초적인 공상에도 아무런 구체적 저항도 할 수 없으므로 그 결과는 한심하거나 역겨울 정도로 형편없다.

각을 보장한 것은 아니었더라도 말이다.[7]

　반성성에서 철수하는 경로는 없다. 어떤 일이 있어도 반성성은 감소하지 않는다는 것이 아니다. 개인적으로나 사회적으로나 반성성을 감소시킬 수 있는 것은 많다. 그러나 물러날 경로는, 즉 의식적으로 반성성으로부터 돌아서는 길은 없다는 것이다. 개인의 경우에도, 비록 우리가 의식적으로 반성을 감소시키는 진로에 착수할 수는 있겠지만, 의식적으로 그 진로를 밀고 나갈 수는 없다. 성공했다면 이미 그것을 잊었어야 할 것이다. 그러나 사회의 경우에는 그렇게 밀고 나가기를 원치 않는 사람들이 있을 것이며, 그들은 다른 사람들이 잊도록 내버려두지 않을 것이다. 이 자기의식이라는 현상과 그것을 뒷받침하는 제도 및 과정은, 과거의 삶의 형식이 왜 현재를 위한 실제적 선택지가 아닌지, 그리고 이런 돌아가려는 시도가 왜 흔히 작은 규모에서는 터무니없는 결과를 낳고 더 큰 규모에서는 끔찍한 결과를 낳는지에 대한 하나의 이유이다. 이 점은 무엇보다도 만족스러웠다고 짐작되는 과거의 위계 사회를 재창조하려는 반동적 기획에서 드러난다. 이런 기획은 어떤 경우에도 과거에 대한 그림이 공상이라는 비판에 직면한다. 그러나 설사 만족스러운 위계 사회가 존재했다 하더라도, 그 사회가 우리에게 풍기는 매력은 전부 그 사회가 단순했고 스스로의 본성을 자각하지 못했다는 데에서 나올 것이다. 이러한 순진과 무지는 재창조될 수 없다. 그러려면 이제는 할 수 있는 질문을 막는 조치가 필요할 것이기 때문이다.[8]

7　Alasdair MacIntyre, *After Virtue* (Notre Dame: University of Notre Dame Press, 1981)는 어느 정도 신화를 좋아하기는 하지만, 이 주제에 있어 흥미롭다.

8　"일단 베일이 찢어발겨지기 시작하면 결코 수선될 수 없다. 무지는 특이한 성격을 갖는다. 일단 무지가 쫓겨나고 나면 다시 자리 잡기란 불가능하다. 무지는 그 자체로 어떤

그러나 제기할 수 있는 질문이 있다면 과거에 존재했던 사회에 관해서는 제기하면 안 되는가 — 혹은 어쨌거나 아마 제기하지 않을 것인가? 특히 그런 사회가, 아무리 이를 의식하지 못했더라도, 부정의했는지 여부를 물어서는 안 되는가? 거리의 상대주의는 그 사회를 이 질문이 적용될 수 없는 곳에 둘 수 있는가? 우선 유용하게 던질 수 있는 질문이 있다. 현대 사회보다 덜 반성적이고 덜 자기의식적인 사회였던 점에서 이런 사회가 알지 못했던 것은 무엇인가?

그런 사회가 자신의 사회 제도의 대안을 알지 못했고 자신의 사회 질서가 필연적이라고 생각했다고 하면 귀가 솔깃해진다. 고립되고 문맹인 몇몇 전통적 사회의 경우에는 대안이 있음을 몰랐다고 하는 것이 한마디로 참이었을 수는 있다. 그러나 많은 정교한 위계 사회, 예를 들어 유럽 중세 시대의 사회는 확실히 대안을 알고 있었다. 인간이 사회를 다른 방식으로 조직해 왔으며 그 시절에 다른 곳에서도 그렇게 하고 있었음을 알고 있었기 때문이다. 그런 사회가 몰랐던 것은 **자신에게** 대안이 있다는 점이라고 해야 할 것이다. 그러나 그렇다면 그에게 대안이 있었다는 것은 전혀 명백하지 않다. 그런 사회가 다른 사회조직을 가질 수 있었을 것이라고 (적어도 어떤 흥미로운 수준에서) 말하기 위해서는 **있을 수 있었던 것**에 관하여 지금보다 더 확고하게 파악할 필요가 있다.[9] 그리고 그런 사회가 그것을 획득할 수 있었다고 말하기 위해선 자유에 관하여는 한층 더 탄탄한 견해가 필요하다. 그런 사회는 자신의 사회 질서가 자신에게 필연적이었다고

것이 아니라 앎의 부재에 불과하다. 그리고 계속 무지한 상태에 머물 수는 있지만, 무지하게끔 만들 수는 없다." Thomas Paine, *The Rights of Man*, part 1.

9   이것은 제프리 호손Geoffrey Hawthorn이 *Plausible Worlds* (Cambridge University Press, 1991)에서 논의한 것이다.

생각한 점에서 틀리지 않았을지도 모른다. 우리가 지금 받아들일 수 없는 것은 오히려 그 사회가 그 사회 질서를 필연적인 것 — 종교적으로나 형이상학적으로 필연적인 것 — 으로 본 방식이다. 우리가 그 사회가 틀렸다고 보는 지점은 그 위계를 정당화한 신화에 있다. 우리는 우리 사회 및 우리 자신에 대한 우리 견해를 그 사회의 자신에 대한 견해보다 자연주의적이라고 본다. 근대 세계 초기에 홉스와 스피노자가 드러낸 이 자연주의적 사회관은 "마법은 세계에서 사라졌다"는 막스 베버Max Weber의 유명한 문구에서 세계의 **탈주술화** 방식 중 하나를 나타낸다. (특히 그 과정을 되돌리려는 현재 이슬람 세력의 시도 — 그것이 진정 그들의 시도라면 — 는 그 과정이 지역적이거나 가역적임을 보여주는 것이 아니라 단지 탈주술화가 절망을 낳을 수 있음을 보여줄 뿐이다.)

과거 사회에서 제시된 위계의 정당화, 그리고 지금 그것을 바라보는 방식은 우리가 그런 사회의 정의와 부정의에 관해 이야기하는 바와 유관하다. 이는 거리의 상대주의에 중요하다. "정의롭다"와 "부정의하다"는 전체로서의 사회에 적용될 수 있는 핵심적 용어이며, 적어도 원칙적으로는 구체적이고 현실적으로 상상되는 사회들에 적용될수 있다. 더군다나 정의의 측면에서의 평가는 다른 평가보다 더 분명하게, 누군가 비난받았어야 하는가 하는 쓸모없는 질문 없이도 수행할 수 있다. 이런 특성들의 조합은 사회 정의를 상대주의와 관련하여특별한 사례로 만든다. 정의와 부정의는 확실히 윤리적 관념이며, 설사 우리가 과거 사회에 관해 상당히 많이 이해하더라도, 비록 논쟁의여지는 있지만 전체로서의 그 사회에 적용할 수 있을 것이다.

혹자는 정의에 관한 상대주의적 견해를 옹호할 수도 있다. 만일 적어도 역사적으로 사고한다면, 사회 정의에 대한 현대적 관념, 이를테면 평등한 권리라는 관념을 과거의 위계적 사회에는 한마디로 적용되지 않는 것으로 보라는 어떤 압력이 있다. 그러한 사회가 5장에서 롤즈에게서 인용한 [정의로운 사회의] 요건을 충족하지 못한다는 분명한 사실은, 그러한 사회와도 무관해 보이고 현대 사회를 위해 제안된 롤즈 기준의 장점과도 무관해 보인다.[10] 그럼에도 과거 사회의 정의와 부정의가 거리의 상대주의 안에서 그냥 증발해 버리지 않도록 하는 강한 압력이 있다. 그런 사회에 명확하게 현대적인 이념들을 적용하길 거부한다고 해도, 몇몇 정의관은 그런 사회 자체에서 사용되었으며, 그것을 정의관이라고 부르는 것은 말장난이나 언어상 실수가 아니다. 몇몇 사회적 정의관을, 다른 곳에 존재했고 다른 사회에 영향을 미쳤던 이념의 좀 더 급진적인 (보수주의자가 보기에는 오도된) 적용으로 이해할 수도 있다. 이와 마찬가지로 역사적 연속성은 반대 방향으로 윤리적으로 활용될 수도 있다. 이전 관념들은 어떤 형태로는 여전히 우리와 함께하고 있다. 돌아갈 길은 없으며 이전 사회의 위계의 정당화가 우리에게 활용 가능하지 않음을 우리는 알고 있거나 알아야 한다. 그러나 급진주의자가 현대의 더욱 평등주의적인 관념을 과거의 정의관의 후손으로 파악할 수 있다면, 보수주의자도 오래된 관념의 어떤 덜 평등주의적 유비물을 찾아내려 할 수 있는데, 이는 이제 다른 모든 사람뿐 아니라 (몽매하게 반동적이지 않다면) 그도 더는 통하지 않음을 알고 있는 과거의 정당화에서 벗어나 그에게 봉사한다.

윤리적 사고에는 과거의 정당화가 어떤 면에서 신빙성 없는 것으

---

10 A *Theory of Justice*에서 롤즈는 그 쟁점을 특별히 역사적 면에서 살펴보지 않은 것 같다. 최근의 연구에서 그는 정의에 대한 자신의 해명이 특별히 현대 사회에 맞춰진 것임을 강조하게 되었다.

로 여겨지는지가 매우 중요하다. 반성의 증가와 자연주의적 사회관이 이러한 정당화의 신빙성을 지성적으로 떨어뜨리는 것은 아니다. 이러한 정당화는 설명되거나 이해되지만, 그 자신이 바랐을 방식으로 그런 것은 아니다. 그러나 그에 대한 어떤 설명이 그것이 윤리적으로 신빙성이 없음을 의미할 수도 있다. 비판이론[11]은 타당하게도 그것의 설명에 관한 특정한 종류의 질문을 제기하도록 촉구한다. 정당화의 수용이 한낱 정당화하려던 권력의 효과에 지나지 않았는가 하는 질문 말이다. 이것은 잠재적으로는 하나의 윤리적 논증으로서 한낱 설명적 논증이 아니다. 그런 논증은 과거 사회의 정의에 관한 질문이 현대 윤리적 사고의 경계 내에서 살아 있도록 만드는 데 이바지하고 거리의 상대주의가 덜 적합해 보이도록 만드는 데 이바지한다.

이 쟁점에 관하여 이야기해야 할 것은 훨씬 많다.[12] 정의의 고려사항들이 거리의 상대주의를 초월하는 윤리적 사고의 중심적 요소일지도 모른다. 아마도 이것 역시 근대 세계의 한 특성에서 오는 것이리

---

11 유익한 이차 문헌은 다음과 같다. Raymond Geuss, *The Idea of a Critical Theory* (New York: Cambridge University Press, 1981); Martin Jay, *The Dialectical Imagination* (Boston: Little, Brown, 1973), 또한 Martin Jay, *Adorno* (Cambridge: Harvard University Press, 1984). 비판이론은 특히 지난 십년 간 일부러 애매하게 만드는 사고 스타일에 대한, 그리고 급진적 수사와 전문가적 권위주의의 보기 흉한 조합에 대한 응당한 대가를 치렀다. 그러나 비판이론에는 배울 점이 있다. 특히 비판이론의 몇몇 통찰이 프랑크푸르트 학파 자신의 강조점인 자유가 아니라 정의론과 관련해서 사용된다면 말이다.

12 한 가지 중요한 질문은 정의의 보편적 형식에 상이한 사회에서 얼마나 상이한 내용이 주어질 수 있는지이다. 이 발상은 마이클 왈저Michael Walzer의 유익한 저서 *Spheres of Justice* (New York: Basic Books, 1983)에서 제시된 정의에 대한 견해에 중심적이다. 다른 질문은 우리가 상찬하는 거의 모든 것을 과거에 빚지고 있음을 알면서도 얼마나 과거를 부정의하다고 생각할 수 있는지이다. 나는 일부 고대 그리스의 사회 정의관들에 대해, 그리고 우리 자신의 정의관과 그 정의관들의 관계에 대해 *Shame and Necessity* (California University Press, 1993) 5장에서 논의하였다.

라. 우리에게는 사회정의에 관한 다양한 관념들이 있으며 이로부터 상이한 정치적 결과들이 나온다. 이들 각각이 과거와 우리 감성에 명확한 뿌리를 두고 있다. 우리는 이 관념들의 과거의 정당화를 받아들이지 않음을 알지만 그 점을 제외하고는 이들을 어떻게 읽어내야 할지 확신하지 못하기 때문에, 정의에 관한 과거 관념들을 여전히 현대인에게 권리를 지니는 이념들의 구현으로 보는 성향이 있다. 그런 만큼 우리는 그 관념들이 서로 그리고 현대의 이념들과 실제적으로 대면한다고 여기는 것이다.

이제 반성 자체로 돌아와 반성과 윤리적 지식의 관계를 살펴보겠다. 앞서 나는 반성이 지식을 파괴할 수도 있다고 하였다. 이는 덜 반성적인 상태에서 사용했던 두꺼운 윤리적 개념들이 반성을 거쳐 더 이상 사용되지 않을 수도 있는 반면, 아마도 그들을 대체할 더 추상적이고 일반적인 윤리적 사고는 명제적 지식의 조건을 만족시키지 않을 것이기 때문이다. 그런 경우에 지식이 파괴된다는 말은 한때 참이었던 특정 믿음들이 지금은 더 이상 참이 아니라는 말이 아니다. 또한 사람들이 스스로는 안다고 생각했던 것들을 결코 알았던 것이 아님이 판명된다는 말도 아니다. 그것이 의미하는 바는 한때 이 사람들이 대개 지식의 조각이던 특정 종류의 믿음을 가졌는데, 이제 그런 종류의 믿음을 형성할 수 없다는 것이다. 반성 이후에는 이 믿음에 본질적인 개념을 더 이상 사용할 수 없기 때문이다. 그들은 자신의 사회적 세계에서 자신을 인도했고 사회적 세계를 형성하는 데 이바지했던, 특정 상황과 관련한 특정 종류의 지식을 더 이상 활용할 수 없다. 특정 종류의 지식을 위한 잠재성이 파괴되었기 때문에 지식은 파괴되었다. 더군다나 그들은 이제 자신의 이전 믿음에 관하여 생각할 때 관찰자가 그 믿음을 바라보듯이 자신이 공유하지 않는 지식으로 바라볼 것이다.

반성이 지식을 파괴함은 알려지지 않은 것이 아니다. 개인의 사례에 있어서 실천적 기량이 그것을 수행하는 방식을 반성함으로써 파괴될 수도 있음은 진부한 이야기다.* (물론 유리한 여건에서는 기량이 증강될 수도 있지만 말이다.) 그러나 그 사례는 이와는 매우 다르다. 첫째로, 그것은 오직 개인 자신의 의식에 관련된 논점일 뿐이다. 관찰자는 숙련된 수행자가 수행하는 방식을 이론적으로 탐구할 수 있으며, 그의 결론은 정확하게 활용된다면 그의 수행을 확실히 도울 수 있다. 두 번째 차이는 그의 반성은 자신이 의문의 여지 없이 할 수 있는 일에 관련된다는 점이다. 그리고 반성 때문에 그가 그 일을 더 이상 해낼 수 없는 사태가 일어날 수도 있지만, 꼭 그래야 한다는 것을 함축하지는 않는다.** 그러나 윤리적 사례에서는, 반성 이전에 사람들이 이런 개념을 사용하여 진실로 사회적 세계에서 길을 찾을 수 있었음이 참이지만, 반성은 이제 그들이 틀림없이 다른 무언가를 하고 있음을 함축한다. 자전거 선수나 줄타기 곡예사의 반성이 동요를 일으키는 것과 달리, 윤리적 반성은 그것이 살펴보는 실천의 일부가 되며 그 실천을 내재적으로 바꿔버린다.

소크라테스는 이 쟁점들에 관하여 자신의 실천에 대한 개인의 반성이라는 측면에서만 생각했다. 그는 반성적이지 않은 것은 애초에 지식이 될 수 없기 때문에 반성이 지식을 파괴하는 일은 불가능하다

---

* [자연스럽게 홈런을 잘 치는 타자가 자신이 타구 동작을 어떻게 하는가를 분석한 뒤 의식적으로 최적 폼을 찾으려고 하다가 폼을 잃어버리는 경우를 예로 들 수 있다.]
** [앞서의 설명 사례를 활용하자면, 실제로 과학적 분석과 체계적 훈련을 통해 타구폼을 개선시킬 수도 있다.]

고 생각했다. 그는 지식으로 이끄는 무언가가 있다면 반성이 바로 그것이며, 지식이야말로 중요하다고 믿었다. (지식이 없는 상태보다는 지식이 있는 상태가 나음이 분명하다.) 만일 첫 번째 믿음 없이 두 번째 믿음만 있다면[반성이 지식을 파괴할 수도 있다고 믿으면서 지식이야말로 중요하다고 믿는다면], 반성이 지식을 파괴할 수 있다는 이념은 반성에 등을 돌릴 것이고, 고착, 무언의 통제, 전통적 이해를 상찬하는 종류의 보수주의나 그보다 더 나쁜 것에서 표현될 것이다. 이런 것들을 지지하여 말할 수 있는 것은 많은 진보적인 사고가 허용한 것보다 확실히 더 많다. 실로 진보적 사고를 지지하여 말할 수 있는 것보다 오히려 이들을 지지하여 말할 수 있는 것이 더 많다.*** 그러나 설사 전통적 지식의 가치를 인정한다고 하여도, 그런 이해관심에서 반성을 억누르려고 하는 일은 재앙에 이를 수밖에 없다. 아이들을 낳아서 삶이 망가졌다고 생각하는 사람이 아이들을 죽인다고 예전 상태로 돌아갈 수 없는 것과 마찬가지이다.

그러나 소크라테스의 두 번째 믿음을 받아들여서는 안 된다. 만일 소크라테스적이지 않은 역설un-Socratic paradox을 받아들일 것이라면, 그의 가정을 둘 다 거부해야 한다.**** 윤리적 지식이라는 것이 있더라도 그것이 꼭 최선의 윤리적 상태는 아니다. 여기서 윤리적 지식을 잃는 과정에서 다른 종류의 지식, 인간 본성과 역사에 대한 지식

*** [저자는 아마도 전통에 누적된 실천적 지혜를, 쉽게 파악하게끔 드러나 있지 않다는 이유로, 당장 눈에 띄는 목적 때문에 간단히 무시하는 위험이 크다는 점을 이야기하고 있는 것으로 보인다.]

**** [소크라테스에게는 역설이 없다. 반성을 밀고 나가는 것만이 지식을 얻게 해준다고 소크라테스가 믿었기 때문이다. 즉 '반성은 지식을 파괴하지 않는다'와 '반성은 더 나은 지식에 이르게 한다' 둘 다를 받아들이면 역설은 생기지 않는다. 역설은 이 둘 중 하나를 거부하거나 둘 다 거부할 때 생긴다.]

과 세계가 실제로 어떠한가에 관한 지식을 얻을 수도 있음을 기억해야 한다. 우리는 윤리적인 것에 관하여, 그리고 윤리적인 것을 둘러싼 주위에 관하여 지식을 얻을 수 있다. 윤리적인 것 안에서 그와 동일한 과정을 통해 이해를 획득할 수도 있다.

이것은 우리가 잃어버리게 될 지식에 붙이는 또 다른 이름에 그치는 것이 아니다. 무엇보다도 그것은 동일한 방식으로 확신과 연관되지 않는다.* 보수주의자 및 전통주의자가 반성을 공격하는 한 가지 이유는 그들이 그러한 반성으로부터 따라 나오는 것으로 보이는 불확실성, 즉 최선의 것에 대한 확신을 모조리 잃는 상황을 두려워하기 때문이다. 그들이 두려워하는 결과는 두려워할 만하다. 그래서 불확실성 자체를 미덕으로 삼고 확신 대신 — 역시 지성주의적 만족인 — 세련된 망설임의 만족을 즐기는 특정한 자유주의적 자세를 싫어하는 것은 온당하다. 그러나 그 전통주의자와 자유주의자는 윤리적 삶에서 확신은 지식이어야 하고 확실성의 한 형태이어야 한다고 생각하는 똑같은 실수를 범한다.

만일 윤리적 확신이 지식이나 확실성과 동일시되지 않아야 한다면, 그것은 무엇인가? 윤리적 확신을 확실성으로서 해명하는 것을 거부하고, 더 건전하지도 않고 오히려 설득력이 낮은 다른 해명으로 대체하는 사람들이 있다. 그들은 지성 이외에는 의지만이 있을 수 있다고 믿으며, 윤리적 확신의 원천은 어떤 **결정**decision[13], 즉 특정 도덕

---

*   [윤리적 반성 이후에는, 반성을 하지 않은 덕분에 생기는 절대적인 확신이 아니라 반성을 거쳐 근거에 비례한 만큼의 제한적 확신을 가지며 오류 가능성을 인정하기 때문에 불확실성이 결부된 어느 정도 유보된 확신만 가질 것이다.]

13   이 견해의 가장 유명하고 흥미로운 형태는 사르트르Sartre가 제2차 세계대전 이후 잠시 동안 견지했던 종류의 실존주의였다. 사르트르는 나중에 다른 많은 사람들이 줄곧 그렇게 생각했듯이, 그 견해가 우스꽝스러운 것이라고 생각하게 되었다. 이 견해는 이

원리를 채택하겠다는 결정, 또는 다른 방식이 아닌 어떤 방식으로 살겠다는 결정이어야 한다고 생각한다. 이것은 옳을 수 없다. 왜냐하면 윤리적 확신은 확신함being convinced의 다른 형태와 마찬가지로 어떤 수동성의 측면이 있어서 어떤 의미로는 당신에게 다가오는 것일 수밖에 없기 때문이다.** 어떤 결정은 그처럼 보일 수 있지만, 이는 그것이 특히 어쩔 수 없는 결정particularly compelling decisions이기 때문이다.*** 당신은 어떤 윤리적 확신을 가지면서 그것이 결정의 산물이었다고 의식할 수는 없다. 결정 자체가 불가피해 보이지 않는 한 말이다. 그러나 이 때에는 이 점이 바로 설명할 필요가 있는 문제이다.

칸트는 도덕이 자율성을 요구하며 어떠한 도덕 원리도 당신이 자유롭게 인정하거나 채택하지 않은 한 적절한 뜻에서 **당신의 것**일 수 없다고 — 달리 표현하자면 당신의 것인 어떠한 것도 도덕 원리일 수 없다고 — 정말로 믿었다. 그러나 4장에서 살펴보았듯이, 칸트는 그

보다는 덜 극적인 형태로 최근 많은 철학의 거의 상투어같이 되었다. 예를 들어 매키는 (*Ethics: Inventing Right and Wrong*, p. 106) 그것이 전혀 특별하다고 생각하지 않으면서, "도덕은 발견되는 것이 아니라 만들어지는 것이다. 우리는 어떤 도덕적 견해를 택할지 결정해야 한다"고 말할 수 있었다. 그러나 "우리"가 우리 각자를 말하는 것인지, 우리 모두를 함께 말하는 것인지는 명확하지 않다. 게다가 어느 경우이든 우리가 무엇을 해야 하는지도 분명치 않다. 그런 구절에서는 논리적 교설이나 형이상학적 교설이 오도하게끔 심리적 형식으로 표현되고 있을 가능성이 높다.

** ['being convinced'는 '납득되었다'로도 번역될 수 있는데, 납득이란 자신에게 주어지는 자료를 가지고 일정한 결론을 받아들이게 되었음을 뜻한다. 즉 자신에게 주어진 자료를 바탕으로 달리 생각할 수 없다는 것이다. 이를테면 현대과학이 제시하는 증거를 대하고는 달이 지구 주위를 공전한다고 납득하지 않을 수 없을 것이다. 누군가 순수히 의지의 작용만으로 결정해서 내일부터 달이 지구 주위를 공전하지 않고 그 반대라고 믿을 수는 없다.]

*** [의지적인 결정은 설사 그것이 필요불가결하다 하더라도 믿음의 획득과는 성격이 다르다고 윌리엄스는 말하는 것이다. 즉 오늘 저녁식사로 어떤 음식을 먹을 것인가 결정하는 일 같은 의지적인 결정도 수동적인 측면이 있는것처럼 보일 수는 있으나 그 수동성은 확신함의 수동성과는 다른 것임을 강조하고 있다.]

견해를 이론적 결론에도 마찬가지로 적용했고 선험론적 심리학의 수준에서 견지했다. 그는 일상적 경험의 어떤 심리적 특성인 결정에 관해 말하는 것이 아니었다. 다음 장에서 살펴볼 바와 같이, 실제로 그는 일상적 경험에서는 정반대 성격을 가진 어떤 것, 즉 이성의 인정 the acknowledgments of reason을 대신하는 어떤 것을 발견할 필요가 있었다. 그리고 이것은 수동적인 양태에서 바깥으로부터 결정되는 것 같은 느낌으로 드러난다. 그 느낌을 칸트는 "법에 대한 경외감the sense of reverence for the Law"이라고 불렀다.

결정 모델과 확실성 모델 모두, 윤리적 확신이 실제로 결여된 경우에 그리 도움이 되는 것 같지 않다. 몇몇 사람들은 우리는 윤리적 확신이 필요하며 지식만이 그것을 가져다줄 수 있다고 말하면서 확실성 모델을 지지하는 논변을 편다. 그들은 인지적 확실성에 대한 신념이 아무리 크더라도 우리가 확실하게 여겨야 하는 그것에 동의하지 못한다면 윤리적 확실성을 실제로 발생시킬 수 없다는 명백한 사실을 무시한다. 이 사실의 힘을 이해하여 다른 모델을 지지하는 이들은 우리가 잘못된 방향으로 살펴보고 있었다고 말한다. 윤리는 결정의 문제이며, 그래서 우리는 책임을 직시하여 그런 결정을 내리는 부담을 져야 한다는 것이다. 이 견해 또한 만일 윤리가 결정의 문제이고 확실성이 없다면 무엇을 결정할지에 대해서도 확실성이 없다는, 역시 명백한 논점을 무시한다.

우리는 제3의 관념이 필요하다. 이 관념에 가장 좋은 단어는 아마도 **신뢰**confidence*일 것이다. 그것은 기본적으로 사회적 현상이다. 그

---

* [여기서 '신뢰'란 자신 또는 자기 사회의 윤리적 실천이 끔찍하거나 편벽된 것이 아니라 가치 있는 삶을 구성하는 것이라는 신뢰를 의미한다.]

렇다고 해서, 어떤 사회에 신뢰가 존재한다면 그 이유는 개인들이 그 것을 어떤 형태로든 보유하기 때문임을 부인하거나, 사회에 신뢰가 결여되어도 일부 개인에게는 존재할 수 있음을 부인하는 것은 아니 다. 그러나 이런 일이 일어나면 그것은 어떤 다른 형태로 있게 된다. 왜냐하면 개인의 태도에 대한 사회적 확인과 지지가 결핍되면 개인 이 그런 태도를 견지하는 방식에 영향을 미칠 수밖에 없기 때문이다. 이는 무엇보다도 그 개인이 자신의 그런 태도를 의식하게 만듦으로 써 영향을 미친다. 신뢰라는 관념을 도입하는 요점은 철학이 확신의 생성 방식을 말하지 못하는데 신뢰의 생성 방식은 말할 수 있다는 것 이 아니다. 요점은 오히려 이 관념이 철학이 신뢰의 생성 방식을 말 하지 못함을 다른 모델보다 더 명확하게 보여준다는 것이다. 어떤 종 류의 제도, 양육, 공적 담화가 신뢰를 촉진하는 데 도움이 될 것인가 는 사회적이고 심리적인 질문이다. 윤리적 신뢰와 관련해 가장 먼저 떠오를 질문은 사회적 설명에 관한 질문이다. 이것은 신뢰가 합리적 논증과 무관함을 의미하지 않는다. 사회적 상태는 합리적 논증에 의 해 이런저런 방식으로 영향을 받을 수 있다. 더군다나 합리적 논증 없이, 또는 합리적 논증을 억압함으로써 신뢰를 생성하려고 한다면, 실패할 가능성이 매우 높고, 게다가 다른 선들을 희생시킬 것이다. 신뢰는 여러 선들 가운데 하나의 선에 불과하다. 그것은 대가를 치르 고 얻어지는 것이며, 치러야 할 대가가 지나치게 높아서는 안 된다.

  신뢰는 사회적 상태이기도 하고 토론, 이론화, 반성에 연관되어 있 기도 하다. 이에 상응하여, 이런 활동들 자체는 사회적 공간을 차지 하는 실천 형태들이고, 이와 마찬가지로 개인에게서는 심리적 공간 을 차지한다. 우리는 일련의 지성주의적 관념 때문에 그 사실을 잊는 다. 우리의 근본적인 목적은 윤리적 질문의 답에 도달하는 것이어야 한다는 관념, 이것을 달성하는 방법은 그 질문과 관련된 이유에 최대한 주의를 기울이는 것이라는 관념, 그러한 활동들을 제한하는 관행의 요구는 실천적 제약에 불과하다는 관념이 그렇다. 사실 기본적 질문은 어떻게 살아야 하는가, 그리고 무엇을 해야 하는가이다. 윤리적 고려사항들은 이와 유관하다. 그리고 이 고려사항들을 반성하는 데 시간과 인간의 힘이 얼마나 쓰이는가는, 그 자체로 우리가 실제로 지니는 윤리적 삶의 관점에서 살 가치가 있는 삶으로 여기는 것은 무엇인가에 달려 있고, 삶을 살 가치가 있다고 여기는 사람들을 낳을 가능성이 높은 것은 무엇인가에 달려 있음이 틀림없다. 우리가 답해야 하는 한 가지 질문은, 어떻게 사람들이 혹은 충분한 수의 사람들이, 특히 반성의 필요성과 우리 세계에서 반성의 편재함을 모두 인정할 때, 자기기만과 독단주의 같은 허약함이 아니라 강함으로부터 나오는 실천적 신뢰를 보유할 수 있는가이다. (신뢰는 낙천주의와 같지 않다. 신뢰는 니체가 강함의 염세주의pessimism of strength라고 부른 것에 기초할 수 있다.)

이 논의는 윤리적 사유와 실천의 미래에 관한 결론을 시사한다. 앞장의 말미에서 살펴본 바와 같이, 인간이 윤리적 삶의 객관적 토대에 이른다는 이념을 상기해야 한다. 혹은 여기서 가장 유익한 방식으로 표현하자면, 인간이 객관적 토대가 있음을 알고 있는 윤리적 삶에 이른다는 이념을 상기해야 한다. 이것은 실현될 법한 전망이 아닐 수는 있지만, 그 이념으로부터 무언가 더 배울 수는 있다. 그 과정은 공유된 생활 방식으로의 실천적 수렴을 포함한다. 과학의 경우, 객관성에 대한 나의 해명은 **강제되지 않은** 수렴이라는 이념을 포함하였다. 만일 그 수렴이 강제된 것이라면, 그것을 진리에 도달하는 과정이라고 설명할 수 없다. 실천적이고 윤리적인 경우에 수렴은 기본적 욕구나 이익에 의거하여 설명될 필요가 있을 텐데, 이것도 이 과정이 강제되지 않기를 요구한다. 그 설명은 무엇을 그런 과정으로 여길 것인가 하는 질문을 제기한다.

몇몇 과정은 명백히 그렇게 여겨지지 않는다. 만일 화성인이 와서 인간이 특정한 형태의 윤리적 삶을 살겠다는 높은 수준의 합의를 이루지 못하는 경우 우리 행성을 파괴하겠다고 명확히 선언한다면, 두세대쯤 지나 아마도 화성인이 제공한 몇몇 기술의 도움으로 이런 합의가 이루어질 것이다. 이것은 확실히 기본적인 욕구와 이익을 포함하겠지만, 우리의 삶에 객관적 근거를 제공한다는 이념과 유관한 방식으로 그런 것은 아니다. 그것은 단지 외계인이 선언한 제재 때문에 그 삶이 받아들여진 것에 불과할 것이다. 외계인이 요구한 이 상태에 우리가 도달한 후에도 외계인은 우리가 이런 두려움을 계속 가지도록 해야 할 것이다. 아니면 반성 능력을 파괴해야 할 것이다. 그것도 아니면 정당화를 위한 어떤 강력한 신화를 제공해야 할 것이다. 아무것도 하지 않고도 그 체계가 만족스럽게 돌아가도록 내버려둘 수 있다면, 외계인은 우리에게 (아마 유일하게 만족스럽지는 않더라도) 만족스러운 삶의 방식을 준 것임이 틀림없다. 그러나 그렇게 만드는 것은 우리가 그 안에서 안정적이고 반성적으로 살 수 있다는 사실이지, 우리가 그것에 수렴하도록 강제되었다는 사실은 아닐 것이다.

합의가 강제된 것이 아니려면 인간 삶의 내부에서 자라나야 할 것이다. 동시에 이론적 탐구의 영향을 받아야 할 것이다. 그러한 과정은 자유로운 제도, 즉 자유로운 탐구뿐 아니라 삶의 상이성 및 어떤 윤리적 다양성을 허용하는 제도를 함축한다. 그러나 여기서 반성이 아무런 심리적 공간을 차지하지 않는다고 가정하는 오류의 사회적 판본을 범하지 않도록 재차 조심해야 한다. 밀의 표현대로 "삶의 실험들experiments in living"에 헌신하는 사회는 단순히 최선의 방식으로 살 가능성을 높이는 사회가 아니다. 그것은 다른 종류가 아닌 특정 종류의 사회이며, 여러 삶의 형태를 배제한다. 실제로 배제된 삶의 형태들에는 가장 살 가치가 있는 것들이 포함될 수도 있다. 그러나 이는 다양성과 탐구의 자유가 신뢰처럼 북돋워야 하는 어떤 선들 중 일부임을 의미할 뿐, 선이 아님을 의미하지는 않는다. 객관성을 믿는 이들, 그리고 객관성의 유일하게 이해 가능한 형태는 객관적 근거 짓기라고 보는 이들은 이것들이 중요한 선이라고 받아들일 만한 이유가 있다.

객관성을 믿지 않더라도 이들이 중요한 선이라고 받아들일 만한 이유가 있다. 이는 미래를 지향하는 거리의 상대주의 때문이다. 미래 사회의 사람들의 사례는, 우리가 다른 가치 집합과 순전히 관념적으로 대면할 뿐 아니라 그들에 대한 어떤 책임도 지니는 독특한 사례이다. 적어도 우리의 가치를 봉인해 미래 세대에게 보내려고 노력할 수도 있고 그런 노력을 거부할 수도 있는 한에서, 이런 책임을 지는 것이다. 내가 보기에는, 미래 세대가 우리의 가치를 반드시 공유하게끔 시도하는 데 신뢰를 가지려면 이런 가치에 대해 신뢰가 있어야 할 뿐 아니라 — 그럴 수 있다면 좋은 일일 것이다 — 그 가치가 객관적이라고 (잘못) 확신하고 있어야 한다. 이런 두 가지 확신이 없다면 미래에 영향을 미치는 일에서 물러설 만한 이유가 있다. 과거를 판단하는 일에서 물러설 만한 이유가 있듯이 말이다. 확정적 가치들을 봉인하여 미래 사회에 보내려고 시도해서는 안 되는 것이다.

몇몇 적극적인 조치를 취할 만한 이유도 있다. 우리는 온당한 삶을 위한 자원을 남겨두려 노력해야 하고, 이를 위한 수단이자 그 자원의 일부로서 우리의 지식이라고 여기는 것을 전달하려 노력해야 한다. 반성적 의식 자체와 그 의식을 지탱하고 활용하는 데 필요한 자유로운 탐구의 실천을 [이러한 전달에서] 빠뜨리는 것은 일관성을 가질 수 없다. 물론 이러한 소극적인 목적과 적극적인 목적 사이에는[기정의 가치를 미래 사회로 봉인해 넣지 말고 물러서야 한다는 소극적인 목적과, 반성적 의식 및 자유로운 탐구의 실천은 전달해야 한다는 적극적 목적 사이에는] 얼마간의 긴장이 있다. 자유로운 탐구 및 반성적 의식을 전달하려고 노력하는 것은, 아무것도 전달하지 않는 것이 아니라 무언가를 전달하는 것이고, 그 무언가는 다른 삶의 형태가 아닌 어떤 삶의 형태를 요구하는 것이다.

적어도 바로 다음 세대, 즉 우리의 아이들에게 더 많은 것을 전달하려고 노력할 만한 이유가 있다. 윤리적 가치를 재생산하는 것을 목표로 한다는 것은 윤리적 가치를 가지는 일의 특징이다. 그러나 이것은 더 먼 미래 세대가 견지할 것에는 그다지 확정적인 영향을 미치지 않는다. 만일 새로운 발전으로 말미암아 그들의 견해에 더 큰 영향을 미칠 수 있게 되더라도, 우리 지식이 창조했다고 볼 수 있는 유산인 자유로운 탐구와 반성을 가능한 한 그들에게 보내는 것 이상으로는 그것을 활용하지 않는 편이 나을 것이다. 자유로운 탐구와 반성은 충분한 유산일 것이며, 그들에게 그 이상을 전달하려고 노력해서는 안 된다는 것이 거리의 상대주의에 적절한 존중을 보이는 일일 것이다.

제10장
도덕, 그 특이한 제도

앞서 도덕을 윤리적 사고의 어떤 특수한 체계이자 특유한 부류라고 언급하였다. 이제 내가 도덕이라고 여기는 것이 무엇인지, 그리고 왜 도덕이 없는 편이 나은지 설명해야겠다.

도덕에 관하여 중요한 것은 그것의 취지, 그 저변에 깔린 목적, 그리고 그것이 함의하는 윤리적 삶의 일반적 그림이다. 그것들을 이해하기 위해서 **도덕적 의무**라는 특유한 개념을 주의 깊게 살펴볼 필요가 있겠다. 그것이 의무라는 관념을 사용한다는 단순한 사실이 도덕을 특수하게 만드는 것이 아니다. 의무의 일상적인 관념도 있는데, 이는 여러 고려사항 중 하나로서 윤리적으로 유용하다. 도덕은 그것이 사용하는 의무의 특수한 관념에 의해, 그리고 그것이 의무에 부여하는 의의에 의해 두드러진다. 내가 "도덕적 의무"라고 칭하는 것은 바로 이 특수한 관념이다. 도덕은 하나의 확정된 윤리적 사고의 집합이 아니다. 그것은 광범위한 윤리적 견해들을 아우른다. 그리고 우리에게는 그런 윤리적 견해가 너무 많아서, 도덕철학은 그런 모든 윤리적 견해들과 다른 모든 견해들의 차이보다는 그런 윤리적 견해들 간의 차이를 논의하는 데 많은 시간을 할애한다. 그것들 모두는 도덕적 의무라는 이념을 공통으로 가지지만, 모두가 동등한 정도로 도덕 체계에 전형적이거나 유익한 예는 아니다. 도덕을 가장 순수하고 심층적이며 철저하게 보여 준 철학자는 칸트다. 그러나 도덕은 철학자들이 창안한 것은 아니다. 도덕은 우리 거의 모두의 견해, 또는 비정합적이지만 우리 거의 모두의 견해의 일부이다.

도덕 체계에서 도덕적 의무는 하나의 특별히 중요한 종류의 숙고적 결론에서 표현된다. 그것은 무엇을 해야 하는가를 지향하고 도덕적 이유들로 규율되며 하나의 특정 상황에 관련되는 결론이다. (일반적 의무도 있는데, 이는 나중에 살펴볼 것이다.) 도덕 체계 내에서조차 어떤 특유한 도덕적 숙고의 결론이 하나같이 의무를 표현하는 것은 아니다. 멀리 나갈 것도 없이, 일부 도덕적 결론은 무언가를 **해도 된다**라고 선언할 뿐이다. 이것은 의무를 표현하지는 않지만 어떤 의미에서는 여전히 의무라는 이념으로 규율된다. 당신은 의무를 지는지 묻고, 그렇지 않다고 판단한다.

이런 기술은 도덕적 숙고의 산출물 혹은 결론에 의거한 것이다. 숙고에 들어가는 도덕적 고려사항은 그 자체가 의무의 형태를 띨 수 있지만, 물론 꼭 그럴 필요는 없다고 할 수 있다. 예를 들어, 특정 결과의 발생이 최선이며 내가 어떤 특정 방식으로 그 결과를 발생시킬 수 있기 때문에, 내가 그 방식으로 행위할 의무를 진다고 결론 내릴 수도 있다. 그러나 도덕 체계 내에는, 숙고에 들어가며 특수한 의무를 산출하는 모든 고려사항을 그 자체로 일반적 의무인 것으로 표상하게 만드는 압력이 있다. 그래서 만일 지금 내가 최선이 될 어떤 것을 할 의무를 진다면, 이는 내가 아마 여러 가지 중에서 최선인 것을 하라는 일반적 의무를 갖고 있기 때문일 것이다. 이런 일이 어떻게 일어나는지는 나중에 살펴볼 것이다.

도덕적 의무가 일종의 실천적 결론이라는 사실은 그 특성들 중 여럿을 설명한다. 의무는 행위와 관련하여 누군가에게 적용된다. 그것은 무언가를 할 의무인 것이다. 그리고 그 행위는 행위자의 능력 범위 안에 있어야 한다. "**해야 한다**는 **할 수 있다**를 **함축한다**"는 이러한 맥락에서 유명한 공식이다. 그것은 **해야 한다**에 관한 일반적 진술로 서는 참이 아니다. 그러나 만일 실천적인 결론이 내려지는 사안에서 무엇이 특정한 의무일 수 있는 조건으로 여겨진다면, 그 공식은 타당함이 틀림없다.* 만일 나의 숙고의 결과가 내가 할 수 없는 무언가

---

* [그것이 일반적 진술로 참인지 아닌지는 학자들 사이에 논쟁이 있다. 그것이 참이 아니라고 보는 주장을 뒷받침하는 논거로는, 결론을 전제로 하는 논거를 제외하자면, 세 가지가 제시된다. 첫째 논거는 둘 이상의 당위가 충돌하여 그중 하나는 할 수 없는 사안이다. 그러나 이 경우는 결국 최종적인 판정이 하나의 당위를 지지해 준다고 보면, 적어도 그 궁극적인 판정에서의 '해야 한다'는 '할 수 있다'를 함축한다고 볼 수 있다. 둘째 논거는 과거의 잘못으로 인해 현재 어떤 당위를 따를 수 없는 상황이 가능하다는 것이다. 예를 들어 어떤 사람이 특정 시각과 장소에서 개최되는 학술대회의 발제를 맡기로 약속해 놓고는 이를 까맣게 잊고 그 같은 날 전혀 다른 먼 장소로 향하는 비행기를 타버렸다고 해보자. 이 사람은 비행기 안에서 그날이 학술대회에서 발제해야 하는 날이라는 것을 깨닫는다. '아! 지금 나는 학술대회에서 발제해야 하는데!'라고 그 사람은 얼마든지 말할 수 있다. 그러나 그 시점에서 발제는 불가능하다. 그러므로 해야 하는 것을 할 수 없다. 따라서 이 경우 '해야 한다'는 '할 수 있다'를 함축하지 못한다. 그러나 이 문제는 잘못이 범해진 시점을 정확하게 특정함으로써 해소할 수도 있다. 즉 학술대회 준비를 하여 대회장에 가는 것이 가능한 시점까지 그는 자신이 한 약속을 상기하고 그 약속을 지켜야만 하는 당위를 적용받는다. 그리고 그 당위에 따르는 일을 그는 할 수 있다. 또는 학술대회 약속을 하자마자 일정계획표에 정확하게 이를 기록해야만 하고, 이 일을 그는 할 수 있다는 식으로 해소할 수 있다. 셋째 논거는 모든 사정을 다 아는 입장에서는 분명히 '해야 한다'라는 말을 써서 당위를 표현할 수밖에 없지만, 그 행위자 입장에서는 그 사정을 알지 못하므로 그럴 수 없는 상황이다. 어떤 사람이 하루 일과를 마치고 집에 돌아와 불을 켜기 위해 평소처럼 전등 스위치를 젖히려고 하는데, 전기배선에 문제가 생겨 아주 드문 인과관계를 통해 그 사람이 지금 전등 스위치를 젖히면 옆 집 사람이 전기 스파크로 인해 큰 화상을 입게 된다고 해보자. 이 경우 이 사정을 모두 다 아는 사람이 당신에게 말을 할 수 있다면 '당신은 전등 스위치를 젖히지 않아야 한다'고 말하는 것이 타당하며, 그러한 '해야 한다' 용법은 전적으로 적합하다. 그러나 퇴근해서 집에 돌아온 행위자는 이 특이한 사정을 알 수 없다. 그러므로 행위자는 해서는 안 되는 일을 할 수 없다. 물론 행위자는 하지 않아야 하는 행위를 하였다는 점을 이유로 형사처벌이나 도덕적 비난을 받지는 않는다. 즉 책임 있는 잘못이 귀속되지는 않는다. 즉 그 상황(행위자가 자신의 행위로 인해 개시될 인과관계의 연쇄

된다면 나는 다시 숙고해야 한다. 무엇이 행위자의 능력에 속하는 것으로 여겨지는가 하는 질문은 악명 높을 정도로 문제가 많다. 이는 모든 것이 (또는 심리적인 모든 것이) 결정되어 있다고 주장하는 광범위하고 마음을 동요시키는 이론들 때문에만 그런 것은 아니다. 그저 특정 방식으로 행위할 수 있다거나 행위할 수 있었다는 말이 의미하는 바가 불명확하기 때문이기도 하다. 이 문제에 관해 조금이라도 유용한 것을 말하려면 광범위한 논의가 필요한데, 이 글에서는 다루지 않을 것이다.[1] 그러나 내가 여기서 말해야 할 것은 도덕이 이런 측면이나 다른 측면에서 특유하게 선명한 형태로 그 공통의 문제[무엇이 행위자의 능력에 속하는 일로 여겨지는가의 문제]에 직면한다는 점을 시사할 것이다.

이런 뜻에서 도덕적 의무의 또 다른 특성은 다음과 같다. 궁극적으로는, 진정으로는, 또는 이 계열의 끝에서는 상충할 수 없다는 것이다. 이것은 내가 할 의무가 있는 것은 내 능력 안에 있어야 한다는 앞서의 논점으로부터 직접 따라 나올 텐데, ("집적 원리agglomeration principle"라고 불려온) 어떤 추가적 원리, 즉 x를 할 의무를 지고 y를 할 의무를 진다면, x와 y를 할 의무를 진다는 원리를 인정한다면 그런 것이다. 이런 요건도 의무에 대한 이런 관념의 실천적 모습을 반

를 모르는 상황)에서 행위자에게 매우 일상적인 행위인 스위치를 젖히는 행위를 하지 않아야 하는 의무가 행위자에게는 없었다. 그러나 그 상황에서 행위자는 분명히 스위치를 젖히는 행위를 하지 않아야 한다. 이상과 같은 이유로 '당위가 가능을 함축한다'는 것은 의무에 관한 진술로는 매우 그럴 법하지만 일반적 진술로는 참이 아닌 것이다.]

1   이 장 뒷부분에서 일부 논점을 간략히 짚겠다. 자유 의지에 대한 대부분의 논의는 인과적 설명이 행위와 책임에 관한 우리 사고의 상이한 부분에 상이한 효력을 가질 수 있다는 논점에 충분한 주의를 기울이지 않는다. 숙고가 '할 수 있다can'를 요구하는 반면에 비난은 '할 수 있었다could have'를 요구한다는 점은 고려할 가치가 있는 논점이다.

영한다. 이 특수한 요건으로 통제되지 않는 "의무"의 일상적 의미에서는 의무들은 분명히 상충할 수 있다. 애초에 의무들을 언급하는 가장 흔한 경우 중 하나가 이들이 상충하는 경우다.[2]

철학자 데이비드 로스David Ross는 잠정적 의무prima facie obligation와 실제적 의무를 구분하기 위해 전문용어를 만들어 냈는데, 이것은 의무의 충돌을 논의하는 데 지금까지 때때로 사용된다. 잠정적 의무는 도덕적 고려사항들에 의해 뒷받침되는 결론으로서 실제적 의무의 후보이다. 그 의무는 다른 의무에 의해 능가되지 않는다면 도덕적 숙고의 적절한 결론이 될 것이다. 로스는 왜 한낱 잠정적 의무가 — 결국에는 다른 의무에 의해 능가되는 것이라고 해도 — 외관상 의무apparent obligation 이상의 것인지 (그리 성공적이지는 않지만) 설명하려고 한다. 잠정적 의무는 결정의 자리에 어떤 힘을 행사하지만, 경쟁하는 의무를 감안하면 그 힘은 그 자리에 들어갈 정도로 충분하지 않은 것으로 이해된다. 더 구체적인 용어로 표현하자면, 그 효과는 파기된 잠정적 의무를 뒷받침했던 고려사항들이 어떤 다른 실제적 의무를 뒷받침하게 될 수 있다는 것이다. 만일 내가 충분하고 어쩔 수 없는 이유로 약속을 어겼다면 이 때문에 나는 이를테면 내가 실망시킨 사람에게 보상하는 것 등 다른 무언가를 할 실제적 의무를 지게 될 수도 있다.

내가 왜 이 추가적인 의무를 져야 하는지는 전혀 분명하지 않다. 왜냐하면 사태에 관한 이 견해에서는, 의무를 준수함은 우리 자신이

---

2 나는 충돌의 문제를 *Problems of the Self*와 *Moral Luck*에 실린 여러 논문에서 논의했다. 만일 두 실제적 의무가 충돌하는 것이 논리적으로 불가능하다면, 나는 스스로의 잘못에 의해서도 그 의무들이 충돌하는 상황에 처할 수 없을 것이다. 그렇다면 내가 처하게 된다고 생각되는 상황이란 무엇인가?

할 일이며 나는 그 일을[이를테면 약속을 어기고 위기에 빠진 사람을 돕는 일을] 이미 이행했을 것이기 때문이다. 그 어떤 실제적 의무도 어기지 않았다. 이는 스스로를 비난하지 않아도 된다는 위안을 주는 결과다. 나는 이를테면 [잠정적 의무들이 충돌하는] 이 상황에 들어갔다는 점과 같이 무언가 다른 이유로 스스로를 비난할 수는 있다. 그러나 그 거부한 행위를 하지 않았다는 이유로 스스로를 비난하거나 책망하는 것은 틀린 것이다. 자책은 위반한 의무와 관계가 있는데, 의무가 없었음이 드러났기 때문이다. 이에 대해 안됐다고 느끼는 것이 합당할 수 있음은 인정한다. 그러나 도덕 체계에서 회한이나 자책과 구분하여, 이를테면 "유감" 등의 이름으로 부르는 이런 감정은 도덕적 감정은 아니다. 이런 재분류는 중요하며, 윤리적인 것이 도덕적인 것으로 수축될 때 발생하는 일에 매우 특유한 것이다. 비자발적으로 행한 것, 또는 두 개의 악 중 덜한 악을 선택하여 행한 것에 대한 감정이 도덕과 무관한 감정인 유감으로 이해되어야 한다고 말하는 것은, 이런 행위에 대한 느낌이 그저 우연히 발생한 일이나 타인의 행위에 대한 느낌과 같아야 함을 함축한다. **내가 그렇게 했다**는 생각은 특별히 중요하지 않다. 했어야 하는 일을 자발적으로 했는지 여부가 중요하다. 이것은 한 것과 하지 않은 것이라는 단순한 구분에 놓인, 윤리적 경험의 어떤 중요한 차원에 주목하지 못하게 한다. 그것은 자발적인 것과 비자발적인 것의 구분만큼 중요할 수 있다.[3]

---

3 이 논점은 동명의 책에 실린 내 논문 "Moral Luck"에서 논의되었다. 그 논문은 도덕 체계가 자발성의 불확실한 구조에 특별히 많은 비중을 둔다는 일반적 논지를 자세히 설명한다.

도덕적 의무는 벗어날 수 없다. 약속을 하는 경우처럼 자발적으로 의무를 질 수도 있다. 실제로 그 경우에 약속이 애초에 성립하려면 자발적이어야 한다고 보통 말한다. 물론 여기에는 압박 하에서 한 약속 같은 회색 지대가 있기는 하지만 말이다. 다른 경우에는, 스스로 선택하지 않았는데 의무를 질 수도 있다. 그러나 어느 쪽이건 일단 의무를 지면 벗어날 수 없다. 그리고 해당 행위자가 의무를 포함하는 이 체계 내에 있지 않거나 그 규칙에 구속되지 않기를 선호하리라는 사실이 그에게 변명이 되지 않는다. 또한 그를 비난하는 것이 오해 때문도 아닐 것이다. 비난은 도덕 체계에 특정적인 반응이다. 이미 언급한 회한이나 자책 혹은 죄책감은 도덕 체계 내의 특정적인 일인칭적 반응이다. 그리고 만일 어떤 행위자가 그런 감성을 결코 느끼지 않았다면, 도덕 체계에 속하지 않거나 그러한 견지에서 온전한 도덕 행위자가 아닐 것이다. 이 체계는 사람들 사이의 비난도 포함한다. 그리고 그런 것이 없다면 이러한 일인칭적 반응은 당연히 없을 것이다. 이런 반응은 내면화에 의해 형성되기 때문이다. 그러나 그 체계에 속하는 특정 행위자들이 비난을 표현하고 어쩌면 이와 유관한 감성까지 느낀다는 의미로 누군가를 비난하는 일을 절대 하지 않는 것도 가능하다. 예를 들어 그들은 다른 사람의 능력 안에 있었던 것이 무엇인지에 관하여 신중한 회의적 태도를 가질 수도 있는 것이다. 자기 비난이나 회한이 행위의 자발성을 요건으로 한다는 점은, 어떤 사람에 대한 비난도 자발적 행위를 겨냥한다는 일반적 규칙의 특수한 적용에 불과하다. 도덕법은 이민을 허용하지 않기 때문에 실제 자유주의 공화국의 법보다 엄격하지만, 책임이라는 이념에서는 명백하게 공정하다.

이 면에서 공리주의는 도덕 체계의 주변부 구성원이다. 공리주의는 비난을 비롯한 사회적 반응이 사회적으로 유용한 방식으로 할당되어야 한다는 강력한 사상적 전통을 갖고 있다. 그래서 이런 반응은 자발적인 것을 향할 수도 있지만, 그런 만큼이나 그렇지 않을 수도 있다. 이것은 비난 표명 등의 사회적 행위를 포함하여 모든 행위에 공리주의 기준을 적용하면 일관되게 따라 나온다. 표명되지 않은 비난과 비판적 사고에까지 동일한 원리가 확장될 수 있다. 실로 이와 다른 수준에서 보면, 공리주의자는 충분히 이렇게 물을 수 있다. 공리주의적 근거에서 비난의 요점이 유용성임을 잊어버리는 것이야말로 가장 유용한 방침인 것은 아닐까? 이 책략은 자책과 도덕적 의무감의 경우에는 방해받는 것 같다. 공리주의자들은 보통 인류를 위해 일하며 동물을 위해 육식을 포기하는 대단히 양심적인 사람들이다. 이것이 도덕적으로 해야 하는 것이라고 생각하며 자신의 규준에 따라 살지 못한다면 죄책감을 느낀다. 그들은 다음과 같이 묻지 않을 것이고 못할 것이다. 내가 이렇게 생각하고 느끼는 것은 얼마나 유용한가? 공리주의가 그 대부분의 형태에서, 설사 주변부의 도덕일지라도 여전히 도덕인 이유는 바로 그런 동기 때문이지 논리적 특성 때문만은 아니다.

도덕적 의무에서는 벗어날 수 없다는 감각, 의무가 있는 것은 **해야 한다**는 감각은, 도덕적 의무는 그것을 원치 않는 사람에게도 적용된다는, 앞서 언급한 관념의 일인칭 측면이다. 삼인칭 측면은 도덕적 판단과 비난이 그 한계까지 이르면 전적으로 그 체계 바깥에서 살고자 하는 사람에게도 적용될 수 있다는 것이다. 도덕의 관점에서는 체계 바깥의 장소는 없다. 적어도 책임 있는 행위자를 위한 체계 바깥의 장소는 없다. 칸트의 용어를 사용하자면, 도덕적 의무가 **정언적**이라는 말에서 이 두 측면이 결합된다.

도덕 체계 밖의 사람들은 나중에 다시 살펴볼 것이다. 우선 도덕 체계 안의 사람들에게 도덕적 의무가 무엇인지에 관하여 더 많은 이야기를 할 필요가 있다. 어떤 주어진 상황에서 택할 도덕적 이유가 가장 큰 행동 방침이 반드시 도덕적 의무로 간주되어야 한다는 데는 동의하기 어렵다.* 의무 이상이거나 의무 이하인 행위(또한 정책이나 태도 등)도 있다. 그것은 의무이거나 요구되는 것을 넘어서는 영웅적 행위나 매우 고귀한 행위일 수 있다. 아니면, 윤리적 관점에서 그 행동은 받아들일 만하거나, 할 가치가 있거나, 하면 좋은 행동이지만, 하도록 요구되는 행위는 아닐 수도 있다. 이 요점은 사람들의 반응이라는 측면에서 보면 명백하다. 하지 않아도 비난받지 않을 행위를 했음에 대하여 크게 감탄하거나 아니면 그저 좋게 생각하기도 한다. 도덕 체계는 의무를 낳지 않는 것으로 보이는 이런 고려사항들을 어떻게 다루는가?

핵심적이고 의무론적인 형태의 도덕이 그것들을 다루는 한 가지 방식은, 의무에다 가능한 많은 것을 집어넣으려는 것이다. (이것은 모든 윤리적 고려사항을 단 하나의 유형으로 만들려는 환원주의적 과업에 특유한 동기이다.) 이미 언급한 전문용어, 잠정적 의무를 사용한 로스의 연구에는 이런 시도와 관련한 유익한 사례들이 있다. 로스는 일반적 의무, 그의 표현으로는 의무로 간주하는 것의 여러 유형을 열

---

* [주어진 상황에서 특정 행위를 할 가장 큰 이유가 있다는 것이, 그 행위를 필연적으로 도덕적 의무로 여겨야만 함을 함축한다고 보는 주장에는 동의하기 어렵다는 뜻이다. 예를 들어 어떤 의사에게는, 치명적 질병에 감염될 위험을 무릅쓰고 그 질병이 창궐하는 지역에 들어가 의료활동을 하는 것이 자신의 삶에서 그 시점에 가장 큰 이유가 있는 일일 수 있다. 그러나 그 의사가 그곳에 들어가는 것이 도덕적 의무는 아니다. 또한 어떤 사람이 타인들과 친교도 거의 맺지 않고 자신의 작업실에만 틀어박혀 걸작이 될 그림을 완성하는 일이 그 사람에게는 해야 할 가장 큰 이유가 있는 일일 수 있다. 그러나 걸작이 될 그림을 완성하는 일이 도덕적 의무는 아니다.]

거한다.[4] 첫째 유형은 모두가 의무라고 칭하는 것, 즉 약속을 지키는 것, 그리고 이를 자연스럽게 확장하여 진실을 말하는 것을 포함한다. 둘째 유형은 "감사의 의무duties of gratitude"를 포함하는데, 이는 자신을 위해 봉사해준 사람에게 도움되는 일을 하는 것을 말한다. 그러나 ("봉사service"라는 말이 함축하듯이) 이런 시혜자benefactor가 보답을 기대할 권리를 획득한 것이 아니라면, 이것이 의무인지는 그리 명확하지 않다. 만일 보답을 기대할 권리를 획득한 경우라면 이것은 어떤 암묵적인 약속에서 나올 것이며 이는 첫 번째 유형[약속 유형]에 속할 것이다. 그러나 내가 요청한 적 없는 선행이 실로 중압감을 줄 수는 있겠지만, 나는 그런 중압감을 그저 의무로 여겨서는 안 된다.[5]

로스가 의무의 거푸집에 밀어넣으려는 것은 분명히 어떤 다른 윤리적 이념, 즉 혜택에 보답하고자 함은 좋은 성품의 표지라는 이념이다. 이 성품은 도덕적으로 할 의무가 있는 것을 하려는 성향과 같지 않다. 또한 이와 다른 윤리적 사고가 로스가 "정의의 의무duties of justice"라고 부르는 셋째 집합에 숨어 있다. 그가 이것에 관하여 이야기하는 것은 이례적이다.

> [이 의무들은] 쾌락이나 행복 혹은 이들을 얻는 수단의 분배가 그와 관련된 사람들의 공적에 부합하지 않는다는 사실이나 부합하지 않을 가능성에 기초한다. 그럴 경우 그러한 분배를 뒤집거나 막을 의무가 발생한다.

---

4   W.D. Ross, *The Right and the Good* (Oxford: Clarendon Press, 1930), pp. 21ff.
5   이는 설사 선한 행동이 다른 이들이 나의 동참을 희망하는 일반적 실천의 일부일지라도 그렇다. 로버트 노직은 *Anarchy, State and Utopia* (New York: Basic Books, 1974)의 5장에서 이 논지를 탁월하게 밀고 나간다.

정의의 의무 같은 것들이 있기는 하다. 그러나 자본주의 경제(또는 이와 유사한 어떤 것)에 대항하는 반란의 선동은 정의의 의무가 무엇인가에 대한 옳은 해명이 도저히 될 수 없다. 정의의 요구는 무엇보다도 **무엇이 일어나야 하는가**에 관한 것이다. 특정한 정의의 요구가, 특정인이 할 이유가 있는 것, 좀 더 구체적으로는 할 의무가 있는 것과 관련되는 방식은, 그 사람이 그 요구에 대하여 어떤 입지에 있는가에 따라 달라진다. 정치에서는 개인적인 행위가 바람직한 것으로부터 얼마나 멀리 위치해 있는가 하는 — 유토피아 척도라고 불릴 수 있을 — 질문이 그 자체로 최초의 질문 중 하나이며, 최초의 윤리적 질문 중 하나다.

모든 것을 의무로 만들려고 하는 것은 도덕의 오류다. 그러나 그 오류의 이유들은 더 깊은 데 있다. 여기서 우리는 **일상적**으로 의무라고 불리는 것이 도덕적 고려사항들의 상충에서 반드시 승리할 수밖에 없는 것은 아님을 상기해야 한다. 당신이 일상의 의무를 지게 되었다고 해보자. 이를테면 약속을 했기 때문에 친구를 방문할 의무를 지게 되었다고 해보자. (이것은 교과서에 나올 법한 사례다.) 그 뒤 이와 겹치는 시간과 장소에 어떤 중요한 신조를 유의미하게 진척시킬 한 번밖에 없는 기회를 갖게 된다. (그 사례를 현실적으로 만들기 위해서는 더욱 상세하게 표현할 필요가 있다. 그리고 도덕철학에서 흔히 그러듯이, 상세하게 표현하면 그 사례는 낱낱이 분해되기 시작할 수도 있다. 친구가 그 신조에 대해, 그리고 당신이 그 신조를 지지하는 데 대해 어떤 태도를 보이는가 하는 질문이 있다. 친구가 둘 다 찬성하거나 후자만이라도 찬성하여 당신이 연락을 취했을 때 그 약속에서 해방시켜 준다면, 지나치게 까다로운 도덕주의자만 난점이 있다고 볼 것이다. 그래도 약속에서 해방시켜 주지 않는다면, 당신은 이 친구가 대체 어떤 친구인지 의아해할 수도 있다. … 그러나 독자가 이 논의의 요점에 맞는 사례를 찾는 것은 그리 어려운 일이 아닐 것이다.) 당신은 그 신조를 진척시킬 기회를 잡아야 한다는 합당한 결론을 내릴 수도 있다.[6] 그러나 의무는 도덕적 엄격성을 지닌다. 이는 의무를 어기는 것이 비난을 초래함을 의미한다. 도덕의 경제 내에서 의무의 엄격성을 상쇄한다고 여겨지는 유일한 것은, 그 필적하는 행위가 더 엄격한 다른 의무를 나타내는 것이다. 도덕은 **의무만 의무를 이길 수 있다**는 이념을 고무한다.[7]

그러나 당신의 이 행위가 더 일반적인 어떤 의무로부터 나오지 않았다면 어떻게 하나의 의무일 수 있는가? 그 일반적 의무가 무엇인지 말하기는 쉽지 않을 것이다. 당신은 이 신조를 추구하라는 무조건적 의무를 지지 않으며, 당신이 채택한 신조를 위해 할 수 있는 모든 것을 하라는 의무도 지지 않는다. 그러면 어떤 중요한 신조를 돕

---

6   이 사례는 의무와 언뜻 보기에 의무 아닌 고려사항 사이의 충돌 사례다. 그 사례는 사적인 것과 공적인 것 사이의 충돌이라는 또 다른 충돌도 아주 손쉽게 드러낼 수 있다. 이 충돌에 관한 여러 가지 고려사항들, 특히 공적 삶에서 공리주의적 고려사항들의 역할에 관해서는 Stuart Hampshire, ed., *Public and Private Morality* (New York: Cambridge University Press, 1978)에 실린 논문들을 보라.

7   도덕은 이런 종류의 사안에서는 분명 이 이념을 고무한다. 그러나 항상 이 이념을 고집하는 것은 아니다. 적어도 내 하나의 의무가 나의 다른 의무에 의해서만 밀려날 수 있다는 형태로 이 이념을 항상 고집하는 것은 아닌 것이다. 만일 약속을 이행하기 위해 나의 어떤 필수불가결한 이익이 희생되어야만 한다면, 그리고 특히 그 약속이 상대적으로 덜 중요하다면, 아무리 엄격한 도덕 이론가라도 내가 그 약속을 어길 의무를 지는 것을 요구하지는 않지만 내게 그런 권리가 있으리라는 데 동의할지도 모른다. (나는 이 논점에 관해 길버트 하먼Gilbert Harman에게 빚지고 있다). 이는 타당하지만, 나는 약속이 매우 사소한 것이 아닌 한, 엄격한 도덕 이론가는 관련된 나의 이익이 정말 필수불가결할 때에만 이 점에 동의할 것이라는 의심을 품고 있다. 이것은 나의 의무가 정말 어떤 의무에 의해 밀려날 수 있지만 나 자신의 의무에 의해 그렇지는 않다는 해석을 시사한다. 오직 필수불가결한 이익만 고려에 들어간다고 주장한다면, 내게 내 이익을 보호할 권리가 있다는 도덕 이론가의 말은 단지 내가 그래도 된다는 것이 아니라 그렇게 할, 소위, 청구권을 갖는다는 것을 의미할 가능성이 높다. 다시 말해 다른 사람들은 내가 그렇게 하는 것을 방해하지 않을 의무를 진다. 그럴 경우 나의 원래의 의무는 피약속자가 약속 이행에 대한 자신의 권리를 포기할 의무에 의해 상쇄될 것이다.

는 일을 하기에 특별히 유리한 기회에 그 신조를 도울 의무를 진다는 힘 빠진 제안만 남게 된다. **의무 배제 및 의무 포함** 원리obligation-out, obligation-in principle라고 불릴 수 있는, 특수한 의무를 뒷받침할 일반적 의무를 찾으라고 요구하는 도덕 체계 내의 압력은 어떤 친숙한 사안들에서 보다 명확한 결과를 가진다. 그것은 위험에 처한 사람을 돕고자 노력할 의무와 같이, 긴급 상황에 의한 특수한 경우에, 어떤 일반적인 윤리적 고려사항에 초점이 맞춰지는 사안들이다. 나는 위험에 처한 모든 사람을 도울 의무를 지지 않으며, 위험에 처한 사람을 돕기 위해 찾아다닐 의무도 지지 않는다. 위험에 처한 누군가를 대면하면[8] 많은 이들은 도우려고 노력할 의무를 진다고 느낀다. (물론 스스로 과도한 위험 등을 감수할 수는 없다. 이러한 다양한 상식적 조건들이 떠오른다.) 앞서의 사안[위험에 처한 모든 사람들을 도울 것인가가 문제되는 상황]과는 달리 이 사안[위험에 처한 누군가를 직접 마주한 상황]에서는 저변에 깔린 의무는 [구체적 상황에 직면하여 이미 있는 일반적 의무의 틀에서 단순한 논리적 추론 적용만으로 기계적으로 찍어낸다는 의미에서] 기성품으로 보인다. "이 긴급상황에서는 나는 도울 의무를 진다."라는 나에 대한 직접적인 주장은 "긴급상황에서는 도울 일반적 의무를 진다."로부터 나온다고 여겨진다.[의무 중심적 도덕론에서 그렇게들 생각된다는 것이다.] 우리가 많은 도덕적 고려사항, 혹은 단 하나의 도덕적 고려사항이라도 어느 경우에는 어떤 의무를

---

8   무엇이 대면되는 것으로 간주될 것인가는 현실적 문제이며, 특히 의사에게는 매우 실천적인 문제다. 의무 배제 및 의무 포함 원리가 불필요한, 직접성에 대한 해명을 나중에 제시하면서 그 질문을 다루겠다. 이것은 그 현장을 죄책감을 갖고 떠나는 사람들조차 찬양하지 않을 만큼, 현대 도시에서 점점 더 인정받지 못하기로 악명 높은 종류의 의무이다.

압도할 수 있다고 덧붙인다면, 우리는 많은 그러한 고려사항, 어쩌면 모든 그러한 고려사항이 어떤 일반적인 의무에 연관되어 있다고 여기는 것이다. 설사 그 일반적 의무가 로스의 환원주의에서 제안하는 단적이며 무조건적인 의무는 아닐지라도 말이다.

더 일반적인 의무로 가는 여정이 일단 시작되면, 우리는 도덕적으로 무관한 행위를 할 여지를 발견하는 데 있어 곤경에 — 철학적 곤경뿐만 아니라 양심적 곤경에도 — 빠지기 시작할지도 모른다. 나는 이미 어떤 특정한 행동 방침을 **취해도 된다**는 도덕적 결론이 가능함을 언급했다. 이는 내가 의무를 지는 다른 것이 없음을 의미한다. 그러나 바로 이전의 일련의 사고방식이 고무하듯이, 추가적인 여러 도덕적 목표에의 일반적이고 불확정적인 의무들을 받아들였다면, 그것들은 놀고 있는 손에 일할 거리를 제공하려고 기다릴 것이다. 그리고 그 사고는 내가 아무런 의무를 지지 않는 무언가를 하는 것보다는 그런 일반적 의무에 속하는 것을 하는 데 활용되는 편이 더 좋을 것이라는 근거를 얻을 수 있다. (그래야 한다는 것은 아니다.) 그리고 그렇게 하는 것이 더 좋고 그렇게 할 수 있다면 나는 그렇게 해야 한다. 나는 아무런 의무도 지지 않는 것들을 하느라 시간을 낭비하지 않을 의무를 진다. 이 단계에서 의무만이 의무를 이길 수 있다면, 내가 하길 원하는 것을 하기 위해서 저 사기적인 항목들 중 하나, 즉 자신에 대한 의무가 필요할 것임이 확실하다. 만일 의무가 윤리적 사고를 구조화하는 것이 허용된다면, 이것이 삶을 전적으로 지배하게 될 수 있는 몇 가지 자연스러운 방식이 있다.

도덕이 의무 이념에서 만들어 낸 위협적인 구조를 둘러보기 위해서는, 여러 윤리적 고려사항들 중 한 종류에 불과한 것으로 올바르게 이해되었을 때 의무란 무엇인가에 대한 해명이 필요하다. 이 해명은 도덕적 의무라는 도덕의 특별한 관념으로부터 멀어지게 하고 결국 도덕 체계로부터 아예 나오는 데 도움을 줄 것이다.

우선 **중요성**이라는 관념이 필요하다. 다양한 것들이 다양한 사람들에게 중요함은 충분히 명백하다. (이는 반드시 그런 것들이 그런 사람들의 이익에 중요함을 의미하지는 않는다.) 이것이 포함하는 중요성의 상대적 관념은[여기서 상대적이라는 것은 주체와 상대적임을 의미한다. 주체 관련적이라고도 할 수 있겠다.] 누군가가 특정한 것을 중요하다고 **여긴다**는 말로 표현할 수도 있다. 이 한낱 상대적인 관념 너머로 또 하나의 관념이 있다. 무언가가 단적으로 중요하다(달리 말해, **일반적으로 중요하다**important überhaupt 혹은 **중요하며 그것으로 끝이다**important period)는 관념이다. 무언가가 단적으로 중요하다는 것이 어떠한 것인가는 전혀 명확하지 않다.[*] 이 말은 그것이 우주에 중요하다는 의미는 아니다. 그런 의미로는 아무것도 중요하지 않다. 또한 이 말은 사실의 문제로서 그것이 대부분의 인간이 중요하다고 여기는 것이라는 의미도 아니고, 사람들이 중요하다고 여겨야 하는 것이라는 의미도 아니다. 이 이념에 대한 이론의 여지가 없는 해명이 있을 수 있는지 의문스럽다. 사람들이 그 이념에 관해 제시하는 설명들은 반드시 그들이 중요하다고 여기는 것에 의하여 영향을 받기 때문이다.

---

[*] [여기서 윌리엄스가 '절대적으로 중요하다'라는 표현을 쓰지 않은 이유는 '절대적abso-lute'은 가치나 규범론에서 다른 고려사항들에 의해서 결코 능가되는 경우가 없다는, 다른 특수한 의미로 쓰이는 경우가 많기 때문이다. 예를 들어 절대적 가치는 다른 가치에 의해 능가되지 않는다. 또한 절대적 규범은 예외 없는 규범이다. 단적으로 중요하다는 것은, 특정인의 욕구를 언급하지 않고서 중요하다고 말할 수 있으며 그 특정인과의 관계에 따라 중요성이 달라지지 않는다고 말할 수 있다는 뜻이다.]

이 관념을 충분히 이해할 수 없다고 해도 현재의 논의에서는 문제가 되지 않는다. 여기서는 세 가지만 필요하다. 그중 하나는 그런 관념이 있다는 것이다. 또 하나는 무엇인가가 누군가에게 상대적인 의미로 중요하다고 하더라도 이것이 그 사람이 그것을 단적으로 중요하다고 생각한다는 사실을 필연적으로 함축하지는 않는다는 것이다. 어떤 특정 우표로 우표 수집이 완성된다는 것이 헨리에게는 가장 중요할 수 있지만, 헨리조차도 이것이 단적으로 중요하다고 생각하지는 않을 수 있다.** 여기에는 상당한 의의가 있는 이상이 놓여 있다. 사람들은 단적으로 중요한 많은 것을 중요하다고 여길 뿐 아니라 그렇지 않은 많은 것도 중요하다고 여기며, 그 둘 사이의 차이를 구분할 수 있어야 한다는 것이다.

세 번째 논지는 중요성의 문제, 그리고 특히 무엇이 단적으로 중요한가 하는 문제를 **숙고적 우선성**의 문제와 구별해야 한다는 점이다. 만일 우리의 숙고에서 다른 고려사항에 견주어 어떤 고려사항에 비중을 높게 둔다면, 이것은 우리에게 숙고적 우선성이 높다. (이것은 두 이념을 포함한다. 하나는 우리의 숙고에서 이런 고려사항이 등장할 경우 그것은, 대부분의 다른 고려사항을 능가한다는 것이며, 다른 하나는 그것이 우리의 숙고에서 등장한다는 것이다. 두 번째 이념은 별도로 다룰 만한 몇 가지 이유가 있으며 그중 하나는 나중에 다룰 것이다. 그러나 일반적으로는 이 둘을 함께 살펴보는 것이 더 간편하다.)

중요성은 숙고적 우선성과 어떤 연관성이 있다. 그러나 그 연관성

** [헨리는 자신이 어떤 특정 우표들로 구성된 우표 수집책을 완성하려는 욕구를 우연히 가졌기 때문에 그 특정 우표를 구해서 우표 수집책에 넣는 일이 자기에게 중요하며 또 그런 계획을 가지게 된 자기에게만 그 일이 중요하다는 점을 자각하고 있을 수 있다.]

은 직설적이지 않다.* 어느 누구도 그에 관련해 많은 것을 할 수 없는 중요한 것들은 많다. 그리고 어떤 특정 인물이 그에 관련해 아무것도 할 수 없는 중요한 것들은 아주 많다. 게다가 어떤 것을 하는 일이 그 사람이 할 일이 아닐 수도 있다. 숙고상의 노동 분업이라는 것이 있는 것이다.** 당신의 숙고는 당신에게 중요한 것에조차 단순한 방식으로 연관되어 있지 않다. 물론 당신이 어떤 것을 중요하다고 생각한다면, 그것은 당신의 삶에 이런저런 방식으로 영향을 미치고 그래서 당신의 숙고에도 영향을 미칠 것이다. 그러나 이러한 효과가 당신의 숙고 내용에서 직접적으로 발견될 필요는 없다.***

어떤 고려사항은 특정인이나 특정 집단이나 모든 사람에게 숙고적 우선성이 높을 수 있다. 이런 방식으로 우선성은 사람들에 대하여 상대화된다. 그러나 다른 방식으로는 상대화되지 않아야 한다. 즉, 우선성이 주제에 주어져서 그것이 도덕이나 사려에 있어서의 숙고적 우선성을 가지도록 해서는 안 된다. 이는 오해일 것이다. 도덕적 고려사항이 도덕적 관점에서 우선성이 높다고 말할지도 모르겠다. 만일 그렇다면 이것이 의미하는 바는 도덕 체계 내에 있는 누군가가 그런 고려사항에 높은 우선성을 부여한다는 것이 될 것이다. 누군가가 높은 숙고적 우선성을 부여한다는 사실이 우선성의 종류를 규정하지는

---

*   [중요성이 높으면 숙고적 우선성이 높다거나, 숙고적 우선성이 높은 것이 중요성이 높다는 함축이 단선적으로 한결같이 성립하는 관계가 아니라는 뜻이다.]

**   [예를 들어 특정 민사소송에서 판결 내용은 그 사건의 원고에게는 매우 중요하지만, 재판상의 판단은 숙고상의 노동 분업에 의해 담당사건의 판사에게 맡겨져 있으므로, 재판상 판단을 내리는 일은 원고가 할 수 있는 일도 아니고 원고의 일도 아니다.]

*** [예를 들어 세금계산 및 세금납부는 매우 중요하므로 그 세부사항인 특정 항목을 어떻게 분류하고 계상하는가도 세금납부자의 삶에 매우 중요하다. 그러나 위임받은 세무사가 이를 대신 처리한다면, 세금납부자는 그 중요한 세부사항을 자신의 숙고에서 직접 발견하지는 못할 것이다.]

않는다.**** 숙고적 우선성에 관한 중대한 논점은 그것이 상이한 유형의 고려사항들을 관계 지을 수 있다는 것이다.[9] 이는 중요성에 관해서도 참이다[중요성도 상이한 유형의 고려사항들을 관계 지을 수 있다]. 어떤 의미에서는 중요성의 종류라는 것이 있어서, 어떤 것은 도덕적으로 중요하고 다른 것은 미학적으로 중요하다는 등의 이야기를 자연스럽게 할 수는 있다. 그러나 종국에는, 특정한 사안에서건 아니면 더 일반적으로건, 한 종류의 중요성이 다른 종류의 중요성보다 중요한가 하는 질문이 반드시 있을 것이다.

도덕 체계 내에 있는 사람들은 보통 도덕이 중요하다고 생각한다. 더군다나 도덕은 정의상 개인적 행동과 관련되므로, 여기서 중요성은 숙고와 관련될 가능성이 높다. 그러나 중요성이 어떻게 숙고와 관련되는가는, 도덕 및 도덕의 중요성을 이해하는 방식에 결정적으로 의존한다. 공리주의자에게는 최대의 복리가 있어야 한다는 것이 중요하다. 숙고와의 연관성은 차후의 질문이며, 이 질문은 완전히 열려 있다. 우리는 간접 공리주의를 살펴볼 때 공리주의적 행위자의 숙고에 어떤 도덕적 고려사항이 등장해야 하는가 하는 질문이 어떤 식으로 열려 있는지를 보았다. 게다가 그 숙고에서 어떤 고려사항이 애초에 등장해야 하는가 하는 질문도 열려 있다. 어떤 종류의 공리주의적

**** [내적 이유만이 근본적 이유라는 버나드 윌리엄스의 견해가 이 부분에 특히 두드러지게 드러나 있다. 스티븐 다월Stephen Darwall과 같은 계약주의적 의무론의 시각에서 도덕적 이유를 이해한다면, 도덕적 이유는 일인칭 관점의 숙고에서 부여할 수도 있고 그렇지 않을 수도 있는 우선성만을 갖는 것이 아니라, 일단 상대에 대하여 진지한 요구나 청구를 하게 되면 전제할 수밖에 없는, 상대방과의 동등하고 자유로운 관계 및 합리적이고 자유로운 행위자로서의 상대방의 능력에 대한 지지 때문에 우선성을 갖게 되는 것이다.]

9   그 논점은 숙고적 질문들에 대한 1장의 논의와 관련된다.

사고는 사람들이 전혀 도덕적 견지에서 생각하지 않고 (예를 들어) 이기적으로만 행위할 경우 최선의 결과가 도출된다고 상정하였다. 보이지 않는 손에 대한 믿음이 덜한 다른 사람들은 도덕적 고려사항에 얼마간 우선성을 부여하였고, 우리가 살펴보았듯이 그들 중 일부는, 대단히 양심적인 태도를 취한다. 그러나 공리주의자에게는 복리가 중요하다는 것이 숙고에 갖는 함의는 무엇인가 하는 것이 항상 경험적 질문일 수밖에 없다.

다른 극단에서, 가장 순수한 칸트주의적 견해는 도덕의 중요성이 도덕적 동기 자체의 중요성에 있다고 본다. 중요한 것은 도덕적 고려사항에 가장 높은 숙고적 우선성을 부여해야 한다는 것이다. 이 견해는 도덕적 사고에 아무런 내용을 부여하지 않으며 세계의 개선과 관련해 모호하다는 이유로 헤겔에 의해 가차없이, 그리고 타당하게 공격 받았다. 도덕적 동기의 내용은 단순한 경향성과 대조되는 특정한 것들을 해야 한다는 의무의 사고이다. 그런 사고의 필요성은 개인에게는 그러한 것들을 하려는 자발적인 경향성이 없음을 함의한다. 그리고 그런 사고의 지고한 중요성은 그렇게 자발적인 경향성이 없는 것이 오히려 더 나은 사태임을 함의한다.*

어느 쪽 견해도 적절하지 않으며, 이들보다 나은 견해가 어떤 단순한 타협으로 이루어지는 것도 아닐 것이다. 윤리적 삶 그 자체가 중요하긴 하지만 그것[윤리적 삶]은 윤리적 삶 이외의 다른 것들도 중요하다는 것을 알 수 있다. 그것은 실제로 윤리적인 것 외의 이런 다른 목

---

*   [의무의 사고와 보편적 격률에 대한 순수한 존중이라는 도덕적 동기는 한결같은 자발적 경향성이 없을 때에만 발휘될 수 있다. 윌리엄스는 칸트 이론의 이러한 함의가 도치된 것이라는 점을 꼬집고 있다.]

적들에 기여하는 동기들, 그러나 이와 동시에 그러한 삶 내부로부터 볼 때 그러한 삶을 살 가치가 있게 만드는 것의 일부로 보일 수 있는 동기들이다. 그 어떠한 적절한 설명에서도 윤리적 동기는 중요할 것이며, 이 점은 우리가 어떻게 숙고해야 하는지에 영향을 미칠 것이다. 그로부터 나오는 하나의 결과는, 특정한 종류의 윤리적 고려사항이 높은 숙고적 우선성을 갖는다는 것이다. 이는 윤리적 동기가 사람들의 숙고에 영향을 미칠 수 있는 하나의 방식에 불과하다. 윤리적 동기는 무엇보다도 숙고의 스타일과 계기에 동등한 정도로 영향을 미칠 수 있다.[10]

중요성과 숙고적 우선성을 직접 연관시키는 유형의 윤리적 고려사항이 있는데, 바로 의무다. 의무는 사람들이 무엇을 신뢰rely on할 수 있어야 하는가에 관한 기본적 쟁점에 기초를 두고 있다.[**] 사람들은 죽임을 당하거나 수단으로 사용되지 않을 것, 그리고 자기 것으로 간주할 수 있는 어떤 공간, 물건, 타인과 관계를 가질 것을 최대한 신뢰할 수 있어야 한다. 또한 속임을 당하지 않을 것을 확신할 수 있다면 적어도 어느 정도는 이익이 될 것이다. 이런 목적들에 기여하는 한 가지 방법, 아마도 유일한 방법은 어떤 종류의 윤리적 삶이다. 그리고

---

10 여기에서도 1장에서 짚은 논점을 떠올리는 것이 중요하다. 즉, 미덕과 같은 특정한 윤리적 동기와 어울리는 숙고적 고려사항이 전혀 그것과 단순히 관련되어 있지 않을 수 있다는 것이다.

** [신뢰信賴, 즉 굳게 믿고 의지依支하는 것은 어떤 것에 기대어 사고하고 행위하는 것이며, 여기에는 통상 단순히 어떤 명제가 참임에 상당한 신빙성을 부여하는(give a credibility to) 것 이상이 담겨 있다. 에니그마와 같은 암호해독 장치로 적군의 군사계획을 알게 되었을 때, 에니그마의 존재가 아직 알려지지 않아 적군이 노출된 군사계획 그대로 진행하리라고 믿는 일은 그러한 사태가 성립할 것이라는 명제에 높은 신빙성을 부여하는 것이지만, 적군의 협력적 행위계획을 믿고 의지하는 것은 아니다. 왜냐하면 이 경우 적군은 아무런 협력적 행위에도 참가하고 있지 않기 때문이다. 즉 신뢰하는 것은 단순히 자연적 인과관계에 의한 사태의 성립에 대한 예측 하에서 행위하는 것을 넘어서, 타인이 어떻게 행위할 것이며 규범 질서가 어떻게 지속될 것이라는 점에 대한 규범적인 행위 기대, 즉 요구나 청구를 포함하게 된다.]

윤리적 삶이라는 것이 있다면, 분명 이런 삶에 의해서 그리고 이런 삶 내에서 이런 목적들에 기여해야 한다. 윤리적 삶이 목적들에 기여하는 한 가지 방법은 일정한 동기를 고무하는 것인데, 이것의 **한 가지** 형태는 유관한 고려사항들에 숙고적 우선성을 높이 부여하는 성향을 불어넣는 것이며, 그중에서도 가장 중대한 사안에서는 사실상 절대적 우선성을 부여하는 성향을 불어넣어, 특정 행동 방침이 먼저 나타나되 다른 행동 방침들은 애초부터 배제되도록 하는 것이다. 행위들이 배제되는 효과적인 방식은 이들이 전혀 생각나지 않는 것인데 흔히 이것이 최선의 방식이다. 정치적 경쟁자나 사업상 경쟁자를 어떻게 다룰까 논의하는 와중에 "물론 죽여버릴 수도 있지만 그것은 애초부터 제쳐놓아야 한다."라고 말하는 사람 곁에서는 불편함을 느낀다. 제쳐놓기 전에 애초에 생각나지 않았어야 했다. 일부 관심은 이런 방식, 즉 숙고적 침묵의 방식으로 구현되는 것이 최선일 가능성을 간과하는 경향이 도덕의 특성이다.*

신뢰성을 확보하기 위하여 숙고적 우선성이 주어지는 고려사항이 의무를 구성한다. 그러한 의무에 상응하여, 그 의무로부터 혜택을 입는 사람들이 보유하는 권리가 있다. 한 가지 유형의 의무는 그것이 기여하는 기본적이고 지속적인 중요성을 지닌 이익에 의하여 선별된다. 이것은 모두 그 효력에서 무엇을 하지 않아야 하는가에 관계하므로 소극적이다. 이와는 다른 적극적인 종류는 긴박성immediacy의 의

---

* [도덕 체계는 모든 것을 일단 숙고에서 정당화하므로 이의가 제기되면 그 이의를 처리하기 위해 숙고하게 되며, 그 과정에서 숙고적 침묵을 깨게 된다. 그 한 예가 비상상황에서 고문을 하는 것이 인간 존엄성에 위배되는가에 대한 근래 도덕철학과 헌법학에서 이루어지는 논의다. 이런 논의에 대해, 애초에 건강한 문명 사회라면 그런 것은 주제화되지도 않아야 한다며 비판적으로 보는 학자들이 있다.]

무를 포함한다. 이 경우에는 앞서 살펴보았던 구조 사안과 같은 긴급 상황에 의해 높은 숙고적 우선성이 부과된다. 사람들의 필수적 이익에 대한 일반적인 윤리적 인정은 긴박성으로 인해 숙고적 우선성에 초점을 맞추게 된다. 그리고 **나의** 의무를 생성하는 것은 **나**에 대한 긴박성인데, 이를 무시하면 비난을 받는다. 긴급 상황의 의무에 대한 이러한 이해 방식으로부터 서로 연관된 두 가지가 따라 나온다. 첫째, 결국 의무는 더 일반적인 의무로부터 나온다고 말할 필요가 없다. 소극적 의무의 의의는 그것이 일반적이라는 데 있다. 소극적 의무는 안정적이고 항구적인 유형의 숙고적 우선성을 제공하는 것이다. 그러나 적극적인 종류의 사안에서는 저변에 깔린 성향은 일반적 관심으로서 언제나 숙고적 우선성으로 표현되는 것은 아니며, 그 성향으로부터 어떤 의무를 생성하는 것은 바로 긴급 상황이다. **의무 배제 및 의무 포함** 원리를 받아들일 필요는 없는 것이다.

더 중요한 점은 이런 의무에 대한 이러한 이해 방식으로부터 도출되는 윤리적 결과들이 있다는 것이다. 일부 도덕주의자는 긴박성이나 물리적 근접성을 유관한 것으로 여기는 것은 틀림없이 합리성이나 상상력이 부족한 것이라고 말한다. 다른 곳에서 굶주리고 있는 이들이 우리에게 제기하는 권리 주장이 여기서 굶주리고 있는 이들만큼 크다는 점을 인정하지 않는 것은 비합리적이라는 것이다. 이런 도덕주의자는 틀렸다. 적어도 그들의 도전의 기반을 그저 의무 구조에만 두려 한다는 점에서는 말이다. 물론 이 논점이 도전 자체를 없애버리지는 않는다. 우리는 다른 곳에 있는 사람들의 괴로움에 좀 더 관심을 기울여야 한다. 그러나 의무가 무엇인가를 올바르게 이해한다면, 그 도전에 대한 생각을 어떻게 시작해야 하는가가 더 명료해질 것이다. 우리는 긴박성이라는 범주를 제거해서는 안 된다. 오히려 무

엇이 현대 세계에서 우리에게 긴박성으로 적절하게 여겨져야 하는
가, 그리고 이런 관심이 의무가 아니라면 우리 삶에서 차지하는 자리
가 어디인가를 고려해야 한다.

이때까지 고려된 의무는 (소극적으로는) 근본적으로 중요한 것, 그
리고 (적극적으로는) 중요하고 긴박한 것을 포함한다. 그것들은 궁극
적으로 하나의 관념, 즉 각자에게 살아갈 삶이 있다는 관념에 기반하
고 있다. 사람들은 도움이 필요하지만 (그들이 아주 어리거나 늙지 않
다면, 또는 심각한 장애가 없다면) 항상 그렇지는 않다. 반면에 살해되
거나 폭행당하거나 제멋대로 간섭을 받지 않을 필요는 항상 있다. 계
약주의의 강점은 이런 기본적인 이익에서 그러한 소극적 의무와 적
극적 의무가 따라 나올 것임을 이해한 데 있다.[11]

가장 친숙하게 의무라고 불리는 약속의 의무는 이 둘과도 다르다.
왜냐하면 내가 할 의무가 있는 것은 그 자체로 고려하면 전혀 중요하
지 않을 수도 있기 때문이다.[*] 그러나 바로 그 점 때문에, 그것은 의
무와 신뢰성 사이 이와 같은 관계의 한 사례가 된다. 약속이라는 제
도는 간편한 신뢰성을 제공하도록 작동하는데, 이는 그렇지 않다면
받지 않을 높은 숙고적 우선성을 부여하는 어떤 공식을 제공함으로
써 이루어진다. 이것이 누군가 당신을 죽이지 않기로 약속하는 일이
이상한 이유이다. 그가 당신을 죽이지 않는 것에 이미 높은 우선성을
부여하지 않는다면, 왜 그의 약속이 그것에 높은 우선성을 부여한다
는 점을 신뢰해야 하는가? (특별한 사안들에서는 이 질문에 대한 답이

---

11   계약주의에 대한 언급은 이런 해명이 어떤 의미로는 개인주의적이라는 점을 끌어낸다.
      이 측면에 대한 추가적인 논급으로는 이 책의 후기를 보라.

*   [예를 들어 1천 원을 친구에게 빌리고 그 빌린 사실을 망각하고 갚지 않는다 하더라도 그
      결과 그 1천 원이 친구의 삶에 어떤 실질적인 차이를 가져올 가능성은 사실 거의 없다.]

있다. 그리고 그것이 어떤 것일지 살펴보는 일은 그 체계가 어떻게 작동하는지 보여주는 데 도움이 될 것이다.)

의무는 신뢰성, 즉 다른 사람들이 다른 방식이 아니라 어떤 특정한 방식으로 행동할 것으로 합당하게 기대할 수 있는 상태를 확보하기 위하여 작동한다. 의무는 그렇게 하는 여러 윤리적 방식들 가운데 하나에 불과하다. 그것은 '-에의of' 기대를 통해서 '-이다that' 기대를 낳으려는 방식이다. 이런 종류의 의무가 최고의 숙고적 우선성을 명하고 스스로 중요하다고 제시하는 이유는, 흔히 약속의 경우가 그렇듯이 그것이 약속이기 때문이지 그 내용 때문이 아니다. 그러나 윤리적으로 성품이 좋은 행위자에서조차 어째서 그것이 항상 최고의 우선성을 명할 필요는 없는지도 알 수 있다. 어떤 목적이 특별히 중요하다는 점과 현재 행위가 그 목적에 중요하게 관련되어 있다는 점을 성찰하면서, 앞서 주목했듯이, 행위자는 이 경우에는 의무를 어겨도 된다는 합당한 결론을 내릴 수 있다. 그리고 왜 그렇게 하기로 결정했는지에 대해 윤리적 고려사항들의 어떤 구조 내에서 스스로 설명할 수 있다는 의미에서, 이런 결론은 정말로 받아들일 만할 수 있다.[12] 그러나 그가 이 과정을 또 하나의 의무이자 더 엄격한 의무라고 부를 필요는 없다. 의무란 중요성 및 긴박성과 일반적 관련이 있는, 특수한 종류의 고려사항이다. 우리가 살펴보고 있는 사안은 이 경우[13]에는 이 의무를 능가하기에 충분히 중요한 고려사항들이 있는 하나의 사안에 지나지 않는다. 그리고 그저 그렇게 말하는 것이 더 명확하다. 우리는

---

12 누구에게나 동등한 정도로 받아들일 만해야 한다고 상정하는 것은 오류다. 어떤 사람들은 다른 사람들보다 불평할 더 큰 권리가 있을 수도 있다.

13 "이런 종류의 상황"이라고 해야 할 것인가? 그렇다. 그러나 이것이 (그녀에게는, 금년에는) 두 번째라고 하는 것과 같이, 사실의 특수화는 분명 중요할 수 있다.

의무만이 의무를 이길 수 있다는 도덕의 다른 준칙은 거부해야 한다.

　숙고적 결론이 (적어도 행위자에게는) 최고의 숙고적 우선성과 최대의 중요성이 있는 고려사항을 구현할 때, 그 결론은 특수한 형태를 취할 수 있다. 즉, 단지 주체가 어떤 것을 해야 한다should는 결론뿐 아니라, **하지 않으면 안 된다**must는 결론, 그리고 다른 어떤 것도 할 수 없다는 결론도 될 수 있는 것이다. 이런 결론은 실천적 필연성이 있다고 할 수 있다. 물론 때때로 실천적 결론에서 "하지 않으면 안 된다"는 그저 상대적이어서, "하지 않으면 안 된다"의 문제가 전혀 아닌 어떤 목적을 위해 어떤 행동 방침이 필요하다는 뜻일 뿐이다. "나는 지금 가지 않으면 안 돼"는 "… 영화 보러 가려면"이라는 말로 완성될 수도 있다. 여기에는 의견이 전혀 없다. 그저 영화를 보러 갈 것이라는 것뿐이다. 지금 우리는 이런 경우가 아니라, "하지 않으면 안 된다"가 무조건적이고 **처음부터 끝까지 관철되는** 경우를 논하고 있다.

　무엇을 하지 않으면 안 되는가에 의거한 결론이나, 이와 마찬가지로 무엇을 할 수 없는가에 의거한 결론이, 그저 무엇이 할 이유가 가장 큰가에 의거하여 표현되는 결론과 어떻게 다른지는 흥미로운 질문이다. 특히 이 [전자의] 결론이 겉으로 보이는 것처럼 어떻게 더 강할 수 있는가는 흥미로운 질문이다. (숙고에 있어서 그것을 받아들일 이유가 가장 큰 것보다 더 강한 어떤 것이 어떻게 하나의 행동 방침을 지지하는 결론으로 나올 수 있는가?) 이 질문을 여기서 논하지는 않겠다.[14] 여기서 직접적으로 관련이 있는 것은, 실천적 필연성은 결코 윤

14　나는 그것에 관하여 "Practical Necessity," *Moral Luck*, pp. 124-132에서 한 가지 제안을 했다.

리학에 특유하지 않다는 점이다. 신중한 사리분별, 자기보호, 미학적 또는 예술적 관심, 아니면 순전한 자기주장의 이유 때문에 무조건적으로 어떤 것을 하지 않으면 안 된다고 결론 내릴 수도 있다. 이런 사안 중 일부에서는 (예를 들어 기본적인 자기방위의 사안에서는) 윤리관 자체가 그런 결론을 허락할 수도 있다. 다른 사안에서는 승인하지 않을 수도 있다. 근본적인 논지는 실천적 필연성을 지닌 결론은 윤리적 이유에 기초하건 그렇지 않건, 동일한 종류의 결론이라는 것이다.

실천적 필연성, 그리고 그 힘으로 결론에 도달하는 경험은 도덕적 의무라는 이념에 들어가 있는 하나의 요소일 것이다. (이것은 그토록 많은 사람이 가지는 인상, 즉 도덕적 의무는 상당히 특별한 동시에 매우 친숙하다는 인상을 설명하는 데 도움을 줄 수 있다.) 그러나 실천적 필연성은 윤리적 이유에 근거하는 경우조차도 반드시 의무를 시사하지는 않는다. 행위자가 취"하지 않으면 안 되는" 행동 방침은 다른 사람들의 기대 또는 실패에 대한 비난과 결부되지 않을 수도 있다. 앞서 언급한 윤리적으로 탁월한 행위 혹은 아마도 영웅적인 행위는 의무가 아니라 의무를 넘어서는 것이며, 보통은 그런 행위를 할 것을 요구받을 수 없거나 그런 행위를 하지 않았다고 비난받을 수 없다. 그러나 그러한 것을 하는 행위자는 그것을 하지 않으면 안 된다고, 자신에게 대안이 없다고 느끼면서도, 동시에 그런 행위를 하는 일이 다른 사람들에게 요구되는 것은 아님을 인정할 수도 있다. 그런 사고는 자신이 다른 사람들과 다르기 때문에 그 행위가 자신에게는 요구되지만 그들에게는 요구되지 않는다는 형태를 띨지도 모른다. 그러나 그렇다면 차이는 전형적으로 그가 바로 이 확신을 가진 사람이라는 사실에 있음이 드러날 것이다. 행위하지 않으면 경험할 느낌, 그리고 그 느낌의 예상은 실로 의무와 결부된 느낌을 충분히 (도덕이 허용하

는 정도보다 더욱) 닮을 수 있다.[15]

나는 이미 칸트가 도덕을 정언적인 것으로 기술하는 것을 언급했다. 칸트가 도덕의 근본 원리는 정언명령이라고 주장했을 때, 그는 문자 그대로 명령인 것의 여러 형태를 순수하게 논리적으로 구분하는 데 관심이 있던 것이 아니다. 그는 무조건적이고 처음부터 끝까지 관철되는, **나는 하지 않으면 안 된다**의 인정에 관심을 두고 있었지만, 이 무조건적인 실천적 필연성이 도덕에 특유하다고 이해했다. 그는 그것이 욕구에 전혀 의존하지 않는다는 뜻에서 무조건적이라고 생각했다. 다시 말해 이런 종류의 실천적 필연성을 지닌 채 우리에게 제시되는 행동 방침은 **우리가 원하는 것이 무엇이든 간에 취할 이유가 있는** 행동 방침이며, 이런 방식으로 욕구를 초월하는 것은 오로지 도덕적 이유뿐이었다. 그러나 내가 지적한 것처럼, 실천적 필연성은 그토록 강한 의미에서 욕구로부터 독립적일 필요는 없다. 나는 무조건적인 "하지 않으면 안 된다"를, **행위자가 그저 가지게 되었을 뿐인** 욕구를 조건으로 하는 "하지 않으면 안 된다"와 구분하였다. 그러나 만일 그 욕구가 행위자가 그저 가지게 되었을 뿐인 욕구가 아니라 그 행위자에게 본질적이며 그래서 충족되어야 하는 욕구인 경우에, 실천적 필연성을 지니는 결론은 그 자체가 욕구의 표현일 수 있다. 실천적 필

---

15   얼마나 비슷한가? 이 점은 여기서 자세히 다룰 수 없는 중요한 한 가지 문제, 즉 죄책감과 수치의 구분을 건드린다. 이에 관한 상세한 논의로는 *Shame and Necessity* (California University Press, 1993), 특히 4장과 미주 1을 보라. 그러한 구분이 있으며 윤리에 유관하다. 그렇지만 그 구분은 보통 생각되는 것보다는 훨씬 더 복잡하다. 무엇보다도 죄책감의 특징은 윤리적 경험에서 어떤 자리를 차지하는 성숙하고 자율적인 반응이라는 것이며, 그렇지 않은 수치는 그보다 원초적인 반응이라고 상정하는 것은 오류이다. 도덕은 수치와의 관계에서 스스로를 기만하는 경향이 있다. 그 구분에 관한 시사적인 논급으로는 Herbert Morris, "Guilt and Shame," in *On Guilt and Innocence* (Berkeley: University of California Press, 1976)를 보라.

연성에 대한 이 관념과 칸트의 관념의 차이는 물론 정의나 논리적 분석의 문제에 그치지 않는다. 칸트의 실천적 필연성 이념은 기본적으로 좀 더 친숙한 이런 이념[실천적 필연성의 결론이란 행위자의 정체성에 필수불가결한 요소와 맞닿아 있는 결론이라는 이념]이지만, 여기에 특히 급진적인 해석이 주어진 것이다. 그것은 필연적으로 실천적인 결론은 어떠한 욕구에 대해서도 절대적으로 무조건적인 결론뿐이라는 해석이다. 칸트에게는 이런 방식으로 급진적으로 무조건적인 실천적 결론이 있을 수 있었다. 그 이유는 인과성으로부터 자유로운 합리적 자아에 대한 칸트의 그림 때문이기도 하고, 합리적 행위자성에만 의존하고 (욕구처럼) 행위자가 가지지 않을 수도 있던 것에는 전혀 의존하지 않는 행위의 이유가 있었기 때문이기도 하다.[16]

칸트는 또한 도덕에 특유하다고 이해된, 실천적 필연성을 지닌 결론을 도덕법의 요구에 대한 인정이라고 기술한다. 그리고 이것을 심리적인 면에서 이야기하면서 "법에 대한 경외감"이라는 특별한 느낌 혹은 감성을 언급한다. 현대 도덕주의자들은 이런 용어를 사용하지 않을 가능성이 높지만, 칸트가 기술하는 것을 인정하는 데는 거리낌

---

16   이것은 칸트와 칸트에 대한 헤겔주의적 비판자들이 취했던 상이한 자아관들과 연관되어 있다. 1장 주석 6을 보라. 여기서 서로 다른 두 개의 이념을 구분하는 것이 중요하다. 다른 사람들은, 그리고 실은 나 자신도, 예를 들어 내가 달리 양육되었다면 가졌을 수도 있는 상이한 이상 및 기획에 대한 "외적" 관념을 가질 수 있다. 내가 달리 양육되었다면 그건 내가 아니었을 것이라는 말에 대해서는, 찬성할 이유는 별로 없고 반대할 이유는 많다. 이것은 형이상학적 필연성의 영역이다. 그러나 실천적 필연성이라는 다른 영역도 있다. 이 영역은 내가 실제로 가지는 이상과 성격을 전제한 상태에서 나에게 가능한 행위 노선과 기획이 무엇인가에 관련된 것이다. 이 수준에서는 진정으로 윤리적인 주체는 행위자성 자체 외에는 그 무엇도 그에게 필연적이지 않은, 그런 주체라는 칸트적 이념에 저항해야 한다. 이는 3장에서 논의한 진정한 이익의 문제와 밀접하게 연관되어 있다.

이 없다. (그들 중 일부는 여전히 도덕법이라는 관념을 거론하기를 원한다. 또 다른 이들은 그러기는 꺼리지만 도덕법이라는 관념을 암묵적으로 포함하는 이념을 사용한다.) 칸트는 느낌으로 간주되는 도덕적 필연성의 강렬한 감각 자체가 도덕적 행위의 이유를 제공하는 것이라고 생각하지는 않았다. 그것은 느낌으로서 한낱 느낌일 뿐이고, 다른 한낱 심리적인 사항들이 가지는 힘 이상의 합리적인 힘은 갖지 않는다. 그 [도덕적 행위의] 이유는 그 느낌이 무엇인가에 있지 않고, 그것이 무엇을 나타내는가에 있다. 그것이 나타내는 것은 도덕적 보편성이 실천이성 자체의 요구라는 진리이다.

그 진리는 칸트가 그렇게 보았듯이, 도덕이 객관적인 토대를 지님을 의미한다. 4장에서 살펴보았듯이, 칸트는 도덕적 요구의 경험이 이러한 토대를 나타낸다고 여겼다. 그러나 이 경험이 이러한 토대를 현저하게 잘못 나타내기도 한다는 점도 말해야 한다. 그 경험은 무언가와 대면하는 것, 즉 우리가 사는 세계의 일부인 어떤 법과 대면하는 것과 같다.[17] 그러나 칸트에 따르면 도덕법의 힘은 자기 바깥의 어떤 것에 있지 않으며, 그렇다고 상상할 수도 없다. 도덕법의 힘은 그것의 객관적인 토대에 있으며 어떠한 경험도 그런 종류의 객관성을 적절하게 나타낼 수 없다. 그러한 객관성은 다음으로부터 나온다. 즉, 실천 이성의 요구는 도덕적 고려사항이 기본적이고 특징적인

---

17 도덕법 모델은 그 체계가 왜 내가 의무 이상이거나 의무 이하라고 표현한 윤리적 행위와 관련하여 기존의 난점을 가질 수밖에 없는지 설명하는 데 도움이 된다. 법으로 해석되는 어떤 것이, 요구되는 것[명령되는 것], 금지되는 것, 그리고 허용되는 것이라는 세 범주만 남기는 것은 놀랍지 않다. 자신의 의무의 틀 내에서 이 다른 윤리적 동기가 제기하는 몇몇 문제들을 처리려는 칸트 자신의 시도는 완전 의무와 불완전 의무 사이의 전통적 구분에 대한 (시간이 지남에 따라 변한) 그의 해석을 포함한다. 이 점에 관해서는 M. J. Gregor, *Laws of Freedom* (New York: Barnes & Noble, 1963)의 7-11장을 보라.

역할을 하는 삶을 살 때에만 충족될 것인데, 도덕적 고려사항은 다른 동기부여와는 달리 객관적 요구의 형태로 제시될 때에만 그런 역할을 한다. 그러나 그렇다면 고려사항이 객관적 요구로 제시된다는 것은 무엇인가? 그것은 바로 이 논증에[도덕적 고려사항이 객관적인 요구의 형태로 스스로를 제시한다는 논증에] 그렇게 관련되는 것으로 제시된다는 데 있을 수는 없다. 그것은 어떤 다른 심리적 형태를 띨 것임에 틀림없으며, 그 형태는 그만큼 오도하는 것이 될 것이다.

그러나 칸트의 가정에 따르면, 우리는 적어도 이런 경험이 어떻게 그리고 왜 오도할 수밖에 없는지 이해할 수 있게 된다. 그리고 이것은 이 경험이 반성에도 안정적으로 유지되는 데 도움을 준다. 만일 칸트가 옳다면, 나는 "법에 대한 경외감"이 무엇인지 이해하면서도 법 혹은 도덕법에 대한 존경심을 잃지 않을 수 있다. 또 다른 생각이 이 안정성에 도움이 된다. 경험에 의거하여 도덕법이 내 바깥에 있음을 올바르게 나타내는 한 가지 의미가 있다는 것인데, 그것은 도덕법이 다른 사람들 안에도 마찬가지로 있다는 것이다. 도덕법은 도덕적 행위자들의 관념적 공화국의 법이다. 그 공화국은 관념적이지만, 그 행위자들은 실제적이다. 그리고 그들 각자가 그 법을 합리적으로 스스로 부과했기 때문에 그것은 실제적 법이다.

일단 칸트 자신이 마련한 토대나 그와 비슷한 것들을 믿지 않게 되면, 이 경험을 전혀 이런 방식으로 읽을 수 없다. 그것은 더도 덜도 아닌 실천적 필연성을 지닌 결론이며, 실천적 필연성을 지닌 결론이 언제나 바깥에서 오는 것으로 보이는 것과 같은 방식으로 "바깥에서", 즉 깊은 내면에서 오는 것으로 보인다. 윤리적 고려사항들이 문제되므로, 행위자의 결론은 통상 단독으로 있거나 뒷받침을 받지 못하는 것이 아니다. 왜냐하면 그 결론은 다른 사람들과 중요한 정도로 공유되는 윤리적 삶의 일부이기 때문이다. 이런 점에서 도덕 체계 자체는 죄책감과 자책이라는 "순수하게 도덕적"이며 개인적인 감성을 강조하면서 실은 개인 바깥의, 윤리적 삶이 놓인 차원을 감춘다.

의무의 인정이 무엇인지 알면서 그것을 여전히 윤리적 경험의 특별한 중심으로 삼는다면 윤리적 삶을 착각 주위에 건축하는 셈이다. 칸트 자신의 견해를 따르더라도 윤리적 경험은 잘못된 표현을 포함하지만 행위자에게는 필연적이고 받아들일 만한 것이 된다. 이는 객관성을 선험론적인 수준에서 심리적인 수준으로 이동시켰기 때문에 나타난 결과다. 그러나 만일 이 경험이 심리적인 양태에만 특별하다면 잘못된 표현보다 더 나쁘다. 그것이 표현할 것(또는 표현할 특별한 것)이 없기 때문이다.*

칸트의 구상은 사람들이 도덕법 바깥에 살려고 하더라도 도덕법이 어떻게 무조건적으로 모든 사람에게 적용되는지도 설명한다. 그의 구상은 받아들이지 않지만 도덕 체계는 여전히 받아들이는 사람은 도덕적 의무가 그것을 거부하는 이들을 어떻게 구속하는지 말할 필요가 있다. 그들은 애초에 도덕**법**이 어떻게 있을 수 있는지 말할 필요가 있다.[18] 어떤 법이 누군가에게 적용된다는 사실은 항상 의미론적 관계

---

* [실천적 필연성의 경험이 도덕법의 영역에 고유하게 한정되며, 그 경험이 설사 도덕법을 틀리게 나타내는 경우가 있긴 하지만 어쨌건 도덕법을 표상해주는 일을 한다는 칸트의 입론을 윌리엄스는 부인하고 있다.]

18 정언명령의 문제, 그리고 정언명령이 행위의 이유와 맺는 관계의 문제는 필리파 풋이 여러 논문에서 깊이 다루었다. 이 논문들은 *Virtues and Vices*에 수록되어 있다. 비록 우리의 결론은 다르지만, 그 논문들의 도움을 받았다. 도덕적인 '해야 한다'는 앤스콤 G. E. M. Anscombe이 단호한 논문인 "Modern Moral Philosophy"(*Collected Papers*(Minneapolis: University of Minnesota Press, 1981) 3권 *Ethics, Religion and Politics*에 재수록)에서 공격한 여러 표적 중 하나였다.

이상의 것에 있다. 즉, 그것은 단지 어떤 사람이 법에 담긴 어떤 기술 아래 포섭된다는 것이 아니다. 국법이 어떤 사람에게 적용되는 이유는 강제력을 실행할 수 있는 국가에 그가 속하기 때문이다. 신법은 신이 그것을 적용하기 때문에 적용된다. 칸트의 도덕법은 우리가 합리적 존재로서 스스로에게 그것을 적용할 이유가 있기 때문에 적용된다. 지금 도덕법이 적용될 수 있는 것은 우리가 그것을 적용하기 때문이다.

누군가가 어떤 요구되는 방식 또는 바람직한 방식으로 행위했어야 했는데 그렇게 하지 않았다고 말할 때, 때때로 그가 그런 방식으로 행위할 **이유가 있었다**(예를 들어, 약속을 했다)거나, 그가 실제로 한 일은 누군가의 권리를 침해했다고 말한다. 비록 이렇게 말할 수는 있지만, 그런 방식으로 행위할 **이유를 그가 가졌다**는 이념과 이것이 어떤 확고한 방식으로 연결되어 있는 것 같지는 않다. 어쩌면 그는 아무 이유도 가지지 않았을지도 모른다. 그가 의무를 어긴 것은 반드시 비이성적이거나 불합리하게 행동한 것이 아니라 나쁘게 행동한 것이다. 우리는 그가 좋게 행동하기를 바랄 다양한 이유를 가지지만, 이와 달리 좋게 행동할 이유를 그 스스로 가진다는 것은 당연하게 여길 수는 없다. 우리는 그를 어떻게 다루어야 하는가? 사람들이, 우리가 그들이 그러하기를 윤리적으로 바라는 바대로 되지 못하는 데에는 다양한 방식이 있다. 사실 우리는 이것을 법에서는 매우 어설프게, 비공식적 관행에서는 덜 어설프게 인정한다. 그 다양한 방식들의 한쪽 극단에는 일반적인 숙고적 무능력이 있다. 다른 쪽 극단에는 윤리에 어긋나는 신조를 진심으로 또 유능하게 따르는 태도가 있다. 다양한 약점이나 악덕을 가진 사람들, 악의적이고 이기적이고 잔인하고 배려 없고 자기탐닉적이고 게으르고 탐욕스러운 사람들도 있다. 이 모든 사람들은 우리의 윤리적 세계의 일부일 수 있다. 그 어떤 윤리적 세계도 그런 악덕을 지닌 사람이 없던 적은 없으며(비록 그 분류는 해당 문화의 문제라 할 지라도 말이다), 모든 개인의 삶은 그런 악덕 중 일부는 담고 있다. 마찬가지로, 가장 극단적인 경우 증오와 경악에서부터 분노, 유감, 교정, 비난에 이르기까지 그에 대한 다양한 반응이 있다. 국법이라는 공식적 여건 내에 있지 않다면, 누가 악덕에 반응하는가 하는 또 다른 차원이 있다. 모두가 모든 불평을 감당할 수 있는 것도 아니고 그래야 하는 것도 아니기 때문이다. 이 진리가 우리에게 떠오르지 않는 것은 도덕법이라는 허구가 만들어낸 또 하나의 결과다. 그것은[누구나 모든 각각의 불평에 반응할 수 있고 반응해야 한다는 결과는] 마치 관념적 공화국의 모든 구성원이 시민체포권a citizen's arrest*을 부여받는 것과 같다.

이 모든 것 안에는 일상의 비난이라는 기제로써 다루는 특수한 일탈들의 상당히 넓은 범위가 있다. 그것은 많은 의무 위반을 포함하지만 전부를 포함하는 것은 아니다. 이러한 일상적 비난 너머에 있는 가장 끔찍한 행위 중 일부는 기본적 인권의 침해를 포함한다. 다른 한편, 의무 위반에만 비난이 가해지는 것도 아니다. 특히 어린이를 양육할 때는, 불완전한 성향을 드러낼 뿐인 행위도 비난받는다.** 그러나 비난은 언제나 전문적인 의미의 도덕적 의무처럼 특수화되고 실천적인 성격을 지니는 경향이 있다. 그것의 부정적 반응은 작위 또는 부작위에 면밀히 초점을 맞추며, 이것이야말로 비난받는 점이다. 더군다나 비난의 목표는 — 비록 그 실제 작동에 있어서는 불가피한 변칙 사례가 많지만 — 그 원치 않는 결과가 특수한 상황에서 자발적 행위의 산

---

*   [경찰관이 아니어도 일정한 요건이 충족될 때 스스로 범인을 체포할 수 있는 권한. 대한민국 형사소송법도 중대범죄의 현행범 체포 권한을 일반 국민에게 부여하고 있다.]

** [냉담함은 의무 위반이 아니지만 부모가 아이에게 냉담할 때에는 비난이라는 반응적 태도를 불러일으킨다.]

물인 만큼만 적용되어야 한다는 것이다.

이 제도는 사람들의 행동에 대한, 다른 종류의 윤리적으로 부정적이거나 적대적인 반응과는 대조적으로(이런 다른 종류가 얼마나 많은지 반드시 유념해야 한다), 행위자가 달리 행위할 이유를 가졌다는 이념과 특별한 관련이 있는 듯하다. 내가 이미 말했듯이, 그렇지 않은 경우가 흔하다.[19] 비난이라는 제도는 허구를 포함한다고 보는 것이 가장 좋다. 그 허구를 통해 우리는, 유관한 윤리적 고려사항이 행위자에게도 이유가 되는 것처럼 다루는 것이다. 비난의 "했어야만 했다"는 우리와 목적이 같은 사람에게 조언할 때 제시할 수 있는 "했어야만 했다"를 내키지 않아 하는[우리와 목적을 공유하지 않는] 사람에까지 확대한 것이라고 볼 수 있다. 이 허구의 기능은 다양하다. 그중 하나는 행위자를 윤리적 이유에 비중을 두는 사람으로 다룬다면 그런[윤리적 이유에 실제로 비중을 두는] 사람으로 만드는 데 도움이 될 것이라는 점이다.

이 장치는 인간관계의 두 가지 가능성을 매개하는 것을 돕는 데 있어 특히 중요하다. 그 중 한 가능성은 숙고적 실천을 공유하는 것인데, 이 경우 사람들은 상당한 정도로 동일한 성향을 가지며 실천적 결론에 도달하도록 서로 돕는다. 다른 하나의 가능성은 한 집단이 다른 집단을 제약하기 위해 위력이나 위협을 가하는 것이다. 비난 체계

---

19 물론 많은 것이 무엇이 이유를 가진 것으로 간주되느냐에 좌우된다. 나는 행위에 대한 절대적으로 "외부적인" 이유, 즉 행위자가 이미 가진 그 어떤 동기에도 호소하지 않는 이유란 있을 수 없다고 생각한다. (내가 강조했듯이, 칸트도 그렇게 생각하지 않았다.) 예를 들어 행위자로 하여금 단지 자신이 이미 가지는 이유에 주의를 기울이도록 하는 것과 특정 방식으로 행위하도록 설득하는 것은 정말로 구분된다. 그러나 기본적으로 중요한 것은 여기에 어떤 범위가 있다는 점, 그리고 그런 구분이 도덕 체계를 비롯한 합리주의적 관념이 요구하는 정도보다 덜 명확하다는 점이다. 나의 책 *Moral Luck* 중에서 "Internal and External Reasons"를 보라.

의 저변에 깔린 허구는 최선의 경우에는 숙고적 공동체를 지속적으로 충원하는 과정에 의해 이 두 가능성 사이에 다리를 놓는 일을 돕는다. 최악의 경우에는 이를테면 사람들이 자신의 — 매우 적절한 느낌일 수도 있는 — 두려움과 분개를 법의 목소리로 오해하도록 잘못 이해하는 것을 북돋우는 것 등 많은 나쁜 일을 할 수 있다.

숙고적 공동체라는 허구는 도덕 체계의 적극적인 성취 중 하나다. 다른 허구와 마찬가지로, 진정한 질문은 그 허구가 어떻게 작동하는지 명료하게 이해하고 나서도 그 허구가 작동할 수 있는가이다. 이것은 우리의 윤리적 실천에 대한 반성적이고 비신화적인 이해에 비추어, 무엇을 재구조화해야 하고 할 수 있는가 하는 더 큰 질문의 일부다. 비난이라는 실천이, 그리고 더 일반적으로는 다른 사람에 대한 부정적인 윤리적 반응의 스타일이, 변화할 것이라는 점은 확실하다. 내 생각에, 도덕 체계는 더 이상 이것이 어떤 바람직한 방식으로 변화하도록 기여할 수 없다. 한 가지 이유는 도덕이 자발성이라는 주제에 관해 지나치게 많은 압력을 받는다는 것이다.

비난 제도가 어느 정도 정합적으로 작동한다면, 이는 이 제도가 도덕이 원하는 것보다 적게 시도하기 때문이다. 자발적으로 행위했는지 묻는 것은 대략 그가 정말로 행위했는가, 무엇을 하고 있는지 스스로 알았는가, 일어난 일의 이런저런 측면을 의도했는가 묻는 것이다. 이런 실천은 행위자를 그의 성품과 하나로 합쳐서 생각하며, 어떤 다른 성품을 선택했을 수 있는 그의 자유에 관해서는 묻지 않는다. 비난 체계는 대부분의 시간 동안 특수한 행위의 조건들에만 면밀하게 집중하는데, 이렇게 할 수 있는 이유는 자기 힘만으로 작동하는 것이 아니기 때문이다. 그것은 격려와 만류, 수용과 거부라는 다른 실천들에 둘러싸여 있으며, 이런 실천들은 그것들을 윤리적 삶의 요구와 가능성으로 빚어내는 욕구와 성품을 기반으로 작동한다.

도덕은 이 환경을 무시하며 오직 앞서 거론한 사항[행위 여부, 인식 여부, 의도 여부]이 문제된 사안에서 구체적으로 나타난 모습에만 초점을 맞춘다. 도덕에는 어떤 압력이 있는데, 그것은 성품 및 심리적이거나 사회적으로 결정되는 것들을 헤치고 나아갈 총체적 자발성을 요청하라는 압력이고, 더도 덜도 말고 행위자 자신의 기여라는 궁극적으로 공정한 토대에 기초하여 비난과 책임을 할당하라는 압력이다. (성품을 대체로 주어진 것으로 받아들이는 덜 야심찬 자발성 요청과는 달리) 이런 요구가 충족될 수 있다고 상정하는 것은 착각이다. 사람들은 거의 모두 이 사실을 알고 있다. 이 사실을 부인하는 전제가 깔려 있는 도덕 체계의 미래가 오래 지속할 것으로 보기는 어렵다. 그러나 도덕 자체가 남아 있는 한, 그 사실을 인정하는 데는 위험이 따른다. 왜냐하면 그 체계 자체가 합리적 비난에 대조되는 것으로 우리에게 남겨두는 것은 그 취지에 있어 강제 및 제약과 구분되지 않는 설득 형태뿐이기 때문이다.

진실로는, 거의 모든 가치 있는 인간 삶은 도덕이 우리 앞에 제시하는 두 극단 사이에 있다. 도덕은 일련의 대조를 두드러지게 강조한다. 힘과 이성, 설득과 합리적 납득, 수치와 죄책감, 싫음과 불승인, 단순한 거부와 비난이 그러한 대조이다. 도덕으로 하여금 이 모든 대조를 강조하도록 이끄는 태도는 도덕의 **순수성**이라고 불릴 수 있다. 도덕의 순수성, 즉 도덕적 의식을 다른 종류의 정서적 반응이나 사회적 영향으로부터 떼어 내려는 도덕의 고집은 그것이 그 공동체의 일탈하는 구성원을 다루는 수단을 숨길 뿐 아니라 그런 수단의 미덕도 숨긴다. 도덕이 그것을 숨겨야 함은 놀랍지 않다. 왜냐하면 미덕은 체계 바깥으로부터, 즉 체계에 가치를 할당할 수 있는 어떤 관점으로부터 보아야만 미덕으로 보이는 반면, 도덕 체계는 그 자체에 닫혀 있으며 그 체계에 도덕 자체의 가치 외의 어떤 가치라도 적용하는 것은 점잖치 못한 오해로 치부해야 하기 때문이다.

도덕의 순수성 자체가 하나의 가치를 나타낸다. 그것은 칸트가 제시한 어떤 이상을 다시 한번 가장 무조건적이고 가장 감동적인 형태로 표현한다. 그 이상은 인간 존재가 궁극적으로 정의로울 수 있다는 것이다. 대부분의 유리한 점과 칭송받는 특성은 부정의하지는 않더라도 어쨌거나 정의롭지는 않은 방식으로 분배되어 있으며, 어떤 사람은 다른 이보다 한마디로 운이 더 좋다. 반면에 도덕의 이상은 운을 초월하는 어떤 가치, 즉 도덕적 가치이다. 그러므로 경험적으로 결정되는 것 너머에 있어야 한다. 성공은 부분적으로는 운에 달렸으므로 그 가치는 성공보다 노력에 있어야 할 뿐 아니라, 노력 자체가 운의 문제라는 수준을 넘어선 종류의 노력에 있어야 한다. 나아가 그 가치는 최상의 가치여야 한다. 도덕적 가치가 세속적 견지에서 행복하지 못하거나 재능이 없거나 유쾌하지 않거나 사랑받지 못할 사람에게 주는 위로상慰勞賞에 불과하다면 쓸모없을 것이다. 도덕적 가치는 궁극적으로 중요한 것이어야 한다.

이것은 어떤 면에서는 종교적 관념과 유사하다. 그러나 또한 어떠한 실제 종교와도 다르며, 특히 정통 기독교와 다르다. 기독교에서 은총의 교리는 도덕적 노력을 통해 구원에 이르는 계산 가능한 길이 없음을 의미하였다. 구원은 공적 너머에 있으며, 인간의 노력, 심지어 도덕적 노력도 신의 사랑을 결정짓는 척도가 아니었다.[20] 더군다나

---

20   이것이 바로 4장에서 칸트의 관념이 구원이 공적에 따른다고 본 펠라기우스적 이단과 비슷하다고 말한 이유다.

기독교에서 궁극적으로 중요한 것은 구원이라고 이야기했을 때, 이는 누구라도 차이로 인정할 어떤 차이, 그 차이를 포함한다고 여겨졌다. 그러나 순수 도덕적 가치에 가치를 부여하는 관점은 다시금 도덕 그 자체의 관점뿐이다. 도덕은 자기 안으로 몰입해야만 운을 초월하기를 희망할 수 있다.

의문의 여지 없이, 그리고 도덕의 이상을 세상 물정 모르는 이데올로기로만 보는 속류 맑스주의와는 달리, 도덕의 이상은 세상에 실제적 정의를 얼마간 낳는 데, 그리고 구체적 조건에서 나쁜 운을 보상할 힘과 사회적 기회를 동원하는 데 일익을 담당했다. 그러나 모든 운을 넘어서는 가치라는 이념은 착각이며, 정치적 목표는 그로부터 그 어떠한 확신도 계속 끌어낼 수 없다. 게다가 도덕의 다른 관념들도 도움이 되지 않는다. 그러한 관념들이 고무할 수 있는 이념은 늘 탐욕스러운 자들이 지지하는 이념, 즉 이런 착각이 사라진 후에는 사회정의에 대한 정합적 이념이 아니라 효율, 권력, 교정되지 않는 운만 남을 수 있다는 이념뿐이다.

도덕에는 많은 철학적 오류가 엮여 들어갔다. 도덕은 의무를 오해하여 그것이 그저 윤리적 고려사항의 한 유형임을 보지 못한다. 도덕은 실천적 필연성을 오해하여 그것이 윤리적인 것에 특유하다고 생각한다. 도덕은 윤리적인 실천적 필연성을 오해하여 그것이 의무에 특유하다고 생각한다. 이 모든 것을 넘어서, 사람들로 하여금 도덕의 매우 특별한 의무가 없다면 경향성만 있다고, 도덕의 완전한 자발성이 없다면 힘만 있다고, 도덕의 궁극적으로 순수한 정의가 없다면 아무런 정의도 없다고 생각하게끔 만든다. 도덕의 철학적 오류는 깊이 뿌리박고 있으며 여전히 강력한, 삶에 대한 오해의 가장 추상적인 표현일 뿐이다.

후기

이 책의 논증은 두 가지 긴장으로 끊임없이 회귀했다. 철학의 질문 및 핵심적 관심사 면에서는 고대와 현대의 긴장이 있다. 실제의 삶 면에서는 반성과 실천의 긴장이 있다. 나는 몇몇 기본적인 측면에서 대부분의 현대 도덕철학보다 고대의 철학적 사고가 더 나았으며 더 유익한 질문을 던졌다고 시사하였다. 물론 고대의 철학적 사고가 지닌 관심들도 나름대로 제한적이었다. 가령 삶이 운에 노출되는 것을 줄이려는 욕구가 그렇다. 그러나 고대의 철학적 사고는 보통은 현대 철학보다 덜 강박적인 것이었고 환원적 이론을 통해 합리성을 강요하는 성향이 덜 완강했다. 그러나 그 철학자들 중 몇몇이 지녔던 철학에 대한 희망은 사라졌다. 그리고 이제 윤리적 사고가 적용되는 이 세계는 돌이킬 수 없이 다른 것이 되었다. 고대 세계와 다를 뿐 아니라, 인간이 그 안에서 살고자 했고 윤리적 개념들을 사용했던 그 어떤 세계와도 달라진 것이다.

현대 도덕철학의 자원은 대부분 현대 세계에 잘 조율되지 못했다. 내가 보이고자 한 것은, 이것이 어느 정도는 현대 도덕철학이 행정적 합리성 관념에 무반성적으로 호소하면서, 지나치게 그리고 부지불식

간에 현대 세계에 휘말려 버렸기 때문이라는 것이다. 그렇지 않으면 현대 도덕철학은 (특히 보다 칸트적인 유형에 있어서는) 현대 세계에 충분히 참여하지 않았다. 그것을 지배한 것은 이성의 공동체라는 꿈이었는데, 헤겔이 처음 지적했듯이 이 꿈은 사회적이고 역사적인 현실로부터, 그리고 하나의 특수한 윤리적 삶에 대한 구체적 감각으로부터 너무 멀어졌다. 어떤 의미로는 그 꿈이 밀어낸 종교보다도 더 멀어진 것이다. 도덕철학의 여러 이설異說의 공통점은 반성이 실천과 어떻게 관련되는가에 대한 잘못된 이미지, 즉 이론의 이미지이며, 이에 의거하여 이들은 부질없이 서로의 차이를 공들여 다듬었다.

이 매우 새로운 여건에서, 매우 오래된 철학이 비교적 새로운 철학보다 더 많은 것을 제공할 수 있음은 역설이 아니다. 역사적인 이야기를 들어보면 왜 그런지 알 수 있을 것이다. 그런 이야기에는 (고대 세계가 보기보다 가까운 이유를 해명해 주는) 기독교의 도래와 떠남, 또 (그 특유의 철학들을 무용하게 만든) 계몽의 실패도 등장한다. 이런 종류의 결론에 도달한 몇몇 사람들 또는 대다수의 사람들 — 특히 이런 서술에 사로잡힌 니체 — 은 이런 결론이 계몽의 가치를 무너뜨렸다고 여겼다. 그렇지 않으면 많은 헤겔주의자들처럼 계몽의 가치를 보수적으로 해석했다. 나는 그들에게 동의할 필요는 없다고 생각한다. 자유와 사회 정의에 대한 존중, 그리고 억압적이고 기만적인 제도에 대한 비판은 지금에도 과거에 그랬던 것만큼 힘들 것이고 어쩌면 더 힘들 것이다. 그렇다고 해서 그것들을 받쳐줄 이념이 전혀 없다고 생각할 필요는 없다. 그런 이념들을 감싸는 유일한 지적 환경의 권리를 추상적 윤리 이론에 넘겨 주어선 안 된다.

이 책은 [서문에서 밝힌 것처럼, 도덕철학의 사태가] 어떨 수 있는지보다는 어떤지를 논한 책이었다. 그리고 내가 표명한 희망은 지금으로서는 단지 희망이다. 그 희망은 어떤 사람들은 낙관적으로 생각할 가정들에 기댄다. 그 가정들은 세 가지 믿음으로 압축될 수 있다. 진리truth, 진실성truthfulness, 그리고 개인의 삶의 의미the meaning of an individual life에 대한 믿음이 그것이다. 이 세 가지에 관하여 간략하게 이야기하면서 글을 맺고자 한다.

나는 적어도 자연과학은 객관적 진리를 얻을 수 있다고 주장하였다. 이 점을 부인하는 사람들의 오류는 위안이라는 수사를 엉뚱하게 사용한다는 데서 특유하게 드러난다. 이들에 따르면, 과학이 세계의 실재를 알려줄 수 있다고 믿는 사람들이 과학에 미신적으로 집착하는 이유는 과학을 유일하게 남은 어떤 견실한 것이라고 필사적으로 신봉하기 때문이다. 그러나 그 반대편도 위안을 구한다고 똑같이 말할 수 있다. 17세기에 그랬듯이 과학에 대한 이러한 회의론은, 지식이 있다거나 합리적으로 행동한다는 자신감이 상대적으로 약한 사람들을 위로할 수 있다. 현대 과학이 절대적 지식의 화신이라는 이념은 불편하므로 과학을 그저 또 다른 일련의 인간적 의례로 묘사하거나 그저 또 다른 일련의 문헌을 다루는 것으로 묘사한다면 안도할 수 있다는 것이다.

무엇이 위안을 제공하거나 빼앗아 간다는 이런 주장은 어느 쪽으로나 멋대로 내세울 수 있으나, 모두 시시할 뿐이다. 더 중요한 것, 그리고 위안이나 낙관과 관련이 있을 수도 있는 것은, 객관적 진리라는 관념이 사회적 지식에 어느 정도까지 확장될 수 있는가이다. 8장에서 언급했듯이, 세계에 대한 절대적 관념을 제공하려고 자연과학에 동참할 필요는 없다. 그러나 역사를 포함해서 어떤 성찰적인 사회적 지식은 필요한데, 그러한 지식은 편견 없는 승인을 이끌어냄으로써 우리 스스로를 더욱 잘 이해한다는 희망을 실현시킬 것이다. 일종의 비판을 수행하려면 그러한 지식이 필요하다. 이런 비판을 통해, 제도들이 어떻게 작동하며 특히 어떻게 신뢰를 얻는지 설명함으로써 이들에 대한 윤리적 통찰을 얻을 수 있다. 적극적 윤리이론에 대한 논의 중 여러 곳에서 나온 것을 여기서 반복하는 것도 가치가 있겠다. 즉, 윤리이론은 그런 사회적 지식이 없어도 된다고 믿어서는 안 된다. 달리 말해 순수 도덕의 자리에 있으므로 이런 문제들에 초연할 수 있다고 믿어서는 안 된다. 이런 지식이 있어야 윤리이론은 바로 스스로를 묻는 궁극적으로 불가피한 물음들, 사회적 삶과 어떻게 관계를 맺는가, 실천과 어떻게 사회적이고 심리적으로 연결되는가, 합리적임을 자처하는 권위를 어떻게 힘으로 전환하고자 희망할 수 있는가 하는 물음들에 답할 수 있다.

다음으로 진실성에 대한 희망은 본질적으로 윤리적 사고가 반성에 견딜 수 있어야 한다는 것, 그리고 윤리적 사고의 제도와 실천이 투명해질 수 있어야 한다는 것이다. 나는 윤리적 사고가 그래 보이는 것일 수 없는 이유를 역설했다. 설사 윤리적 사고가 안녕에 대한 확정적 관념들에 토대를 둔다 하더라도, 그 결과로 특정 윤리적 진술이 참임을 곧바로 보여주는 것이 아니라, 이런 진술의 **수용 성향**을 정당화할 뿐이다. 그러나 이러한 정당화는 이런 진술이 그것을 받아들이는 이들에게 자연스럽게 나타나는 방식은 아니다. 더군다나 우리가 이런 토대를 갖게 될 가능성은 별로 없다.

윤리적 사고는 결코 참모습을 오롯이 나타내지 않으며 자신이 인간의 성향에 의존함을 결코 완전히 드러낼 수 없다. 그런데 이것은 윤리적 사고의 어떤 조건들에서는 다른 조건들보다 더욱 반성을 저해할 것이다. 이러한 차이를 만드는 한 가지는 윤리적 삶이 내가 두꺼운 윤리적 개념이라고 칭한 것에 얼마나 여전히 기대고 있는가 하는 것이다. 이런 개념은 정말로 반성에 의해 밀려날 수 있지만 그럼에도 살아남기에, 이것을 사용하는 실천은 윤리적 판단의 참에 관한 일반적이고 구조적인 반성에 직면했을 때 이런 개념을 사용하지 않는 실천보다 안정적이다. 이런 개념으로 내려진 판단은 직설적으로 참일 수 있다. 따라서 이런 개념을 보유한 사람은 그런 판단에 동의하는 일에 개입되는 주장을 존중한다.

투명성이라는 이상이 있다고 해서, 또 윤리적 실천이 반성을 견디기를 바란다고 해서, 모든 것이 다 명시적이어야 한다거나 반성을 통해 단번에 낱낱이 규명되어야 한다고 요구하는 것은 아님이 명확해졌기를 바란다. 그러한 요구는 개인적 합리성이건 정치적 합리성이건, 합리성에 대한 어떤 오해에 기초하고 있다. 개인의 실천적 사고에 대한 어떤 모델이 나의 모든 기획, 목적, 필요가 담화적으로 그리고 동시에 **나에게** 고려되어야 한다고 주장한다면, 이런 모델은 거부해야 한다. 나는 내가 누군지**로부터** 숙고해야 한다. 진실성은 이에 대한 신뢰 역시 요구하며, 이것을 제거하려는 강박적이고 암울한 충동은 요구하지 않는다.

기존 자아와 사회에의 진실성이 반성, 자기 이해, 비판과 어떻게 결합되어야 하는가는 철학 자체로서는 답할 수 없는 질문이다. 이러한 종류의 질문은 반성적 삶을 통해 답할 수밖에 없다. 그 답은 개인적이고 사회적인 과정의 결과로 발견하거나 확립해야 한다. 그리고 그런 과정은 모호한 방식이 아니라면, 본질적으로 답을 미리 정식화할 수는 없다. 철학은 그 과정에 기여할 수 있다. 질문이 무엇인지를 파악하는 데 기여할 수 있기 때문이다. 그러나 그 과정을 대신할 수는 없다. 그래서 윤리이론가들이 종종 자신의 정식화 말고 "어떤 대안"이 있냐고 묻는 것은 오해이다. 그런 이론가들이 어떤 대안이 있냐고 묻는 자신의 정식화는 답변의 정식화이거나 답변을 산출할 어떤 확정적인 발견적 과정의 정식화를 뜻한다. 그런 것은 없다. 물론 진정한 질문에 대한 답변이 있음이 판명되고 이 답변이 실로 그들의 정식화에 대한 대안일 수도 있다. 그러나 그런 이론가들이 요구하는 대로 철학의 한 조각으로 산출되는 답변은 아닐 것이다. 그들의 정식화를 거부하면 남는 것이 **아무것도 없**다고 상정하는 것은 사회적 삶과 개인적 삶에서 [중요한] **어떤 것**이 무엇인가에 관하여 이상한 견해를 취하는 것이다.

　마지막으로, 내가 이 다양한 희망의 배경으로 제시한 그림은, 정말로 성품에 있어 어떤 성향을 지니고 자신의 삶을 살아가는 개인들의 존재를 전제한다. (1장에서 말했듯이, 그렇다고 해서 그리스인들이 애호했던 전기적傳記的 관점, 즉 자연적 삶 전체가 윤리적 기본이라는 관점을 꼭 취해야 하는 것은 아니다.) 어떤 의미로는 개인 및 개인적 성향의 선차성은 필연적 진리다. 적어도 복제, 두뇌정보 수합 등의 급격한 기술 변화가 일어나기 전까지는 말이다. 이러한 의미에서는, 극단적 구조주의의 관점에서 사회를 서술하면서 어떤 식으로 말하더라도, 개인이 어떤 성향과 목표를 획득하고 행동으로 표현한다고 상정할 수밖에 없다. 구조주의자들이 옳다면 이런 성향은 계급과 같은 사회적 요인에 의해 더 철저하게 결정될 것이고, 그 내용에 있어서 더 균질적이 될 것이며, 전통적으로 추정한 것보다 개인들에 의해 덜 이해될 것이다. 그러나 그런 구조주의적 주장도, 성향이 존재하며 인과적으로 기능함을 부인할 수는 없다. 일군의 사회구조가 젊은이들로 하여금 축구장에서 난폭해지도록 몰아가는 것은 그것이 그들의 욕구와 생활습관에 혼란스럽고 모호하게라도 표상되기 때문이다. 이런 의미에서 사회적 삶이나 윤리적 삶은 사람들의 성향에 존재할 수밖에 없다. 사회마다 다른 것, 그리고 현대 사회에 대한 여러 해석에서 쟁점인 것은 성향의 내용, 뚜렷함, 독특한 정도인 것이다.

그럼에도 사회계획이나 집단의례와 대조되는 특유의 윤리적 사고가 가능하려면, 이보다는 다소 덜 형식적인 개인주의가 꼭 필요하다. 그리고 내가 여기서 이러한 희망들을 말할 때 이러한 더욱 실질적인 개인주의를 말하고 있음은 두말할 나위도 없다. 이 책의 다른 부분들에서 그러했는데, 가령 의무를 여러 윤리적 고려사항 중 하나라고 설명했을 때, 그리고 실천적 필연성에 대해 언급했을 때 그랬다[더 실질적인 개인주의에 관해 이야기했다]. 나의 세 번째 낙관적 믿음은 의미 있는 개인의 삶이 계속 가능하다는 데 있다. 이런 삶은 사회를 거부하는 것이 아니라, 실로 상당한 깊이로 타인과 지각을 공유한다. 그러나 이런 삶은 우둔하고 어수선하건, 조리 있는 계획을 따르건, 여하간 타인과 충분히 다르기 때문에 바로 **어떤 사람**의 삶이 되는 것이다. 철학은 대다수가 그렇게 사는 사회를 만드는 데 도움이 될 수 있다. 물론 어떻게 해야 제일 잘할 수 있는지는 아직 배워야 하지만 말이다. 어떤 사람들은 철학의 도움으로 그렇게 살 수도 있을 것이다. 그러나 소크라테스가 생각했듯이, 모든 성찰적 인간이 그런 것도 아니고 근본부터 그런 것도 아니다.

윤리학과 철학의 한계

초판 1쇄 발행 | 2022년 9월 20일

지 은 이 | 버나드 윌리엄스
옮 긴 이 | 이민열
펴 낸 이 | 이은성
편   집 | 이한솔, 김지은
디 자 인 | 이윤진

펴 낸 곳 | 필로소픽
주   소 | 서울시 종로구 창덕궁길 29-38, 4-5층
전   화 | (02) 883-9774
팩   스 | (02) 883-3496
이 메 일 | philosophik@naver.com
등록번호 | 제2021-000133호

ISBN 979-11-5783-272-9 93190

필로소픽은 푸른커뮤니케이션의 출판 브랜드입니다.